복지 자본주의의
세 가지 세계

복지 자본주의의
세 가지 세계

G. 에스핑앤더슨 지음 | 박시종 옮김

The Three Worlds of Welfare Capitalism

성균관대학교
출판부

복지 자본주의의 세 가지 세계

초판 1쇄 발행 2007년 3월 30일
초판 12쇄 발행 2025년 2월 28일

지은이 | G. 에스핑앤더슨
옮긴이 | 박시종

펴낸이 | 유지범
펴낸곳 | 성균관대학교 출판부
책임편집 | 신철호
편 집 | 현상철 구남희
마케팅 | 박정수 김지현

등 록 | 1975년 5월 21일 제1975-9호
주 소 | 03063 서울특별시 종로구 성균관로 25-2
전 화 | 02)760-1253~4
팩 스 | 02)762-7452
홈페이지 | press.skku.edu

ISBN 978-89-7986-710-7 03330

만시지탄(晩時之歎)이란 말이 있다. 아마도 1990년에 처음 출판되었음에도 무려 17년이나 지난 2007년 3월에 와서야 비로소 우리 말로 소개되는 『복지 자본주의의 세 가지 세계』라는 이 책을 두고 하는 말이 아닌가 싶다. 사실 옮긴이는 이 책이 적어도 복지국가 연구나 비교 사회(복지)정책 분야의 필독서이기에 이 분야의 쟁쟁한 전문 연구자들이 나서서 하루라도 빨리 우리 말로 옮겨주기를 간절히 바라왔다. 그렇게 이제나 저제나 17년을 기다리다 옮긴이는 감히 천학비재(淺學菲才)를 무릅쓰고 스스로 나서보기로 용기를 내어 오늘 우리 말로 된 이 책을 내놓기에 이르렀다.

사회(복지)정책 학자로서 G. 에스핑앤더슨의 출세작인 이 책은 우리보다 앞서 세계화와 고령화, 포스트 산업화 등 거시-구조적 변혁의 격심한 몸살을 앓고 있는 가운데 제시된 복지국가 위기 수렴론에 맞서 복지국가 형성의 역사와 발전, 그리고 그 변화의 궤적을 분석함으로써 복지국가 발전의 분기화(divergence)를 논파하고 있는 책이다. 이러한 논거를 제시하기 위한 이론적 작업으로서 저자는 탈상품화와 계층화 개념에 초점을 맞추어 복지국가에 관한 재정의를 시도하는 한편, 기존의 연구와 달리 복지국가를 종속변수가 아니라 독립변수로 설정함으로써 복지국가에 관한 재이론화를 시도한다. 그리고 이러한 이론적 모색을 바탕으로 일반적으로 위기의 수렴화를 가정하는 복지국가 위기론에 맞서 사회구조적 변동에 즈음한 복지국가의 적응 양식은 복지국가 형성의 역사와 계급구조의 패턴이 어떠하냐에 따라 달라지며, 그 결과 복지국가들은 질적으로 서로 다른 궤적을 그리면서 적응·발전해감으로써 세 가지의 군집을 이룬다는 복지체제 분기화의 논거를 제출한다. 이를 통해 저자는 어떤 한 차원이 '더 많거나' '더 적은' 것으로 파악하는 단선적이고 직선적인 발전론을 제시하는 산업화론이나 근대화론, 혹은 권력자원 이론 등의 이론적·분석적 한계를 비판적으로 극복함과 동시에, 이데올로기의 좌우 진영을 막론하고 무성하게 쏟아져 나오는 위기의 담론들에 맞서 사회 민주주의 복지국가 전략의 적실성과 유효성을 논증하고자 한다. 사회 민주주의적 복지국가주의에 대한 이러한 옹호의 입장은 에스핑앤더슨의 1999년 저작, *Social Foundations of Postindustrial Economies*(박시종 옮김, 2006, 『복지체제의 위기와 대응:포스트 산업경제의 사회적 토대』, 성균관대출판부)에도 그대로 이어진다.

한국의 자본주의 사회도 서구의 선진 복지국가들을 휘감고 있는 변화의 폭풍에서 비켜난 무풍지대일 수 없다. IMF 외환위기 이래 세계화의 공세는 우리의 노동시장과 가족구조를 걷잡을 수 없이 해체하고 있으며, 인구학적 고령화 역시 세계적으로 유례 없는 속도로 빠르게 진행되면서 사회보장 체계의 근간을 뒤흔들고 있다. 기계화와 자동화, 정보화의 거스를 수 없는 흐름과 더불어 '노동 없는 경제'와 '일자리 없는 성장', '경제의 서비스화'가 서서히 또는 급속히 전개되면서 한국 자본주의의 성격이 근본적인 수준에서 변화하고 있다. 이 모든 변화는 한국의 복지체제에 심대한 영향을 끼칠 것이 틀림없다.

오늘 독자들 앞에 선보이는 우리 말 본 『복지 자본주의의 세 가지 세계』는 급속히 진행되는 바로 이러한 사회구조적 변동과 그에 따른 복지국가의 역할 변화 속에서 각국의 복지체제들이 어떤 궤적을 그리며 진화해갈 것인가를 진단하고 확인하는 데 매우 중요하고도 값진 정보를 제공해준다. 이런 맥락에서, 한국의 사회복지학계가 한국 복지국가의 성격을 규명하고 그 변화의 궤적을 탐색하고자 뜨거운 논쟁을 벌인 것은 너무나 마땅한 실천적 반응이자 당연한 이론적 대응이었다. 그러나 아쉽게도 한국 복지국가의 성격 규명을 위한 학문적 논쟁은 소수 전문가들의 참여 범위를 크게 벗어나지 못하고 시민사회의 광범한 호응을 끌어내지 못한 채 수면 아래로 가라앉고 말았다. 이론적 성과 면에서나 실천적 해법 면에서 이렇다 할 성과를 거두지 못한 채 '상아탑 속의 논쟁'에 머문 아쉬움을 떨치기 어려운 것이다. 그 이유는 무엇일까

옮긴이는 우리 사회복지학계가 사회(복지)정책과 복지국가론의 학문적 저변을 확보하는 데 실패한 데서 그 이유를 찾을 수 있다고 믿는다. 모름지기 어떤 논쟁이든 그것이 학문적 열정과 사회적 반향을 동시에 불러일으키기 위해서는 학문적 저변의 확보가 필수적이다. 1970년대와 80년대를 거치면서 종속이론과 마르크스-레닌주의, 네오 마르크스주의 등을 이론적 자양분으로 하여 전개된 1980년대의 한국 사회구성체 논쟁이 이론적 논쟁의 열기와 광범한 시민적 참여를 이끌어낼 수 있었던 것은 그 시기를 전후로 성장한 전문적 혹은 비전문적 사회과학도들이 폭넓은 저변을 형성하고 있었기에 가능한 일이었다. 2000년대 들어 시작된 한국 복지체제의 성격을 둘러싼 논쟁은 이런 점에서 학문적 엘리트주의 내지 전문가주의라는 협애한 학문적 지평을 벗어나지 못하였으며, 그 결과 전문

가들의 이데올로기적 다양성만을 확인시킨 채 더 이상의 이론적 담론과 실천적 의제 설정에 실패하고 말았던 것이다. 사정이 이렇게 된 데에는 또한 그럴 만한 이유가 없지 않을 것이다.

멀리 갈 것도 없이 한국 복지국가의 성격 논쟁을 촉발시킨 바로 이 책, 『복지 자본주의의 세 가지 세계』가 무려 17년만에야 우리 말로 옮겨진 현실에서 옮긴이는 그 상징적인 이유를 찾아볼 수 있다고 생각한다. 복지체제 논쟁의 빌미는 물론 그 이론적 출발점과 실천적 지향점을 동시에 제공해준 『복지 자본주의의 세 가지 세계』가 충분히 한국화되지 않고, 적절히 시민화되지 않은 상황에서 전개된 '그들만의' 논쟁은 애초부터 '찻잔 속의 태풍'으로 그칠 운명을 안고 출발한 것이 아니었을까? 축구의 규칙조차 모르는 관중이 어찌 축구 경기에 열광할 수 있을 것이며, 넓고 튼튼한 아랫돌을 받치지 않은 채 어찌 윗돌을 높이 올려 '아름다운 탑'을 쌓아올릴 수 있을 것인가?

이 책을 번역하면서 옮긴이는 번역 작업의 어려움 외에 우리의 학문적 현실에 비추어 안타까운 마음 한 가지를 숨길 수가 없었다. 이 책을 쓴 에스핑앤더슨의 학문적 배경을 들여다보노라면, 우리나라에서는 절대로 한국판 에스핑앤더슨이 나올 수 없다는 것을 깨닫고 절망감을 느낀 것이다. 에스핑앤더슨은 사회학과 정치학, 경제학 등 사회과학의 기초 분야에 정통한 학자이다. 그런 폭넓은 학문적 배경과 깊이가 있었기에 사회(복지)정책 분야에서 일약 대가로 발돋움할 수 있었던 것이다. 그러나 우리나라에서는 사회(복지)정책은 진정한 사회복지학이 아니라거나, 사회(복지)정책을 사회복지학의 한 분야로 인정하는 진영 안에서조차도 경제학과 사회학, 정치학은 사회(복지)정책 내지 사회복지학과 무관하고, 또 절대로 무관해야만 한다고 고집하는 이들이 많다. 아니, 설령 관계가 있다 하더라도 그것을 애써 부정하고 싶어 하는 사회복지학의 성골(聖骨)들이 너무나도 많다. 심지어 일각에서는 사회학이나 경제학, 정치학을 전공한 학자들에게 비전공자라는 낙인을 찍어 사회복지학의 학문적 영역에 아예 발을 들여놓지 못하도록 제도적 진입 장벽을 높이 쌓는 일에 열중하기까지 한다. 학제적 연구가 거스를 수 없는 대세를 이루는 지구적 추세에 아랑곳없이 좀더 튼튼하고 좀더 높은 '밥줄의 성(城)'을 쌓는 데만 골몰하는 사회복지학계에서 어찌 한국판 에스핑앤더슨이 나올 수 있을 것인가! 아쉽고도 안타까운 현실이 아닐 수 없다.

이 책이 복지국가 내지 사회(복지)정책 연구 분야에서 차지하는 위상과 이 책이 갖는 이론적 · 실천적 의의에 대해서는 이 책의 후미에 「옮긴이 해설」의 형식으로 정리해 보았다. 복지국가론에 익숙하지 않은 독자들은 이 책을 읽기 전에 먼저 「옮긴이 해설」을 읽고 이 책을 접하는 것도 도움이 될 것이다.

이 책을 우리 말로 옮기는 작업은 결코 만만한 작업이 아니었다. 저자의 학문적 배경이 그 끝과 심연을 알 수 없을 만큼 드넓고 깊은 때문이기도 하고, 역으로 옮긴이의 지식과 노력이 미천하기 때문일 수도 있다. 그렇지만, 이 책을 우리 말로 옮기는 작업은 전적으로 옮긴이 혼자의 힘으로 감당하였다. 그러므로 번역상의 오역이나 잘못이 있다면 그것은 고스

란히 옮긴이 혼자만의 책임임을 밝혀둔다. 이 분야의 전문가들로부터 아
낌없는 비판과 질정을 바라마지 않는다. 마지막으로, 오랫동안 말없는 격
려와 함께 '기다림의 미학'을 보여준 성균관대학교 출판부장 최 관 교수
님과 편집부에 이 자리를 빌려 미안함과 감사함의 마음을 함께 표하고자
한다.

2007년 3월 20일
연구실에서 옮긴이 박 시 종 씀

복지국가 문제는 최근 수년 사이에 매력적인 연구 주제로 등장하였다. 1960년대부터 1970년대에 걸쳐 대부분의 나라들에서 복지국가가 눈부신 속도로 성장한 사정을 감안하면, 이러한 현상은 그리 놀라운 일이 아니다. 과거에 국가는 야경국가이자 법과 질서의 국가였으며, 군사국가이자 심지어 전체주의적 지배를 위한 억압기구였다. 그러던 국가가 이제는 사회적 복리(well-being)의 생산과 분배에 특별한 관심을 기울이는 제도로 변모하고 있다. 따라서 복지국가를 연구한다는 것은 자본주의 사회의 역사에서 나타난 이 특이한 현상을 이해하기 위한 수단이라는 의미를 갖는다.

선진 자본주의적 민주주의 국가들을 일별해 볼 때, 국가들은 복지를 강조하는 그 태도 면에서 확실히 다양한 정도의 차이를 보여준다. 예산지출이나 인력의 대부분이 복지라는 목표를 위해 투입되는 경우에도, 공급되는 복지의 종류는 질적으로 다를 수 있다. 이는 경합하는 제반 활동들, 예를 들어 복지, 법과 질서, 혹은 이윤 및 교역의 증진 등 일련의 활동과 관련하여 각국이 우선순위를 서로 다르게 부여하는 데 기인한다.

복지국가주의(welfare-statism)의 싹을 틔우고 그 틀을 형성하는 데 있어 결정적인 역할을 수행한 것은 각국의 역사적 특징이었다. 기든스는 최근의 저서에서 복지국가를 출현시킨 인과요인으로서 전쟁의 영향을 부각시킨 바 있지만(Giddens, 1985), 그 동안 복지국가의 기원을 연구해온 방대한 문헌들은 이 전쟁이라는 역사적 요인을 거의 전적으로 무시해 왔다. 우리가 이 연구에서 기든스의 이같은 주장을 직접 논의할 수는 없다.

그렇지만 절대주의와 권위주의의 지배라는 역사적 요인의 상대적인 영향력을 강조하고자 하는 우리의 설명은 기든스의 주장을 어느 정도 간접적으로 지지해주는 셈이 된다. 그러나 우리의 연구를 이끌어가는 핵심 논지는 정치적 계급연합의 역사가 복지국가 발달의 수준 차이를 좌우하는 가장 결정적인 원인이라는 것이다.

복지국가를 연구하는 시각에는 좁은 시각과 넓은 시각이 공존하고 있다. 좁은 시각을 취하는 연구자들은 복지국가를 사회개량이라는 전통적인 영역의 차원에서 규정한다. 즉 소득이전과 사회 서비스를 중핵으로 하고, 이따금 주택문제 등을 가미하여 언급하는 방식으로 복지국가를 규정하는 것이다. 넓은 시각은 보통 복지국가의 문제를 정치경제의 차원에서 접근한다. 즉 넓은 시각은 경제를 관리하고 조직하는 데 있어 국가가 수행하는 좀더 광범한 역할에 관심의 초점을 맞추는 것이다. 따라서 넓은 시각은 고용과 임금, 그리고 전반적인 거시경제 조정 같은 쟁점들이 복지국가라는 복합체의 필수적인 구성요소라고 간주한다. 이러한 정치경제학적 접근은 이런 의미에서 '케인즈주의 복지국가' 내지 '복지 자본주의'를 자신의 연구 주제라고 생각한다.

이 책에서 우리는 넓은 시각의 접근을 따른다. 우리가 고전 및 근대 정치경제학의 쟁점들로부터 시작하는 이유가 바로 여기에 있다. 그리고 우리가 이 책의 제2부에 해당하는 세 개의 장을 고용 문제와 전반적인 거시경제 조정의 문제에 할애하는 이유 또한 여기에 있다. 이것은 또한 우리가 다른 용어들에 비해 '복지 자본주의' 라든가 '복지국가 체제(welfarestate regimes)' 라는 용어들을 더 선호하는 이유이기도 하다.

'복지국가 체제'는 어떤 의미에서 이 책의 전체를 조직하는 개념이다. 거기에는 몇 가지 이유가 있다. 첫째, 통상적인 그 용법에서 볼 수 있듯이, 복지국가라는 개념은 전통적인 사회개량 정책을 의미하는 것으로 너무나 협소하게 규정되고 있기 때문이다. 둘째, 앞으로 우리가 보여주고자 하는 바가 바로 이것이지만, 현대의 선진 국가들은 전통적인 사회복지 정책들이 형성되어온 그 양상의 측면에서만이 아니라 그러한 정책들이 고용 문제나 전반적인 사회구조에 영향을 미치는 방식의 측면에서도 일정한 군집(群集)을 이룬다는 것이다. '체제'(regimes)라는 용어를 사용한다는 것은 국가와 경제 간의 관계 속에 복잡한 법률적 · 조직적 특징들이 체계적으로 뒤얽혀 있다는 사실을 시사하는 것이다.

넓은 시각의 접근은 하나의 상쇄관계를 함축한다. 우리의 의도는 '큰 그림'을 이해하자는 데 있다. 그러므로 우리는 다양한 사회복지 프로그램들의 상세한 특징들을 시시콜콜 늘어놓지는 않을 것이다. 가령 우리가 일례로 연금을 연구할 때에도, 우리는 연금 그 자체가 아니라 각국의 연금제도들을 통해서 다양한 국가들이 어떻게 공적 연금과 사적 연금이 혼합된 현재와 같은 고유한 체계에 도달하게 되었는지를 밝히는 데에 관심의 초점을 맞춘다. 이와 관련된 상쇄관계는 가령 우리의 연구와 같은 거대 비교 연구에서는 개별 국가들을 상세히 논의하기 어렵다는 사정에서 비롯된다. 이 연구에 포함된 18개국 가운데 어느 한 나라의 실상에 대해 식견이 있는 독자라면 '그' 나라에 대한 필자의 이해가 완전한 오해는 아닐

망정 수박 겉핥기에 그치고 있다는 느낌을 받을 수 있다는 것을 필자는 잘 알고 있다. 이것은 불행하게도 필자의 지적인 한계와 출판사가 배정한 지면의 제한을 감안하더라도, 거대 비교를 하고자 할 때 치르지 않을 수 없는 대가이다.

필자는 마음 속에 두 가지 믿음을 간직한 채 이 책을 저술하였다. 첫 번째 믿음은 복지국가에 관한 기존의 이론적 모델들이 적절치 못하다는 것이다. 필자에게 야심이 있다면 그것은 우리가 복지국가와 관련하여 중요하다고 생각하는 것에 기초하여 복지국가에 관한 재개념화와 재이론화를 제시해 보겠다는 것이다. 사회복지 프로그램의 존재와 거기에 지출되는 화폐의 규모는 복지국가는 과연 어떤 일을 하는가 하는 문제에 비하면 그다지 중요한 문제가 아닐 수 있다. 우리는 탈상품화와 사회 계층화, 그리고 고용 등의 쟁점들이 복지국가의 정체성을 해명하는 열쇠라는 점을 설파하는 데 많은 지면을 할애하고자 한다. 두 번째 믿음은 오직 경험적인 비교 연구만이 근대의 복지국가들을 하나로 묶어주거나 서로 구별해주는 근본적인 속성들을 적절히 밝혀낼 수 있으리라는 것이다. 사회과학의 오랜 꿈은 사회운동의 법칙을 정식화하는 것이다. 사회운동의 법칙을 정식화하는 논리가 자본주의든, 산업주의든, 혹은 근대화나 국가형성이든 상관없이, 그러한 논리들은 거의 언제나 국가들이 서로 유사한 발전 경로를 거쳐 결국엔 하나의 방향으로 수렴해갈 것이라고 가정한다. 말 그대로, 그러한 법칙들에는 거기서 벗어나는 일탈 사례가 없는 것으로 가정되는 것이다.

우리가 비교 연구의 접근을 취하는 까닭은 모든 복지국가들이 예외 없이 단 하나의 유형에 속하는 것은 아니라는 점을 보여주려는 의도를 갖고 있기 때문이다(그리고 그것을 보여주게 되기를 희망하기 때문이다). 사실, 이 책에 제시된 연구는 서로 상당히 분기화된 세 가지 체제 유형을 확인해낸다. 그리고 이 경우 이들 세 가지 체제 유형은 조직화와 계층화, 그리고 사회통합의 차원에서 저마다 독특한 논리를 중심으로 조직되어 있다는 사실도 아울러 확인해낸다. 체제 유형들이 이처럼 저마다 고유한 기원을 갖게 되는 까닭은 역사적인 요인들이 서로 다른 데 기인한다. 또한 이들 유형들은 저마다 질적으로 서로 다른 궤적을 그리며 발전해간다.

제1장에서 우리의 과제는 복지국가에 관한 논의를 정치경제학의 지적인 전통 속으로 다시 끌어들이는 것이다. 그럼으로써 우리는 복지국가 논의와 관련하여 중요한 이론적인 문제들에 보다 분명히 초점을 맞출 수 있게 된다. 이렇게 정치경제학을 토대로 삼을 때, 우리는 복지국가의 두드러진 특징들을 좀더 잘 구체화할 수 있게 될 것이다. 그렇게 되면, 이제 복지국가를 그 지출의 측면에서 개념화하는 전통적인 접근 방식은 더 이상 충분치 않다는 것이 드러나게 될 것이다. 어떤 의미에서 우리의 궁극적인 목표는 복지국가에 관한 연구를 '사회학화'(sociologize)하는 데 있다. 그간의 연구들은 대부분 권력이 많은지 적은지, 산업화의 수준이 높은지 낮은지, 혹은 사회지출의 규모가 큰지 작은지 등을 따지는 식으로 선형성(linearity)의 세계를 가정하고 있다. 우리는 이 책에서 복지국가들이 서로 다른 세 가지 체제 유형으로 군집화(群集化)하는 것으로 이해하

고자 한다. 그리고 우리는 이 세 가지 유형들에 대해 각각 보수주의 체제, 자유주의 체제, '사회 민주주의' 체제라는 이름을 붙이고자 한다. 이들 세 가지 체제들이 오늘날과 같은 유형으로 결정화된 역사적 경과와 그 이후의 발전 양상에 대해서는 선형적인 분석으로는 제대로 설명하기 어렵다.

제2장과 제3장, 그리고 제4장에 걸쳐서 우리는 그 동안 우리가 복지국가의 두드러진 특징이라고 믿어온 것에 대한 새로운 개념화를 제시하고자 한다. 사회권의 확대는 언제나 사회정책의 정수로 간주되어 왔다. 칼 폴라니의 논의에 힘입어, 우리는 '탈상품화'를 할 수 있는 능력의 차원에서 사회권을 규정하고자 한다. 사회권은 사람들로 하여금 순수한 시장관계에 의존하지 않고서도 일정한 생활수준을 유지하도록 해줄 수 있는 그 능력을 기준으로 측정하지 않으면 안 된다. 사회권이 '상품'으로서의 시민들의 지위를 완화시킨다고 하는 것은 바로 이러한 의미에서이다.

사회 계층화야말로 복지국가의 또 다른 중요한 측면이다. 사회정책은 계층화의 문제에 대처하기 위한 것으로 가정되곤 하지만, 그것은 또한 계층화를 창출하기도 한다. 복지국가는 언제나 평등을 산출하는 것으로 간주되어 오긴 했지만, 막상 그 평등의 이미지가 무엇인지에 대해서는 언제나 모호한 상태로 남아 있다. 어떤 분석은 사회적 급여가 불평등을 완화하는 것을 너무나 당연시한다. 다른 분석은 빈곤의 제거나 전반적인 소득분배에 초점을 맞춘다. 그러나 어떤 분석이든 이제까지의 분석들은 복지국가가 그 자체 계층화의 체계라는 점에 대해서는 완전히 무시해 왔다. 복지국가는 기존의 지위 내지 계급차이를 확대시키는가, 아니면 완화시키는가? 다시 말해 복지국가는 이중구조(dualisms)나 개인주의를 창출하는가, 아니면 보편적인 사회연대를 창출하는가? 이런 질문들이 제3장에서 다루게 될 쟁점들이다.

사회권과 사회 계층화는 모두 분배체계에서 국가와 시장이 어떤 관계를 맺고 있느냐에 따라 그 구체적인 양상이 달라진다. 사회 민주주의자들이 보기에, 시장에 의존하여 기본적인 복지 수단을 확보하려 하는 것은 문제가 있다. 왜냐하면 우선 시장은 양도할 수 없는 권리들을 제공하는 데 실패할 뿐만 아니라, 그것은 또한 공정성에도 결함이 있기 때문이다. 자유방임 자유주의자들에게는 복지국가에 의존하는 것이 위험한 것으로 여겨진다. 왜냐하면 복지국가는 자유와 효율성을 훼손하기 때문이다. 제4장에서는 연금의 공사(公私) 혼합체들이 서로 다른 복지국가 체제들 속에 결정화되는 과정에 공공부문과 민간부문의 상호작용이 어떤 기여를 했는가 하는 문제를 검토하게 될 것이다. 여기서 우리가 강조하고자 하는 요점은 두 가지이다. 첫째, 우리가 복지국가를 파악하기 위해 복지국가의 제반 활동을 검토할 때는 반드시 민간부문과의 관련 속에서 그것들을 검토하지 않으면 안 된다는 점이다. 둘째, 시장이나 국가 어느 한쪽만을 선택하여 그것이 복지를 발전시키는 데 있어 좀더 자연스런 제도라고 생각하는 발상은 하나의 신화에 불과하다는 점이다. 오히려 시장은 흔히 정치적으로 창출되는 것이며, 그것은 또한 복지국가 체제 전체에서 필수적인 부분을 구성하는 것이기도 하다.

이 책의 제1부는 복지국가들을 비교 연구하기 위한 분석 차원들을 발전시키는 한편, 이를 토대로 선진적인 자본주의적 민주주의 국가들이 세 가지 서로 다른 체제들로 군집화된다는 사실을 입증해낸다. 제2부는 어떤 과정을 거쳐 이러한 군집화가 이루어졌는가를 검토한다. 이러한 분석에서 우리는 분명 왜 어떤 속성의 측면에서 이런 복지국가들은 저런 복지국가들에 비해 점수가 높거나 혹은 낮은지 그 이유를 해명하는 것으로 만족할 수 없다. 우리는 왜 이 세계가 질적으로 서로 다른 세 가지 복지국가 논리들로 구성되어 있는지 그 이유를 설명하지 않으면 안 된다. 제1부의 제5장에서 우리는 복지국가를 창출하는 과정에서 정치적 힘이 갖는 상대적인 중요성을 확인하기 위해 표준적인 비교 상관분석의 접근법을 활용한다. 그러한 분석의 결과, 우리는 정치가 중요할 뿐만 아니라 그것이 결정적이라는 결론에 도달하게 되는데, 이러한 우리의 결론은 오늘날 학계에 널리 확산되어 있는 합의와 일치한다. 그러나 우리의 연구는 여기서 반드시 노동계급의 정치적 동원만이 중요한 것은 아니라고 생각한다. 대부분의 연구들과 견해를 달리하는 점이 바로 이 점이다. 체제에 따라서는 노동계급의 역할이 주변적인 경우가 있으며, 따라서 이런 경우에 우리는 복지국가의 발달을 해당 국가가 형성되어 온 역사적 과정의 결과로서 이해하거나, 보수주의와 가톨릭주의가 영향을 미친 결과로 이해하지 않으면 안 된다. 우리는 복지국가 발달에 관한 설명을 국민국가들의 정치적 역사 속에서 찾고자 시도하였다.

이 책의 제2부는 탐구의 영역을 대폭 확장시키고 있다. 제2부에서는 복지국가를 창출한 요인은 무엇인가의 측면보다는 복지국가가 우리의 경제에 어떤 영향을 미치는가의 측면에 연구의 초점을 맞춘다. 구체적으로 말하면, 우리는 복지국가와 고용 간의 상호작용의 세 가지 측면에 대해 검토하고자 한다. 먼저 제6장에서 우리는 왜 노동시장의 구조가 복지국가 체제와 밀접한 관련을 맺게 되는지 그 이유를 설명하는 논거를 개진하고자 한다. 이를 통해 우리는 복지국가 체제와 노동시장의 구조 이 양자가 상호 놀라울 정도로 일치한다는 점, 그리고 노동시장의 행동 특징은 어느 국가이냐를 막론하고 복지국가가 어떻게 형성되어 있느냐에 따라 달라진다는 점을 보여주고자 한다.

제7장과 제8장에서는 세 가지 체제 유형에 속하는 국가들 가운데 각 체제를 대표하는 국가 하나씩을 선정하고, 그렇게 선정된 3개의 국가들을 대상으로 복지국가가 고용에 어떤 영향을 미치는가를 한층 상세히 검토하고자 한다. 제7장은 완전고용을 유지할 수 있는 국민국가들의 역량에 초점을 맞춘다. 제8장에서는 고용구조가 포스트 산업사회에 들어 어떻게 변화하고 있는지에 초점을 맞추어 논의한다. 제7장에서는 완전고용을 유지하기 위한 헌신에 수반되는 딜레마와 긴장들을 관리하기 위한 핵심적인 제도로서 복지국가의 역할과 기능을 분석한다. 제8장에서 우리는 포스트 산업사회가 전개되면서 고용의 일반적인 경로가 출현하고 있다고 믿는 것은 잘못임을 설파하고자 한다. 우리는 일반적인 경로가 아니라 질적으로 분기화된 세 가지 고용 궤적을 확인한다. 이들 각 궤적들은 해당 복지국가가 어떻게 구조화되어 있느냐에 따라 그 동학을 달리한다. 우리는 각각의 궤적이 그 나름의 독자적인 계층화 결과를 산출할 뿐만 아니

라, 따라서 또한 서로 매우 다른 갈등의 시나리오를 초래한다는 결론에
도달하게 된다.

결국 우리의 이 책은 복지국가야말로 전후 자본주의의 서로 다른 모델
들이 건설되는 과정에서 핵심적인 역할을 수행한 제도라고 규정한다. 바
로 그렇기 때문에 이 책의 제목도 '복지 자본주의의 세 가지 세계'로 선택
된 것이다.

제 1 부

세 가지 복지국가 체제

제 1 장

복지국가에 관한 세 가지 정치경제학*

고전 정치경제학의 유산

복지국가에 관한 많은 논의들을 이끌어온 질문에는 두 가지가 있다. 첫째, 사회적 시민권의 확장에 따라 계급의 영향력은 축소되고 있는가? 바꾸어 말하면, 복지국가는 자본주의 사회를 근본적으로 변화시키고 있는가? 둘째, 복지국가 발전의 이면에서 그 발전을 추동하는 인과 요인은 과연 무엇인가?

이러한 질문들은 어제 오늘에 들어서 제기된 질문들이 아니다. 사실 이 질문들은 복지국가란 것이 출현했다고 정당하게 주장할 수 있게 된 시점보다도 100년이나 앞서 19세기의 정치경제학자들에 의해 정식화된 질문들인 것이다. 그들이 자유주의 학파냐 보수주의 학파냐, 아니면 마르크스주의 학파냐에 상관없이, 고전 정치경제학자들은 자본주의와 복

---

* 이 책의 제1장은 "복지국가에 관한 세 가지 정치경제학"이란 제목으로 *Canadian Review of Sociology and Anthropology*, Vol. 26: 2(1989)에 발표된 논문에 기초하고 있다.

지의 관계를 해명하는 문제에 골몰하였다. 말할 필요도 없이 그들은 서로 다른 (그리고 통상 규범적인) 답변을 내놓았지만, 그들의 분석은 시장(그리고 소유)과 국가(민주주의)의 관계를 중심으로 수렴하는 공통점을 보여준다.

현대의 신자유주의는 상당 부분 고전적 자유주의 정치경제학의 메아리에 다름 아니다. 아담 스미스(Adam Smith)에게 시장은 계급과 불평등, 그리고 특권을 제거하기 위한 탁월한 수단이었다. 필요 최소한의 개입은 불가피하지만, 그 이상의 국가개입은 경쟁에 기초한 교환의 평등화 과정을 방해하고, 독점과 보호주의, 그리고 비효율성을 창출할 따름이다. 국가는 계급을 고무하는 반면, 시장은 잠재적으로 계급사회를 해체할 수 있다(Smith, 1961, Ⅱ, 특히 pp. 232-6)[1].

자유주의 정치경제학자들이라고 하지만, 그들도 구체적인 정책을 놓고 선택하는 단계에 이르러서는 한 목소리를 낸 것이 거의 아니었다. 낫소 시니어(Nassau Senior)와 후기 맨체스터 학파의 자유주의자들은 스미스에게서 엿보이는 자유방임적 요소를 강조하는 한편, 어떤 형태로든 화폐관계 바깥에서 이루어지는 사회적 보호에 대해서는 반대의 의지를 분명히 하였다. 이들과 달리 존 스튜어트 밀(J. S. Mill)과 '수정 자유주의자들'은 어느 정도의 정치적 규제에 대해서는 찬성하는 입장을 보였다. 그렇지만 자유주의 정치경제학자들은 예외 없이 평등과 번영으로 가는 길은 최대한의 자유시장과 최소한의 국가간섭으로 포장되어 있어야 한다는 데에 대해 의견을 같이하였다.

시장 자본주의를 열광적으로 찬양하는 자유주의 정치경제학자들의

---

1 아담 스미스는 자주 인용되기는 하지만 읽히는 경우는 거의 없다. 그의 저작들을 좀더 자세히 검토해보면 자본주의의 혜택을 거의 광적으로 찬양하는 태도를 애써 억누르려는 뉘앙스와 일련의 유보를 읽어낼 수 있다.

태도는 오늘의 시점에서 보면 정당화되기 어려울지 모른다. 그러나 우리가 잊어서는 안 될 것은 그들이 논박하고자 했던 현실은 국가가 절대주의적 특권과 중상주의적 보호주의, 그리고 만연하는 부패를 옹호하고 있던 현실이었다는 점이다. 그들이 공격의 대상으로 삼았던 것은 자유와 기업가 정신이라는 그들의 이상(理想)을 극력 억압하고 있던 통치체계였던 것이다. 그리하여 그들의 이론은 혁명의 이론이 되었던 것이며, 이런 시각에서 보면 우리는 아담 스미스가 때때로 칼 마르크스(Karl Marx)와 같은 맥락에서 읽히는 이유를 알 수 있게 된다.[2]

많은 자유주의자들에게 민주주의는 아킬레스 건으로 등장하였다. 자본주의가 소자산 소유자들의 세계로 머물러 있던 한에서는, 사유재산 그 자체도 민주주의를 두려워해야 할 이유가 딱히 없었을 것이다. 그러나 산업화의 진전과 더불어 프롤레타리아 대중이 출현하였으며, 이들 프롤레타리아 계급에게 민주주의는 사유재산의 특권을 제한하기 위한 수단이 되었다. 자유주의자들이 보통선거권을 두려워한 데에는 그럴 만한 정당한 이유가 있었다. 보통선거권은 분배투쟁을 정치화하고, 시장을 왜곡하며, 비효율성을 부채질할 가능성이 높기 때문이었다. 많은 자유주의자들은 민주주의가 시장을 침탈하거나 파괴할 것이라고 생각하였다.

보수주의 정치경제학자와 마르크스주의 정치경제학자들도 모두 이러한 모순을 이해하고 있었지만, 양자는 말할 필요도 없이 정반대의 해법을 제시하였다. 보수주의의 입장에 서서 자유방임주의에 대해 가장 일

---

2 『국부론』(The Wealth of Nations, 1961, Ⅱ, p. 236)에서 스미스는 재산 소유자의 특권과 안정을 옹호하는 국가에 대해 다음과 같이 논평하고 있다. "시민 정부는 사유재산의 안전을 위해 설치되어 있는 한에서, 실제로는 부자들을 빈자들로부터 보호하기 위해, 혹은 얼마간의 사유재산을 소유한 자들을 아무것도 소유하지 못한 자들로부터 보호하기 위해 설치되어 있는 것이다."

관련 비판을 가한 축은 독일의 역사학파들, 특히 프리드리히 리스트 (Friedrich List)와 아돌프 바그너(Adolph Wagner), 그리고 구스타프 슈몰러(Gustav Schmoller) 등이었다. 이들은 시장의 적나라한 화폐관계가 경제적 효율성을 보장하는 유일한 수단 내지 최선의 방안이라는 생각을 거부하였다. 보수주의 정치경제학자들은 가부장제와 절대주의야말로 계급투쟁이 없는 자본주의로 나아가는 데 있어 있을 수 있는 최선의 법률적 · 정치적 · 사회적 외피라고 보고, 이러한 가부장제와 절대주의가 영속화하는 것을 자신들의 이상(理想)으로 상정하였다.

어떤 한 유력한 보수주의 학파는 사회복지와 계급화합, 그리고 충성심과 생산성을 동시에 보장해줄 '군주제적 복지국가'(monarchical welfare state)를 제창하기도 하였다. 이 모델에서 효율적인 생산체제를 가능케 하는 것은 경쟁이 아니라 규율이다. 국가와 공동체, 그리고 개인의 미덕들을 조화시키는 면에서 권위주의적 국가가 시장의 혼돈에 비해 훨씬 우월하다는 것이다.[3]

보수주의 정치경제학은 프랑스 혁명과 파리코뮌에 대한 반동으로서 출현하였다. 그것은 노골적으로 민족주의적이고 반혁명적일 뿐만 아니라, 민주주의를 향한 충동을 억압하려는 성격을 드러내고 있었다. 보수주의 정치경제학은 사회적 평준화를 두려워하였고, 위계질서와 계급이

---

3 이러한 전통은 앵글로-색슨의 독자들에게는 사실상 알려져 있지 않다. 왜냐하면 영어로 번역된 문헌이 거의 없기 때문이다. 공개적인 논의에는 물론 훗날의 사회입법에도 커다란 영향을 미친 핵심 문헌은 Adolph Wagner의 『사회문제론』(*Rede Über die Soziale Frage*)(1872)이었다. 이러한 보수주의 정치경제학의 전통을 영어로 개관한 책으로는 Schumpeter(1954), 그리고 특히 Bower(1947)를 보라.
가톨릭 전통에 속하는 기본적인 문헌 두 가지는 두 명의 교황이 발표한 두 가지 회칙, 즉 *Rerum Novarum*(1891)과 *Quadrogesimo Anno*(1931)이다. 가톨릭 사회주의적 정치경제학이라 할 이 회칙들이 내세운 주요 강령은 건강한 가족이 계급 초월적인 조합들(cross-class corporations)로 통합되고, 보충성의 원리에 의해 국가의 지원을 받는 방식으로 사회를 조직화하는 것이었다. 이에 대한 최근의 논의를 위해서는 Richter(1987)를 참조하라.

존재하는 사회를 선호하였다. 지위와 신분, 그리고 계급은 자연적이고 주어진 것이지만, 계급갈등은 그런 것이 아니었다. 만일 우리가 민주주의적인 대중 참여를 용인하고, 권위와 지위에 따른 경계선들이 해체되도록 허용할 경우, 그 결과는 사회질서의 붕괴로 나타난다는 것이다.

마르크스주의 정치경제학은 사람들을 원자화하는 시장의 효과를 혐오했을 뿐만 아니라, 시장이 평등을 보장해준다는 자유주의의 주장에 대해서도 반박하였다. 돕이 지적하고 있듯이(Dobb, 1946), 자본축적은 사람들로부터 사유재산을 박탈해가며, 그리하여 최종적으로 계급분화의 골이 갈수록 깊어지는 사태를 조장한다. 그리고 이러한 계급분화로 인해 갈등이 첨예화함에 따라 자유주의 국가는 자유와 중립성의 이상을 벗어던지고, 유산계급을 옹호하고 나설 수밖에 없게 된다. 마르크스주의의 관점에서는 바로 이것이 계급지배의 토대이다.

마르크스주의에서뿐만 아니라 복지국가에 관한 현대의 논의 전반에서 핵심적인 문제는 자본주의가 창출하는 계급분화와 불평등이 과연 의회 민주주의에 의해 해소될 수 있는 것인지, 있다면 또 어떤 조건 하에서 해소될 수 있느냐 하는 것이다.

민주주의가 사회주의를 불러오지 않을까 하는 우려에서 자유주의자들은 민주주의를 확대하는 데 이렇다 할 열의를 보이지 않았다. 이와 대조적으로, 사회주의자들은 의회주의가 알맹이 없는 빈껍데기에 다름 아니거나, 레닌이 시사한 것처럼, 단순한 '입씨름 장'에 불과한 것이 아닌가 하는 의심을 품었다(Jessop, 1982). 이러한 분석 시각은 현대의 마르크스주의에도 대부분 그대로 반영되어 있다. 그리고 이러한 시각은 또한 사회개혁이란 것은 서서히 붕괴해 가는 자본주의 질서를 떠받치는 버팀목에 다름 아니라는 믿음으로 이어졌다. 사회개혁은 정의상 해방을 추구하는 노동계급의 열망에 화답하는 대응 전략이 될 수 없다는 것이

다.[4]

정치적 권리들이 대폭 확장되고 나서야 비로소 사회주의자들은 의회주의에 대한 좀더 낙관적인 분석을 마음으로부터 수용할 수 있게 되었다. 이와 관련하여 이론적으로 가장 정교한 업적을 낸 연구자들은 아들러(Adler)와 바우어(Bauer), 그리고 에두아르트 하이만(Eduard Heimann) 같은 오스트리아–독일 계열의 마르크스주의자들이었다. 하이만(1929)에 따르면, 보수주의적 개혁을 추진하게 된 동기는 노동동원을 억압하기 위한 열망 외에는 그 무엇도 없다는 것이 사실일지 모른다. 그러나 이러한 개혁들은 일단 도입되고 나면, 모순적인 성격을 띠게 된다. 즉 노동자들이 일단 사회권을 향유하게 되면, 계급권력의 균형은 근본적으로 변해버린다. 왜냐하면 사회임금은 시장과 고용주에 대한 노동자들의 의존을 약화시키고, 따라서 그것은 잠재적인 권력자원으로 변모하기 때문이다. 하이만에게 사회정책은 자본주의 정치경제학에 자본주의와 대립되는 요소를 도입하는 것이라는 의미를 갖는다. 사회정책은 자본주의와 사회주의가 대치하고 있는 전선에 침투해 들어갈 수 있는 트로이의 목마라는 것이다. 이러한 지적 관점은 최근의 마르크스주의에 이르러 다시 활발하게 되살아나고 있다(Offe, 1985; Bowles and Gintis, 1986).

---

4 이같은 분석 시각을 옹호한 주요 학파는 독일의 '국가도출'(state derivation) 학파였다. Muller and Neususs(1973), Off(1972); O'connor(1973); Gough(1979); 그리고 Poulantzas(1973) 등의 저작들이 이 학파에 포함된다. Skocpol과 Amenta(1986)가 자신들의 탁월한 개관에서 주목하고 있는 바와 같이, 이 학파의 접근은 결코 단일 차원적이지는 않다. 예를 들어 Offe와 O'connor, 그리고 Gough 등은 사회개혁의 기능을 대중의 요구에 대한 양보임과 동시에 잠재적으로 모순적인 것으로 생각한다.
역사적으로 의회주의적 개혁에 대해 사회주의자들이 반대의 목소리를 높이게 된 동기는 이론적 차원에 있다기보다는 현실에 뿌리를 두고 있었다. 독일 사회 민주주의의 위대한 지도자 August Bebel이 비스마르크의 개책적인 사회입법을 거부하였던 까닭도 그가 사회적 보호를 지지하지 않아서가 아니라 비스마르크의 개혁 이면에 숨어 있는 노골적으로 반사회주의적이고 분열주의적인 동기 때문이었다.

위에서 개관한 것처럼, 사회 민주주의 모델은 근본적인 평등을 위해서는 궁극적으로 경제의 사회화가 필요하다는 정통파의 논리를 반드시 포기한 것은 아니었다. 그렇지만 이후에 전개된 역사적 경험은 의회주의를 통해서 사회화를 추구한다는 목표는 현실적으로 달성될 수 없다는 점을 입증해 주었다.[5]

사회 민주주의가 평등과 사회주의를 실현하기 위한 지배적인 전략으로서 의회주의적 개혁을 수용하게 된 것은 두 가지 근거를 전제로 한 것이었다. 첫째는 노동자들이 사회주의적 시민으로서 효과적으로 참여하기 위해서는 사회적 자원과 건강, 그리고 교육을 필요로 한다는 것이었다. 두 번째 근거는 사회정책은 해방을 위한 도구일 뿐 아니라 경제적 효율성을 위한 전제조건이기도 하다는 것이었다(Myrdal and Myrdal, 1936). 마르크스의 논리에 따를 때, 이러한 논거에서 복지정책의 전략적 가치는 그것이 자본주의에서 생산력의 지속적인 발전을 촉진하는 데 도움을 준다는 데 있다. 그러나 사회 민주주의 전략의 강점은 또한 사회정책이 권력동원을 촉진하기도 한다는 데 있다. 복지국가는 빈곤과 실업, 그리고 완전한 임금 의존성을 제거함으로써 노동자들의 정치적 역량을 강화시켜주고, 노동자들의 정치적 단결을 저해하는 사회적 분열을 완화해준다는 것이다.

결국 사회 민주주의 모델은 현대 복지국가 논의를 이끌어가는 지배적

---

5 이같은 깨달음을 얻게 된 계기는 두 가지 유형의 경험이었다. 한 가지 경험은 1920년대 스웨덴의 사회주의에서 그 전형을 찾아볼 수 있는 바, 그것은 노동계급 진영에서조차 사회주의를 향한 열망을 그렇게 절실하게 보여주지는 않는다는 발견이었다. 사실 스웨덴의 사회주의자들이 사회화 추진 계획을 준비하기 위해 특별위원회를 설치했지만, 동 위원회는 10년 간의 조사연구 끝에 사회화를 실제로 달성하는 것은 거의 불가능하다고 결론을 내렸다. 두 번째 유형의 경험은 노르웨이의 사회주의자들과 1936년 Blum의 인민전선 정부가 그 전형이라 할 수 있는데, 급진적인 제안들을 내놓는다고 해도 투자를 철회할 수 있고 자본을 해외로 수출할 수 있는 자본가들의 능력에 의해 그러한 제안들은 쉽게 사보타주될 수 있다는 발견이었다.

인 가설들 가운데 하나를 낳은 아버지인 셈이다. 그 가설이란 의회주의적 계급동원이야말로 평등과 정의, 자유, 그리고 연대라는 사회주의의 이상들을 실현하기 위한 수단이 된다는 것이다.

복지국가의 정치경제학

정치경제학의 영역에서 우리의 선배들은 오늘날의 많은 학문적 논의가 출발할 수 있는 분석의 토대를 규정하여 주었다. 그들은 계급, 국가, 시장, 그리고 민주주의 등 핵심적인 변수들을 가려내 주었으며, 또한 시민권과 계급, 효율성과 평등, 자본주의와 사회주의 등과 관련된 기본적인 명제들을 정식화해 주었다. 현대의 사회과학은 과학적으로 결정적인 두 가지 전선에서 고전 정치경제학과 구분된다. 첫째, 현대의 사회과학은 자신을 실증과학으로 규정하면서 규범적 처방을 회피하려고 한다 (Robbins, 1976). 둘째, 고전 정치경제학자들은 역사의 다양한 변이에 대해서는 거의 관심을 두지 않았다. 그들은 자신들의 학문적 노력을 보편적인 법칙 체계를 밝혀내기 위한 작업으로 생각하였다. 현대의 정치경제학도 경우에 따라서는 절대적인 진리의 존재에 대한 믿음을 여전히 고수하고 있긴 하지만, 오늘날 거의 모든 양질의 정치경제학을 떠받치고 있는 방법은 대상의 다양성과 상호 침투 가능성을 드러내주는 비교론적이고 역사적인 방법이다.

이러한 차이점에도 불구하고, 최근의 학문적 논의는 대부분 19세기의 정치경제학자들이 규정해놓은 국가—경제의 관계에 그 초점을 맞추고 있다. 그리고 복지국가가 거대한 성장을 보인 사정을 감안할 때, 복지국가가 서로 경합하는 정치경제학 이론들의 적실성을 판단하기 위한 주요

시금석이 되었다는 것은 이해할 만한 일이다.

우리는 아래에서 선진 자본주의 국가들에서 전개된 복지국가의 발전에 관한 비교 연구들의 성과에 대해 개괄적으로 검토하게 될 것이다. 그리고 오늘날 대부분의 학문적 논의들이 대체로 그 이론적 토대로부터 유리되어 있음으로 인해 그 방향 자체가 잘못 설정되었다는 주장을 개진하고자 한다. 그러므로 복지국가를 적절히 연구하고자 한다면, 우리는 정치경제학의 방법론뿐만 아니라 그 개념들까지도 재구성하지 않으면 안 된다. 제1장의 마지막 소절은 이 주제에 초점을 맞추게 될 것이다.

복지국가를 설명함에 있어서는 두 가지 유형의 접근이 지배해 왔다. 한 가지 접근은 구조와 전체 체계를 강조하며, 다른 하나의 접근은 제도와 행위자에 초점을 맞춘다.

체계론적/구조주의적 접근

체계이론 혹은 구조주의 이론은 발전의 논리를 총체주의적으로(holistically) 포착하려고 한다. 발전의 '의지를 갖고 있는' 주체는 체계이며, 따라서 현실 속에서 발생한 사태는 쉽사리 사회와 경제의 재생산을 위한 기능적 요건인 것으로 해석된다. 이 접근은 그 관심을 체계의 운동법칙에 집중하기 때문에 국가 간의 차이보다는 국가들을 초월하는 유사성을 강조하는 성향을 보인다. 산업화 내지 자본주의화가 문화의 차이 내지 권력관계의 차이 등에 비해 발전을 더 많이 결정한다고 보는 것이다.

이 접근에 속하는 한 분파는 산업사회에 관한 이론으로 시작하는데, 이 이론은 산업화야말로 사회정책을 필요하고도 동시에 가능하게 만든 요인이라고 주장한다 — 사회정책이 필요해지는 까닭은 사회적 재생산을 가능케 해주던 산업사회 이전의 양식들, 예를 들어 가족과 교회, 노블리스 오블리제, 그리고 길드적 연대 등이 사회이동, 도시화, 개인주의, 그리고 시장 종속 등과 같은 근대화의 위력들에 의해 파괴되었기 때문이라는 것이다. 문제의 요체는 시장이 더 이상 적절한 대안이 아니라는 데 있다. 시장은 그 안에서 성과를 발휘할 수 있는 사람들의 요구에만 부응하기 때문이다. 바로 그렇기 때문에 국민국가가 나서서 '복지기능'을 담당하게 되었다는 것이다.

또한 이 이론은 복지국가가 합리적이고 보편주의적이며 효율적인 조직 형태로서 근대 관료제가 등장한 데 힘입어 성립한 것이라고 파악한다. 근대 관료제는 집합재를 관리하기 위한 수단일 뿐만 아니라 동시에 그 자체로서 권력의 중추이며, 따라서 그것은 스스로 자신의 성장을 가속화하는 성향을 보인다. 이런 식의 추론이 이른바 '산업화 논리'의 골자에 해당하거니와, 이 시각에 따르면 복지국가는 근대의 산업경제가 전통적인 사회제도들을 파괴할 때 등장하게 되어 있다(Flora and Alber, 1981; Pryor, 1969). 그러나 이러한 산업화의 명제는 왜 전통적인 공동체가 효과적으로 파괴된 지 50년, 아니 경우에 따라서는 심지어 100년이나 지난 뒤에야 비로소 정부의 사회정책이 출현했는지 그 까닭을 제대로 설명하지 못하는 한계가 있다. 이 문제에 대한 기본적인 답변은 1883년의 바그너 법칙(Wagner, 1962)*이나 알프레드 마샬(Alfred Marshall, 1920)의 논리에서 구해진다—그 논리란 곧, 희소한 자원을 생산적 활용(투자)으로부터 복지로 전환하기 위해서는 일정한 수준의 경제발전과 경제잉여가 요구된다는 것이다(Wilensky and Lebeaux, 1958). 이런 의미에서 이 시각은 구(舊)자유주의자들의 논리를 답습하고 있다고 할 수 있다. 사회적 재분배는 효율성을 위태롭게 하며, 오직 일정한 경제적 수준에 도달할 때만이 재분배와 효율성 간의 네거티브

섭적인 상쇄관계를 피할 수 있게 해줄 수 있다는 것이다(Okun, 1975).

새로운 구조주의적 마르크스주의 역시 놀라울 정도로 이와 유사한 논리를 구사한다. 이 접근은 그 선배들이 갖고 있던 강력한 행위 중심적 이론의 경향을 포기하고, 복지국가는 자본주의 생산양식의 필연적인 산물이라는 논거를 분석의 출발점으로 삼는다. 자본축적은 모순을 창출하고, 이 모순은 사회개혁을 불가피하게 만든다는 것이다(O'connor, 1973). '산업화 논리'의 전통에서와 마찬가지로, 이러한 마르크스주의의 전통에 따르면, 복지국가는 노동조합이든 사회주의 정당이든, 인간주의자들이든, 혹은 계몽된 개혁가들이든 그 어떤 정치적 행위자들에 의해 발전되어야 할 하등의 이유가 없게 된다. 이 논거의 골자는 이러한 정치적 행위자들에 상관없이 국가는 그 자체 자본의 집합적 욕구에 복무하도록 자리매김되어 있다는 것이다. 결국 이 이론은 두 가지 중요한 가정을 전제로 한다. 첫째, 권력은 구조적이라는 가정이고, 둘째, 국가는 계급지배로부터 '상대적으로' 자율적이라는 것이다(Poulantzas, 1973; Block, 1977; 이러한 문헌에 대한 최근의 비판적 평가를 위해서는 Therborn, 1986a; and Skocpol and Amenta, 1986을 참조하라).

'자본주의 논리'라고 규정할 수 있는 이러한 시각은 까다로운 문제에 직면한다. 쉐보르스키가 주장하듯이(Przeworski, 1980), 만일 노동계급의 동의가 물질적 헤게모니에 기초하여 확보되는 것이라면, 다시 말해 그럴 때 비로소 노동계급이 체계에 자발적으로 복종한다고 한다면, 왜 국민생산의 40퍼센트까지나 복지국가의 정당화 활동에 쏟아부어야 하는지 그 이유를 해명하기가 어려워진다. 두 번째 문제는 국가의 활동을 '생산양식'에 대한 분석으로부터 도출하는 데서 빚어진다. 동구권은 어쩌면 사회주의라고 자임할 수는 없을지 모르지만, 그렇다고 해서 자본주의인 것도 아니다. 그렇지만 그러한 동구권에서도 역시 우리는 '복지국가'를 발견하고 있다. 그것이 어떤 형태로 진행되든 상관없이 모든 축적은 기능적 요건을 필요로 한다는 것인가?(Skocpol and Amenta, 1986; Bell, 1978).

제도주의적 접근

고전 정치경제학자들은 민주주의 제도가 어찌하여 복지국가의 발전에 영향을 미치는지 그 이유를 명확히 밝혀주었다. 자유주의자들은 완전한 민주주의가 시장을 위협하고 사회주의를 출범시키지나 않을까 두려워하였다. 그들의 견해에 따르면, 자유가 성립하기 위해서는 정치적 간섭으로부터 시장을 보호하는 것이 필수적이다. 실제로 자유방임형 국가가 달성하고자 노력했던 목표가 바로 이것이었다. 그러나 많은 제도주의적 분석을 촉발한 계기는 정치와 경제를 분리시켜서 접근하는 바로 이러한 식의 시각이었다. 폴라니(Polanyi, 1944)를 대표적 논자로 하고, 또한 역사학파에 속하는 많은 민주주의 반대론자들에 의해 대표되는 제도주의적 접근은 사회적·정치적 제도로부터 경제를 분리시키고자 하는 노력은 어떤 것이든 인간 사회를 파괴하게 될 것이라고 주장한다. 경제는 그 자신의 존립을 위해 사회 공동체에 배태되어 있지 않으면 안 된다. 그리하여 폴라니는 사회정책을 사회와 경제의 재통합을 위한 필수적인 전제조건의 하나로 파악한다.

제도주의적 배치 이론으로서 최근에 나타난 흥미로운 변종의 하나는 국제시장에 특별히 취약한 소규모의 개방경제에서 복지국가가 좀더 쉽게 출현한다는 논거를 제시한다. 카첸슈타인(Katzenstein, 1985)과 카메론(Cameron, 1978) 등이 보여주는 바와 같이, 경영과 노동 양측이 모두 대내적 통제가 미치지 않는 힘들에 종속되어 있는 경우, 정부개입과 이익조정을 통해 계급 간 분배투쟁을 규제하려는 성향이 좀더 커진다는 것이다.

민주주의가 복지국가에 영향을 미친다는 점은 일찍이 J. S. 밀과 토크빌(Alexis de Tocqueville) 이래 많은 논자들이 한결같이 주장해온 논거이다. 그런데 이러한 논거 속에는 전형적인 경우 어떤 특정한 사회적 행위 주체나 계급의 존재에 관한 언급이 빠져 있는 것이 보통이다. 이런 논거를 제도주의라고 부르는 까닭은 바로 이런 의미에서이다. 이 논거의 고전적인 정식화는 단순히 국민의 대다수는 시장의 약점이나 시장의 위험을 보충하기 위해 사회적 분배를 지지하리라는 것을 그 핵심적 논거로 한다. 물론 임금 소득자들이 사회임금을 요구할 수 있다고 한다면, 자본가들 (혹은 농장주들) 역시 마찬가지로 관세와 독점, 혹은 보조금의 형태로 보호를 요구할 수 있을 것이다. 그러나 민주주의는 국민 다수 쪽의 요구에 저항할 수 없는 제도라는 것이다.

이러한 '민주주의 논리'는 근대적인 정식화가 이루어지면서 많은 변종들이 생겨났다. 그 가운데 하나의 변종은 국가형성의 여러 단계들에 주목하는 가운데 완전한 시민권이 사회권까지를 포함시키는 방향으로 확장되어가는 과정을 확인한다(Marshall, 1950; Bendix, 1964; Rokkan, 1970). 두 번째의 변종은 다원주의 및 공공선택 이론에 의해 발전된 것으로, 민주주의는 중위 투표자를 둘러싼 치열한 정당 경쟁을 유발하고, 이 경쟁은 다시 공적 지출의 상승을 부채질하기 마련이라고 주장한다. 예를 들어 터프트의 주장에 따르면(Tufte, 1978), 선거를 전후로 하여 유권자 동원의 수단으로서 공적 개입이 크게 확장되는 현상이 목격된다는 것이다.

이러한 민주주의 논리 역시 상당히 까다로운 경험적 문제에 직면하게 된다(Skocpol and Amenta, 1986). 이 접근은 민주적 권리가 확대될수록 복지국가가 발전할 가능성이 더 높아진다고 주장하지만, 이러한 명제는 역사적 사실과 배치된다. 즉 복지국가를 출범시킨 최초의 중요한 조치들은 민주주의보다 시기적으로 앞서 도입되었으며, 오히려 그러한 민주주의의 실현을 억제하기 위한 열망을 강한 동기로 하고 있었다는 것이다. 이것은 확실히 나폴레옹 3세 치하의 프랑스에서 그러하였으며, 비스마르크 치하의 독일이 그러하였고, 폰 타페(von Taaffe) 시대의 오스트리아가 그러하였다. 오히려 복지국가는 미국이나 오스트레일리아, 스위스 등과 같이 민주주의를 일찌감치 도입한 국가들에서 가장 뒤늦게 발전하였던 것이다. 이러한 외견상의 모순은 오직 사회계급과 사회구조를 고려에 넣을 때만이 제대로 설명될 수 있다. 즉 민주주의가 일찍 발달한 국가들은 압도적으로 농업국가였으며, 따라서 소자산 소유자들에 의해 지배되었는 바, 이들 소자산 소유자들은 조세를 올리기 위해서가 아니라 그것을 끌어내리기 위해서 자신들의 선거 권력을 행사하였다(Dich, 1973). 반면에, 권위주의 정치체제 하의 지배계급들은 대중들의 의지 여하에 상관없이 그들에게 무거운 세금을 부과할 수 있는 보다 유리한 입지를 확보하고 있었다는 것이다.

정치적 행위 주체로서의 사회계급

앞서 살펴본 바와 같이, 계급동원 명제의 논거는 사회 민주주의적 정치경제학에 그 근거를 두고 있다. 이 명제는 변화의 주요 동인(動因)으로 사회계급을 강조한다는 점에서, 그리고 계급권력의 균형이 분배의 결과를 결정한다고 주장한다는 점에서 구조주의나 제도주의 분석과 궤를 달리한다. 적극적인 계급동원을 강조한다고 해서 그것이 반드시 구조화된 권력이나 헤게모니 권력의 중요성을 부인하는 것은 아니다 (Korpi, 1983). 그러나 계급동원 이론은 의회에 대해 원칙적으로 동원된 권력을 소기의 정책과 개혁으로 전환하기 위한 효과적인 제도라고 주장한다. 따라서 의회정치는 헤게모니를 뛰어넘어 그것을 극복할 수 있으며, 또한 자본에 대해 적대적인 이해관계를 위해서 복무하도록 동원될 수도 있다. 나아가 계급동원 이론은 복지국가가 목전에 드러나는 체계의 병리 현상들을 그저 완화하는 데 그치는 것이 아니라 그 이상의 기능을 수행한다고 가정한다. 다시 말해 '사회 민주주의적' 복지국가는 그 자체로서 임금 소득자들을 위한 중요한 권력자원을 창출하며, 따라서 노동운동을 강화시켜준다는 것이다. 하이만이 처음 주장한 것처럼 (Heimann, 1929), 사회권은 자본가 권력과의 대치 전선에서 자본가 권력을 밀어낼 수 있는 무기가 된다는 것이다.

복지국가 그 자체가 왜 하나의 권력자원이 되는지 그 이유를 밝히는 문제는 계급동원 이론의 적용 가능성을 판가름하는 결정적인 의미를 갖는다. 이러한 질문에 대한 답변은 시장 속의 임금 소득자들은 본질적으로 원자화되고 계층화된다는 사실—그리하여 임금 소득자들은 서로 경쟁을 벌이지 않을 수 없고, 불안정하며, 따라서 그들은 스스로의 힘으로 통제할 수 없는 결정과 힘들에 종속되지 않을 수 없게 된다는 사실에서 모색된다. 임금 소득자들의 이러한 처지로 인해 그들은 집합적 연대와 동원을 할 수 있는 자신들의 역량을 제대로 발휘할 수 없게 된다. 보편주의적 복지국가가 추구하는 사회권과 소득보장, 평등화, 그리고 빈곤 철폐 등은 집단적인 권력동원이 필요로 하는 세력과 단결을 위해 필수적인 전제조건이 되는 것이다(Esping-Andersen, 1975a).

이러한 계급동원 명제가 안고 있는 가장 골치 아픈 문제의 한 가지는 권력동원의 조건을 어떻게 구체화하느냐 하는 것이다. 권력은 유권자의 머릿수와 단체교섭력을 근원으로 하는 자원들에 의존한다. 권력동원은 다시 노동조합의 조직화 수준, 득표율, 그리고 좌파 내지 노동 정당이 장악하고 있는 의회와 내각에서의 의석 점유율에 의존한다. 그러나 어떤 한 행위 주체의 권력이 단순히 그 자신의 자원에 의해서 표현될 수는 없다. 그 권력은 경합하는 세력들의 자원에, 그 동원의 역사적 지속 가능성에, 그리고 권력연합의 양상에 의존하기 마련이다.

계급동원 명제에 대해서는 몇 가지 타당한 반론이 제기된다. 특히 세 가지 반론이 제법 근본적인 비판에 속한다. 그 한 가지 반론은 의사결정과 권력의 소재가 의회로부터 신조합주의적인 이익중재 제도들로 이동할 수 있다는 것이다(Shonfield, 1965; Schmitter and Lembruch, 1979). 두 번째 반론은 복지국가의 발전에 영향을 미칠 수 있는 노동 정당의 역량은 우파 정당의 권력구조에 의해 제한된다는 것이다. 캐슬즈는 보수파 정당들 간 통합의 정도가 좌파 정당의 권력 활성화보다 더 중요한 의미를 갖는다고 주장한 바 있다(Castles, 1978; 1982). 다른 논자들은 네덜란드, 이탈리아, 독일 등과 같은 나라들에서는 종파적인 (보통은 사회 가톨릭주의적인) 정당들이 노동계급의 분파들을 동원하고 사회주의 진영의 경쟁자들과 근본이 다르지 않은 복지국가 프로그램들을 추진한다는 사실을 강조하였다(Schmidt, 1982; Wilensky, 1981). 또 다른 정당한 비판으로, 계급동원 명제는 그것이 스웨덴 중심주의(Swedocentrism)라는 이유로, 다시 말해 지나치게 스웨덴의 극히 예외적인 경험에 기초하여 권력동원의 과정을 규정하는 성향을 보인다는 이유로 비판을 받는다(Shalev, 1984).

이러한 반론들은 계급형성에 관한 계급동원 이론의 가정에 근본적인 오류가 있다는 것을 암시한다. 말하자면, 우리는 임금 소득자들이 동원되는 경우 당연히 사회주의를 그 기치로 내세우게 될 것이라고 가정할 수는 없다는 것이다. 사실, 노동자들이 어떤 조건 하에서 사회주의자가 되는지에 대해서는 아직 충분한 해명이 이루어지지 않고 있다. 역사적으로 볼 때, 노동자 동원의 자연스런 조직적 토대로 기능했던 것은 전(前) 자본주의적인 공동체들, 특히 길드였지만, 또한 교회와 민족, 혹은 언어 역시 그러한 토대로 기능하였다. 허위의식 탓이라는 기왕에 준비된 설명이 없지 않지만, 이러한 설명도 왜 네덜란드와 이탈리아, 그리고 미국의 노동자들이 여전히 사회주의와 무관한 원리들에 기초하여 계속 동원되고 있는지 그 이유를 제대로 설명해내지 못한다. 스웨덴의 노동계급 사이에 사회주의가 지배적인 까닭은 네덜란드 노동자들 사이에 신앙고백주의(confessionalism)가 지배하는 이유 만큼이나 수수께끼가 아닐 수 없는 것이다.

어쩌면 가장 근본적인 비판으로, 세 번째 반론은 계급동원 모델이 권력에 대해 선형적인 시각을 갖고 있는 문제와 관련된다. 득표율과 노조의 조직화, 그리고 의석이 수적으로 증가하면 그것이 복지국가주의의 확대로 전환될 것이라고 주장하는 것은 문제가 있다는 것이다. 첫째, 다른 정당들에게도 마찬가지이지만, 사회주의 정당들에게도 역시 의회내 다수파가 되기 위한 마(魔)의 '50퍼센트'라는 벽은 그야말로 난공불락인 것으로 보인다(Przeworski, 1985). 둘째, 만일 사회주의 정당들이 전통적인 의미에서의 노동계급을 대표한다고 한다면, 그 정당들은 자신들이 도모하고 있는 사회주의 기획에 결코 성공하지 못할 것이 명약관화하다. 전통적인 노동계급이 수적으로 다수파가 된 것은 극히 이례적

---

6 이것이 의회주의적 계급론만의 문제가 아니라는 것은 분명하다. 구조주의적 마르크스주의 역시 신중간계급의 계급적 성격을 구체화하는 것과 관련하여 똑같은 문제에 직면하고 있다. 만일 그렇게 구체화했으면서도 그러한 설명이 신중간계급이 새로운 노동계급을 구성한다는 것을 입증하는 데 실패한다면, 마르크스주의 이론의 양대 계보는 모두 (비록 동일한 문제는 아니지만) 심각한 문제에 직면하게 된다.

인 경우에 불과하다. 게다가 노동계급의 역할 역시 급속히 주변화되고 있기 때문이다.[6]

선형적인 권력관의 문제와 노동계급의 소수파 문제를 동시에 해결해 줄 수 있는 가장 유력한 방안이 있다면 그것은 어쩌면 최근 획기적인 계급연합 명제를 근대국가의 전환 과정에 적용한 배링턴 무어(Barrington Moore)의 연구에서 찾을 수 있을지 모른다(Weir and Skocpol, 1985; Gourevitch, 1986; Esping-Andersen, 1985a; Esping-Andersen and Friedland, 1982). 계급연합 명제를 적용할 경우, 완전고용에 대한 케인즈주의의 헌신과 사회 민주주의적 복지국가 구조가 성립할 수 있었던 배경은 (정도의 차이가 있긴 하지만) 강력한 노동계급 운동이 농민 조직과 정치연합을 결성할 능력을 보유하고 있었다는 사실에 의해 설명될 수 있다. 여기에 덧붙이자면, 사회 민주주의가 지속될 수 있었던 것도 노동계급과 화이트 칼라 사이에 새로운 정치연합이 형성된 데 힘입은 것이라는 주장도 가능해진다.

계급연합 접근법은 또 다른 이점을 갖는다. 두 개의 국가들, 예를 들어 오스트리아와 스웨덴은 노동계급 동원의 변수에서는 비슷한 점수를 기록할지 모르지만, 그 정책에 있어서는 상당히 대조적인 결과를 산출하고 있다. 이러한 현상은 두 나라에서 계급연합 형성의 역사가 달랐다는 사실에 의해 설명될 수 있다. 이를테면, 스웨덴에서 사회 민주주의적 헤게모니가 약진할 수 있었던 것은 사회 민주주의 세력이 농민들과 저 유명한 '적록' 동맹을 결성할 수 있는 역량을 발휘했다는 사실에 의해 설명된다. 반면, 오스트리아의 사회주의자들이 스웨덴과 비교하여 불리한 처지에 놓이게 되었던 것은 농촌계급들이 보수연합에 발이 묶여 있는 바람에 사회주의자들이 '게토'의 지위로 고립화되어 있었던 사실에 의해 설명되는 것이다(Esping-Andersen and Korpi, 1984).

요컨대, 우리는 사회적 범주에만 초점을 맞출 것이 아니라 사회적 관계의 차원에서도 생각하지 않으면 안 된다. 구조기능주의적 설명은 복지국가의 결과들이 수렴화하는 현상을 확인해낸다. 그런가 하면, 계급 동원 패러다임은 복지국가들 사이에서 커다란 차이를 확인하긴 하지만, 그 차이들이 어디까지나 단선적으로 분포되어 있는 것으로 간주한다. 이에 반해, 계급연합 접근 같은 상호작용 모델은 복지국가 체제들이 분기화되어 있는 모습에 눈길을 돌릴 수 있게 해준다.

복지국가란 무엇인가?

모든 이론적 패러다임들은 모름지기 어떤 식으로든 복지국가에 대한 정의를 내리지 않으면 안 된다. 만일 어떤 복지국가가 있어 산업주의의 욕구나 혹은 자본주의의 재생산과 정당화의 욕구에 기능적으로 화답한다고 할 때, 그것이 사실인지 어떤지 우리가 어찌 알 수 있단 말인가? 또한 어떤 복지국가가 과연 동원된 노동계급이 가지고 있을 수 있는 요구에 부응하고 있는지 어떤지 우리가 어떻게 확인할 수 있단 말인가? 만일 우리가 설명해야 할 문제 현상에 대해 공통적인 개념을 공유하고 있지 않다면, 우리는 경합하는 주장들 사이에서 어떤 주장이 옳고 그른지를 판별할 수 없게 될 것이다.

복지국가를 논하고 있는 문헌들이 보여주는 이해할 수 없는 특징이 있다면, 그것은 놀랍게도 이 문헌들이 한결같이 복지국가 그 자체에 대해서는 이렇다 할 진지한 관심을 기울이지 않고 있다는 사실이다. 복지국가를 연구하게 된 동기들을 분석해 보면, 그것은 다른 현상들, 예를 들면 권력이나 산업화, 혹은 자본주의의 모순 같은 현상들에 관한 이론적 관심을 배경으로 하고 있다. 복지국가 그 자체에 대해 개념적으로 주목한 경우는 전반적으로 매우 드문 것이다. 만일 복지국가들이 서로 다르다고 한다면, 그들은 서로 어떻게 다른가? 그리고 사실 어떤 한 국가에 대해 어느 시점부터 복지국가라고 정의할 수 있는 것인가? 이러한 질문들을 접하고 보면, 다음과 같은 원초적인 질문으로 다시 돌아가게 된다. 즉 복지국가란 무엇인가?

교과서들에 실려 있는 공통적인 정의는 복지국가란 그 시민들을 위해 어느 정도의 기본적인 복지를 보장해줄 것을 책임지는 국가라는 것이다. 이러한 정의는 다음의 여러 가지 쟁점들, 즉 사회정책이 해방을 지향하는지 그렇지 않은지, 그것이 체계의 정당화에 도움이 되는지 어떤지, 그러한 사회정책은 시장 과정과 모순되는지 아니면 그것을 촉진하는지, 그리고 도대체 '기본적'이라는 것이 어떤 의미인지 등의 쟁점들을 우회해버리고 만다. 우리가 복지국가에 대해 우리의 기본적인 욕구 내지 최저한의 복지 욕구 이상을 충족시켜 달라고 요구할 경우, 그러한 요구는 적절하지 않다는 말인가?

비교 연구를 시도한 제1세대는 다음과 같은 유형의 개념화로부터 연구를 시작하였다. 그들은 충분한 성찰도 하지 않은 채 사회지출의 수준이 어떤 한 국가의 복지 노력을 적절히 반영한다고 가정하였다. 그들의 이론적 의도는 복지국가를 진정으로 이해해 보자는 데 있는 것이 아니라, 정치경제학 내에서 경합하는 여러 이론적 모델들의 타당성을 검증해 보자는 데 있었다. 이러한 시도의 바탕에는 도시화, 경제성장의 수준, 그리고 인구학적 구조상 고령자 비율 등을 기준으로 각 국가들에 점수를 부여함으로써 산업적 근대화의 핵심적 특징들을 적절히 고려할 수 있다는 믿음이 깔려 있었다. 혹은 또 다른 접근으로서 권력 지향적 이론들은 좌파 정당의 힘이나 노동계급의 권력동원을 기준으로 국가들을 비교 연구하였다.

제1 세대 비교 연구자들의 업적을 평가하기란 쉬운 일이 아니다. 왜 냐하면, 그 어떤 이론이든 그 이론의 타당성을 지지해줄 설득력 있는 사례가 존재하지 않기 때문이다. 비교의 대상이 되는 국가들의 수가 충분치 않을 경우에는 통계적으로 동시에 검증할 수 있는 변수들의 수 역시 한정될 수밖에 없게 된다. 예를 들어, 커트라이트(Cutright, 1965)나 윌 렌스키(Wilensky, 1975)는 인구학 및 관료제 요인들과 더불어 경제발 전의 수준이 '부유한 국가들'에서 발견되는 복지국가 발전의 편차를 대 부분 설명해준다는 것을 밝혀내고 있지만, 이 경우에 그들은 노동계급 동원이나 경제적 개방성 같은 관련 측정치들은 연구에 포함시키지 않고 있다. '산업화 논리'의 관점을 지지해주는 것으로 판명된 그들의 결론은 따라서 의문의 대상이 될 수밖에 없게 된다. 그리고 휴이트(Hewitt, 1977)와 스테판스(Stephens, 1979), 코르피(Korpi, 1983), 마일즈 (Myles, 1984a), 에스핑앤더슨(1985b) 등은 노동계급 동원의 명제를 지지해주는 강력한 증거를 발견해내고 있는가 하면, 슈미트(Schmidt, 1982; 1983)는 신조합주의의 주장을 뒷받침해주는 증거를 확보하고 있 으며, 카메론(Cameron, 1978)은 경제적 개방성의 논거를 지지하는 근 거를 찾아내고 있다. 그러나 이 모든 발견에도 불구하고, 이런 발견들 가운데 똑같이 타당한 대안적인 설명들에 견주어 완벽하게 검증을 거친 경우는 거의 찾아볼 수 없는 것이다.[7]

이런 연구들은 대부분 복지국가에 대해 설명하고 있다고 자처한다. 하지만 그런 연구들이 재정지출에만 초점을 맞추는 것은 오류를 범하는

---

[7] 이러한 문헌들을 아주 상세히 검토한 연구자들은 적지 않다. 예를 들면 Wilensky *et al*.(1985)를 보라. 좀더 비판적인 입장에서 탁월한 평가를 한 문헌으로는 Uusitalo(1984), Shalev(1983), 그리 고 Skocpol and Amenta(1986) 등을 참조하라.

제1장 복지국가에 관한 세 가지 정치경제학 • 49

것일 수 있다. 재정지출은 복지국가의 이론적 실체에 비하면 부수적인 현상일 따름이다. 더군다나 각 국가들을 (권력이나 민주화, 혹은 재정지출 등을 기준으로 삼고 그것들이 많으냐 적으냐에 따라) 점수를 부여하고, 그 점수들을 하나의 직선 위에 배열하는 선형적인 점수화 접근법은 권력과 민주주의, 혹은 복지란 것이 관계적인 현상이자 구조화된 현상이라는 사회학적 시각과 모순된다. 재정지출을 기준으로 복지국가들에 대해 점수를 부여한다는 것은 우리가 모든 지출을 똑같이 중요한 것으로 가정하고 있다는 것을 의미한다. 그러나 일부 복지국가들, 예를 들어 오스트리아 같은 복지국가는 특권적 지위에 있는 공무원들을 위한 급여에 상당한 비중의 재정을 지출한다. 이런 목적의 지출은 보통 우리가 사회적 시민권과 연대를 위한 헌신이라고 생각할 수 있는 범주에 해당한다고 보기 어렵다. 그런가 하면, 다른 복지국가들은 자산조사형 사회부조에 지나치리만큼 많은 재정지출을 한다. 이러한 지출은 구빈법 전통의 수정판이라 할 수 있는 것으로, 이런 식의 지출에 대해 복지국가를 위한 헌신이라고 간주하는 견해에 동의할 사람은 오늘날의 분석가들 중에는 거의 없을 것이다. 어떤 국가들은 또 주로 중간계급에게 혜택이 돌아가는 사적 보험계획들을 위해 세제상의 특전이라는 형태로 방대한 규모의 복지예산을 지출한다. 그러나 이런 종류의 조세지출(tax expenditures)*은 재정지출 회계에는 포착이 되지 않는다. 영국의 경우, 대처의 집권기 동안에 사회지출의 총액이 성장했지만, 이것은 거의 전적으로 실업률이 하늘 높을 줄 모르고 치솟은 데 따른 결과이다. 어떤 프로그램을 위한 지출 수준이 낮다는 것은 해당 복지국가가 완전고용을 위해 좀더 진지하게 헌신하고 있다는 사실을 의미할 수도 있는 것이다.

요란 테르본은 국가구조의 개념으로부터 시작해야만 한다고 주장하는데(Goeran Therborn, 1983), 이런 그의 주장은 정당한 것이다. 어떤 국가가 복지국가인지 어떤지, 그리고 그 국가는 언제 복지국가가 되는 것인지를 판단하기 위한 기준은 무엇인가? 이러한 질문에 대한 답변에는 세 가지 접근법이 있을 수 있다. 테르본은 국가 활동의 역사적 전환점을 기준으로 삼을 것을 제안한다. 진정한 의미의 복지국가라면 최소한 그 일상적인 정규 활동의 대부분이 각 가정의 복지 욕구를 충족시키는 데 투입되어야만 한다는 것이다. 그런데 이러한 기준을 적용할 경우 상당히 곤란한 문제가 발생한다. 만일 우리가 국가의 정규 활동을 단순히 지출과 인력의 측면에서만 측정할 경우, 1970년대까지는 그 어떤 국가도 참다운 복지국가로 간주할 수 없게 되는 결과가 나타난다. 그리고 우리가 통상적으로 복지국가라고 이름하는 일부 국가들도 그 자격을 잃고 말 것이다. 왜냐하면 그 국가들의 정규 활동은 대부분 국방과 법질서, 혹은 행정 따위와 관련되기 때문이다(Therborn, 1983). 사회과학자들은 어떤 국가들이 자칭 복지국가의 지위를 선포하면, 너무나도 성급하게 그 말을 그대로 수용해버린다. 그들은 또한 어떤 국가에 표준적인 사회 프로그램들이 도입되는 경우 복지국가가 탄생한 것이라고 너무나도 졸속으로 결론을 내리곤 한다.

복지국가 개념화에 관한 두 번째 접근법은 잔여적 복지국가와 제도적 복지국가로 구분하는 티트머스의 고전적인 분류에서 찾아볼 수 있다(Richard Titmuss, 1958). 전자, 즉 잔여적 복지국가에서 국가는 가족이나 시장이 실패할 때에만 복지 공급의 책임을 떠맡는다. 잔여적 복지국가는 복지 노력의 대상을 구제의 자격을 갖춘 주변적인 사회집단으로 한정하려고 한다. 후자, 곧 제도적 복지국가 모델은 인구 전체를 대상으로 삼으며, 보편주의적이고, 복지를 위한 제도화된 헌신을 체현한다. 원칙적으로 제도적 복지국가는 사회복지의 증진을 위해 필수적인 모든 분배 영역으로 복지 노력을 확대하고자 한다.

티트머스의 접근에 자극을 받아 복지국가 비교 연구 분야에서 새로운 연구들이 다양하게 쏟아져 나오기 시작했다(Myles, 1984a; Korpi, 1980; Esping-Andersen and Korpi, 1984; 1986; Esping-Andersen, 1985b; 1987b). 티트머스의 접근을 계기로 연구자들은 재정지출이라는 블랙 박스에서 빠져나와 복지국가의 내용으로 눈길을 돌릴 수 있게 된 것이다. 다시 말해, 연구자들은 표적화된 프로그램 대 보편주의적 프로그램, 수급자격의 조건들, 급여와 서비스의 질, 그리고 어쩌면 가장 중요한 것으로 국가의 시민권 확대 과정에 고용과 노동생활을 포함시키는 정도 등으로 관심의 초점을 전환하게 된 것이다. 복지국가 유형론으로 연구자들의 관심이 이동할 경우, 복지국가들에 관한 단순한 선형적 서열화는 더 이상 지지를 받기 어렵게 된다. 이 경우 우리는 개념적 수준에서 다양한 국가 유형들을 범주적으로 비교하고 있는 셈이기 때문이다.

세 번째 접근은 복지국가 유형들을 판단할 기준을 이론적으로 선별하려고 하는 접근 방법이다. 이러한 접근법은 실제의 복지국가들을 어떤 추상적인 모델에 비추어 측정하고, 이어서 프로그램들이나 전체 복지국가들을 점수화함으로써 그 목적을 달성하고자 한다(Day, 1978; Myles, 1984a). 그러나 이런 식의 접근은 몰역사적일 뿐 아니라, 역사적 행위자들이 복지국가를 둘러싼 투쟁에서 실현하고자 애썼던 이상이나 구상을 반드시 드러내주지도 않는다. 우리의 목적이 행위자들을 포함하는 인과 이론들을 검증하는 데 있다고 한다면, 우리는 복지국가 발전의 역사에서 우리가 매우 중요하다고 생각하는 저 행위자들이 실제로 내세웠던 요구들로부터 시작하지 않으면 안 된다. 어느 누군가가 지출 **그 자체**를 위해 투쟁했다고는 상상하기 어려운 것이다.

복지국가에 대한 재정의

마샬은 사회적 시민권이야말로 복지국가의 핵심 개념을 구성한다고 주장하였거니와(T. H. Marshall, 1950), 이러한 마샬의 명제에 이의를 제기할 사람은 거의 없을 것이다. 그러나 이 사회적 시민권의 개념은 좀더 구체적으로 명시되지 않으면 안 된다. 무엇보다 먼저 이 개념은 사회권의 보장을 포함해야만 한다. 특히 사회권에 대해 사유재산권에 상응하는 법적·실천적 지위를 부여하고, 또한 그것을 불가침의 권리로 인정할 경우, 그리고 그러한 사회권들을 업적이 아니라 시민 자격(citizenship)에 기초하여 부여할 경우, 그러한 사회권은 개인들의 지위를 시장에 맞서 탈상품화하는 결과를 낳게 될 것이다. 그러나 사회적 시민권의 개념은 또한 사회 계층화의 측면을 포함하기도 한다. 말하자면, 어떤 한 사람의 시민으로서의 지위는 그의 계급적 지위와 경합하기도 하고, 경우에 따라서는 그러한 계급적 지위를 대체하기도 하리라는 것이다.

복지국가는 그것이 부여하는 권리의 측면에서만 이해될 수는 없다. 우리는 동시에 사회적 공여와 관련하여 국가의 활동이 시장과 가족의 역할과 어떻게 결합되는지에 대해서도 아울러 고려하지 않으면 안 된다. 바로 이런 점들이 우리가 복지국가를 이론적으로 구체화하기에 앞서 좀더 명확히 해명해야 할 필요가 있는 세 가지 주요 원리들이다.

권리와 탈상품화

전(前) 자본주의 사회에서는 노동력의 판매를 조건으로 하여서만 생존할 수 있다는 의미에서 온전하게 상품으로 존재한 노동자는 거의 없었다. 개인들의 복지가 전적으로 화폐관계에 의존하기 시작하는 것은 시장이 보편화하고 헤게모니를 장악하면서부터이다. 노동계약 밖에서 사회적 재생산을 보장해주던 제도적 수단들을 사회로부터 제거한다는 것은 사람들이 상품화된다는 것을 의미하였다. 그런 반면에, 근대적인 사회권들을 도입한다는 것은 순수한 상품 지위를 완화한다는 것을 의미한다. 탈상품화는 어떤 서비스가 권리의 대상으로서 주어질 때, 그리고 어떤 사람이 시장에 의존하지 않고서도 생계를 유지할 수 있을 때 성립한다.

만일 사회부조나 사회보험이 개인들을 시장 종속으로부터 실질적으로 해방시켜주지 못한다고 한다면, 그러한 제도들이 단순히 존재한다는 사실만으로는 반드시 의미 있는 탈상품화를 유발한다고 할 수 없을 것이다. 자산조사형 구빈정책은 어쩌면 마지막 피난처로서의 안전망을 제공해줄 수 있을 것이다. 그러나 만일 그 급여의 수준이 낮고 사회적 낙인을 수반한다면, 그러한 구빈 체계는 가장 궁핍한 자들을 제외하고 나머지 모든 사람을 시장에 참여하도록 강제하는 결과를 초래하게 될 것이다. 19세기에 대부분의 나라들에서 시행하였던 구빈법이 의도한 진정한 목표가 바로 이것이었다. 마찬가지로 초기의 사회보험 프로그램들도 대부분은 노동시장의 성과를 극대화할 목적에서 의식적으로 설계된 것이었다(Ogus, 1979).

복지국가의 발전 과정에서 탈상품화가 첨예한 논란을 불러일으킨 뜨거운 쟁점이었다는 것은 의심의 여지가 없다. 노동의 입장에서 그것은 언제나 우선적인 관심사였다. 노동자들이 시장에 완전히 종속되면, 노동자들은 연대주의적 행동을 위해 동원되기 어렵게 된다. 노동자들의 자원은 시장 불평등을 반영하기 마련이므로, '내부자'와 '외부자'의 구분이 생겨나게 되고, 그렇게 되면 노동운동의 형성 자체가 어려워진다. 탈상품화는 노동자의 입지를 강화시키고, 고용주의 절대적 권위를 약화시킨다. 고용주들이 언제나 탈상품화에 한사코 반대해 온 까닭이 바로 여기에 있다.

현대의 복지국가들에서 탈상품화 효과를 낳는 권리들의 발전은 국가별로 차별적인 양상을 보여준다. 사회부조가 지배하는 복지국가들에서는 노동성과보다는 입증 가능한 욕구에 기초하여 권리를 부여한다. 그러나 욕구조사와 전형적으로 낮은 수준의 급여는 탈상품화의 효과를 상쇄시키는 방향으로 작용한다. 결국 이러한 모델이 지배하는 국가들(주로 앵글로 색슨 국가들)에서는 실제로 시장을 강화하는 결과가 나타난다. 왜냐하면 시장에서 실패하는 자들을 제외한 나머지 모든 사람들은 민간부문의 복지를 계약하도록 내몰릴 것이기 때문이다.

두 번째의 지배적인 모델은 꽤나 강력한 수급권리를 보장하는 국가 운영의 강제 사회보험을 앞세운다. 그러나 여기서도 역시 그러한 제도가 존재한다고 해서 그것이 자동적으로 실질적인 탈상품화를 보장하지는 않는다. 왜냐하면 이러한 사회보험은 상당 부분 수급자격 및 급여의 규칙이 어떠하냐에 따라 크게 달라지기 때문이다. 예를 들어 독일은 분명 사회보험의 개척자였지만, 20세기가 거의 저물어갈 때까지도 사회복지 프로그램들을 통한 탈상품화의 면에서는 많은 진전을 이루었다는 평가를 거의 받지 못하고 있다. 사회보험 급여가 거의 전적으로 기여에, 따라서 노동과 고용에 의존하고 있기 때문이다. 바꾸어 말하면, 복지 프로그램들이 시장 종속을 대체할 진정한 대안을 제공해주는 정도를 결정하는 것은 사회권의 단순한 존재 그 자체가 아니라 그에 상응하는 규칙과 전제 조건들인 것이다.

세 번째의 지배적인 복지 모델, 그러니까 베버리지형 시민급여

(citizen's benefit) 모델은 일견 탈상품화 효과가 가장 큰 것으로 보일 수 있다. 이 모델은 과거의 소득이나 기여, 혹은 업적 따위에 상관없이 모든 사람에게 기본적인 균일 급여를 제공한다. 이 모델은 과연 보다 연대주의적인 체계라고 할 수 있을지는 모르지만, 그러나 그렇다고 해서 반드시 탈상품화를 보장해주는 것은 아니다. 왜냐하면 이러한 제도들이 수급자들에게 노동을 하지 않아도 될 만한 진정한 대안을 제공할 수 있는 수준의 급여를 제공할 능력을 갖추고 있는 경우는 극히 드물기 때문이다.

탈상품화를 지향하는 복지국가는 사실 극히 최근에 들어서야 출현하였다. 복지국가라고 정의할 수 있으려면, 그것은 최소한 시민들이 스스로 노동을 그만두고 싶을 때 일자리나 소득, 혹은 전반적인 복지의 손실 없이 자유롭게 일을 그만둘 수 있는 상황을 보장하지 않으면 안 된다. 이러한 정의를 염두에 둔다면, 어떤 질병보험이 있을 경우 우리는 그것에 대해서 개인들에게 통상적인 소득과 동등한 급여를 보장해주는 것은 물론, 의학적 손상에 관한 최소한의 진단만으로도 개인이 필요하다고 여기는 기간 동안 결근을 할 수 있는 권리를 요구할 수 있어야 할 것이다. 이러한 조건들은 통상 학자들이나 공무원, 그리고 고위직 화이트 칼라 피용자들이 향유하고 있는 권리들이라는 점은 주목할 만한 가치가 있다. 연금과 육아휴가, 출산휴가, 교육휴가, 기타 실업보험 등에 대해서도 이와 비슷한 요구를 제기할 수 있을 것이다.

일부 국가들은 이런 수준의 탈상품화 면에서 상당한 진전을 이루었다. 그러나 그것도 극히 최근 들어서의 일일 뿐만 아니라, 아직도 중요한 예외들을 두고 있는 경우가 많다. 1960년대 후반에서 1970년대 초반에 접어들면서는 거의 모든 나라들에서 급여가 통상적인 임금과 거의 대등한 수준으로 개선되었다. 그러나 일부 국가들에서는 예컨대 질병의 경우에 여전히 즉각적인 의학적 진단서를 요구하고 있다. 그런가 하면, 또 다른 나라들에서는 2주 간에 달하는 긴 대기기간을 거친 후에야 수급권리의 성립 여부가 판정된다. 제2장에서 살펴보겠지만, 스칸디나비아의 복지국가들은 탈상품화의 수준이 가장 높은 경향이 있고, 반면에 앵글로 색슨의 복지국가들은 그것이 가장 낮은 경향이 있다.

계층화 체계로서의 복지국가

고전 정치경제학은 물론 마샬의 선구적인 연구가 그토록 입을 모아 강조하였음에도 불구하고, 시민권과 사회계급 간의 관계 문제는 그 동안 이론적 연구에서나 경험적 연구에서나 늘 무시되어 왔다. 일반적으로 말하면, 이 관계의 쟁점은 아예 가정조차 되지 않거나(복지국가는 보다 평등주의적인 사회를 창출하는 것으로 당연시되었으므로), 접근이 이루어진 경우에도 소득분배의 차원에서 교육이 사회적 상승이동을 촉진하는지 여부를 따지는 식의 협소한 시각으로 접근되어 왔다. 그러나 보다 근본적인 질문은 사회정책이 조장하는 계층화 체계는 도대체 어떤 종류의 체계인가를 따져묻는 질문인 것으로 생각된다. 복지국가는 비단 불평등의 구조에 개입하거나 혹은 그것을 시정하는 메카니즘인 것만은 아니다. 그것은 그 자체로서 하나의 계층화 체계인 것이다. 또한 그것은 사회적 관계를 서열화하는 적극적인 힘이기도 하다.

국가간 비교를 해보거나 역사를 더듬어보면, 우리는 복지국가에 배태되어 있는 다양한 계층화 체계들을 쉽사리 확인할 수 있다. 구빈정책의 전통, 그리고 그 현대적 판본으로서 자산조사형 사회부조는 계층화 그 자체를 목적으로 설계된 것이다. 수급자들에게 처벌을 부과하고 낙인을 찍음으로써 자산조사형 사회부조는 사회적 이중구조를 조장하며, 바로 그런 이유로 그것은 노동운동의 주요 공격 대상이 되고 있는 것이다.

비스마르크와 폰 타페 같은 보수주의 개혁가들이 추구한 사회보험 모델 또한 논란의 여지없이 계급정치의 한 형식이었다. 따지고 보면 사회보험 모델은 계층화의 측면에서 두 가지 결과를 동시에 성취하고자 한 것이었다. 첫째는 계급과 지위집단들에 따라 각기 서로 다른 프로그램들을 법제화함으로써 임금 소득자들 사이의 분열을 공고화하려는 것이었다. 이 모델에서 각각의 집단은 개인의 고유한 위상을 강화할 목적에서 설계된 각 프로그램 나름의 매우 독자적인 권리와 특권의 체계를 향유하게 된다. 두 번째 목적은 개인의 충성심을 군주나 국가의 핵심 권위에 직접 묶어놓으려는 것이었다. 비스마르크는 연금급여에 대해 직접 국가에 의한 보충급여를 제공하였는 바, 이 때 그의 마음 속에 도사리고 있던 동기가 바로 이것이었다. 이러한 국가-조합주의 모델은 주로 독일, 오스트리아, 이탈리아, 프랑스 같은 국가들에서 추구되었으며, 그 결과 이 나라들에서는 흔히 지위별로 분립하는 보험기금들이 미로와 같이 복잡하게 난립하게 되었던 것이다.

이러한 조합주의적 전통에서 특히 중요한 것은 공무원 집단에게 각별히 특권적인 복지 공여를 제공하는 장치를 두고 있다는 점이다. 이것은 부분적으로 국가에 대한 충성에 보답하는 수단이었으며, 또한 부분적으로는 공무원 집단의 독특한 사회적 지위를 선망의 대상으로 부각시키기 위한 방법이기도 하였다. 조합주의적인 지위분화 모델은 주로 오랜 길드의 전통에그 뿌리를 두고 있다. 비스마르크 같은 신절대주의적 전제주의자들은 새로이 부상하는 노동운동을 제압할 수 있는 묘안을 이러한 전통 속에서 찾아냈던 것이다.

노동운동은 구빈정책에 적대적이었던 만큼이나 조합주의 모델에 대해서도 적대적인 태도를 취하였다—그 어느 쪽에 대해서든 반대의 이유는 명약관화하였다. 그렇지만 노동 측이 맨 처음 지지를 보냈던 대안들 역시 노동자들을 단일한 연대주의 계급으로 통합한다는 시각에서 보면 문제가 있기는 마찬가지였다. 노동 측이 처음 추구한 모델은 거의 예외 없이 자발적 조직체로서의 우애조합(friendly societies)*이거나 그에 상당하는 것으로서 노동조합 내지 정당이 관장하는 공제조합 형식의 복지계획들이었다. 이것은 그리 놀라운 일이 아니다. 노동자들은 타도 대상인 국가가 주도하는 개혁에 대해서는 노골적인 의심의 눈초리를 보내는 한편, 자신들이 독자적으로 만든 조직에 대해서는 계급동원의 기초임과 동시에 연대와 정의에 기초한 새로운 세계의 맹아로, 즉 곧 다가올 사회주의 안식처의 소우주로 생각하였다. 그럼에도 불구하고, 이들 미시 사회주의적 조합들은 흔히 노동자들을 통합하기는커녕 오히려 분열시키는 계급적 게토로 전락하고 마는 문제점을 노정하게 되었다. 조합원 자격은 전형적으로 노동계급 가운데 가장 유력한 계층으로 한정되었으며, 가장 취약한 계층—가장 보호를 필요로 하는 계층—은 배제되기 일쑤였다. 요컨대, 공제조합 모델은 노동계급 동원이라는 목표를 좌절 속으로 몰아넣었다.

사회주의 정당들이 막상 정부를 구성하고 오랜 세월 그토록 갈구해온 사회개혁들을 도입해야 했을 때 이러한 사회주의적 '게토 접근법'은 또 하나의 장애물로 작용하였다. 연립정부를 구성해야 한다거나, 보다 광범한 연대를 구축해야 하는 정치적인 이유들 때문에 사회주의 정당들은 자신들의 복지 모델을 '전체 인민'을 위한 복지 모델로 재편하지 않으면 안 되었다. 그리하여 사회주의자들은 보편주의의 원리에 지지를 보내게 되었다. 사회주의자들의 프로그램은 비록 자유주의자들로부터 차용해 온 것이긴 하지만 전형적인 경우 일반세입을 재원으로 하는 민주적이고 균일제적인 베버리지 모델의 노선에 따라 설계되었다.

자산조사형 사회부조와 조합주의적 사회보험을 대체하는 대안으로 등장한 보편주의 체계는 지위의 평등을 촉진한다. 계급이나 시장 지위에 상관없이 모든 시민들은 대등한 권리를 향유할 수 있게 된다. 이러한 의미에서 보편주의 체계는 계급 초월적인 연대, 곧 국민의 연대를 촉진하는 것을 그 의도로 한다. 그러나 균일제적 보편주의의 연대는 역사적으로 특이한 계급구조를 전제로 한다. 말하자면, 비록 평등하긴 하지만 수준이 낮은 급여를 적절한 것으로 받아들일 수 있는 '서민 대중'이 국민의 대다수를 차지하는 그런 계급구조를 전제로 하는 것이다. 노동계급의 번영이 가속화되고 신중간계급이 등장함에 따라 이러한 계급구조가 더 이상 지배적이지 않게 되는 경우, 균일제적 보편주의는 그 의도하지 않은 결과로서 이중구조를 조장하게 된다. 왜냐하면 부유한 계층들은 자신들에게 익숙한 복지 수준에 걸맞도록 낮은 수준의 평등을 벌충하기 위해 민간보험과 부가급여 교섭에 눈길을 돌릴 것이기 때문이다. (캐나다나 영국에서 그러한 것처럼) 이런 과정이 전개되는 경우에는, 경이적이리만치 평등주의적이었던 보편주의의 정신은 사회부조 국가의 그것과 유사한 이중구조로 변질되는 결과가 초래된다. 즉 빈자들은 국가에 의존하고, 그 나머지는 시장에 의존하는 이중구조가 출현하는 것이다.

보편주의 모델뿐만이 아니라, 사실상 역사적으로 존재한 그 어떤 복지국가 모델도 계급구조의 변화라는 딜레마를 피해갈 수는 없었다. 그러나 노동계급의 번영과 중간계급의 성장에 대응하기 위한 전략은 다양하였으며, 따라서 또한 계층화의 차원에서 나타난 결과 역시 다양하였다. 조합주의적 사회보험의 전통은 어떤 의미에서 복지국가에 대한 새롭고 더욱 고조된 기대에 화답할 수 있는 준비를 가장 잘 갖추고 있던 모델이었다. 그도 그럴 것이 이 모델은 좀더 적절한 급여를 분배할 수 있도록 기존의 체계를 업그레이드하기가 기술적으로 매우 용이한 체계였다. 독일에서 1957년에 있었던 아데나우어(Adenauer)의 연금개혁은 이런 점에서 개척적인 사례였다. 이 연금개혁이 표방한 목적은 구래의 보험체계가 기대 수준에 걸맞은 급여를 제공할 능력을 상실함에 따라 그 동안 좁혀져온 지위격차를 원상태로 복구시키자는 것이었다. 아데나우어의 개혁은 지위별 분립체제라는 틀은 그대로 놔둔 채 단순히 기여형 급여를 소득비례형 급여로 전환하는 것만으로 이러한 목적을 달성할 수 있었던 것이다.

사회부조 체계나 보편주의적 베버리지형 체계를 보유한 국가들 앞에는 적정급여를 제공하고 중간계급의 열망을 충족시키기 위해 시장을 동원할 것인지 아니면 국가를 동원할 것인지를 선택해야 하는 과제가 놓여 있었다. 이러한 정치적 선택의 결과 여하에 따라 출현한 것이 바로 이 두 가지 대안적인 모델이었다. 영국을 위시하여 앵글로 색슨의 세계 대부분에 전형적인 전자의 모델은 본질적으로 국가 부문에서는 낮은 수준의 보편주의를 유지하되, 점점 규모가 증대하는 데다 더 나은 복지를 요구하는 사회계층들에 대해서는 시장이 나서서 해결토록 하는 것이었다. 이러한 계층들의 정치권력으로 인해 이중구조는 비단 국가와 시장 사이에서만 출현하는 것이 아니라 복지국가의 소득이전 형태들 사이에서도 그것이 나타나게 된다. 즉 이런 국가들에서는 이른바 '민간' 복지 계획을 위한 조세 보조금이 공공지출 가운데 가장 빠르게 성장하는 항목으로 등장하는 것이다. 그리고 그 전형적인 정치적 효과는 갈수록 보편주의적 성격을 상실해가는 공적 부문의 이전체계에 대해 중간계급은 점점 지지를 철회하고 등을 돌리는 현상으로 나타난다.

또 하나의 대안 모델은 보편주의와 시장 밖에서의 적정급여를 종합하는 것을 추구하는 전략이었다. 위탁 운영에 의해서든 법제화에 의해서든 국가가 나서서 평등주의적인 균일급여 제도 위에 보편적인 적용 범위와 높은 급여를 자랑하는 2층의 소득비례 보험제도를 설치하고, 그 2층 체계에 신중간계급을 포섭하는 국가들이 이러한 종합화의 길을 선택한 국가들이었다. 대표적인 예를 들자면 스웨덴과 노르웨이가 여기에 속한다. 이러한 해법은 기대 수준을 충족시키는 급여를 보장함으로써 급여의 불평등을 다시 도입하긴 하지만, 시장을 효과적으로 봉쇄하게 된다. 어쨌든 이 모델은 보편주의를 견지하는 데 성공하고 있을 뿐 아니라, 따라서 또한 이러한 복지국가 모델이 필요로 하는 높은 세금에 대한 광범하고 연대주의적인 지지를 확보하는 데 필요한 정도의 정치적 합의를 유지하는 데에도 성공을 거두고 있다.

복지국가 체제들

우리가 사회권과 복지국가의 계층화의 측면에서 나타나는 국가간의 편차들을 검토할 경우, 우리는 국가와 시장, 그리고 가족의 삼자로 이루어진 조합들이 질적으로 서로 다르다는 사실을 확인할 수 있게 될 것이다. 그러므로 우리가 확인하는 복지국가의 편차들은 선형적으로 분포되어 있는 것이 아니라 체제 유형 별로 군집화되어 있는 것이다.

그 가운데 하나의 군집에는 '자유주의' 복지국가들이 속해 있다. 이체제에서는 자산조사형 사회부조, 낮은 수준의 보편적 소득이전, 혹은 낮은 수준의 사회보험 계획 등이 지배적인 범주를 구성한다. 이 체제에서는 급여가 저소득층이면서 통상 노동계급으로서 국가복지에 의존하는 계층에게 집중적으로 제공된다. 이 모델에서 사회개혁의 진전은 자유주의의 전통적인 노동윤리 규범에 따라 엄격하게 제한된다. 여기서 말하는 노동윤리 규범이란 노동 대신에 복지를 선택하려 하는 한계성향을 감안하여 복지의 상한을 설정할 것을 강조하는 규범을 뜻한다. 따라서 이 체제에서 수급권의 규칙은 엄격하고 흔히 낙인을 동반한다. 급여의 수준도 전형적인 경우 낮은 수준에 머문다. 한편, 이 체제에서는 국가가 시장을 활성화한다. 국가는 최저 수준만을 보장하는 전략을 통해 시장을 소극적으로 활성화하기도 하고, 사적 복지제도들에 보조금을 지불함으로써 시장을 적극적으로 활성화하기도 한다.

그 결과, 이 복지체제 유형은 탈상품화 효과를 최소화하며, 사회권의 영역을 효과적으로 제한한다. 그리고 이 체제 유형은 국가복지 의존자들 사이에서는 상대적인 빈곤의 평등이, 대다수 국민들 사이에서는 시장에 의존한 복지가 나란히 병존하는 계층 질서를 수립하며, 그리하여 이들 두 계층 사이에 계급—정치적인 이중구조를 창출한다. 이 모델에 속하는 전형적인 국가들로는 미국과 캐나다, 오스트레일리아가 있다.

두 번째 체제 유형에는 가령 오스트리아, 프랑스, 독일, 그리고 이탈리아 같은 나라들이 군집을 이룬다. 이 유형은 역사적으로 조합주의적 · 국가주의적 유산을 물려받았지만, 그 유산은 새로운 '포스트 산업사회의' 계급구조가 형성되면서 그에 걸맞도록 업그레이드되었다. 보수주의적이고 '조합주의적' 성향이 강한 이들 복지국가들에서는 시장 효율성과 상품화에 대한 자유주의적 집착은 거의 두드러지지 않으며, 또한 사회권의 보장 역시 그 자체로는 심각한 각축의 대상이 되는 일이 좀처럼 없다. 이 유형에 속하는 복지국가들을 지배하고 있는 원리는 지위격차를 유지하고 보존하는 것이다. 따라서 이 체제에서는 권리들이 계급과 지위에 부착된다. 이러한 조합주의는 국가기구가 복지 공급자로서 시장을 대체할 준비를 완벽하게 갖추고 있는 조건 하에서 도입된다. 그렇기 때문에 이 체제에서는 민간보험과 기업의 부가급여가 단지 주변적인 역할에 머문다. 다른 한편, 국가가 나서서 지위격차를 유지하는 원리를 강조한다는 것은 국가의 재분배 효과가 무시해도 좋을 만큼 미미하다는 것을 의미한다.

그러나 이 조합주의 체제는 또한 전형적인 경우 교회에 의해 형성되기도 하며, 따라서 전통적인 가족제도의 유지와 보존에 강한 집착을 보인다. 사회보험은 전형적인 경우 일하지 않는 주부들을 적용범위에서 배제하며, 대신에 가족급여를 통해 모성(母性)을 장려한다. 주간보호라든가 그와 유사한 여타의 가족 서비스들은 거의 발달하지 않는다. 이 체제가 앞세우는 '보충성'의 원리는 가족이 그 구성원들에게 서비스를 공급할 능력이 소진되었을 때에 한해서만 국가가 개입할 것을 강조하는 방향으로 작용한다.

세 번째 체제군은 말할 필요도 없이 그 규모는 가장 작지만 보편주의와 사회권의 탈상품화 원리를 신중간계급으로까지 확대 적용하고 있는 나라들로 구성된다. 우리는 이러한 유형을 '사회 민주주의' 체제 유형이라 부를 수 있을 것이다. 왜냐하면 이들 나라에서는 확실히 사회 민주주의가 사회개혁을 추동하는 지배적인 힘으로 작용하기 때문이다. 사회 민주주의자들은 국가와 시장의 이중구조, 노동계급과 중간계급의 이중구조를 용인하지 않으며, 다른 유형의 체제들이 추구하는 바와 같은 최저 욕구의 평등이 아니라 최고 수준의 평등을 추구하는 복지국가를 지향한다. 이러한 전략은 첫째, 서비스와 급여가 신중간계급의 가장 차별적인 취향에 걸맞은 수준으로까지 업그레이드된다는 것을 의미하며, 둘째, 부유층이 향유하는 수준의 권리에 노동자들이 완전히 참여하는 것을 보장함으로써 평등을 확대한다는 것을 함축한다.

이 체제의 이러한 공식은 탈상품화 효과가 강하면서도 동시에 차별화된 기대 수준에 부합하는 그런 일련의 보편주의 프로그램들로 전환되어 현실화된다. 그리하여 육체 노동자들도 봉급을 받는 화이트 칼라 피용자나 공무원들과 동등한 권리를 향유할 수 있게 된다. 모든 계층이 보편주의적인 단일 보험체계의 적용을 받되, 급여는 통상적인 소득에 비례하여 지급된다. 이 모델은 시장을 구축(驅逐)하며(crowd out)*, 그 결과 본질적으로 보편주의적인 연대를 건설함으로써 복지국가를 떠받친다. 만인이 급여를 공급하고, 만인이 의존적이다. 그리고 필경 만인이 비용 부담의 의무감을 느낀다.

사회 민주주의 체제가 추구하는 해방 정책은 시장과 전통적 가족 양자 모두로부터의 해방을 지향한다. 조합주의적 연대 모델과 달리, 이 체제의 원리는 가족의 원조 능력이 소진될 때까지 기다리는 것이 아니라, 가족의 비용을 선취하여 사회화하는 것이다. 그리고 이 체제가 표방하는 이상(理想)은 가족에 대한 의존을 극대화하는 것이 아니라, 개인의 자립 능력을 극대화하는 것이다. 이러한 의미에서 이 모델은 자유주의와 사회주의의 독특한 융합을 의미한다. 그 결과, 아동들에게 직접 소득 이전을 제공하고, 아동과 노인, 그리고 무력자들에 대한 보호의 책임을 직접적으로 떠맡는 복지국가가 출현한다. 따라서 이 모델의 복지국가는 과중한 사회 서비스의 부담을 마다하지 않으며, 이를 통해 가족의 욕구에 봉사할 뿐만 아니라 여성들에게도 가정살림 대신 일을 선택할 수 있는 길을 열어준다.

아마도 사회 민주주의 체제의 가장 두드러진 특징은 복지와 일의 조화에서 찾아볼 수 있을 것이다. 사회 민주주의 체제는 완전고용을 보장하기 위해 전력을 투구하지만, 그와 동시에 이 체제는 또한 완전고용의 달성에 전적으로 의존한다. 한편으로, 일할 권리는 소득보장의 권리와 동등한 지위를 누린다. 다른 한편으로, 연대주의적이고 보편주의적이며 탈상품화를 추구하는 복지체계를 유지하기 위해 방대한 비용을 투입해야 한다는 것은 이 체제가 사회문제를 최소화하고 조세수입을 극대화하지 않으면 안 된다는 것을 의미한다. 가장 많은 사람들이 일을 하는 한편, 동시에 사회적 소득이전에 기대어 살아가는 사람들이 가능한 한 가장 적을 때 이같은 과제가 가장 잘 해결된다는 것은 말할 나위가 없다.

나머지 다른 두 대안적 체제 유형들은 그 어떤 것도 완전고용을 복지국가 헌신의 불가결한 부분으로 신봉하지 않는다. 보수주의적 전통에서는 말할 것도 없이 여성들이 일자리를 갖는 것이 처음부터 봉쇄되어 있다. 자유주의적 이상에서는 젠더(gender)의 문제는 시장의 신성함에 비하면 그다지 중요한 의미를 갖지 않는다.

앞으로 살펴볼 장들에서 우리는 복지국가들이 군집을 이룬다는 사실을 보여줄 것이다. 하지만 동시에 우리가 인식하지 않으면 안 되는 것은 그 어떤 하나의 사례도 순수한 사례는 존재하지 않는다는 것이다. 스칸디나비아의 국가들은 압도적으로 사회 민주주의적일 수 있다. 그러나 그 나라들에도 중요한 자유주의적 요소들이 없지 않다. 마찬가지로 자유주의 체제들 역시 순수한 유형들은 아니다. 미국의 사회보장 체계는 재분배 기능을 담고 있을 뿐만 아니라, 강제적이며, 결코 보험수리 원리에 기초해 있지 않다. 적어도 초기의 정식화에서 뉴딜 정책은 현대 스칸디나비아의 사회 민주주의에 못지 않을 만큼 사회 민주주의적이었다. 그리고 유럽의 보수주의 체제들은 자유주의적 열정과 사회 민주주의적 영감 모두를 구현하고 있다. 지난 수십 년의 세월을 거치면서 이들 국가들에서는 조합주의적 성격이 약화되고 있고 권위주의 역시 희박해지고 있다.

이렇듯 순수한 사례가 존재하지 않음에도 불구하고, 복지국가들을 정의하기 위한 우리의 핵심적인 기준들이 사회권과 사회 계층화, 그리고 국가, 시장, 가족 간의 관계와 관련된다고 한다면, 이 세계는 분명 서로 구분되는 체제-군집들로 구성된다. 어느 나라가 더 많고 더 적은지, 혹은 그야말로 어느 나라가 더 낫고 더 못한지 하는 식의 단선적인 척도들 위에 여러 복지국가들을 세워놓고 비교하는 접근법은 잘못 돼도 아주 잘못된 결과를 산출하게 될 것이다.

복지국가 체제의 요인들

만일 복지국가들이 서로 구분되는 세 개의 체제 유형들로 군집을 이룬다고 한다면, 우리는 복지국가들 사이에 차이를 만들어내는 요인을 확인해야 하는 훨씬 더 까다로운 과제와 만나게 된다. 체제 유형들을 설명하는 데 있어서 산업화, 경제성장, 자본주의, 혹은 노동계급의 정치권력 등의 요인들은 얼마 만큼의 설명력을 갖고 있는가? 우선 급한 대로 피상적으로나마 답변을 하자면 설명력이 거의 없다는 것이다. 우리가 연구의 대상으로 삼고 있는 국가들은 노동계급의 동원이라는 변수를 제외한 나머지 모든 변수들과 관련시켜 보면 모두가 거의 유사한 것으로 나타난다. 그리고 세 개의 군집들 모두에서 우리는 매우 강력한 노동운동과 노동 정당 요인을 발견하게 된다.

복지국가 발전에 관한 이론이 이제 복지국가들이 군집을 이루는 이유를 설명하고자 한다면 그것은 말할 것도 없이 그간의 인과적 가정들을 재고하지 않으면 안된다. 어떤 단일한 강력한 인과요인을 꼭 집어내려는 희망은 아예 포기하지 않으면 안 되는 것이다. 이제 해결해야 할 과제는 두드러진 상호작용 효과를 확인해내는 것이다. 이제까지의 논의를 토대로 하자면, 특히 세 가지 요인들이 중요한 것으로 보인다. 즉 계급

(특히 노동계급) 동원의 성격, 계급정치의 연합 구조, 그리고 체제 제도화의 역사적 유산, 이 세 가지 요인이 바로 그것들이다.

앞서 언급한 바 있듯이, 노동자들이 자동적으로, 그리고 당연히 사회주의적 계급 정체성을 형성하리라고 믿어야 할 그 어떤 설득력 있는 이유는 결코 존재하지 않는다. 노동자들의 동원이 특별히 스웨덴의 그것과 닮아갈 것으로 예상하는 것도 그럴 듯하지 않기는 마찬가지이다. 노동계급이 역사적으로 집단적 실체로서 형성된 실제의 과정은 다양할 것이며, 또한 노동계급의 목적과 이데올로기, 그들의 정치적 역량 등도 마찬가지로 제각각이기 마련이다. 노동조합 운동과 정당의 발전, 이 두 가지 측면 모두에서 근본적인 차이들이 엿보인다. 노동조합들은 부문별 이익을 추구할 수도 있고, 보다 보편적인 목표를 추구할 수도 있다. 또한 노동조합은 종교 지향적 노선을 취할 수도 있고, 세속적인 노선을 취할 수도 있다. 그리고 노동조합은 이데올로기를 지향할 수도 있고, 실리적 조합주의(business-unionism)*에 몰두할 수도 있다. 노동조합이 어떤 노선을 취하든 그것은 정치적 요구의 표출, 계급 응집력, 그리고 노동 정당의 활동 전망 등에 결정적인 영향을 미칠 것이다. 노동계급 동원의 명제가 노동조합의 구조에 주목해야만 한다는 것은 명약관화하다.

노동조합 운동의 구조는 노동자 정당의 형성 과정에 반영되어 있을 수도 있고, 반영되어 있지 않을 수도 있을 것이다. 그러나 우리가 특정한 정당 구도로부터 일정한 복지국가의 결과들을 예측할 수 있다고 할 때, 그러한 예상은 어떤 조건 하에서 가능할 것인가? 어떤 노동자 정당 내지 좌파 정당이 단독으로 복지국가를 구조화할 수 있을 것이라고 가정하는 것을 사실상 불가능하게 만드는 요인들은 얼마든지 존재한다. 종파적 차원이나 다른 차원의 구분선들을 고려하지 않을 경우, 노동자 정당이 단독으로 자신의 의지를 관철시킬 수 있을 만큼 오랫동안 의회의 다수파를 장악하고 있는 경우란 역사적으로 예외적인 상황에서만 가능할 것이다. 전통적인 노동계급이 선거에서 다수파를 장악한 경험은 일찍이 거의 없었다는 것을 우리는 잘 알고 있다. 결국 계급동원의 이론은 시야를 대표적인 좌파 정당으로만 한정해서는 안된다는 이야기가 성립된다. 복지국가 건설이 정치적 연합의 결성에 의존했다는 것은 역사적 사실이다. 계급연합의 구조가 그 어떤 단일 계급의 권력자원보다도 훨씬 더 중요한 관건이 된다는 것이다.

다양한 계급연합들이 실제로 어떤 양상으로 출현할 것인지는 부분적으로 계급들이 역사적으로 어떻게 형성되었느냐에 의해 결정된다. 산업화의 초기 단계에서는 보통 농민계급이 유권자 집단 가운데 단일 집단으로서는 가장 큰 규모를 자랑하였다. 사회 민주주의자들이 정치적 다수파가 되기를 희망하였을 경우, 그들은 바로 이곳 농촌에서 동맹 세력을 찾아야만 했다. 역사 속에 존재하는 그 숱한 역설들 가운데 한 가지는 농민계급이 사회주의의 미래에 대해 결정적으로 중요한 의미를 갖는 존재였다는 것이다. 농촌경제가 대규모의 저임금 농업 노동자 집단에 의존하는 경우에 비해, 규모는 작지만 자본 집약적인 가족농 경영자들에 의해 지배되는 경우에 정치연합의 잠재력이 훨씬 더 컸다. 그리고 농민들이 정치적으로 경계가 명확하고 잘 조직되어 있는 경우에 정치적 거래를 협상할 수 있는 능력이 훨씬 우수하였다.

계급연합의 형성 과정에서, 그리하여 복지국가의 발전 과정에서 농민들이 수행한 역할은 명확하다. 북유럽 국가들의 경우, 농민들이 농산물 가격지지를 위한 보조금을 받는 대가로 완전고용 복지국가에 동의함으로써 광범한 적록동맹(red-green alliance)*의 조건이 형성될 수 있었다. 이러한 조건은 특히 노르웨이와 스웨덴에서 형성되었으며, 이들 국가들에서는 농업의 경영기반이 극히 불안정하여 국가의 지원에 의존하고 있었다. 미국에서 도입된 뉴딜 정책도 이와 유사한 정치연합(민주당의 주도 하에 결성되었다)을 전제로 성립하였지만, 노동 집약적 농업 지역이었던 남부 지역이 명실상부한 보편주의적 사회보장 체계를 봉쇄하고 더 이상의 복지국가 발전을 반대했다는 중요한 차이가 있었다. 반면에 대륙 유럽의 농촌 경제는 적록동맹에 별로 우호적이지 않았다. 독일과 이탈리아가 그러했듯이, 흔히 농업의 대부분은 노동 집약적이었다. 그러므로 노동조합과 좌파 정당들은 하나의 위협으로 받아들여졌다. 뿐만 아니라 대륙의 보수주의 세력은 농부들을 '반동적인' 동맹 진영으로 끌어들임으로써 노동운동 세력의 정치적 고립을 더욱 공고히 하는 데 성공하였다.

정치적 지배세력을 형성하는 문제는 제2차 세계대전이 끝난 이후까지도 농민계급의 정치(rural class politics)가 어떤 양상으로 전개되느냐에 따라 좌우되는 문제였다. 따라서 이 시기에 복지국가의 건설은 어떤 세력이 농민계급을 끌어안느냐에 의해서 결정되었다. 적록동맹이 결성되어 있지 않다고 해서 그것이 반드시 그 어떤 복지국가 개혁도 가능하지 않다는 것을 의미하는 것은 아니다. 반대로 그것은 어떠한 정치세력이 복지국가의 설계를 좌우하게 되는가를 시사해준다. 영국은 이러한 일반적인 규칙에 대해 하나의 예외에 속한다. 왜냐하면 영국에서는 농민계급의 정치적 중요성이 세기가 전환되기 이전에 이미 쇠퇴해 버렸기 때문이다. 이런 점에서 영국의 연합 논리는 나중에 대부분의 국가들이 직면하게 된 딜레마를 일찌감치 앞서서 시연한 셈이었다. 그 딜레마는 새로이 떠오르는 화이트 칼라 계층이 정치적 다수파가 되기 위한 핵심 고리로 등장한 데서 비롯된다. 제2차 세계대전 이후 복지국가들의 공고화는 근본적으로 신중간계급의 정치연합에 의존하게 된다. 사회 민주주의의 입장에서 그 도전은 연대를 위한 노력을 희생시키지 않으면서 노동계급과 화이트 칼라의 요구들을 종합해내는 것을 의미하였다.

역사적으로 볼 때 신중간계급은 시장에서 상대적으로 특권적인 지위를 누려 왔다. 그렇기 때문에 그들은 또한 국가 밖에서, 혹은 공무원인 경우에는 특권적인 국가복지에 의해서 자신들의 복지 요구를 제법 성공적으로 충족시켜 왔다. 전통적으로 신중간계급의 고용보장 역시 완전고용마저도 주변적인 관심사로 밀어낼 만큼 완전한 것이었다. 그리하여 마침내 소득 평준화를 급격하게 달성하려는 프로그램은 그것이 어떤 것이든 중간계급 고객들의 거센 반발에 부닥칠 가능성이 높아졌다. 바로 이런 이유들 때문에 신중간계급의 대두는 사회 민주주의의 전망을 좌절시키고, 자유주의적 복지국가의 공식을 강화하는 것처럼 보이게 된 것이다.

사실 신중간계급의 정치적 학습은 복지국가가 공고화되는 데 있어 결정적으로 중요하였다. 위에서 정리한 세 가지 복지국가 체제들이 형성되는 과정에서 신중간계급이 수행한 역할은 명약관화하다. 스칸디나비아 모델은 거의 전적으로 사회 민주주의가 신중간계급을 새로운 종류의 복지국가 진영 안으로 포섭할 수 있는 능력에 의존하였다. 새로운 복지국가는 중간계급의 취향과 기대에 부합하는 급여를 제공하되, 권리의 보편주의를 견지하는 그런 복지국가였다. 사실 이 모델에서 복지국가는 사회 서비스와 공적 고용을 확대함으로써 사회 민주주의에 도구적으로 헌신하는 중간계급을 만들어내는 데 직접 참여하였던 것이다.

반면에 앵글로 색슨 국가들은 잔여적 복지국가 모델을 그대로 견지하였다. 그것은 정확히 신중간계급이 시장을 떠나 국가를 향해 선호의 눈길을 돌리지 않은 때문이었다. 그 결과 계급적 차원에서 이중구조가 출현하였다. 복지국가는 본질적으로 노동계급과 빈민들을 대상으로 삼는다. 그리고 민간보험과 기업의 부가급여는 중간계급의 몫이 된다. 중간계급이 선거의 판세를 좌우하는 중요한 세력임을 감안할 때 복지국가 활동을 지속적으로 확장하는 조치에 저항이 따르리라는 것은 논리적으로 당연하다.

세 번째로 대륙 유럽의 복지국가 체제 또한 신중간계급에 의해 그 양상이 결정되었지만, 그 방식은 달랐다. 그 원인은 역사적인 데서 찾을 수 있다. 보수주의 정치세력들이 발전을 주도한 이 체제는 한편으로는 직업별로 분화된 사회보험 프로그램들의 보존에 대한, 그리고 궁극적으로는 그런 프로그램들을 만들어낸 정치세력들에 대한 중간계급의 충성심을 제도화하였다. 1957년 아데나우어의 연금 대개혁은 분명 꺼져가는 중간계급의 충성심을 다시 불러일으키기 위한 목적에서 설계된 것이었다.

결 론

우리는 여기서 복지국가의 발전을 설명하는 단순한 계급동원 이론에 견주어 하나의 대안을 제시하였다. 이러한 작업을 하게 된 동기는 복지국가 및 그 발전의 요인과 관련하여 단선적인 접근에서 상호작용적인 접근으로 전환해야 할 분석상의 필요가 있다는 것이었다. 우리가 복지국가를 연구하고자 한다면, 우리는 복지국가의 역할을 사회 속에서 규정해주는 일련의 기준들로부터 시작하지 않으면 안 된다. 복지국가의 역할은 재정을 지출하거나 세금을 거두어들이는 것이 아니다. 또한 반드시 평등을 창출하는 것도 아니다. 우리는 복지국가들을 비교할 수 있으면서 동시에 역사적 행위자들이 기꺼이 하나로 뭉쳐 투쟁했던 원리들을 고려하는 그러한 틀을 제시하고자 하였다. 우리가 복지국가들에 배태되어 있는 원리들에 초점을 맞출 때, 우리는 공통의 기준을 중심으로 어느 국가가 '더 많고' 어느 국가가 '더 적은지'의 편차뿐만이 아니라 서로 구분되는 체제 군집들을 발견하게 된다.

배후에서 체제의 차이를 만들어내는 역사적 힘들은 서로 상호작용하는 힘들이다. 그러한 역사적 요인에는 첫째, 노동계급의 정치적 형성의 역사가 포함되고, 둘째로는 농업경제로부터 중간계급 사회로 이행하는 과정에서 결정된 정치연합이 관련된다. 셋째, 과거의 개혁은 계급의 선호와 정치적 행동의 제도화에 결정적인 기여를 한다. 조합주의 체제에서 위계적인 지위 분화적 사회보험은 독특한 복지국가 유형에 대한 중간계급의 충성심을 공고화하였다. 자유주의 체제에서는 중간계급이 제도적으로 시장과 결혼을 하였다. 그리고 스칸디나비아에서 사회 민주주의는 지난 수십 년 동안 전통적인 노동계급 고객은 물론 새로운 화이트칼라 계층에게도 혜택을 주는 중간계급 복지국가를 확립하는 커다란 행운을 누릴 수 있었다. 스칸디나비아의 사회 민주주의자들이 이러한 성과를 거둘 수 있었던 것은 부분적으로는 사적인 복지시장이 상대적으로 발전하지 않았던 때문이고, 부분적으로는 좀더 차별화되는 대중의 필요를 충족시킬 만큼 충분히 풍요로운 특징을 지닌 복지국가를 건설할 수 있었기 때문이었다. 바로 이것이 스칸디나비아 복지국가들의 비용이 예외적으로 높은 사정을 설명해주기도 한다.

그러나 복지국가의 성장을 설명하고자 하는 이론이라면 그것의 축소나 쇠퇴도 아울러 이해할 수 있어야만 한다. 복지국가 반발(backlash) 운동이나 조세 반란(tax revolts), 그리고 복지국가 원위치(roll-backs) 등의 불꽃은 사회지출의 부담이 지나칠 만큼 과중해질 때 점화된다는 것이 일반적인 믿음이다. 그러나 역설적이게도 진실은 그 반대이다. 지난 십 년 동안의 반(反) 복지국가 정서는 일반적으로 복지지출이 가장 많았던 나라들에서 가장 약했고, 그 역도 마찬가지였다. 왜일까?

복지국가 반발의 위험은 사회지출에 의존하는 것이 아니라 복지국가의 계급적 성격에 의존한다. 중간계급 복지국가들은 그것이 (스칸디나비아에서처럼) 사회 민주주의적인 것이든, 아니면 (독일에서처럼) 조합주의적인 것이든 중간계급의 충성심을 조장한다. 반대로, 미국과 캐나다, 그리고 영국 등에서 찾아볼 수 있는 자유주의적이고 잔여주의적인 복지국가들은 수적으로 열세이고 흔히 정치적으로도 잔여적인 사회계층들의 충성심에 의존한다. 이런 의미에서 세 가지 복지국가 체제 유형들이 토대로 삼고 있는 계급연합들은 각 체제들의 과거의 발전만이 아니라 미래의 전망까지도 설명해준다.

제2장

사회정책과 탈상품화

　근대의 사회정책이 성립하는 근거는 인간의 욕구와 노동력이 모두 상품화되고, 그리하여 우리의 복리가 현금관계와 어떻게 관련되느냐에 의존하게 되는 그런 과정 속에서 찾을 수 있다. 그렇다고 해서 근대 자본주의의 공습이 시작되기 이전에는 사회정책이 존재하지 않았다고 말하는 것은 아니다. 다만, 사회정책의 성격과 조직 방식이 변모했다는 것을 강조하고자 할 따름이다. 전통적인 사회복지는 상품화가 매우 불완전하게 이루어져 있던 세계를 배경으로 한 것이었다. 가령 중세시대에 한 사람의 생존 능력을 결정한 것은 노동계약이 아니라 가족이나 교회 혹은 영주였다.

　자본주의는 '상품화 이전' 단계의 사회적 보호가 시들어가던 시점과 때를 같이하여 꽃을 피웠다. 상품의 구매가 곧 인간 욕구의 충족을 의미했던 시기에는 구매력과 소득분배가 첨예한 쟁점으로 등장하였다. 그러나 노동력마저도 하나의 상품으로 전락하는 경우에는 시장 밖에서 생존을 영위하는 사람들의 권리까지도 위험에 처하게 된다. 사회정책 분야에서 가장 논란이 많은 쟁점의 하나가 바로 이것이다. 상품화의 문제는 마르크스가 자본의 축적 과정에서 전개되는 계급분화를 분석하였을 때에도 그 핵심을 차지하고 있던 문제였다. 다시 말해, 마르크스는 독립적인 생산자들이 무소유의 임금 소득자로 전락해 가는 과정을 분석하였던 것이다. 마르크스에게 있어 노동력의 상품화는 곧 소외를 의미하였다.

노동력이 상품의 형태를 띠는 문제는 현대의 철학과 이데올로기, 그리고 사회이론 등의 분야에서 가장 핵심적인 비중을 차지하는 관심사이다. 고전적인 자유방임 자유주의자들은 순수한 현금관계를 대신하는 대안들에 대해서는 그 형태를 불문하고 한사코 반대하는 입장을 취했다. 왜냐하면 그러한 대안들은 수요와 공급의 신성한 균형을 혼란에 빠뜨리고, 심지어는 그것을 왜곡하기까지 하기 때문이다. 이들 자유주의자들은 그들을 추종하는 오늘날의 자유주의자들과 마찬가지로 최저 수준의 사회임금이 빈곤을 제거하는 것이 아니라 오히려 빈곤을 영속화하는 데 적극적으로 기여할 따름이라고 주장하였다. 그런가 하면, 마르크스주의는 언제나 두 가지 생각 사이에서 동요하였다. 어떤 경우에는 임금노동을 완전히 철폐할 때만이 인간의 진정한 복지가 보장될 수 있다고 주장하는가 하면, 또 다른 경우에는 사회개량이 결정적인 변화를 이루어낼 수 있다는 믿음을 드러내기도 하였다. 후자와 같은 사고방식은 비단 개혁주의적인 사회 민주주의자들만의 발상이었던 것이 아니라, 『공산당선언』(*Communist Manifesto*)이나 영국의 '공장법'에 관한 마르크스의 분석 속에도 표현되고 있었다. 마샬은 사회적 시민권이 상품화의 문제를 근본적으로 해소하며, 따라서 첨예한 계급대립을 완화하는 데 일조하는 것으로 파악하였다(T. H. Marshall, 1950). 마지막으로, 전통적 보수주의는 인간을 상품화하는 원리에 노골적으로 반대하였다. 그 까닭은 그러한 상품화의 원리가 권위와 사회통합을 위협할 것이라고 생각한 때문이었다. 보수주의자들은 상품화의 원리가 전통적인 질서의 영속화에 치명타를 가하지 않을까 우려하였다.

칼 폴라니는 『거대한 전환』(*The Great Transformation*)(Polanyi, 1944)에서 노동력을 완전히 상품화하려는 자유방임 자본주의의 충동 속에서 하나의 근본적인 모순을 발견한다. 자본주의 체계 그 자체는 노동을 상품화해야만 발전할 수가 있는데, 바로 그렇게 함으로써 자본주의 체계는 자기 파멸의 씨앗을 뿌리는 셈이 된다는 것이다. 만일 노동력이 하나의 상품에 불과할 뿐 그 이상이 아니라면 노동력은 생존이 위태롭게 되는 것이다.

폴라니는 영국을 전거로 삼아 산업사회 이전의 소득보장 체계로서 스핀햄랜드 제도(Speenhamland system)*가 노동력이 순수한 상품으로 전락하는 사태를 저지하였다고 주장하였다. 스핀햄랜드 제도는 사실상의 사회임금을 보장해 주었으며, 그렇기 때문에 그것은 노동자들의 비참한 궁핍을 완화해 주었다. 만일 그러한 제도가 없었더라면 토지로부터 유리된 노동자들은 그러한 궁핍으로 인해 새로운 공업도시를 향해 몰려가지 않으면 안 되었을 것이다. 이런 의미에서 스핀햄랜드 제도는 1834년의 신구빈법에 의해 대체될 때까지 영국 자본주의의 발목을 잡는 족쇄로 작용하였던 것이다.

그 자체로서는 그렇게 보이지 않을지 몰라도, 신구빈법은 임금고용과 현금관계를 한 사람의 생존을 위한 선결조건으로 만들고자 하는 의도에서 고안된 적극적인 사회정책이었다. 이제 나의 생존까지는 아닐지라도 나의 복지는 그 누군가가 나의 노동력을 구매해줄 의지를 갖고 있느냐에 달려 있게 되었다. 스핀햄랜드 제도는 봉건사회의 전통적인 보장수단을 고수했다는 점에서 상품화 이전 사회의 원리를 구현한 제도였다고 말할 수 있을지 모른다. 자유방임 시대의 구빈법은 언뜻 보면 정부의 소극성을 보여주는 극단적인 사례인 것으로 보일 수도 있다. 하지만 그러한 겉모습의 배후에서 우리는 복지의 배분 과정에서 시장의 헤게모니를 확립하려는 의도에서 고안된 적극적인 사회정책이라는 냉혹한 손길을 알아채지 않으면 안 된다. 기댈 만한 재산도 없고 인간의 욕구를 헤아려줄 국가도 없는 상황에서 시장은 곧 노동자에게 하나의 감옥이 된다. 그 감옥 안에서 노동자는 자신의 생존을 위해 하나의 상품으로 행동하지 않을 수 없게 된다.

인간의 욕구는 물론 인간 그 자체마저 상품화될 경우, 그러한 상품화는 자본주의적 축적의 엔진은 가속화할 수 있을지 모르지만, 그것은 개별 노동자를 취약한 존재로 만든다. 시장 안에서라면 자유라는 자유주의적 도그마도 정당화되는 것처럼 보인다. 즉 노동자들도 여러 가지 대안적인 물건들과 일자리들, 그리고 고용주와 여가 등을 놓고 자유롭게 선택할 수 있다는 것이다. 그러나 마르크스와 폴라니, 그리고 좀더 최근에는 린드블롬(Lindblom, 1977)에 이르기까지 그러한 자유는 감옥의 담벼락 안에 갇혀 있는 자유이며, 따라서 그 자유는 허구적인 것에 불과하다는 정당한 주장을 내놓는다. 노동자는 다른 상품들과 같은 상품일 수가 없다. 왜냐하면 그들은 생존해야 할 뿐만 아니라, 그들 자신과 함께 그들이 살고 있는 사회를 동시에 재생산하지 않으면 안 되기 때문이다. 만일에 세탁기라면 가격이 마음에 들 때까지 시장에 내다 팔지 않고 보관해두는 것도 있을 수 있는 일이다. 그러나 노동은 대안적인 생계수단에 의존하지 않은 채 오랫동안 시장에 내다 팔지 않고 버틸 재간이 없다.

노동자를 상품화하는 정치는 그 반대급부를 감수하지 않을 수 없게 된다. 사람들은 상품으로서 그들의 통제력이 미치지 않는 힘에 종속될 수밖에 없다. 즉 노동력이라는 상품은 경기순환과 같은 거시적인 사건들이나 질병과 같은 아주 사소한 사회적 위험에 의해서 쉽사리 파괴된다. 만일 노동자들이 실제로 개별 상품으로서 행동한다면, 정의상 그들은 서로 경쟁하지 않을 수 없게 될 것이다. 그리고 그 경쟁이 치열하면 할수록 노동력의 가격은 헐값으로 떨어질 것이다. 상품으로서의 노동자들은 서로 대체 가능한 존재들이 되며, 공급 과잉의 상태가 되기 십상이고, 게다가 그들은 원자화되어 있다. 그러므로 탈상품화가 진전되는 과정에는 다양한 원인이 작용한다. 폴라니가 주장한 것처럼, 우선 탈상품화는 체계의 존속을 위해 필수적이다. 탈상품화는 또한 개인의 복지와 안전을 용인할 수 있는 수준으로 유지하기 위한 전제조건이기도 하다. 마지막으로, 탈상품화가 진전되지 않을 경우 노동자들은 단체 행동에 나설 수 없게 된다. 결국, 탈상품화는 노동운동의 발전에 필요한 단결과 연대를 위한 알파이자 오메가인 것이다.

복지국가의 발전 경로가 다양한 현실은 탈상품화를 향한 압력에 대한 대응 전략이 다양하다는 사실을 반영한다. 탈상품화 개념을 이해하고자 할 때는 탈상품화와 상품으로서 노동의 완전 철폐를 혼동해서는 안 된다. 탈상품화는 전부냐 전무냐의 쟁점이 아닌 것이다. 오히려 탈상품화 개념은 개인이나 가족이 시장 참여 여부와 상관없이 사회적으로 받아들여질 수 있는 생활수준을 유지할 수 있는 정도를 가리킨다. 사회정책의 역사를 돌아볼 때, 갈등의 대상이 된 쟁점들은 주로 시장원리로부터의 이탈을 어느 정도나 허용할 것인가를 둘러싼 것이었다. 다시 말해 사회권의 정도와 범위, 그리고 그 질을 둘러싸고 갈등이 빚어졌던 것이다. 노동생활이 필요에 쫓겨서가 아니라 자유 선택에 의해서 이루어지는 경우, 탈상품화는 그 만큼 탈프롤레타리아화(de-proletarianization)를 산출할 수 있다.

'사회문제', 혹은 독일에서 광범하게 통용되던 용어로, '노동자 문제' (Arbeiterfrage)를 둘러싼 19세기의 논란과 대립의 한복판에 자리잡고 있던 것이 바로 노동의 상품으로서의 지위 문제였다. 물론 노동자가 순수한 상품으로만 존재했던 적은 현실 속에서는 일찍이 존재하지 않았을 것이다. 자유방임주의가 위세를 떨치던 시기에도 전(前) 자본주의적인 공동체주의의 잔재는 남아 있었으며, 새로운 보호 메카니즘들도 싹트고 있던 터였다. 그러나 여기서는 분석의 목적상 자유방임의 순수한 사례를 하나의 이념형으로 취급할 필요가 있다. 그러한 이념형을 설정할 때 우리는 그 이념형에서 어느 정도나 벗어나 있는가를 좀더 분명하게 확인할 수 있기 때문이다. 19세기에 전통적인 보수주의는 전자본주의적인 규범을 옹호함으로써 상품화를 저지하는 유일한 주요 세력이었으며, 이러한 전통적 보수주의는 사회정책의 발전에도 의미 있는 영향을 미쳤다. 이런 맥락에서 '상품화 이전'(pre-commodification)의 유제(遺制)를 살펴보는 작업부터 시작하는 것이 마땅할 것이다.

상품화 이전과 보수주의의 유제

상품 형태가 존재하지 않았던 사회와 전(前)자본주의 사회를 혼동해서는 안 된다. 전형적인 경우 봉건사회의 농업도 환금작물을 생산하였으며, 중세시대의 도시에서는 상품의 생산과 교환이 대규모로 일어나고 있었다. 장원경제든 절대주의 경제든 모두 세금 부과를 전제로 하였으며, 세금을 부과하였다는 사실은 다시 상품의 판매를 전제로 하는 것이었다. 이런 시기에 발전하지 않았던 것은 다름이 아닌 노동의 상품 형태였던 것이다.

전자본주의 사회의 생산자들, 그러니까 농민이나 농노, 혹은 장인(匠人) 등이 자신의 노동성과와 상관없이 많은 복지를 기대한다는 것은 분명 있을 수 없는 일이었다. 자신의 노동량에 상관없이 많은 생계수단을 요구한다는 것은 어불성설이었다. 그렇지만 대다수의 사람들이 생존을 위해 전적으로 임금 형태의 소득에 의존하지 않았다는 의미에서 상품 형태는 존재하지 않았다. 가계는 대체로 자급자족의 경제 상태에 머물러 있었다. 봉건제 하의 노역 역시 어느 정도는 호혜성을 가정하고 있었으며, 농노의 노역에 대한 보상으로 영주 측에서도 온정주의적인 원조를 제공하는 식이었다. 도시의 생산자들은 일반적으로 길드라든가 우애조합에 가입하는 것이 의무화되어 있었다. 그리고 빈민들은 통상 교회를 향해 도움의 손길을 요청할 수 있었다. 자본주의의 적나라한 상품 논리와 대조적으로 사람들은 대부분 이처럼 지배적인 규범과 공동체적인 조직들에 기대어 생계 문제를 해결할 수 있었다. 그리고 자유방임 시대의 구빈정책에 비해 '전자본주의' 사회의 원조는 관대하고 넉넉한 편이었다.

보수주의 이데올로기는 개인의 상품화가 도덕을 타락시키고 사회의 부패를 조장하며, 원자화와 아노미(amomie)*를 야기하는 것으로 파악한다는 데 그 특징이 있다. 개인들은 서로 경쟁하고 투쟁해야 하는 존재들이 아니라, 공인된 권위와 지배적인 제도에 자기이익을 복속시키기로 되어 있는 존재들이다. 그렇다면 과연 보수주의는 상품화의 문제에 대해 실제로 어떻게 대처했던 것일까? 우리는 몇 가지 모델들을 구분할 수 있다. 첫 번째는 봉건주의 모델이며, 두 번째는 조합주의(corporatism) 모델이고, 세 번째는 국가주의(etatism) 모델이다.

먼저 봉건주의 이념은 상품이라는 지위에 대해 단호히 반대하는 입장을 견지한다. 말하자면, 시장은 중요한 것이 아니며, 임금노동은 인간의 복리에 대해 단지 주변적인 수준에서만 의미를 가질 뿐이라는 것이다. 이야기(실화) 한 토막이 이러한 봉건주의의 논리를 잘 예시해준다.

1970년대에 있었던 일로, 어떤 한 전형적인 미국 기업(섬유업체)이 아이티라는 곳에서 생산을 개시하기로 결정했다. 이 회사가 이런 결정을 내리게 된 것은 아이티의 임금비용이 헐값에 가까울 정도로 싸다는 판단에 따른 것이었다. 공장이 완공되는 즉시 미국인들로만 구성된 이 회사의 경영진은 주변보다 약간 더 높은 임금을 제시하는 전략을 구사해서 아이티 섬에서 가장 우수한 노동자들을 끌어 모으기로 결정했다. 아니나 다를까, 공장이 문을 연 첫 날, 수천에 달하는 실업자들이 노동을 제공하기 위해 몰려들었다. 경영진은 아무런 어려움 없이 필요한 만큼의 노동력을 선발할 수 있었다. 그러나 채 몇 달도 안 돼 이 공장은 문을 닫고 말았다. 어찌 된 노릇일까? 그 이유는 간단했다. 미국의 경영진들이 봉건적인 복지 장치들을 염두에 두지 못한 때문이었다. 봉건적인 복지 장치들에 따르면, 어떤 한 노동자네 어머니의 집이 화재로 소실된 경우 회사의 사장(아이티의 노동자들은 사장을 '파파'〈아빠〉라고 부른다)은 마땅히 그 집을 수리해 주어야 하며, 어린아이가 병원에 가서 진찰을 받거나 형제가 결혼을 하는 경우에도 파파는 의무적으로 도움의 손길을 뻗치게 되어 있었다. 말할 나위도 없이, 미국인들은 거기까지는 미처 생각할 수 없었다. 그들은 시장임금을 주면 주어야 할 실질임금을 다 준 것이므로 그것으로 끝이라고 잘못 생각했던 것이다. 노동자들이 완전히 상품화되어 있는 곳이라면 경영자는 굳이 파파가 되어야 할 이유가 없다.

이와 같은 아이티의 봉건적 온정주의를 두고 그것은 그저 흘러간 과거의 유물일 뿐이라고 간단히 치부해서는 안 된다. 후원관계와 후견주의(clientelism)는 이러한 봉건적 온정주의의 근대적인 판본이며, 이러한 현상은 저 야만적인 상품화의 세계를 순치시키는 데 있어 지대한 영향력 발휘하였다. 미국의 경우, 소수민족 출신의 이민자들은 도시 사조직정치(urban machine)*에 기대어 임금노동을 제공하고 그 대가로 복지를 확보할 수 있었다. 이탈리아의 경우, 기독민주당은 전후에 복지 후견주의(welfare-clientelism), 그러니까 특히 일자리를 분배하고 상병연금을 공급하는 전략을 통해 권력 장악에 성공할 수 있었다. 유럽과 미국에서 출현한, 고용주가 제공하는 초기의 직장 내 부가급여 제도들은 훨씬 더 적절한 실례들이다. 이러한 부가급여 제도들은 전형적인 경우 고용주의 재량에 따른 것으로, 호감이 가는 피용자에게 보상 차원에서 급여를 지급하였다. 미국에서는 아메리칸 익스프레스 사(American Express Company)(당시에는 해운회사였다)가 대표적인 실례였다. 하지만 이러한 온정주의적이고 후견주의적인 선심성 시혜는 전후 시기 이후까지도 민간기업들의 전형적인 특징으로 남아 있었다(Weaver, 1982).

조합주의적 성격의 조합들은 상품화되기 이전 사회의 전자본주의적인 복지 장치를 보여주는 두 번째 변종이다. 이러한 조합들은 소도시에서 장인과 숙련공들이 결성한 조합들로서, 조합원들의 내부 결속을 다지는 한편 진입과 회원 자격, 가격 및 생산 등을 독점적으로 통제하기 위한 수단으로 출범하였다. 길드와 공제조합은 임금과 사회복지를 통합하여 장애를 가진 회원과 과부, 고아 등에게 보호 서비스를 제공하였다. 이러한 조합의 회원들은 상품이 아니었을 뿐 아니라 시장에 매물로 나와 있는 존재도 아니었다. 그들의 위상은 그들이 소속된 조합 내에서 차지하는 지위에 의해 규정되었다. 중요한 것은 길드는 마스터와 함께 직인까지를 아우르는 가운데 서열과 위계는 인정하였지만 계급의 존재에 대해서는 인정하지 않았다는 점이다. 길드가 폐지되면서 길드 조직들은 대부분 공제조합으로 전환되었다. 독일을 예로 들어 말하면, 공제조합과 그 이후에 성립한 사회보험 입법들에는 봉건주의의 정신이 다분히 스며들어 있었다. 그러한 정신은 가령 특정 집단에 대해 가입을 의무화한 발상이라든가, 조합에 의한 자주관리의 원리를 채택한 데서 여실히 드러난다(Neumann and Schapter, 1982).

이러한 조합주의 모델은 상품화에 맞서 초기에 이루어진 가장 지배적인 대응 전략 가운데 하나였다. 이 모델은 노동계급이 결성한 초기의 우애조합들에 깊숙이 침투해 들어갔으며, 이런 조합들은 회원들에게만 배타적으로 서비스와 보호의 세계를 제공하였다. 우애조합들이 거의 전적으로 특권적인 장인 노동자들만을 대상으로 삼았던 것은 놀라운 현상이 아니다.

그러나 이 조합주의 모델을 적극 지지한 세력은 대륙 유럽의 보수파 지배집단이었다. 이들 지배집단은 조합주의 모델을 욱일승천의 기세로 몰려오는 자본주의 경제에 맞서 전통사회를 옹호하기 위한 하나의 방안이라고 생각하였다. 말하자면, 그들은 조합주의 모델을 시장에 의한 개인화와 경쟁으로부터 보호되고 계급대립의 논리로부터 벗어난 유기적 실체 속으로 개인들을 통합해가는 수단으로 파악하였던 것이다. 조합주의적 복지는 로마 가톨릭 교회의 도그마가 되었으며, 사회문제에 관한 교황의 2대 회칙, 즉 '새로운 사태'(*Rerum Novarum*, 1891)*와 '사십주년'(*Quadrogesimo Anno*, 1931)*은 이러한 조합주의적 복지를 적극적으로 지지하였다(Messner, 1964). 조합주의적 요소는 후자의 회칙 속에 특히 농후하게 스며들었으며, 그것은 오늘날의 파시즘 이데올로기와도 일맥상통하는 것이었다. 이탈리아에서도 그러하였지만, 독일에서의 파시즘은 원자화된 상품으로서의 노동력을 양성하는 데 특별히 관심을 기울이는 대신, 도덕적 인과응보 원리의 재확립을 추구하였다. 그리하여 파시즘의 사회정책은 일련의 사회권을 부여하는 데 적극적인 지지를 보냈다. 그럼에도 불구하고, 이러한 권리들은 적절한 충성심과 도덕성을 조건부로 하여 부여되었다. 그러한 충성심과 도덕성은 새로운 파시즘적 인간형이 갖추어야 할 필수적인 소양으로 간주되었던 것이다 (Rimlinger, 1987; Guillebaud, 1941; Preusser, 1982).

비록 도덕성과 충성심, 혹은 전통을 조건으로 달긴 했지만, 어쨌든 보수주의가 사회권을 부여할 용의를 갖고 있었다는 사실은 국가주의의 전통에서도 분명히 드러난다. 역사적으로 보아 국가주의의 전통을 가장 잘 보여주는 실례는 비스마르크 치하의 독일과 폰 타페 치하의 오스트리아일 것이다.

조합주의가 그러했듯이, 국가주의 역시 그 바탕에는 사회통합과 권위의 유지, 그리고 사회주의와의 전쟁을 동기로 깔고 있었다. 뿐만 아니라, 국가주의는 개인주의와 자유주의에 대해서도 똑같이 노골적인 반감을 드러내고 있었는 바, 이러한 반감 또한 중요한 동기로 작용하였다. 국가주의를 지적으로 지도한 것은 구스타프 슈몰러와 아돌프 바그너 같은 보수파 학계 인사들과 케틀러(Ketteler) 주교의 가르침 같은 가톨릭의 교리였다. 이러한 지적 배경 위에서 '군주제적 사회주의'의 원리, 즉 신민(臣民)의 복지에 대한 온정주의적·권위주의적 의무를 표방하는 절대주의 모델이 출현하였던 것이다.

국가주의적 보수주의는 사회권을 '사회문제'에 대한 해결책이라고 생각하였다. 비스마르크와 폰 타페가 근대적인 사회보험을 개척했을 당시에 그들은 사실상 프랑스의 나폴레옹 III세가 앞서 밟았던 길을 뒤따르고 있는 셈이었다. 그러나 비스마르크는 거기서 한 걸음 더 나아가려는 욕심에서, '노동전사(Soldaten der Arbeit)'라는 자신의 원대한 비전을 실현시켜줄 핵심 장치로 고용의 권리(혹은 고용의 의무라고 해도 좋다)를 법제화하려 들기까지 하였다. 말하자면, 비스마르크는 노동자들을 군대와 같이 작동하는 경제에서 활약하는 전사들로 육성하고자 하였던 것이다(Preller, 1949; 1970; Briggs, 1961). 1930년대에 접어들어 나치스는 실제로 징용이나 여성고용 억제 정책, 로베르트 라이(Robert Ley)*의 초(超) 조합주의적 조직인 노동전선(Labor Front)*에의 강제가입 등을 밀어붙였으며, 이를 통해 비스마르크의 오랜 염원인 노동의 병영화를 직접 실행에 옮기기 시작하였다(Rimlinger, 1987). 보수주의적인 사회정책에서는 이처럼 흔히 권리와 의무의 경계가 매우 흐릿해지고는 한다.

지금까지 우리는 사회권의 보수주의적인 토대들을 조금 장황하게 살펴보았는 바, 이러한 작업이 필요했던 까닭은 그러한 토대가 바로 근대 사회정책의 역사적 기원을 이루기 때문이다. 스칸디나비아 국가든 영국이든, 혹은 대륙 유럽의 국가든, 거의 모든 나라에서 노동의 상품화에 맞서 가장 먼저 체계적이고 의도적인 공격을 감행한 것은 이와 같은 보수주의의 전통이었다. 그 이유를 헤아려보는 것은 그다지 어려운 일이 아니다. 첫째, 너무나 당연한 일이지만, 이들 보수주의 세력들은 자유주의와 민주주의, 그리고 자본주의가 계속 진전될 경우 그들의 권력과 특권의 토대를 이루는 제도들이 파괴되지 않을까 두려워하였다. 상품으로서의 노동은 확실히 봉건적이고 절대주의적인 노동통제 체계를 해체시킬 것이 불을 보듯 뻔하기 때문이다.

둘째, 상품화 이전의 노동자의 지위는 기왕에 활용 가능한 모델이었을 뿐만 아니라, 전형적인 경우에는 자유방임주의가 전성기를 맞은 시점에서도 여전히 건재한 모델이었다는 것이다. 상품화 이전의 지위는 자연스럽게 성립한 대응 방식이었으며, 그러한 방식은 나름대로 상당한 정당성을 내세울 수 있었다. 길드는 사라졌는지 모르지만, 그 전통은 공제조합의 형태로 남게 되었다. (국가뿐만 아니라) 자본주의 기업도 노동계약과 무관하게 일련의 사회적 급여들을 제공해 왔다. 그리고 온정주의란 것이 기업가 정신과 딱히 모순되어 보이는 그런 것도 아니었다. 슘페터가 설득력 있게 강조한 바와 같이(Schumpeter, 1970), 자본주의 질서는 그보다 앞선 시대의 보호 장치들에 의해 지배되고 조직되었기에 비로소 작동하기 시작하였다. 말하자면, '상품화 이전 상태'의 사회정책은 '자본주의의 붕괴를 막아준 버팀목의 하나였던 셈이다.'(Schumpeter, 1970, p. 139). 그것은 또한 우리가 오늘날 근대 복지국가라고 생각하는 것을 떠받치는 초석 가운데 하나이기도 하였던 것이다.

상품화의 딜레마에 대한 자유주의적 대응

우리가 자유방임주의라는 말에서 연상할 수 있는 순수하고 오염되지 않은 상품으로서의 노동은 아마 현실의 삶에서는 결코 존재한 적이 없을 것이다. 사실 그러한 노동 상품은 그 어떤 진지한 자유방임주의 이론에서도 찾아볼 수 없다. 아담 스미스나 낫소 시니어 같은 이론가들도 국가가 일체의 사회적 보호로부터 손을 떼고 물러나는 정치경제를 옹호하려 들지는 않았다. 그러나 그렇다고 해서 순수한 노동 상품의 문제가 역사적 허상에 불과하다는 의미는 아니다. 노동시장에 따라서는 순수한 노동 상품에 버금가는 사례가 존재하는 것이다. 가령 텍사스에서 찾아볼 수 있는 길거리 노동경매(labor auctions)가 대표적인 실례이다. 그리고 이 분야의 존중할 만한 이론도 국가는 무슨 일이 있어도 최소주의적인 존재로, 그러니까 사람들이 절체절명의 위기에 처했을 때에 한해서만 개입해야 하는 존재로 상정하고 있었다.

자유방임주의 이론의 보급에 앞장선 이론가들, 가령 스마일리

(Smiley)라든가 마르티노(Martineau) 같은 논자들은 순수한 상품 형태를 신성시하였다. 복지의 시각에서 볼 때, 이들의 주장은 이중적 의미를 갖는 것이었다. 첫째, 그들은 사회적 최저선의 보증이 빈곤과 실업을 제거하는 것이 아니라 오히려 그것들의 원인으로 작용한다고 주장하였다. 이러한 논거는 최근의 신자유주의에서 다시 한번 그 생명력을 과시하고 있다. 둘째, 그들이 보기에 사회적 보호는 도덕적 타락과 무절제, 게으름, 음주벽 등을 야기할 따름이었다. 확실히 자유주의와 보수주의의 도덕관은 서로 궤를 달리하고 있었다.

자유주의의 일반적인 가정은 시장이야말로 인간에게 해방을 가져다주는 것이며, 자조와 근면을 함양하기 위한 있을 수 있는 최선의 장치라는 것이다. 그 어떤 간섭도 받지 않을 경우, 시장의 자율 메카니즘은 일을 하고자 하는 사람은 누구든지 일자리를 얻고, 그리하여 스스로 자신의 복지를 해결하는 것을 보장해주게 되어 있다. 개개인의 삶에서는 불안정과 위험, 그리고 사고 따위가 언제든지 닥쳐올 수 있을 것이다. 그리고 빈곤이라든가 무기력 같은 것도 원칙적으로 경험하지 말란 법이 없다. 그렇지만 그런 것들은 어디까지나 체계의 오류가 아니라 전적으로 개인이 선견지명이 없어 근검 절약하지 않은 결과일 따름이다.

이것이 이른바 자유주의가 내세우는 '좋은 사회'의 모델이라고 할 수 있는 바, 이러한 원색적인 모델은 익히 알려져 있는 많은 약점들을 지니고 있다. 이 모델은 모든 개인들이 사실상 자유롭게 시장에 참여할 수 있는 능력을 보유하고 있다고 가정한다. 하지만 말할 나위도 없이 그러한 가정은 사실과 부합하지 않는다. 노인이라든가 병약자, 시각 장애인, 신체 장애인 등은 가족부양에 의존할 수밖에 없으며, 그렇지만 이러한 가족부양은 시장에서 노동을 공급할 수 있는 가족의 능력을 제약한다. 또한 임금이 가까스로 연명이나 할 수 있는 수준에 가까울 경우에는 미구에 닥칠지도 모르는 사회적 재앙에 대비하는 것이 기대난망일 수도 있다. 뿐만 아니라, 그러한 위기가 장기간 지속될 경우, 그 위험에 맞서 자신을 보호할 수 있는 개인은 거의 없을 것이다.

이 모든 경우에 자유주의 도그마는 가령 가족이라든가 교회, 혹은 공동체 같은 전자본주의적인 사회적 원조 제도들에 호소하지 않을 수 없게 된다. 그런데 바로 그렇게 하는 과정에서 자유주의는 자기모순에 빠져들게 된다. 왜냐하면 이런 제도들이 사회적 책임을 떠맡게 될 경우, 그런 책임을 걸머진 제도들이 시장의 이익을 위해 봉사할 수는 없는 노릇이기 때문이다.

자유주의는 사회적 개입을 위한 정당성의 근거를 공공선의 원리에서 찾았다. 등대가 없을 때 상선(商船)은 좌초할 수 있으며, 마찬가지로 공중위생이 보장되지 않을 때 사람들의 건강은 위험에 내몰릴 수 있다. 자유주의가 사회권의 필요성을 수용하게 된 까닭은 주로 상황의 강제 때문이었다. 영국인들이 보아 전쟁(Boer War)*을 계기로 깨달은 바 있듯이, 건강하고 교육받은 군인들로 편성된 군대 없이 하나의 제국을 유지한다는 것은 어려운 일이다. 마찬가지로, 빈곤의 늪에 빠져 허덕이는 영국 노동계급의 성과는 가령 독일과 같이 단기간에 산업화를 달성한 국가들에 비해 효율성이 떨어지는 것처럼 보였다. 그렇다면 자유주의는 노동 상품화의 딜레마에 어떻게 대응하였던가?

이러한 딜레마에 즈음하여 자유주의는 그들의 입장에서 수용 가능한 해법 두 가지를 찾아냈다. 한 가지 해법은 구빈법에 뿌리를 둔 '열등처우'의 원칙(principle of less eligibility)*의 수정판을 원용하여 자산조사형 사회부조 제도를 도입하는 것이었다. 이 접근에서는 사회권의 무조건적인 확대는 있을 수 없는 일이며, 정부의 보조 또한 수급 자격이 입증된 빈민으로만 한정되며, 노동자들로 하여금 노동 대신에 복지를 선택하도록 유인해서는 아니 된다. 자산조사형 사회부조 체계는 어떤 의미에서 아무리 기를 써도 시장 참여가 불가능한 자들에게만 시장 외적인 소득이 돌아가도록 담보할 수 있는 한 가지 방안일 수 있다. 잔여적 내지 주변적 복지국가라는 티트머스의 개념(Titmuss, 1974)은 정확히 자유주의 패러다임의 이러한 속성, 즉 시장이 실패하는 경우에 한해서만 공적인 의무가 개입하는 속성을 포착하려는 시도라 할 수 있다. 결국 상품의 논리가 최우선을 차지하는 것이다.

사회부조 모델은 주로 자유주의의 지배력이 보다 강한 앵글로 색슨 국가들이나 스칸디나비아 국가들의 초기 사회정책 속에 뿌리를 내렸다. 이러한 사회부조 모델은 흔히 20세기 초는 물론 경우에 따라서는 제2차 세계대전 이후까지도 완전히 '상품화된'(따라서 또한 도덕적인) 행동을 한다는 엄격한 조건을 전제로 내세웠다. 예를 들어, 덴마크에서는 이전에 국가로부터 받은 구빈 급여를 상환하지 못한 사람들에 대해서는 자산조사형 사회부조 연금을 지급하지 않았다. 뉴질랜드에서는 결혼 생활을 하는 동안에 '비도덕적인' 행동, 곧 이혼 따위의 행동을 한 사람들을 사회부조의 대상에서 제외하였다.

두 번째 접근법에 스며들어 있는 철학도 첫 번째와 똑같은 것이다. 아무리 순수한 형태의 자유주의라 할지라도 자선이라든가 보험 그 자체를 두고 반대한 적은 결코 없다. 중요한 것은 자선이든 그 어떤 형태의 보험이든 그것은 반드시 자발주의(voluntarism)에 기초해야 한다는 것이며, 나아가 보험제도 자체도 철저히 계약과 보험수리의 원리에 근거해야 한다는 것이다. 공짜 점심 따위는 있을 수 없는 일이므로, 권리와 급여는 반드시 기여를 반영하지 않으면 안 된다. 자유주의가 일단 노동조합 운동을 수용하게 되자, 그것은 또한 사적 개인보험의 이같은 원리를 단체교섭의 대상인 사회적 급여로까지 확대 적용할 수 있게 되었다. 사실 사회적 급여를 단체교섭의 대상으로 삼는다는 발상은 양차 대전의 전간기에 미국의 자유주의자들이 그토록 열광적으로 지지한 복지 자본주의 이데올로기를 활성화시키는 계기로 작용하였다(Brandes, 1976). 이 때 그 바탕에는 기업 단위의 복지제도를 발전시킴으로써 국가 운영 사회보험의 '사회주의적' 색채를 탈색시킬 수 있으리라는 기대가 깔려 있었다.

자유주의가 시장에서 민간에 의해 조직되는 보험을 선호한다는 것은 말할 필요도 없다. 그러나 오거스가 주목한 바 있듯이(Ogus, 1979), 공적인 사회보험의 발상과 노동의 상품화 논리를 조화시키는 일이 순수한 자유주의 이데올로기가 가정하는 만큼 그렇게 어려운 과제는 아니었다. 사회보험 역시 민간부문의 보험과 마찬가지로 수급자격과 급여 수준을 고용과 노동성과, 그리고 기여에 직접 연계시킬 수 있는 것이다. 그러기 위해 사회보험은 노동유인과 생산성을 강조하지 않으면 안 된다. 만일 사회보험이 보험수리의 원리에 따라 운영되기만 한다면, 그것은 또한 순수한 교환관계에 기초한 복지라는 성격을 보지할 수도 있게 된다. 그리고 그뢰브너가 주장한 것처럼(Graebner, 1980), 심지어 노령연금조차도 경영계의 눈에는 노동시장을 좀더 유연하게 만들 수 있는 방안으로 보였다. 연금제도를 도입할 경우, 고용주들은 다른 사람들이 부담하는 비용으로 나이 많고 효율성이 떨어지는 노동자들을 좀더 쉽게 퇴출시킬 수 있을 것이기 때문이다. 가입을 의무화하는 사회보험의 구상도 자유주의 도그마와 아무런 문제없이 양립할 수 있을 것이다. 그도 그럴 것이, 만일 어떤 집단은 사회보험의 적용을 받고 다른 집단은 그렇지 못한 경우, 그 결과는 불공정한 경쟁을 초래할 것이기 때문이다. 미국이 강제가입에 보편주의적인 실업보험 제도를 도입하였던 소이는 확실히 이러한 발상을 동기로 한 것이었지 사회연대의 이상에 기초한 것이 아니었다. 이런 점에서, 사회보험을 도입하지 않을 수 없게 되는 경우에 자유주의가 보편주의적인 해법을 선호하는 경향을 보이는 것은 결코 우연이 아닌 것이다.

요컨대, 자유주의가 사회적 보호를 수용하는 방식은 우리가 통상적으로 생각하는 것보다 실제로는 훨씬 더 유연하다. 그 까닭은 정확히 말하자면 일정한 조건 하에서는 사회적 보호가 사회적 역효과 없이 노동의 상품 지위를 실질적으로 강화할 수 있기 때문이다.

사회주의 정치로서의 탈상품화

하나의 이론으로서든, 이데올로기로서든 혹은 정치 전략으로서든, 사회주의는 상당 부분 노동력을 상품화하는 자본주의에 대응하는 과정에서 출현하였다. 사회주의의 시각에서, 노동의 상품화는 소외를 유발하고 계급을 형성하는 핵심적인 요인으로 작용한다. 노동자가 임금을 받는 대가로 자신의 노동에 대한 통제권을 포기하게 되는 것도 바로 노동의 상품화 때문이며, 또한 노동자들이 시장에 종속되어 있다고 단언할 수 있는 것도 노동의 상품화를 전제로 한다. 그러므로 노동의 상품화는 또한 고용주의 통제권을 보장하는 핵심적인 원천이기도 하다. 뿐만 아니라, 노동의 상품화는 계급분화의 원인이자 집합적 단결의 장애물이기도 하다. 간단히 말해, 상품들은 정의상 서로 경쟁하게 되어 있으며, 경쟁이 치열할수록 가격은 떨어지게끔 되어 있다. 그러므로 노동자들의 탈상품화를 추진하는 노선이 노동운동 정책의 기본 원리로 부상하는 것은 너무나 자연스런 귀결이다. 노동자의 복지도, 노동운동의 권력도, 결국은 현금관계에 대한 개인의 예속을 얼마나 완화하느냐에 달려 있다.

고전 사회주의 이론은 흔히 노동의 상품 논리에 대한 전면적인 철폐를 옹호한 것으로 묘사되고는 한다. 물론 이것은 궁극적인 목표라는 관점에서 보면 맞는 말이지만, 그러나 실제적인 분석의 차원에서 보면 그렇지 않다. 『자본론』(*The Capital*)에서 마르크스는 영국의 '공장법'이 노동자들의 무력감을 완화시켜 준다는 믿음에서 그것을 높이 평가하였다. 『공산당선언』(*Communist Manifesto*)의 결론에 해당하는 마지막 장에서, 마르크스는 개량주의적인 일련의 사회개혁을 옹호하고 있는 바, 그 이유는 이러한 개혁이 노동자들의 자원을 확대해주고 시장에 맞서 노동자의 입지를 강화시켜줄 것이라고 판단한 때문이었다. 뿐만 아니라, 칼 카우츠키(Karl Kautsky)와 로자 룩셈부르크(Rosa Luxemburg) 역시 사회임금을 적극적으로 옹호한 바 있다. 일반적으로 임금노동 이외의 사회적 소득을 위해 투쟁하는 것이 필요하고도 바람직하다는 점에 대해서는 혁명주의 이론이든 개혁주의 이론이든 견해를 달리하지 않는다. 사회주의 진영이 개혁주의와 혁명주의 분파로 갈라서게 된 이유는 주로 전략을 둘러싼 이견 때문이었다.

맹아적인 형태의 탈상품화 정책들은 조합주의적 보수주의 전통과 상당한 유사성을 갖고 있었다. 이것은 하등 놀라운 일이 못된다. 왜냐하면 초기의 노동운동을 주도한 것은 대부분 배타적인 장인조합이나 공제조합, 그리고 때에 따라서는 정당 등이었기 때문이다. 물론 이런 조직들은 제공하는 급여의 수준이 낮을 뿐 아니라 적용범위도 제한적이어서 노동계급 가운데 가장 취약한 계층을 적용에서 배제한 약점을 안고 있었다. 노동의 단결에 가장 커다란 위험으로 작용한 것은 바로 미조직 세력, 즉 '슬럼 프롤레타리아트'(slum proletariat)였다. 이들이야말로 임파워먼트가 되어야 할 필요가 있는 노동자들이었지만, 미시 사회주의적 (micro-socialist) 복지 조합들이 그들에게까지 손길을 뻗치기에는 어려움이 없지 않았다. 그런 까닭에 부르조아 국가의 사회권 확대를 지지해야 할 것인지 말 것인지를 둘러싼 논쟁에 불이 붙었던 것이다.

이 문제가 하나의 딜레마로 작용하여 사회주의자들의 활동 역량은 크게 위축되고 있었다. 제1차 세계대전이 끝난 이후까지 사실상 모든 나라에서 국가는 보수주의 아니면 자유주의 세력에 의해 장악되어 있었으며, 사회주의자들은 그들이 판단하기에 득 될 것이 없는 사회평화 공작에 반대하는 것 말고는 이렇다 할 대안을 찾아내지 못하고 있었다. 독일 사회 민주주의의 경우에는 20세기에 접어든 지 한참이 지나서까지도 이런 식의 대응이 지배적이었다. 사회주의자와 보수주의자 사이에 대립이 없지 않았지만, 사회권의 문제에 관한 한 그러한 대립은 반드시 그렇게 심각한 것은 아니었다. 스웨덴의 브란팅(Branting)이나 독일의 하이만(Heiman)과 칼레키(Kalecki) 같은 사회주의 진영의 유력 인사들은 차츰 이 점을 깨달아가고 있었다. 그런데 이러한 깨달음이 싹트고 있던 시기는 오스트리아와 독일의 사회 민주주의가 표방한 '점진적 혁명'(slow revolution)의 패러다임이 새로이 부상하던 시기와 정확히 맞아떨어지고 있었다.

그리하여 이들 사회주의자들은 보수주의적 개혁주의와 사회주의의 목표 양자를 서로 조화시키는 노선을 취했다. 레더러와 마르샤크 같은 독일의 저명한 사회 민주주의자들은 노동자 보호가 필연적으로 고용주들의 통제권을 제약할 것이기에 노동의 대의를 진전시킨다고 보았다(Lederer and Marshack, 1926). 그런가 하면, 동시대인들 사이에서 최고의 이론가 중 한 명으로 꼽히는 에두아르트 하이만(Eduard Heiman, 1929)에게, 사회정책은 야누스의 얼굴을 한 존재였다. 말하자면, 사회정책은 자본주의 체계를 떠받치고 구제해줄 탁월한 수단일 수도 있으나, 동시에 그것은 자본의 지배를 무력화할 우려가 있는 이질적인 존재이기도 하다는 것이다. 이런 식의 분석들에 힘입어 이론 무장을 한 가운데, 사회주의는 혁명적 공산주의의 도그마가 제시하는 좀더 묵시론적인 시나리오 대신에 점진주의적 전략을 옹호할 수 있었다. 혁명적인 공산주의가 위기와 붕괴 속에 혁명의 씨앗이 들어 있다고 믿었다면, 개혁주의자들은 위기가 불러오는 인간의 불행이 사회주의의 기획을 약화시킬 뿐이라는 점을 깨달았다. 그리하여 사회권의 범위와 질의 점진적인 확충은 비단 최종적인 성공의 결실로 그치는 것이 아니라 보다 큰 투쟁을 위한 전제조건으로 받아들여졌다. 바로 이러한 전략의 수정을 통해서 사회주의는 복지국가를 사회주의라는 장기 프로젝트의 실현을 위한 핵심 과제로 수용할 수 있게 되었던 것이다. 사회 민주주의가 복지국가주의와 동의어로 간주되는 것은 바로 이러한 의미에서이다.

사회주의자들이 탈상품화를 위한 청사진을 갖고 있었다고 믿는다면 그것은 터무니없는 오류를 범하는 일이 될 것이다. 스웨덴의 걸출한 사회 민주주의자들조차도 다양한 정책들 사이에서 오락가락하였으며, 그러한 정책들 가운데 상당 수는 객관적으로 보아 사회주의 정책이라고 보기 어려운 것들이었다. 혼선의 원천은 두 가지였다. 한 가지 원천은 고전적인 마르크스주의에서 핵심을 차지하는 쟁점, 곧 '능력과 욕구'의 대응관계에 대한 해석과 관련되었다. 사회개량을 욕구의 함수로 이해한 경우, 사회주의자들은 자신들도 모르는 사이에 자산조사라든가 빈민들의 생활조건에 맞춘 급여 수준 같은 자유주의 모형의 원리를 실행에 옮기게 되었다. 오스트레일리아나 덴마크와 같은 많은 나라들에서 노동운동 세력이 사회부조 모델을 수용하게 된 것도 다 이런 이유 때문이었다. 물론 사회주의자들은 급여 수준을 높이고 사회적 낙인을 최소화하기 위해 분투하였을 테지만, 그러나 그들은 분명 사회부조 제도를 가장 평등주의적인 제도라고, 그러니까 진정으로 욕구가 결핍된 빈민들에게 도움을 주는 제도라고 파악하고 있었던 것이다.

또 다른 혼선의 원천은 탈상품화의 대상과 관련되어 있었다. 제2차 세계대전까지 노동 정당들은 산업 노동계급의 옹호자임을 자처한다는 의미에서 지극히 '노동자주의적'(workerist)이었다. 이러한 조건에서 그들이 노동계급만을 아우르는 제도를 신봉한 것은 자연스러운 현상이었다. 그러나 사회주의자들이 시야를 넓혀 '모든 가없은 민중'을 껴안는 방향으로 노선을 확대해감에 따라, 그들은 정치적으로 보편주의적인 적용범위를 목표로 하여 권리의 문제에 접근하지 않으면 안 되었다. 제3장에서 차차 논의하겠지만, 사회주의의 사회정책이 보편주의적인 연대를 과시하게 된 연원이 바로 여기에 있다.

사회주의의 초기 사회정책은 거의 예외 없이 기본적 혹은 최저 수준의 사회권만을 보장한다는 발상을 그 특징으로 하였다. 다시 말해, 강력한 수급 권리는 보장하되, 급여 수준이 상당히 낮을 뿐 아니라 전형적인 경우 인간 욕구의 핵심 영역(노령연금, 재해보험, 실업 및 질병급여 등)으로 제한한다는 발상에 기초하였던 것이다. 물론 재정상의 한계가 일정하게 작용한 것도 사실이지만, 그러나 그들의 접근 방식이 이렇게 미온적이었던 것은 또한 초기의 사회주의자들이 문제를 어떻게 정의하고 있었던가를 반영한 결과로 볼 수 있다 — 초기의 사회주의자들은 문제를 노동자주의적 관점에서, 그러니까 그 어느 누구도 그 이하로 떨어져서는 안 되는 기본적인 하한선을 제공한다는 관점에서 정의하고 있었던 것이다. 아닌 게 아니라, 1950년대와 1960년대까지 노동 정당들의 사회복지 프로그램들은 수급자격에 대해서는 매우 관대한 기준을 적용했지만, 급여 수준이나 내용에 있어서는 거의 예외 없이 미온적인 수준에 머물고 있었다. 그 목표가 빈곤으로 떨어지는 것을 막자는 것이었지, 시장종속으로부터 노동자를 해방시키자는 것이 아니었기 때문이다. 노동자를 시장 종속으로부터 해방시키는 데 목표를 두었다면, 두 가지 기본적인 개혁 조치를 포함하여 사회정책의 대대적인 재편이 필요했을 터이다. 첫째, 절대적 욕구라는 협소한 영역을 넘어서서 제반 권리를 확대해야 했다. 그리고 둘째, 해당 국가의 평균적인 생활수준과 통상소득에 걸맞도록 급여 수준을 업그레이드해야 했다. 첫 번째 조치와 관련하여 특히 중요한 것은 노동 이외의 활동, 이를테면 육아라든가 가사 책임, 재교육, 조직 활동, 심지어 여가 활동 따위를 추구하는 동안에도 피용자들에게 급여를 제공하는 다양한 복지 제도들을 도입하는 것이었다. 그러한 프로그램들은 그 본질에 있어서 진정으로 탈상품화 효과를 산출할 것이다. 두 번째 조치와 관련하여 핵심적인 쟁점은 그 수급 기간이 장기화하더라도 복지 수급자라는 지위로 인해 생활수준이 하락하도록 해서는 안 된다는 것이었다.

요컨대, 사회주의 패러다임에서 탈상품화는 시장 종속으로부터의 해방을 그 요체로 한다. 우리는 사회권의 존재 그 자체에서가 아니라 사회권의 질과 구성에서 사회주의적 접근의 독특성을 확인할 수 있다. 보수주의 모델과 달리, 가족이나 도덕성, 혹은 권위에 의존하는 것은 시장 의존을 대체할 수 있는 것이 못된다. 사회주의 패러다임의 발상은 오히려 개인의 자율성이라는 발상이다. 또한 자유주의와 달리, 사회주의의 목표는 권리를 극대화하고 제도화하는 것이다. 충분히 발달한 사회주의 패러다임을 추구하는 국가라면 원칙적으로 노동자 지위의 탈프롤레타리아화를 촉진해야 할 터이다. 그렇게 되면 이제 노동자와 노동의 관계는 (가령 공무원 같은) 일부 특권 계층이 수십 년, 아니 수 세기 동안 향유해온 바로 그러한 관계에 접근하기 시작할 것이다.

현실 세계에서 본 복지국가와 탈상품화

탈상품화 효과를 산출할 수 있는 사회정책의 잠재 능력은 시대에 따라, 그리고 국가에 따라 차이가 있으며, 그 차이는 경험적으로 확인해야 할 문제이다. 탈상품화의 잠재 능력이 단순히 사회지출의 양적 수준에 의해 측정될 수 없다는 것은 명백하다. 그것을 올바로 측정하기 위해서는 실제의 복지 프로그램들이 갖고 있는 규칙과 표준들을 분석할 필요가 있다. 문제는 우리가 핵심적인 차원들을 어떻게 적절히 조작화하느냐 하는 것이다.

그 하나의 차원은 급여에 대한 사람들의 접근권을 규제하는 규칙을 확인하는 것이다. 수급자격의 규칙이라든가 수급권에 대한 제한 같은 것이 그것이다. 만일 어떤 프로그램에의 접근이 용이하며, 또한 그 프로그램이 과거의 고용 기록이나 고용 실적, 욕구조사, 혹은 재정적 기여 따위와 상관없이 적절한 생활수준을 향유할 권리를 보장해 준다면, 그 프로그램의 탈상품화 잠재 능력은 상당히 큰 것으로 간주할 수 있을 것이다. 프로그램에의 '진입'(進入)과 동전의 표리 관계를 이루는 것이 프로그램으로부터의 이탈 문제이다. 만일 어떤 프로그램이 아주 짧은 기간 동안에만 급여를 제공한다면, 그 프로그램의 탈상품화 능력이 미미하리라는 것은 명약관화하다.

두 번째 차원은 소득대체율과 관련된다. 왜냐하면 만일 급여의 수준이 해당 사회에서 적절하고 수용 가능한 것으로 간주되는 생활수준이나 통상소득에 훨씬 못 미친다면, 아마도 그 급여 수급자는 가능한 한 빨리 노동으로 복귀하지 않으면 안 되는 결과가 초래될 것이기 때문이다. 이런 점에서 우리는 소득대체율의 수준을 고려에 넣지 않으면 안

될 것이다.

세 번째는 극히 중요한 차원으로, 제공되는 수급 권리의 보장 범위이다. 거의 모든 선진 자본주의 국가들은 기본적인 사회적 위험들, 가령 실업이나 장애, 질병, 노령 따위의 위험으로부터 보호를 받을 수 있는 이런 저런 형태의 사회적 권리를 인정하고 있다. 가장 선진적인 국가가 있다면, 그것은 아마도 원인을 따지지 않고 모든 시민들에게 사회임금을 급여하는 국가일 것이다. 근자에 스칸디나비아와 네덜란드에서 논의 중에 있고, 그보다 목표는 미온적이지만 미국의 부의 소득세 방안과 같은 형태로 제시되는 바, 사실상의 시민임금(citizens' wage)을 보장한다는 발상은 바로 이러한 시나리오에 가장 가까이 접근하게 될 것이다.

수급자격의 조건들

사회권이 아무런 조건 없이 보장되는 경우란 모름지기 거의 없다. 급여 청구자가 급여를 수급하기 위해서는 적어도 병에 걸렸거나 나이가 많거나 실업 상태에 있는 등등의 요건들을 충족시키지 않으면 안 된다. 그러나 어떤 문제가 단순히 발생했다는 사실 이외에도, 통상 사회보장 제도의 유형에 따라서는 여러 가지 조건들이 요구된다.

우리는 일반적으로 세 종류의 제도들을 구분할 수 있다. 이러한 제도들은 저마다 특유의 탈상품화 효과를 창출한다. 첫 번째 유형의 체계는 역사적으로 앵글로 색슨 국가들에서 가장 분명하게 나타나는 것으로, 이 체계는 입증 가능한 절박한 욕구에 기초하여 수급자격을 부여한다. 구빈법의 전통에 그 기원을 두고 있는 이 사회부조 전통은 엄격성의 정도에 차이는 있지만, 자산조사 내지 소득조사를 실시한다는 데 그 특징이 있다. 이런 전통에 속하는 체계들은 시민권을 충분히 확대하지 않는다. 이러한 전통에 속하는 대표적인 사례들로는 스칸디나비아의 초기 연금제도나 영국의 보충급여 제도, 미국의 보충적 소득보장 제도(SSI)*, 오스트레일리아의 복지체계 전반 등을 꼽을 수 있다. 이러한 사례들 외에도 이러한 전통에 속한 국가들은 하나같이 이런 저런 유형의 자산조사형 사회부조나 구빈제도를 보유하고 있다. 이런 유형의 체제에서 가장 중요한 의미를 갖는 것은 자산조사 및 소득조사의 엄격성과 급여의 관대성의 정도이다.

두 번째 유형의 체계는 노동성과에 근거하여 수급자격을 부여한다. 보험 전통에 그 기원을 두고 있는 이 유형의 제도는 독일에서 가장 먼저 일관된 형태로 발전하였고, 그 뒤를 이어 유럽 대륙 전역에 걸쳐 발전하였다. 이 유형은 노동시장 참가와 재정적 기여를 동시에 충족시키는 것을 전제로 수급자격을 부여하며, 따라서 그 권리의 수급에는 통상 보험수리의 원리가 적용된다. 즉 개인은 계약의 논리에 기초하여 개인적인 수급자격을 획득한다는 발상이 적용되는 것이다. 이런 종류의 체제가 탈상품화를 위한 기회를 제공하는 정도는 대체로 그것이 보험수리의 원리를 얼마나 완화하느냐에 달려 있다. 다시 말해, 탈상품화를 위한 기회를 제공하는 정도는 수급 자격을 획득하기 위해 한 개인이 얼마나 많은 노동을 해야만 하고, 또는 얼마나 많은 기여를 해야 하는지, 그리고 그간의 기여와 급여 간의 관계가 얼마나 엄밀하게 연계되느냐에 따라 달라지는 것이다.

세 번째 유형의 체계는 욕구의 정도나 노동성과의 과소(寡少)를 불문하고 모든 시민에게 보편적 권리를 부여하는 베버리지의 원리에 그 기원을 둔다. 이 체계에서 수급자격은 시민이라는 사실, 혹은 해당 국가에서 장기간 거주한 주민이라는 사실에 기초한다. 이런 유형의 프로그램들은 예외 없이 정액급여의 원리를 표방한다. 원칙적으로 이러한 '인민적 복지'(people's welfare) 접근법은 강력한 탈상품화 잠재 능력을 갖고 있지만, 그러나 그 정도는 말할 필요도 없이 급여의 수준이 높고 낮음에 따라 달라진다. 인민적 복지 체계는 스칸디나비아 국가들에서 가장 깊숙이 뿌리를 내렸으며, 사회주의적 사회정책의 전통을 오랫동안 지배해온 원리이다. 그리고 비록 한번도 현실화된 적은 없지만, 독일의 사회 민주주의가 한결같이 오랜 세월 가슴에 품어온 이상(理想)이기도 하다.

　상기한 세 가지 체계 유형론은 복지국가를 잔여적 복지국가, 산업−업적 복지국가, 제도적 복지국가로 구분하는 티트머스의 잘 알려진 3원적 유형론과 어느 정도 일치한다(Titmuss, 1958). 그러나 현실에 있어서 순수한 사례라는 의미에서 전적으로 단일 차원이 지배하는 국가는 존재하지 않는다. 앵글로 색슨 국가들, 가령 오스트레일리아나 캐나다, 미국 같은 나라들은 사회부조 체계가 지배적이지만, 그러나 이런 나라들에도 보완 수단으로서 다른 대안적인 프로그램들이 아울러 존재한다. 미국의 경우, 사회보장 체계는 사회보험의 범주에 해당하며, 캐나다는 보편적 국민연금(people's pension)과 사회보험 방식의 연금이 병존하고 있다. 심지어 오스트레일리아 같은 나라도 보편적 국민연금의 원리를 향해 접근해가고 있다. 그런가 하면, 사회보험 전통이 가장 강한 대륙 유럽의 국가들에서도 지난 수년 사이에 다양한 대안들이 출현하였다. 예를 들면, 이탈리아의 사회연금(social pension)과 프랑스의 '연대기금'(solidarity funds)이 그런 것들이다. 그리고 마지막으로 인민적 복지 접근 방식이 지배해온 거의 모든 국가들도 소득비례 및 노동연계 복지제도들을 도입하여 통상 급여 수준이 낮은 정액제 보편주의 계획을 보완해 왔다. 요컨대, 오늘날 모든 국가는 이상에서 논의한 여러 체계들의 혼합체를 보여주고 있는 것이다.

이처럼 현실이 보여주는 복잡성에도 불구하고, 탈상품화를 할 수 있는 복지국가들의 다양한 능력은 경험적으로 충분히 확인할 수 있다. 우리는 여기서 세 가지 가장 중요한 사회복지 프로그램들, 곧 연금과 질병, 그리고 실업 관련 현금급여들을 대상으로 탈상품화의 종합 점수를 제시하고자 한다. 이 점수들은 어떤 한 평균적인 사람이 시장으로부터 얼마나 쉽게 자발적으로 이탈할 수 있는지 그 정도를 보여주는 일련의 변수 값들을 요약한 것이다. 첫 번째 변수는 수급자격을 획득하기 위한 조건의 엄격성으로, 가령 노동경력이라든가 기여, 혹은 자산조사 등을 가리킨다. 두 번째 변수는 (가령 현금급여를 수급하기 위한 대기기간 같은) 제도 내적인 역유인의 정도와 급여의 최대 수급 기간이다. 그리고 세 번째 변수는 급여가 통상적인 기대소득 수준에 접근하는 정도이다. 모든 탈상품화 점수는 사회보장 프로그램의 적용범위에 포함되는 관련 인구 집단의 백분율에 따라 가중치가 부여된다. 이 백분율은 어떤 한 개인이 소득이전 프로그램에 접근할 권리를 보유하고 있을 확률을 반영한다. 예를 들어, 어떤 프로그램이 급여도 넉넉하고 조건도 관대하지만, 급여 수급자가 극소수로 한정되는 경우, 그 프로그램의 탈상품화 능력이 미미하리라는 것은 말할 필요가 없는 일이다.

〈표 2-1〉은 노령연금을 기준으로 살펴본 선진 산업 민주주의 18개 국가들의 탈상품화 지표를 보여주고 있다. 여기서는 연금제도의 탈상품화 지표를 구하기 위해 5개의 변수를 사용하였다. 1) 독신자를 기준으로, 노동자의 통상소득 대비 최저연금의 비율(세후 순 소득대체율). 2) 독신자 기준 연금의 표준 (순)소득대체율. 3) 수급자격의 획득에 필요한 기여 연한의 수. 4) 총 연금재정에서 차지하는 개인적 재정 부담의 비중. 5) 연금수급 연령 인구 중 실제 연금 수급자의 비율(연금 실수급률〈take-up rate〉)*. 상기한 1)부터 4)에 이르는 4개의 변수들에 대한 점수들을

합산한 다음, 5)의 변수에 의해 그 점수들에 가중치를 부여하는 방식으로 탈상품화 지표를 구하였다. 질병급여와 실업급여의 경우에도 그 절차는 대동소이하다. 다만 다른 점이 있다면, 이 두 가지 제도들의 경우 표준적인 급여를 기준으로 한 (순)소득대체율만을 포함하고 있으며, 개인적 재정 부담의 비중은 생략하였고, 급여 수급을 위한 대기 일 수와 주당(週堂)으로 환산된 급여 수급기간에 관한 자료를 포함하고 있다는 점이 다른 점이다. 이들 세 가지 프로그램 모두에 대해, 급여 수준에 대해서는 점수를 두 배로 계산하였다. 그 까닭은 어떤 주어진 개인이 노동

|표 2-1| 노령연금, 질병급여, 실업보험에서의 탈상품화 정도.1980년

	연금	질병	실업
오스트레일리아	5.0	4.0	4.0
오스트리아	11.9	12.5	6.7
벨기에	15.0	8.8	8.6
캐나다	7.7	6.3	8.0
덴마크	15.0	15.0	8.1
핀란드	14.0	10.0	5.2
프랑스	12.0	9.2	6.3
독일	8.5	11.3	7.9
아일랜드	6.7	8.3	8.3
이탈리아	9.6	9.4	5.1
일본	10.5	6.8	5.0
네덜란드	10.8	10.5	11.1
뉴질랜드	9.1	4.0	4.0
노르웨이	14.9	14.0	9.4
스웨덴	17.0	15.0	7.1
스위스	9.0	12.0	8.8
영국	8.5	7.7	7.2
미국	7.0	0.0[a]	7.2
평균	10./	9.2	7.1
표준편차	3.4	4.0	1.9

점수가 높을수록 탈상품화 정도가 높음. 점수화 절차에 대해서는 이 장의 부록을 참조하라.
a 프로그램이 존재하지 않으며, 따라서 점수도 0이 됨.
출처 : SSIB data files.

이냐 복지냐를 선택함에 있어서는 그 무엇보다도 예상되는 기대소득의 수준이 절대적으로 중요한 의미를 가질 것이기 때문이다.

있을 수 있는 오해를 막기 위해 미리 분명히 밝혀둘 것이 있다. 그것은 우리가 측정하고자 하는 바는 어떤 한 프로그램이 갖고 있는 탈상품화의 잠재 능력이지, 그 프로그램의 전반적인 질적 수준이 아니라는 것이다. 우리가 포착하려고 하는 것은 평균적인 노동자가 시장에 의존하는 정도인 것이다. 그렇기 때문에 (독일과 같이) 통상 가장 양질의 연금제도를 보유하고 있는 것으로 정평이 나 있는 국가가 낮은 점수를 받는 일도 있을 수 있는 것이다. 사실 이런 경우 독일의 점수가 낮게 나오는 까닭은 기여기간이 길 뿐만 아니라 개인의 재정 부담이 크고, 또한 연금 급여의 수준이 상대적으로 낮기 때문이다. 오스트레일리아와 뉴질랜드도 질병과 실업 분야에서 공히 형편없이 낮은 점수를 받고 있는데, 그 까닭 역시 이 두 나라가 모두 자산조사형 급여만을 제공하고 있기 때문이다.

〈표 2-1〉을 통해 우리는 세 가지 프로그램이 탈상품화 잠재 능력의 면에서 상당히 큰 차이를 보이고 있다는 것을 확인할 수 있다. 다만 실업보험은 어느 나라를 막론하고 전반적으로 역유인 효과가 좀더 큰 편으로 나타난다. 〈표 2-1〉은 또한 선진 복지국가들 사이에도 탈상품화와 관련하여 상당히 큰 편차가 있다는 사실을 보여준다. 모든 프로그램에서 일관되게 낮은 점수를 받고 있는 국가들이 있는가 하면, 전반적으로 강력한 탈상품화 효과를 보여주는 국가들이 있다. 여기서 우리는 각국의 복지체계들이 그 나름의 고유한 체계적 특징을 드러내고 있는 현실을 대면하게 된다. 북유럽 국가들은 특히 일관되게 탈상품화 효과가 강한 반면, 앵글로 색슨 국가들은 하나같이 그 효과가 가장 약한 경향이 있다. 이러한 결과는 우리가 제시하는 복지국가 체제 유형론에 근거하여

| 표 2 - 2 | 탈상품화 종합 점수를 기준으로 한 복지국가들의 서열. 1980년

탈상품화 점수	
오스트레일리아	13.0
미국	13.8
뉴질랜드	17.1
캐나다	22.0
아일랜드	23.3
영국	23.4
이탈리아	24.1
일본	27.1
프랑스	27.5
독일	27.7
핀란드	29.2
스위스	29.8
오스트리아	31.1
벨기에	32.4
네덜란드	32.4
덴마크	38.1
노르웨이	38.3
스웨덴	39.1
평균	27.2
표준편차	7.7

점수화 절차에 대해서는 이 장의 부록을 참조하라.
출처 : SSIB data files.

예상할 수 있는 바와 정확히 일치한다.

〈표 2-2〉를 검토해 보면, 복지국가들이 서로 다른 집단으로 군집화된다는 통찰을 보다 명확하게 확인할 수 있다. 〈표 2-2〉는 앞서의 18개 국가들을 대상으로 세 가지 프로그램들의 탈상품화 점수를 합산한 종합점수를 제시하고 있다. 18개 국가들이 평균을 중심으로 대략 어떻게 군집을 이루는가를 기준으로 할 때, 우리는 세 개의 국가군을 구분해낼 수 있다. 앵글로 색슨의 '신생' 국가들은 모두 탈상품화 지표상에서 가장 낮은 점수대에 집중되어 있다. 그런가 하면, 스칸디나비아의 국가들은

가장 높은 점수대에 몰려 있다. 이들 양극단 사이에 대륙 유럽의 국가들이 분포되어 있다. 다만, 대륙 유럽의 국가들 가운데 일부(특히 벨기에와 네덜란드)는 북유럽의 국가군에 가깝다.

〈표 2-2〉는 비록 경계선상에 있어 소속이 분명치 않은 많은 사례들을 보여주지만, 그럼에도 불구하고 군집화는 여전히 확연하다. 그리고 〈표 2-2〉는 우리가 복지국가 체제 유형론에 근거하여 유사할 것으로 선험적으로 예견했던 국가들끼리 실제에 있어서도 군집을 이루고 있음을 보여준다. 우리는 역사적으로 자유주의가 지배해온 국가들이 가장 낮은 탈상품화 수준을 보여주리라고 예견한 바 있다. 그런데 첫 번째 군집에서 우리는 실제로도 그러함을 확인할 수 있다. 그리고 우리는 사회 민주주의가 지배해온 복지국가들이 가장 '높은 탈상품화' 군집에 속해 있음을 확인하게 되는데, 이 또한 우리가 예상한 바와 정확히 일치한다. 마지막으로, 가톨릭과 국가주의의 영향이 강한 대륙 유럽의 국가들은 양 극단 사이의 중간 군집에 분포하는 경향을 보인다. 이 군집에 속하는 국가들은 사회권을 시장 원리를 넘어 상당한 정도로 확장하고 있지만, 그럼에도 불구하고 사회 민주주의에 속한 사례들에 비해 사회적 통제를 훨씬 더 강조하는 모습을 보인다.

탈상품화 능력 면에서 복지국가들이 보여주는 국가별 편차를 우리는 어떻게 설명해야 할 것인가? 앞서 논의한 바 있듯이, 단순히 경제발전이나 노동계급의 권력동원에 근거한 단순한 설명으로는 충분치 않다. 제5장에서 좀더 상세히 검토하겠지만, 경제발전 수준은 탈상품화와 부적 상관을 갖고 있으며, 따라서 전혀 설명력을 갖지 못한다.

앞으로 살펴보겠지만, 좌파 권력의 정도는 탈상품화에 대해 자못 강한 정적 영향을 미치는 것으로 나타난다. 총변량의 대략 40퍼센트를 설명하고 있다. 그렇지만 설명되지 않은 잔차가 여전히 크게 남아 있다.

따라서 복지국가 발전의 편차가 왜, 그리고 어찌하여 현재와 같은 수준으로까지 벌어지게 되었는지를 남김없이 이해하기 위해서 우리는 이 설명되지 않은 잔차를 해명하지 않으면 안 된다. 이런 논점에 대해서는 제5장에서 다루게 될 터이므로, 여기서는 일단 정치권력과 각국의 역사적 유산이라는 두 변수 간의 상호작용에 의해 설명할 수 있다고 말해두는 것으로 충분할 것이다. 대륙 유럽의 국가들이 상대적으로 높은 탈상품화 점수를 보여주고 있는 것은 비단 좌파의 정치적 동원의 산물일 뿐만 아니라, 동시에 오랜 전통을 지닌 보수주의적·가톨릭적 개혁주의의 소산이기도 한 것이다. 반대로, 비교적 강력한 노동운동의 전통을 자랑하는 국가들, 가령 오스트레일리아와 뉴질랜드 같은 국가들이 극히 낮은 탈상품화 점수를 기록하고 있는 것은 제도화된 자유주의라는 역사적으로 지배적인 유산을 물려받았다는 사실에 의해 설명할 수 있을 것이다.

복지국가들이 군집을 이루는 이유를 설명함에 있어서는 이와 같이 그 역사적 유산에 근거하여 설명하는 것이 유용하다. 그러한 역사적 설명의 유용성은 우리가 초기의 시기에, 특히 좌파 정당이나 노동 정당이 영향력을 확립하기 이전의 시기에 사회정책의 입법이라는 측면에서 서로 다른 국가들이 어떤 형태의 군집을 이루고 있었던가를 검토해 보면 더욱 분명히 드러난다. 이런 식으로 역사적으로 접근할 때, 우리는 '사회 민주주의'의 효과가 변함없이 안정적이라는 사실을 확인할 수 있다. 1930년이나 1950년의 시점 모두에서 탈상품화 점수가 낮은 군집에 포함된 국가들은 대부분 1980년의 시점에서도 여전히 점수가 낮은 군집에 분포하고 있다. 캐나다와 미국, 뉴질랜드가 그러하고, (1950년에는) 오스트레일리아 역시 마찬가지였다. 이 군집에는 또한 오랜 동안 파시즘의 지배를 받아온 두 나라, 곧 이탈리아와 일본이 포함되고, 핀란드도 그러한 군집에 포함된다. 이들 세 나라 가운데 핀란드의 탈상품화 점수가 전후를 기점으로 상승한 것은 사회 민주주의화의 효과가 위력을 발휘한 사례로 간주할 수 있다. 이에 비해, 이탈리아와 일본의 경우는 그렇게 볼 수 없다. 한편, 스칸디나비아 국가들은 1980년의 시점에서는 탈상품화 점수가 높은 군집에 분포하지만, 1950년 이전에는 그 어떤 국가도 이 군집에 포함되어 있지 않았다. 이 또한 전후 사회 민주주의 권력의 영향력을 확인시켜주는 사례라 할 수 있다. 그렇지만 가장 주목할 만한 것은 대륙 유럽의 '보수주의적-가톨릭적' 내지 국가주의적 체제들이 역사적으로 일관된 위상을 보여주고 있다는 점이다. 독일과 오스트리아, 프랑스 같은 국가들은 모두 1930년대를 기준으로 보나 1950년과 1980년의 시점을 보나 탈상품화 점수가 일관되게 중간에서 높음 사이에 분포한다. 이상의 논의에 근거하여 우리는 앞으로 논익할 장들에서 좀더 상세히 탐구하게 될 다음과 같은 유도 가설을 제시할 수 있을 것이다.

1. 보수주의 그리고/혹은 가톨릭 개혁주의의 오랜 역사적 유산을 갖고 있는 국가들은 초기의 시기에 제법 높은 수준의 탈상품화된 사회정책을 발전시킬 가능성이 있다. 그럼에도 불구하고 이 복지국가들은 엄격한 고용기록의 입증이라든가 과중한 가족의무 같은 강력한 사회통제 장치를 두고 있어 시장의 구속을 완화하는 데 한계를 드러낸다. 다만, 1950년 이후 오스트리아, 벨기에, 네덜란드 같은 국가들은 탈상품화 면에서 우수한 성적을 보여주고 있는데, 그것은 아마도 사회 민주주의적 노동운동의 강력한 정치적 위상에 기인한 것으로 설명하는 것이 가장 적절할 것이다.

2. 강력한 자유주의의 유산을 물려받은 국가들은 정치권력이 어떻게

구조화되느냐에 따라 두 갈래로 갈라질 것이다. 덴마크나 노르웨이, 스웨덴 같은 국가들에서와 같이, 사회 민주주의가 정치적 지배권을 장악한 곳에서는 자유주의 모형이 해체되고 고도로 탈상품화적인 사회 민주주의적 복지국가 체제가 대신 들어서게 된다. 한편, 노동세력이 해당 국가의 정치경제를 재편하고 지배권을 장악하는 데 실패한 경우에는 탈상품화가 지속적으로 낮거나 기껏해야 미미한 수준에 머무는 결과가 나타난다. 이런 사실을 보여주는 전형적인 실례를 보자면, 한쪽 극단에는 영국이, 다른 쪽 극단에는 캐나다와 미국이 있다. 영국에서 노동당의 약진은 1950년 현재 영국이 탈상품화 점수에서 상위 점수를 기록했던 사실에 의해 입증된다. 전후에 출범한 베버리지 모델의 보편주의적 시민권 모델에 힘입어 영국은 국제적으로 보아 탈상품화 점수가 최상위에 속하는 국가가 될수 있었던 것이다. 이러한 베버리지 모델의 체계는 확실히 1980년대까지는 해체되지 않았지만, 그러나 그 이후 더 이상의 진전에는 실패하였다. 전후 노동당의 집권 기록이 너무나 일천하고 빈번하게 중단되다 보니 스칸디나비아가 이룩한 성과를 따라잡을 수 없었던 것이다. 그런가 하면, 미국과 캐나다는 자유주의 헤게모니의 '순수한' 사례들에 속한다. 이 나라들은 사회주의라든가, 혹은 이 사안에 관한 한 보수주의적 개혁주의와 같이 패러다임을 달리하는 대안들로부터 도전을 받아본 적이 사실상 전무하였다.

〈연금〉

　노령연금의 탈상품화 정도는 이하의 속성들을 가산하는 방식으로 측정하였다. 1) 평균임금을 벌어들이는 표준적 생산 노동자가 받는 최저연금 급여. (다른 곳에서와 마찬가지로) 여기서도 소득대체율은 해당 연도 노동자의 통상소득에 대한 급여의 비율이며, 이 때 급여와 소득은 모두 세후 순 개념을 적용한다. 2) 통상적인 노동자가 받는 표준연금 급여. 계산 방식은 위와 같다. 3) 기여기간. 이것은 표준연금의 수급자격을 획득하는 데 필요한 기여(혹은 고용) 연한의 수로 측정된다. 4) 연금재정 중 개인 부담의 비중. 18개 국가들을 대상으로 이 4가지 지표들 각각의 수치에 기초하여 낮은 수준의 탈상품화에 대해서는 1점을, 중간 수준에 대해서는 2점을, 높은 탈상품화에 대해서는 3점을 부여하였다. 이렇게 세 가지 점수군으로 분류한 방법은 평균을 중심으로 한 표준편차 값에 기초하였으며, 극단적인 사례 값을 갖는 일부 사례에 대해서는 보정을 거쳤다. 마지막으로 점수 값들은 해당 프로그램이 적용되는 (관련) 인구의 비율(연금의 경우에는 연금 실수급률)을 기준으로 가중치를 부여하였다. 예컨대, 오스트레일리아와 같이 연금제도가 자산조사에 기초하는 경우, 기여기간에 대해서는 0점을 주고, 적용되는 인구에 대해서는 0.5의 가중치를 부여하였다. 이와 같은 '네거티브적인' 점수 부여 방식은 자산조사형 프로그램들이 권리를 부여함에 있어 매우 제한적이라는 사실을 반영한다. 사람들이 복지냐 노동이냐를 선택함에 있어 소득대체율 그 자체가 갖는 중요성을 고려하여 이 변수에 대해서는 별도의 가중치를 부여하였다(2를 곱하였다).

〈질병 및 실업 현금급여〉

　질병 및 실업 프로그램의 탈상품화 정도에 대해서는 아래의 4가지 변수에 의해 측정하였다. 1) 질병 및 실업 상태에 처한 최초 26주의 기간 동안 표준적인 노동자가 받는 급여의 소득대체율(순). 2) 수급자격 취득을 위한 고용 기간(주당으로 계산). 3)

급여를 수급하기까지의 대기일의 수. 4) 급여 수급의 지속 기간(주당으로 계산). 탈상 품화 지수를 요약적으로 제시하기 위해 연금의 경우와 마찬가지로 표준편차에 기초하여 1점, 2점, 3점씩을 각각 부여하였다. 이어서 노동인구에서 (관련) 적용 인구가 차지하는 비율에 의해 이 점수들에 가중치를 주었다. 자산조사형 프로그램들에 대해서는 앞서 연금에 대해 한 것과 동일한 방식으로 처리하였다. 연금의 경우와 마찬가지로 소득대체율에 대해서는 2를 곱하였다.

제3장

계층화 체계로서의 복지국가

복지국가는 서비스와 소득보장을 제공해줄 수도 있지만, 그러나 그것은 동시에 사회 계층화의 체계이기도 하며, 또한 실상 언제나 그런 역할을 해왔다. 복지국가는 계급의 구조화와 사회적 서열화를 창출하는 핵심 제도이다. 복지국가의 조직적 특징은 사회연대와 계급분화, 그리고 지위 차별 등이 표현되는 양상을 결정하는 데서 일정한 역할을 한다.

복지국가가 계층화를 창출하는 행위자라는 사실은 잘 알려져 있다. 그러나 불행히도 그 의미는 협소하게 이해되거나 잘못된 관점에서 인식되고 있는 것이 보통이다. 이 점은 이론적으로나 경험적으로 아직까지도 거의 무시되고 있다. 이론적인 수준에서는 그 동안 두 가지 관점이 지배해 왔다. 한 가지는 대부분의 네오 마르크스주의에 공통된 시각으로, 이 시각은 전형적인 경우 선진 복지국가라 할지라도 그것은 단지 기존의 계급사회를 재생산할(그리고 어쩌면 심화시킬) 뿐이라고 주장한다(Offe, 1972; O'Connor, 1973; Muller and Neussuss, 1973). 예컨대 오코너는 복지정책이 독점 자본주의가 필요로 하는 정당성과 사회안정을 제공한다고 설파한다. 피븐과 클라워드도 자신들의 연구에서 정부가 빈민에게 구제책을 제공하려는 의지를 갖게 되는 까닭은 절박한 궁핍 때문이라기보다는 빈민의 존재가 사회안정을 위협하는 것으로 인식하기 때문이라고 주장한다(Piven and Cloward, 1971).

두 번째 관점은 마샬(T. H. Marshall)의 사상 계보를 따르는 관점으로, 어느 정도는 대전(大戰) 전 마샬에게 사상적 영향을 끼친 하이만(Heimann) 같은 선대(先代)의 학자들에게서도 발견되는 관점이다. 이 관점은 복지 개혁이 계급분화를 완화하는 데 크게 기여한 것으로 파악한다(Lipset, 1960; Crosland, 1967; Parkin, 1979). 이 관점의 주된 논거는 복지가 계급투쟁의 핵심 원인을 제거하며, 노동계급을 포섭하고, 국가에 대한 대중의 접근권을 민주화한다는 것이다. 혹은 파킨(Parkin)이 주장하듯이, 복지는 계급갈등을 지위경쟁으로 전환시킨다고 한다.

경험적인 수준에서 보면, 연구 문헌들은 거의 전적으로 소득 재분배에만 초점을 맞추어 왔다. 이런 연구 문헌들에서는 전반적인 소득 불평등이 실제로 완화되었는지 여부는 쟁점이 되지 않는다 — 이는 논쟁의 여지가 거의 없는 사실이기 때문이다. 쟁점이 되는 것은 복지국가의 조세-지출 관계가 소득 불평등을 완화하는 과정에서 얼마나 중요한 역할을 수행하였느냐 하는 것이다. 크라우스가 지적한 바 있듯이(Kraus, 1981), 이러한 질문에 대해 답변을 모색하는 것은 경험적 차원에서건 방법론적 차원에서건 불가능하지는 않지만 그렇게 쉽지만은 않은 문제이다. 그래서 그런지 횡단적인 연구냐 종단적인 연구냐에 상관없이 기존의 연구 결과들은 대체로 추론적인 수준에 머물고 만다. 그럼에도 불구하고 대부분의 연구들이 내놓는 결론은 대동소이하다. 먼저 횡단적인 연구를 하는 경우, 소득을 평준화하는 복지국가의 능력은 국가간에 상당한 편차가 있는 것으로 나타난다. 가령 독일이나 프랑스 같은 일부 국가들에서는 복지국가의 재분배 효과가 극히 미미한 반면, 스칸디나비아에서는 그 효과가 상당한 것으로 나타난다(Sawyer, 1976; Hewitt, 1977; Stephens, 1979; Cameron, 1987; O'Higgins, 1985; Ringen, 1987; Ringen and Uusitalo, 1990).

이런 연구들은 복지국가의 영향 그 자체보다는 권력과 평등의 이론에 더 많은 관심을 기울인다. 그러다 보니 왜 복지국가 구조들이 그처럼 서로 다른 분배 결과를 낳고 있는지 그 이유에 대해서는 거의 설명하지 않는다. 그리고 카메론(Cameron)의 연구가 그러하듯이, 복지국가 그 자체를 연구 대상으로 삼는 경우에도, 복지국가를 사회지출의 수준과 등치시키는 방식으로 애매하게 규정한다. 그나마 오히긴스(O'Higgins)와 링겐(Ringen)의 두 연구가 분배 결과를 복지국가의 프로그램적 요소들과 좀더 직접적으로 결부시켜 설명하는 몇 안 되는 업적에 속할 따름이다.

다음으로 장기간의 시간적 지평 속에서 이 문제를 종단적으로 연구하는 경우, 이런 종단적 연구들은 횡단적 연구들과는 사뭇 다른 결론을 제출하는 경향이 있다. 몇몇 연구들은 복지국가가 그 괄목할 만한 성장에도 불구하고 재분배 능력은 그저 미미한 수준으로 증대했을 뿐이라고 결론 짓는다(Sawyer, 1982; Kenneth Hansen, 1987). 재분배의 주요 수단으로 기능하던 조세체계를 제치고 이제는 사회적 이전이 점차 그 역할을 대신해가고 있는 것처럼 보인다. 이러한 경향은 스칸디나비아 복지국가들에서 뚜렷이 나타나고 있다(Esping-Andersen, 1985a; Kenneth Hansen, 1987). 이러한 변화가 일어난 원인은 그다지 복잡할 것이 없다. 복지국가의 규모가 점점 확대됨에 따라 그 재정 소요가 증대하였으며, 그에 따라 웬만한 수준의 가정에게까지 과중한 세금을 부과할 필요가 있게 되었기 때문이다. 그 결과 복지국가의 순수한 재분배 효과는 대부분 사회적 이전이 어떤 방식으로 구조화되느냐에 따라 달라진다. 그리하여 역설적이게도 복지국가의 규모가 크면 클수록 조세에 의한 재분배의 능력은 떨어진다는 설명이 성립하게 된다. 게다가 사회적 이전과 관련하여 중간계급이 저소득 계층보다 오히려 더 많은 이득을 얻게 되는 경우, 그로 인해 평등주의를 향한 충동이 무색해질 수도 있다(Le Grand, 1982). 물론 중간계급 편향성의 문제는 국가에 따라 다양한 양상으로 나타날 수 있다. 그럼에도 불구하고 그것을 보여줄 수 있는 비교 가능한 증거 자료가 존재하지 않는다. 복지국가 구조들이 평등에 대해 직접적으로 어떤 영향을 미치는가 하는 쟁점에 대해서는 앞으로 좀더 상세히 탐구하게 될 것이다.

최근에 이루어진 많은 비교 연구들은 집합적 수준에서의 소득분배에 초점을 맞추는 대신 좀더 유용한 방식으로 이 문제에 접근하기 시작했다. 미시 수준에서 제대로 비교가 가능하도록 소득분배 자료를 축적하고 있는 연구로는 '룩셈부르크 소득연구'(Luxembourg Income Study)가 세계에서 유일하다. 이 연구는 주요 사회집단들의 빈곤을 완화하거나 제거할 수 있는 복지국가의 능력을 보여주는 일련의 분석 결과들을 내놓고 있다. 헤즈트롬과 링겐(Hedstrom and Ringen, 1985), 스미딩 등(Smeeding, Torrey, and Rein, 1988)은 이런 면에서 국가 간에 놀라운 차이가 있음을 발견하고 있다. 이 연구들은 노인 빈곤율이 영국 29퍼센트, 미국 24퍼센트, 독일 11퍼센트, 그리고 스웨덴 1퍼센트 이하 등으로 다양하다는 사실을 확인하고 있는 것이다. 자녀가 딸린 유자녀 가족들과 관련해서도 이와 비슷한 편차가 나타난다는 사실도 발견되었다. 노인과 유자녀 가족은 특히 이전소득에 의존하기 때문에 이런 연구들은 복지체계들이 계층화에 영향을 미치는 다양한 양상들을 직접 확인할 수 있도록 해주는 이점이 있다.

표준적인 소득분배 연구 방법과 궤를 달리하는 두 번째의 선구적인 연구는 '생활수준' 연구들이다. 물론 이런 연구들은 아직까지는 주로 스칸디나비아 국가들로 한정되고 있기는 하다. 이런 연구들의 기본적인 아이디어는 소득에만 초점을 맞추는 접근은 그 논거가 너무나 협소하여 기회와 불평등의 구조를 제대로 포착할 수 없다는 것이다. 그 대신에 이 연구들은 개념의 폭을 확대하여 건강과 주거, 노동생활, 교육, 사회·정치적 영향력, 그리고 인간의 재생산을 위한 기타 필수 요소 등을 포함할 수 있도록 자원이라는 개념을 동원한다. 그리고 인구 집단들 사이에 자원이 어떻게 분포되어 있는가를 측정하기 위해 전국적 차원의 서베이를 이용하기도 한다. 1968년 스웨덴에서 처음으로 시작되었고, 이어서 덴마크와 노르웨이에서 실시된 이런 연구들은 그 이후로도 계속해서 반복적으로 이루어지고 있다. 그런 덕분에 이 연구들은 자원의 분포가 시간의 흐름에 따라 어떻게 변화하는가를 확인할 수 있었다. 스웨덴과 덴마크에 관한 자료들은 복지국가의 재분배 효과를 평가하기 위한 아주 흥미로운 근거를 제공해준다. 왜냐하면 이 연구들은 동일한 사람들을 수년 동안에 걸쳐 조사하였을 뿐만 아니라, 장기간에 걸친 실업률 증가와 경제침체의 시기를 연구 대상에 포함시키고 있기 때문이다. 이 연구들은 (특히 덴마크의 경우) 경제상황이 악화되었음에도 불구하고 생활조건은 전반적으로 향상되었으며, 만성적인 자원의 빈곤이 감소하였고, 평등이 강화되는 추세도 지속되고 있다는 사실을 발견하고 있다(Erikson and Aaberg, 1984; Hansen, 1988). 그러므로 이런 연구들을 통해 한 가지 명확하게 확인할 수 있는 것은 적어도 스칸디나비아에서만큼은 복지국가가 불평등을 창출하는 경제의 동력을 중화시키는 강력한 대항력으로 작용하고 있다는 점이다.

어쨌든 빈곤과 소득분배는 복지국가가 만들어내는 계층화의 측면 가운데 (비록 중요하기는 하지만) 단지 하나의 측면에 불과할 따름이다. 생활표준상의 불평등이 감소한다고 할지라도 계급 내지 지위분화라는 본질은 여전히 지속되는 현상도 충분히 있을 수 있다. 여기서 우리의 관심사는 국가들이 사회적 시민권을 서로 어떻게 다른 방식으로 구조화하는가 하는 문제이지 소득 그 자체는 아니다.

그렇다면 복지국가의 계층화를 구성하는 핵심적인 차원들은 무엇인가? 순수한 소득분배의 역할 이외에도, 복지국가는 또한 다양한 방식으로 계급과 지위를 형성한다. 교육체계는 논란의 여지없이 명백하게 그런 역할을 수행하며, 또한 이 점에 대해서는 연구도 많이 이루어져 있다. 교육체계는 개인들의 이동기회에 영향을 미칠 뿐만 아니라, 또한 그것을 통해 전반적인 계급구조가 발전하기도 한다. 이 책의 제2부에서 살펴보겠지만, 특히 여성들의 입장에서 사회 서비스의 조직화 방식은 한 국가의 고용구조에 결정적인 영향을 미친다. 그렇지만 여기서 우리는 복지국가가 수행하는 전통적인 활동이자 여전히 지배적인 활동에 속하는 소득보장이 계층화에 어떤 영향을 미치는가 하는 문제에 우리의 연구 관심을 한정하고자 한다.

베버리지 경과 T. H. 마샬은 보편주의야말로 선진 복지국가임을 보여주는 증좌라는 가설을 수립하고, 이렇게 독자적이면서 본질적으로 자민족 중심주의적인 자신들의 가설을 세계를 향해 설파한 바 있다. 계급의 중요성이 쇠퇴한다고 주장하는 이론에 현실적 근거를 제공한 것도 전후 영국의 개혁이 내포하고 있던 보편주의였다. 그렇지만 조직화의 측면에서 보편주의와는 완전히 다른 특징을 보여주는 사회보장 체계도 얼마든지 존재하며, 실제로 그런 체계를 찾아내느라 그리 먼 길을 여행할 필요도 없다. 일부 국가들은 적용범위는 매우 포괄적이지만, 연금에서 질병체계에 이르기까지 직업적으로 분화된 수많은 제도들로 구성되어 있는 체계들을 갖고 있다. 이런 제도들은 전래의 지위분화를 인정하고 그것을 뒷받침하기 위한 명시적인 목적에서 설계된 것이다. 그런가 하면, 핵심적인 사회 집단들, 예를 들면 공무원 집단에게 각별히 특권적인 지위를 부여하는 국가들도 있다. 또 다른 나라들은 집합적 연대가 아니라 개인주의와 자기의존을 강화하기 위한 의도에서 사회보험을 조직하기도 한다. 그리고 또 어떤 나라들은 진정으로 궁핍한 것으로 입증된 빈민들을 일차적인 표적으로 삼아 지원하고, 그럼으로써 빈자(복지국가에 의존하는 사람들)와 중간계급(주로 시장에서 스스로를 보호하는 사람들)으로 분화된 이중구조를 조장하기도 한다.

바꾸어 말하면, 복지국가들은 규모나 포괄성 면에서는 동일할 수 있지만, 사회구조에 영향을 끼치는 면에서는 전혀 다를 수 있다는 것이다. 위계체계와 지위분화를 조장하는 국가가 있는가 하면, 이중구조를 창출하는 국가도 있으며, 보편주의를 확대하는 국가도 있다. 각각의 경우 그 나름대로 독특한 사회연대의 틀을 창출하기 마련이다. 우리는 여기서 계층화와 연대의 세 가지 모델, 혹은 세 가지 이념형을 확인할 수 있다. 이는 우리가 탈상품화와 관련하여 앞서 확인한 세 가지 체제 유형과 매우 유사한 것이다.

보수주의 사회정책과 계층화

앞서 살펴본 바 있듯이, 전통적인 보수주의는 이상적인 사회질서의 모델들을 다양한 방식으로 체현한다. 사회권의 경우에도 그러하듯이 이런 다양한 모델들을 하나로 묶어주는 공통점이 있다면 그것은 사회적 평준화와 자본주의가 조성하는 계급 적대관계가 공존하는 상황을 혐오한다는 점이다. 이 모델들은 엄격한 위계질서를 지향하기도 하고 조합주의나 가족주의를 지향하기도 하지만, 어쨌든 이 모델들에 공통적인 명제는 사회통합을 위해서는 전통적인 지위 관계가 유지되어야 한다는 것이다.

권위주의적 온정주의에 기초한 보수주의는 역사적으로 복지국가의 발달 과정에서 중요한 역할을 수행하였다. 유럽과 러시아의 봉건 장원경제 사회와 절대주의 군주체제에 역사적 기원을 두고 있는 이 보수주의는 위계체계와 권위, 그리고 가부장 내지 국가에 대한 개인(혹은 가족)의 직접적인 복속을 그 지도 원리로 내세운다. 헤겔(Hegel)의 국가이론의 영향을 받은 19세기의 학자들이나 개혁가들과 정치인들은 이러한 지도 원리에 기초하여 사회를 조직해야 한다는 발상을 열렬히 옹호하였다. 그러한 경향은 특히 독일과 오스트리아 같은 국가들에서 두드러지게 나타났다 (Bower, 1947). 아돌프 바그너의 **'국가경제학'**(*Staatswirtschaftlische Oekonomie*)은 국가가 나서서 일체의 경제 활동을 직접 조직하고 지도해야 한다는 발상에 입각한 것이었다. 비스마르크의 **'노동전사'**라는 개념도 군대로부터 차용해 온 개념으로, 그 발상에 따르면 (보병에 해당하는) 노동자들은 (지휘관에 해당하는) 관리자의 직접적인 지휘 아래 보병 중대 단위로 조직화되어야 하며, 관리자들은 다시 (장군에 해당하는) 국가에 대해 책임을 져야 한다(Guillebaud, 1941).

비스마르크가 최초로 사회보험 제도들을 도입했을 당시, 그는 두 가지 전선에서 싸움을 벌여야만 했다. 하나의 전선은 시장 해법을 선호하는 자유주의자들에 맞서 싸우는 것이었으며, 다른 하나는 길드 모델 내지 가족주의를 지지하는 보수주의자들과 싸우는 전선이었다. 비스마르크는 국가주의의 우월성을 관철하고 싶어 했다. 그리하여 그는 재원 조달과 사회적 급여의 분배를 국가가 직접 담당해야 한다고 주장하였으며, 이 때 그가 품고 있던 의도는 노동자들을 직장기금이나 현금관계가 아니라 군주의 온정적인 권위에 직접 묶어놓자는 데 있었다. 이러한 비스마르크의 구상은 현실화되는 과정에서 타협에 의해 크게 후퇴하였는 바, 그 결과 1891년 비스마르크의 연금 입법안은 단지 그가 추구했던 국가에 의한 적선(積

善)의 일부만을 현실화할 수 있었다(Rimlinger, 1971). 사실 그 이후에 등장한 연금제도는 빌헬름 I세 시대에 도입되었던 다른 사회 프로그램들과 마찬가지로 자유주의(보험수리 원리)와 보수주의적 조합주의(직업별로 분화된 강제가입 제도들)에 부분적으로 양보한 국가주의로 해석될 수 있다.

국가주의적 온정주의는 사회정책 가운데 특히 두 분야에 강렬한 흔적을 남겨놓았다. 그 한 가지는 오스트리아나 독일, 프랑스 같은 국가들에서 찾아볼 수 있는 것으로, 공무원 집단에게 예외적이리만큼 관대한 복지급여를 제공하는 전통이다. 그 동기는 적절한 충성과 복종에 대해 보상하거나 어쩌면 그것을 담보하는 데 있었겠지만, 그것은 또한 각 체제들이 사회정책의 주도권을 활용하여 계급구조를 자신들이 원하는 방식으로 주조하고자 애썼음을 보여주는 증거이기도 하다. 코카(Kocka, 1981)는 독일제국의 연금정책이 특수한 계급으로서의 공무원과 민간부문의 봉급 피용자를 동시에 육성하는 과정에서 어떠한 기여를 했는지를 밝혀내고 있다. 오스트리아에서도 유사한 정책들이 추진되었다(Otruba, 1981). 그 결과 국가의 공복과 그 백성 사이에, 그리고 노동자와 좀더 지체가 높은 '신분' 사이에 확연히 눈에 띄는 지위격차의 장벽이 가로놓이게 되었다. 우리는 여기서 국가주의와 조합주의의 유산 사이에 밀접한 친화성이 존재한다는 것을 확인할 수 있다.

온정주의의 두 번째 주요 유산은 사회부조의 전개 과정에서 찾아볼 수 있다. 많은 연구자들이 인정하는 바와 같이, 빈곤 구제는 자유주의 체제에서보다 귀족주의 체제 하에서 훨씬 더 인도적이고 관대하였다. 디즈레일리 시대의 영국이 그러하였으며, 비스마르크 시대의 독일과 에스트루프 치하의 덴마크가 그러하였다(Briggs, 1961; Rimlinger, 1971; Evans, 1978; Viby Morgensen, 1973). 기초적인 소득보장을 확대하고자 하는 성향도 그러하지만, 기꺼이 빈곤 구제를 제공하려는 보수주의자들의 의지는 **노블레스 오블리주**라는 재래의 원리에 근거한 것이었다.

조합주의는 언제나 보수주의가 국가주의를 대신하기 위해 표방하는 주요 대안이었다. 그것은 중세의 도시경제에서 사회경제적 삶을 조직했던 신분과 길드, 독점체, 그리고 각종 조합 등의 전통에 그 뿌리를 두고 있다. 18세기와 19세기에 접어들면서 길드는 해체의 길을 걷고 있었지만, 그 바탕을 이루던 원리는 조합내 협조주의와 상호부조주의라는 이데올로기로 전환되어 살아남았다. 조합주의는 시장과 산업이 창출해내는 사회적 파편화와 개인화를 막기 위한 보수주의의 주된 대응책으로 발전하였다. 그것은 아노미를 극복하는 과제를 다룬 에밀 뒤르껭(Emile Durkheim)의 분석에서도 핵심적인 주제였다. 조합주의는 또한 로마 가톨릭 교회가 표방한 사회정책의 근간으로서 출현한 것이었으며, 그것은 파시즘 이데올로기를 통해 가장 극적으로 표출된 바 있다.

조합주의는 지위의 동일성에 기초한 형제애와 강제적이고 배타적인 소속 의식, 상호부조의 원리, 그리고 독점적인 이익대표 등을 근본적인 원리로 한다. 근대 자본주의 시대로까지 계승된 조합주의는 전형적인 경우 전통에 의해 인정된 지위격차를 고수하려는 직업 집단들을 중심으로 구축되었다. 그리고 그것은 이들 직업 집단들을 사회와 경제를 조직하기 위한 핵심 세력으로 활용하였다. 좀더 특권을 누리던 노동자들, 그러니까 가령 배관공이나 목공들 사이에 공제조합이나 우애조합 같은 조합형 단체들이 출현하였거니와, 그것은 통상 전래의 길드를 직접적인 전범으로 삼은 것이었다. 또한 경우에 따라서는 흔히 광부나 선원들 사이에 그러했던 것처럼, 국가의 참여를 전제로 하는 조합주의적 사회복지가 도입되기도 하였다. 19세기 후반에 들어 사회입법의 행보가 속도를 더해감에 따라 조합주의도 급속히 확산되기 시작했다.

지위에 따라 분화된 수많은 사회보험 제도들을 구축하는 전통이 출현하였다. 그 이유는 국가가 지위에 기초한 특권을 인정한 때문일 수도 있고, 혹은 조직화된 집단이 지위의 차이를 초월한 포괄적인 입법의 일부에 포함되기를 거부한 때문일 수도 있다. 그 이유야 어떻든 이런 사회보험 제도들은 각기 고유한 규칙과 재원, 급여 구조를 갖추고 있을 뿐만 아니라, 각 제도마다 수급자의 상대적인 지위 차이가 드러나도록 설계되었다. 그렇기 때문에 비스마르크의 노동자 대상 연금은 광부를 대상으로 하는 연금과 뒤섞일 수 없었으며, 또한 말할 필요도 없이 공무원이나 화이트칼라 피용자를 대상으로 하는 사회정책과 한 제도 속에 통합될 수 없었다(Kocka, 1981). 오스트리아에서는 조합주의의 원리가 한 걸음 더 진전되어 공중인들이 독자적인 연금계획을 운영할 수 있는 지위 특권을 누리는 것을 공식적으로 인정하기까지 하였다. 제2차 세계대전 이후 프랑스의 연금 입법에서도 비슷한 사태가 전개되었다. 여기서도 다양한 봉급 집단들(핵심 직원을 뜻하는 까드레〈cadres〉)이 사회적 보호에서 저마다 독자적인 지위를 관철시키는 데 성공을 거두었다. 이탈리아의 연금제도는 마치 미로와 같이 120개를 상회하는 직역별 연금기금을 두고 있어 국제적으로 보아도 가히 조합주의의 선두 주자로 자처할 만하다(Fausto, 1978).

조합주의가 가장 강력하게 뿌리를 내린 곳은 뭐니 뭐니 해도 대륙 유럽의 나라들이다. 그 이유를 추적하기란 그리 어렵지 않다. 첫째, 대륙 유럽의 국가들은 후발 산업국가들이고, 그러기에 이 나라들에서는 비교적 늦게까지 전래의 길드 전통이 잔존하고 있었다. 그런 점에서 사회적 보호의 싹이 트던 맹아기에 이미 프로그램이 발전해가는 데 긴요한 모델이 사전에 갖추어져 있었다. 둘째, 부분적으로는 첫 번째 요인의 결과이지만, 대륙 유럽의 나라들에서는 지위분화와 위계체계, 그리고 특권의 힘이 유별나게 강고하였다. 그리고 셋째, 사회개혁의 과정에서 가톨릭 교회가 도구적인 역할을 수행하는 데 성공한 곳이 바로 이런 나라들이었다. 19세기 말에 공표된 로마 교황의 회칙(回勅), '새로운 사태'(*Rerum Novarum*)*는 국가주의와 조합주의의 혼합을 옹호한 바 있으며, 1931년의 교황 회칙, '사십 주년'(*Quadrogesimo Anno*)*은 조합주의의 원리를 훨씬 더 강력한 어조로 표명하였다.

로마 가톨릭 교회는 전통적인 가족을 보존하기 위해 부심하였고, 사회주의와 자본주의를 동시에 대체할 수 있는 실행 가능한 대안을 모색하고 있었으며, 사회계급들을 조화로운 관계로 조직할 수 있는 가능성이 있다고 믿었다. 이런 점을 감안할 때 가톨릭 교회에 있어 조합주의는 자연스런 대응 방안이었다. 그리하여 조합주의는 가톨릭주의가 표방하는 '보충성'의 원리 속으로 쉽사리 스며들어갔다 — 보충성의 원리란 서로를 보호할 수 있는 가족의 능력이 더 이상 불가능해진 경우에 한해서만 규모가 더 크고 상위에 있는 단위의 사회적 집합체가 개입해야 한다고 믿는 발상을 말한다. 길드와 형제애, 혹은 상부상조 따위에 기초한 집합적 연대는 확실히 가족 단위에 좀더 가까운 존재였으며, 따라서 저 먼 곳에 있는 중앙 국가에 비해 가족의 욕구에 훨씬 더 잘 복무할 수 있다는 것이다 (Messner, 1964; Richter, 1987).

1920년대와 1930년대에 조합주의는 유럽의 파시즘 체제들 사이에서 준(準) 공식적인 이데올로기로 부상하였다. 물론 이 경우에 그 의도는 보충성을 추구하기 위해서라기보다는 중앙의 정치적 통제에 좀더 순응적이면서 대규모의 포괄적인 계급 조직들을 대체할 수 있는 새로운 대안 조직들을 구축하려는 데 있었다(Guillebaud, 1941; Rimlinger, 1987).

자유주의 사회정책과 계층화

자유주의의 목표는 보수주의적 계층화의 잔재(殘滓)를 말끔히 지워없애는 것이라고 이해하는 것이 가장 적절할 것이다. 자유주의는 신분과 길드, 독점과 중앙의 군주제적 절대주의 등을 철폐하는 것이 개인의 해방과 자유, 기회의 평등, 건강한 경쟁력 등을 확립하기 위한 조건이라고 보았다. 말할 필요도 없는 일이지만, 자유주의는 고압적인 국가든 조합주의라는 접착력이 강한 외투든 자유시장과 자발주의, 그리고 기업가 정신을 옭아매는 족쇄로 작용하기는 마찬가지라고 파악하였다.

자유주의가 적극국가(active state)*에 저항하는 것을 놓고 일각에서는 자유주의가 소극적이나마 사회정책을 수용하는 태도를 보이는 것으로 해석하는 경향이 없지 않다. 그러나 폴라니가 지적한 바 있듯이(Polanyi, 1944), 이러한 해석은 하나의 신화에 불과하다. 고전적 자유주의 국가는 원조를 철회하고, 전통적인 사회적 보호 체계들을 철폐하거나 그 자리에 시장 이외에 그 어떤 것이 들어서는 것도 거부하였다. 그럼으로써 고전적 자유주의 국가는 사회경제적 삶을 조직화하는 데 있어 현금관계에 헤게모니적인 역할을 부여하고자 하였다. 자유주의 도그마의 핵심적인 논거는 국가는 시장이 산출하는 계층화의 결과에 개입하여 그것을 변화시키려 들 그 어떤 타당한 이유도 갖고 있지 않다는 것이었다. 그러한 계층화의 결과는 노력이나 동기, 숙련도, 자기의존 등을 반영한 결과라는 점에서 정당한 것이기 때문이다.

고전적 자유주의 사상에서도 보편주의와 평등은 중요한 원리로 등장한다. 이러한 원리들은 만일 조직화된 권력이 더 이상 시장의 자동적인 '청소 메카니즘'에 개입하지 못하게 될 경우 반드시 현실화되는 원리들이다.

이런 점에서 자유방임주의의 최소주의적 사회정책은 고전적 자유주의 사상이 추구하는 이상(理想)과 조화를 이루는 것이었다. 사회정책은 바람직하지 않은 계층화의 결과들, 그러니까 온정주의와 엘리트주의, 국가에의 의존, 궁핍의 영속화 같은 결과들과 동일한 것으로 여겨졌다. 만일 국가가 없고, 또한 (노동계급의 노동조합과 같은) 그 어떤 독점체도 존재하지 않는다면, 계급도 존재하지 않을 것이며, 오로지 자유로이 행동하는 개인들만이 존재하게 될 것이다. 개인들은 어쩌면 원자화된 존재들일테지만, 그러나 그들은 법과 계약, 그리고 현금관계 앞에서는 평등한 존재로 거듭나게 될 것이다.

자유주의가 추구하는 보편주의의 이상은 그것이 실천 과정에서 조장하는 이중구조와 사회적 낙인 앞에서 자가당착에 빠지고 만다. 시장은 아무런 방해 없이 자유로이 그 참여자들을 현금관계에 따라 계층화하였으며, 그러는 동안 자유주의 국가는 이러한 시장의 실패에 대해 지극히 처벌적이고 낙인을 수반하는 구빈정책을 수립하는 것으로 대응하였다. 디즈레일리(Disraelis)의 책 『시빌』(Sybil)*은 어쩌면 영국에서 자유주의가 어떻게 두 국민의 사회(a society of two nations)를 만들어내는 데 일조하였는가를 보여주는 최상의 교과서로 기록될 것이다.

자유주의는 사회적 압력에 견디다 못해 마침내 근대의 소득조사형 사회부조를 도입하는 방향으로 이동해 갔지만, 그런 때에도 구빈정책의 사회적 오명은 그대로 남아 있었다. 덴마크는 이러한 자유주의 모델의 의도하지 않은 결과로서 이중구조의 실상을 여실히 보여준다. 1891년에 도입된 노령부조 계획은 구빈정책을 업그레이드한 체계에 다름 아니었다. 제2차 세계대전 이후 그 계획은 개혁을 통해 사실상의 보편적인 국민연금으로 전환되었지만, 그럼에도 불구하고 중간계급 연금 수급권자의 대다수는 수급권을 자진해서 포기하고 말았다. 연금 수급권에 따라다니는 빈곤과 의존이라는 전통적인 낙인이 여전히 남아 있었기 때문이다.

그렇지만 자산조사형 구빈정책은 원래 자유주의 사회정책에서 잔여적인 요소를 차지하도록 의도된 것일 뿐이었다. 자유주의 사회정책에서 실질적인 주역을 담당하도록 의도된 것은 자유의지에 기초하고 보험수리적으로 건강한 계약을 통해 시장에서 개인들이 가입하는 민간보험이었다. 이러한 자유주의의 틀 속에서는 '사회정책의 결과'나 시장의 결과가 하등 다를 바 없게 될 것이다. 즉 어느 쪽이 되었든 근검하고 기업가 정신이 왕성하며 자립심이 강한 개인들이 보상을 받는 결과로 귀결되리라는 것이다.

그러나 역사적 현실을 들여다보면, 개인의 생명보험 모델은 제대로 작동하지 않았으며, 다른 시장 해법이나 국가가 충족시켰던 국민들의 사회보장 욕구를 거의 충족시키지 못하였다. 제4장에서 좀더 상세히 논의하겠지만, 사적인 복지시장은 국가가 도움의 손길을 뻗치는 경우에 한해, 그리고 바로 그러한 때에 한해서만 성장을 구가할 수 있었다. 그리하여 보다 현실성 있는 자유주의의 대응 전략은 시장에서의 복지 자본주의와 공공부문에서의 사회보험을 융합한 체계에 의해 현실화되었다. 결국 세기의 전환기 무렵 자유주의의 '개혁 운동'이 전개되면서 개인주의와 최소한의 집합주의가 혼합되어야 한다는 원리가 출현하기에 이르렀다.

자유주의의 개혁 운동 하면 흔히 영국의 로이드 조지(Lloyd George)*를 떠올리지만, 그에 버금가는 인물들은 서구세계 전역에서 찾아볼 수 있다. 개혁 운동의 기원은 다양한 얼굴을 하고 있었다. 영국에서는 라운트리(Rowntree)와 부스(Booth)가 그들의 연구를 통해 도시 노동계급들 사이에 만연하고 있던 빈곤과 질병, 불행을 폭로하였다. 보아 전쟁은 영국의 전투병들이 처참한 빈곤 상태에 빠져 있는 현실을 여실히 드러내주었다(Beer, 1966; Evans, 1978; Ashford, 1986, p. 62). 자유주의의 개혁

운동을 촉발한 좀더 일반적인 계기는 노동계급이 선거권을 획득한 사실과 새로운 유형의 자본주의가 출현하고 있다는 자각이었다. 새로운 유형의 경제란 대규모의 기업결합과 조직화, 관료제, 인적 자본, 그리고 보다 정교하고 복잡한 분업 등을 중핵으로 하여 구축된 경제였다. 한 마디로 말해, 그것은 더 이상 노동자로부터 마지막 한 방울의 땀까지 뽑아내는 것을 전제하지 않더라도 진보와 효율성, 이윤이 확보될 수 있는 그런 경제질서였다. 이런 점에서 '기업가적 자유주의자들'(Weinstein, 1972)과 새로운 과학적 관리학파*, 혹은 미국의 앨비온 스몰(Albion Small)과 윌리엄 제임스(William James) 등등의 자유주의 개혁가들이 개혁운동의 주도권을 행사하게 된 것은 그리 놀라운 일이 아니다. 이들은 시장에 대한 확고한 믿음과 함께 그것을 위기로부터 구하기 위해서는 사회적 책임을 강화할 필요가 있다는 믿음을 아울러 간직하고 있던 자들이었다.

개혁 자유주의자들은 상당한 정도의 집합주의를 기꺼이 받아들였다. 그것은 그들이 외부성(externalities)*의 문제라든가 공공재와 자조(自助)지원 정책의 필요성을 인정한 데 따른 조치였다. 물론 개혁 자유주의가 시장으로부터 벗어날 수 있는 탈출구를 활짝 열어놓을 준비를 갖추고 있었던 것은 아니었다. 다만 시장이 초래하는 사회적 병리 상태를 완화하고, 사회가 집단들로 조직화되는 새로운 현실에 조응하여 개인주의를 재편하기 위한 일련의 조치들을 취한 것뿐이었다. 자유주의자들이 선호한 사회정책들은 바로 이같은 새로운 논리를 반영하고 있다. 자조지원 정책은 대중교육을 통해 육성되어야 하며, 기회평등에 의해 후원되어야 했다. 기업 단위의 부가급여라든가 복지 자본주의라는 발상은 임금교섭이 집합적으로 체결될 수 있다는 것을 수용하려는 태도를 반영하는 것이었으며, 그것은 또한 이와 같은 단체교섭의 장에서 필요한 복지 프로그램들을 함께 다룰 수 있으리라는 희망을 반영하는 것이기도 하였다. 그리고 사회보험이 본질적으로 임의가입과 보험수리의 원리를 견지하는 한, 그리고 또한 노동유인과 경쟁력을 저해하지 않는 한, 사회보험 역시 점차 수용 가능한 정책으로 받아들여졌다. 오거스가 지적하고 있듯이(Ogus, 1979), 자유주의자들은 사회보험이 자유주의적 이상의 많은 부분을 구현할 수 있다는 사실을 깨닫고 놀라움을 금치 못하였다. 개별적 계약의 원리라든가, 과거의 노력에 연동되는 급여, 자기의존, 시장 순응성 등은 사회보험을 통해 구현할 수 있는 자유주의의 이상들이었다. 사실 국가조차도 또 하나의 보험 운영자로 간주될 수 있었다. 결국 개혁 자유주의에서 사회적 시민권은 시장을 토대로 구성되는 것이었다.

위에서 언급한 이상들은 어디까지나 바람직한 목표들로 제시된 것이었다. 그렇지만 자유주의적 개혁주의는 실천에 있어서는 흔히 상당한 정도의 일탈을 용인하였다. 로이드 조지는 1908년 기여를 전제로 하지도 않고, 따라서 보험수리 원리도 적용되지 않는 노령연금을 도입한 바 있다. 케어 하디(Keir Hardy)와 독립 노동당(Independent Labor Party)*이 지적한 바 있듯이, 이렇게 자유주의의 원칙에서 벗어난 정책 발의를 하게 된 이면의 동기는 노동계급의 상층과 하층 사이에 놓인 간극을 더욱 벌려 놓고 싶은 도저히 참을 수 없는 열망 때문이었는지도 모른다. 그렇지만 급여 수준은 개인적인 검약을 고무하기 위해 최저 수준으로 동결되었다(Hay, 1975; Pelling, 1961; Gilbert, 1966). 미국의 사회보장법(Social Security Act)*에서도 이와 상당히 유사한 사태가 전개되었다. 애초에는 엄격한 보험수리 원리를 고수하려는 의도에서 출발하였지만, 이내 재분배 장치가 강화되고, 가입도 의무화되었다. 그러나 영국의 연금제도와 마찬가지로, 미국의 사회보장 역시 사적 연금시장과 개인주의를 배척하려는 의도에서 출발한 것은 아니었다. 그렇기 때문에 급여와 기여가 공히 상당히 낮은 수준으로 동결되었으며, 전반적인 목표 그 자체도 가능한 한 제도가 시장의 원리에 충실히 따르도록 하는 데 있었다(Derthick, 1979; Quadagno, 1988).

이상의 논의를 요약하면 다음과 같다. 계층화에 관한 자유주의적 이상은 분명 시장이 함양할 것으로 기대되는 경쟁적 개인주의를 그 핵심으로 한다. 그렇지만 자유주의는 이러한 개념을 국가 정책에 적용함에 있어 상당한 난관에 봉착한다. 자유주의는 욕구조사를 토대로 정부 원조의 대상을 전적으로 극빈자만으로 표적화하는 접근 방법을 선호하거니와, 이러한 자유주의의 열망은 그 자체 내재적으로는 논리적이지만, 사회적 낙인과 이중구조라는 기대하지 않은 결과를 창출한다. 이러한 접근 방법을 대신하여 자유주의는 민간보험과 교섭에 기초한 기업복지를 한편으로 하고, 사회보험을 다른 한편으로 하는 대안적 접근법들을 모색한다. 이러한 대안적 접근법 또한 자기의존과 공평성, 보험수리 원리, 선택의 자유 같은 자유주의의 원리들에 비추어 똑같이 논리적이긴 하지만, 이러한 해법들 역시 여전히 특유의 계급 이중구조를 야기하는 경향이 있다. 교섭 내지 계약에 기초한 사적 복지는 논리적으로 볼 때 시장의 불평등을 그대로 재현하기 마련이지만, 게다가 그 또한 대체로 노동력 가운데 좀더 특권적인 계층들 사이에만 적용되는 것으로 범위가 한정된다. 이러한 형태의 사적 복지는 말할 필요도 없이 형편이 가장 열악한 노동자들의 복지 욕구에 대해서는 제대로 부응하지 못한다. 그런가 하면 자유주의적 사회보험 제도 또한 그것이 원칙을 고수할 경우 시장의 계층화 양상을 그대로 재생산하기 마련이며, 따라서 그것은 형편이 나은 사람들을 대상으로 하는 사적 보호를 조장하는 결과를 낳게 된다.

그런데 만일 우리가 자유주의의 세 가지 접근법들을 결합할 경우, 그 예상되는 결과는 개인적 자기책임과 이중구조가 기묘하게 뒤섞인 혼합체가 될 것이다. 주로 낙인을 수반하는 구빈정책에 의존하는 하층 집단, 압도적으로 사회보험의 가입 대상자가 되는 중간 집단, 그리고 주된 복지를 시장으로부터 확보할 수 있는 특권적인 집단, 이렇게 세 가지 집단으로 구성되는 혼합체가 되는 것이다. 정도의 차이야 있지만 사실 이것이 미국의 복지체계, 그리고 그보다 정도는 덜하지만 영국의 복지체계를 특징짓는 계층화의 실상이다(Esping-Andersen, Rein, and Rainwater, 1988).

사회주의 사회정책과 계층화

보수주의나 자유주의의 경우와 마찬가지로, 사회주의적 개혁주의 역시 그것을 추구하는 사람들의 염두에는 언제나 특유의 계층화 결과가 자리 잡고 있었다. 노동운동의 입장에서 중요한 문제는 연대의 구축이었다.

사회주의자들은 언제나 어떻게 하면 장기적인 집합적 동원이 발전할 수 있는 단결의 기반을 만들어낼 수 있을까 하는 문제를 놓고 부심하였다. 통속적인 마르크스주의자들은 흔히 이 문제를 부르조아 계급사회에 대한 전면전으로 묘사하곤 한다. 이것은 완전한 오해이다. 사회주의자들은 다양한 역사적 대안들에 맞서 투쟁을 전개하지 않으면 안 되었다. 그들이 맞서야 하는 대안들 중에는 그들 자신과 같은 대오에 서 있는 사람들을 강력한 기반으로 삼고 있는 대안들도 없지 않았다. 한편으로 사회주의자들은 협소한 지위-연대라는 배타적 조합주의와 맞서 싸우지 않으면 안 되었다. 이러한 배타적 조합주의는 초기의 노동조합주의(trade-unionism)*와 우애조합(friendly society)*에까지 침투해 있었다. 또한 그들은 고용주와 국가의 온정주의를 공격하지 않으면 안 되었다. 이러한 온정주의는 노동자들의 충성심을 다른 방향으로 유도하고 노동자들 사이에 분열을 조장하는 것이었다. 마지막으로, 사회주의자들은 시장이 갖는 원자화와 개인화의 충동에 맞서 투쟁하지 않으면 안 되었다.

초기의 사회주의 저작들이 이구동성으로 지적하고 있듯이, 집합주의를 가로막는 심각한 장애물은 만성실업이 초래하는 이중구조라는 결과였다. 그 중에서도 가장 일반적으로 중대한 위협으로 부각된 존재는 1891년에 카우츠키(Kautsky, 1971)가 명명한 '슬럼 프롤레타리아트'였다. 이들은 사기가 엉망인데다 집과 토지도 없으며, 조직화도 되지 않고, 자원도 없는 존재들이다. 그렇기 때문에 이들은 반동적인 선동에 넘어가기 쉽고, 조직화가 어려우며, 저임금으로도 일하기 때문에 파업을 방해하는 경향이 있다. 이들의 문제는 1867년 제1 인터내셔널(1st International)*의 루지애나 대회에서 이미 핵심 안건으로 떠오른 바 있다. 당시 대회에 참석한 대표자들은 협동조합 운동을 통해서 룸펜 프롤레타리아트의 도덕적 기질과 경제적 형편을 개선할 수 있을 것으로 확신하고 있었다.

두 번째의 중요한 장애물은 초기의 보수주의와 자유주의적 개혁에 의해 제도화된 사회적 분할 속에 놓여 있었다. 전래의 구빈법 체계는 분명 제1의 적이었다. 그것은 프롤레타리아트의 분열을 획책하였을 뿐만 아니라, 그 수급자들에 대해서는 공민권을 박탈하는 것이 통례였기 때문이다. 그렇기 때문에 자산조사와 열등수급의 원칙을 폐기하는 것이야말로 정치적으로 가장 시급한 과제로 부상하였다. 마찬가지로 사회주의자들은 고용주가 후원하는 온정주의적 복지가 조합주의적이고 정실주의적인 결과를 초래한다는 이유를 들어 반대하였으며, 또한 그들은 노동자 대상 국가보험에 대해서도 그것이 사회적 평화주의이며, 분열을 조장하고, 불평등을 제도화한다는 이유로 공격을 가하였다.

사회주의자들이 지배계급의 개혁주의에 내재하는 위험을 꿰뚫어보고 있었던 것은 의심의 여지가 없다. 그러나 그들은 흔히 그것을 대체할 수 있는 진정한 대안을 정식화하는 데 어려움을 겪고 있었다. 부르조아적 사회개량에 대한 초기의 비판들은 당시의 사회주의자들이 품고 있던 생각들의 일단을 보여준다. 마르크스와 엥겔스는 사회적 평화주의의 개혁이 사회주의의 실현을 지연시킬 가능성에 대해 염려하고 있었다—나폴레옹 3세나 폰 타페(von Taffe), 비스마르크 등이 자신들의 입으로 자신들이 노린 것이 바로 이것이라고 공개적으로 자인한 사정에 비추어 볼 때, 이러한 염려는 수긍할 만하다. 그러나 마르크스조차도 반드시 이러한 견해에 집착하고 있었던 것은 아니었다. 영국의 공장법(British Factory Acts, 1954-6, 제10장)*에 관한 분석에서 마르크스는 부르조아적 개혁이 의미 있는 것일 뿐만 아니라 노동자의 위상을 높여줄 것이라고 결론을 내리고 있다. 『공산당선언』(Communist Manifesto)의 결론 부분에서 마르크스는 훗날의 자유주의와 별반 다르지 않은 개혁을 촉구하고 있기도 하다.

　사회주의자들은 사회적 빈곤을 구제해야 한다는 현실적 필요에 부응함과 동시에 사회주의 운동이 권력을 장악하는 데에도 보탬이 될 수 있는 사회정책을 고안해내지 않으면 안 되었다. 이 문제는 결국 갈등하는 연대의 원리들 가운데 어떤 원리를 선택하느냐 하는 문제로 귀착하였다. 특히 숙련 노동자와 장인 노동자들 사이에서는 조합주의와 우애조합이 지배적인 모델로 자리잡고 있었다. 그러나 광범한 계급적 단결을 구축하고 '슬럼 프롤레타리아트'의 생활 향상을 목표로 삼는다고 한다면, 이런 대안들은 많은 문제를 안고 있었다.

　두 번째의 대안적 접근법은 사회문제의 해결을 노동조합에게 맡기고 단체교섭을 통해 양보를 이끌어내는 방안이었다. 그러나 이 대안은 안정적이고 강력한 교섭 권력과 고용주의 인정을 전제로 하는 것이었다. 또한 그것은 노동시장의 불평등을 그대로 재현하거나, 그렇지 않으면 주로 노동귀족을 지원하는 꼴이 되고 말 위험을 안고 있었다. 이렇게 본다면 이 또한 광범한 연대를 산출할 가능성이 별로 없는 전략이었다. 그럼에도 불구하고, 이 전략은 두 부류의 사회에서 핵심적인 접근법으로 발전하였다. 오스트레일리아에서는 그것이 지배적인 전략으로 부상하였는데, 그 까닭은 이 나라에서는 노동조합이 예외적으로 유리한 교섭 지위를 누리고 있었기 때문이다. 미국에서도 이러한 전략이 중요한 의미를 갖게 되었는바, 그것은 다른 무엇보다도 믿을 만한 정치적 동맹세력이 없었던 데다 국가마저도 신뢰를 잃고 있었던 사정과 관련된다.

초기의 사회주의 운동은 자주 제3의 대안, 곧 미시 사회주의적 '게토 전략'(ghetto strategy)으로 기울곤 했다. 이 전략에서는 사회주의 운동 그 자체가 노동자에게 복지를 공급하는 공급자로 자리매김되었다. 이 전략은 특히 사회주의자들이 국가 권력으로부터 배제되어 있는 경우에 매력을 갖는 방안이었다. 우선 운동의 지도부는 이 전략을 통해 노동자들의 절박한 욕구에 적극적으로 부응할 수 있는 것으로 판명되었다. 또한 확실히 이러한 전략에는 또 다른 매력이 있었다. 즉 미시 사회주의적 피난처는 조직화와 조합원의 증대, 사회주의 교육 등을 활성화하고, 사회주의 운동을 노동계급의 욕구를 옹호하는 매력적인 대변자로 부각시킬 수 있는 이점이 있었다. 미시 사회주의는 다가올 좋은 사회의 실제 사례를 보여줄 수 있는 하나의 방안이자, 노동자의 삶을 옥죄고 있는 부르조아 사회의 잔혹성과 야만성을 훨씬 더 극명하게 드러내줄 수 있는 수단이기도 하였다.

미시 사회주의는 사회주의의 초기 시기에 활발하게 추진되었으며, 또 일부 성공을 거두기도 하였다. 이 운동은 흔히 레크레이션 시설, 체스 클럽, 극단, 음악, 보이스카웃 조직, 스포츠 클럽, 그리고 경우에 따라서는 주택조합과 협동조합 같은 생산적 기업체까지 보유한 조직의 제국을 건설하였다.

　게토 모델의 문제점은 그 자신의 목적, 그러니까 조직 확대를 통한 동원에 의해 계급연대와 권력을 구축하려는 목적 그 자체에 도사리고 있었다. 이 모델의 재원은 노동자들에 의해 자체적으로 조달되어야 했기 때문에 장기간의 경제위기와 손실이 큰 노동쟁의에는 취약할 수밖에 없었다. 그뿐 아니라 미시 사회주의는 또한 조직원 대 비조직원이라는 이중구조의 문제를 잉태하고 있었다. 으레 그러하듯이, 특권적인 노동자와 지위가 좀더 불안정한 집단 사이에 분단선이 그어졌다. 그러나 만일 사회주의자들이 광범한 계급적 단결과 의회내 다수파를 목표로 한다면, 그들은 진정으로 보편주의적인 연대의 이념을 채택하지 않을 수 없을 것이다. 그러한 보편주의야말로 현실적으로 심하게 분할되고 분절화된 상태에 있던 노동계급을 통합하는 데 도움을 줄 것이기 때문이다.

　광범한 민중적 보편주의의 원리는 민주주의의 권리가 확충되고 공고화되는 것과 보조를 함께 하면서 출현하였다. 1920년대 후반 '인민의 집' 복지국가라는 한손(Per Albin Hansson)의 수사학에서 잘 표현된 바 있듯이, 스칸디나비아 국가들은 보편주의의 원리라는 점에서 선구자들이었다. 사실 이러한 원리는 이미 1880년대 덴마크 사회주의자들의 연금 제안이나, 20세기에 접어든 초기의 몇 십년 사이에 스웨덴에서 있었던 브란팅(Branting)의 사회정책에도 여실히 나타나 있었다(Elmer, 1960; Rasmussen, 1933). 제1차 세계대전 후 오스트리아에서 오토 바우어는 사회복지 정책의 적용범위 확대를 통한 노동자-농민의 동맹 구상을 추구하였다(Bauer, 1919). 독일과 오스트리아, 이탈리아 등과 같이 고도로 조합주의적인 체계들에서 사회주의자 내지 공산주의자들은 언제나 **국민보험**(*Volksversicherung*)과 **제도 통합**(*unificazione*)을 기치로 내세우면서 보편주의를 쟁취하기 위해 분투하였다.

보편주의와 민주주의가 동시에 발전한 사태는 결코 우연이 아니었다. 의회주의는 사회주의자들에게 새로운 개혁주의의 전망을 제시해주었다. 그러나 사회주의자들이 의회주의를 활용하기 위해서는 동시에 확고부동한 다수파 유권자를 동원하지 않으면 안 되었다. 그런데 게토 전략으로는 이러한 다수파 유권자를 창출하는 데 실패할 가능성이 거의 확실하였다. 더구나 노동계급이 소수파 유권자로 남아 있을 공산이 높은 경우, 다수파 확보의 문제는 더 한층 중차대한 과제로 대두하였다.

1898년에 베른슈타인이 그의 고전적인 저작 『사회주의의 진화』(*Evolutionary Socialism*)에서 흔들어 깨운 바 있고(Bernstein, 1961), 그 뒤를 이어 의회 사회주의자들도 그 존재를 인정하기 시작한 것이 바로 이 다수파라는 유령이었다. 사회주의자들은 소수파 야당의 지위를 감수하든가, 아니면 보다 광범한 정치적 동맹을 결성하는 전략으로 대응하지 않으면 안 되었다. 그런데 후자의 전략을 선택하기 위해서는 계급 초월적인 보편주의의 정치가 필수적이었다.

오토 바우어의 구상에 영감을 불어넣었던 것이 바로 이 동맹 결성의 대안이다. 그보다 훨씬 더 분명한 실례로는 복지정책에 대한 스칸디나비아 국가들의 '인민의 집' 발상일 것이다. 양차 대전의 전간기(戰間期)에 농촌계급은 광범한 민중동맹의 핵심 고리였으며, 성공의 정도는 다 달랐지만 사회주의자들은 농민계급을 동원하고자 부심하였다. 스칸디나비아에서처럼, 사회주의 게토 모델이 약했던 곳에서는 사회주의자들이 농촌의 사회구조 속으로 침투해 들어가기가 훨씬 용이했다. '붉은 베를린'이나 '붉은 비엔나'와 같이 사회주의가 도시 노동계급의 거점에 집중되어 있는 경우에는 이데올로기와 수사법이 아무래도 전통적인 논조, 그러니까 혁명적이고 노동자주의적인 색조를 띨 가능성이 높았다. 그러다 보니 이런 경우에는 농촌 침투 활동이 우호적인 반응을 이끌어내기가 쉽지 않았다.

민중적 보편주의로의 이행은 단순히 득표 극대화의 방편인 것만은 아니었다. 민중적 보편주의는 논리적으로 지배적인 사회구조에 대해서는 물론 연대에 관한 사회주의자 특유의 이해 방식에 대해서도 문제를 제기하는 것이었다. 사회구조는 농촌과 도시의 '서민대중'(little people)에 의해 지배되고 있었다. 연대가 꼭 노동자주의적이어야 할 필요는 없다. 왜냐하면 다른 많은 집단들 역시 스스로 통제할 수 없는 힘에 의해 희생된 자들이며, 빈곤이라든가 기본적인 사회적 위험들에 똑같이 노출되는 존재들이기 때문이다. 이리하여 보편주의가 지도 원리로 등장하였으니, 그 이유는 보편주의가 시민의 지위와 급여, 책임을 평등화하였을 뿐만 아니라 정치연합을 결성하는 데에도 도움이 되었기 때문이다.

그렇지만 보편주의는 경우에 따라 노동운동의 또 다른 목표들과 갈등을 빚기도 하였다. 많은 경우 노동운동은 자체 조달한 재정과 자율적 통제가 가능한 복지기금을 재정적·조직적 권력의 주요 원천으로 삼아 왔다. 보편적인 연대를 위해 이러한 권력의 원천을 포기하는 전략이 항상 호의적으로 받아들여진 것만은 아니었다. 독일의 경우, 노동조합들은 질병기금에 대한 자율적 통제권을 한사코 내놓으려 하지 않았다. 보편주의의 전위대라 할 덴마크와 스웨덴의 노동운동조차도 실업보험 기금에 대한 자율적 통제권의 상실만큼은 좀처럼 수용하려 들지 않았다.

노동운동이 강력했음에도 불구하고 보편주의의 이상을 결코 전면적으로 수용하지는 않은 두 개의 국가가 있다. 바로 오스트레일리아와 뉴질랜드이다. 이들 나라에서는 노동 측이 표적화된 소득조사 급여를 선호하는 전통적인 태도를 그대로 견지하였다. 왜냐하면 그러한 급여가 재분배 효과 면에서 더 유리한 것으로 여겨졌기 때문이다. 그러나 좀더 근본적인 이유는 노동조합이 수십 년에 걸쳐 누려온 노사교섭상의 우월적 지위 때문이었던 것으로 보인다. 결국 캐슬즈가 주장한 바 있듯이(Castles, 1986), 이들 국가에서는 바로 이러한 우월적 지위 덕분에 임금협상에 의해서도 사회적 보호를 추구하는 노동 측의 요구에—더 낫다고는 할 수 없어도—똑같은 정도로 부응할 수 있었다.

보편주의를 고수하려는 사회주의자들의 태도는 사회구조가 근대화하는 물결 속에서 중대한 시험대에 오르게 되었다. 선진 경제에서는 '서민들'이 모습을 감추고, 그 자리에 새로운 화이트 칼라 봉급자와 형편이 좋아진 노동자들이 들어서고 있다. 이들은 정액제 기초급여에 좀처럼 만족하지 못하는 경향을 보인다. 그렇기 때문에 만일 사회보장이 업그레이드되지 않을 경우, 사적 시장의 제도들로 갈아타는 대탈주극이 일어나고, 그에 따라 새로운 불평등이 고개를 내밀 가능성이 있다. 결국 보편주의적인 복지국가의 연대성을 견지하기 위해 사회주의자들은 부득이 사회적 급여의 수준을 중간계급의 표준에 맞추어 상향 조정하지 않을 수 없었다.

스웨덴의 사회 민주주의자들은 '중간계급'의 표준에 맞춘 보편주의를 최초로 도입한 선구자들이었다. 그 방식은 보편적인 수급권과 높은 수준의 소득비례 급여를 결합하는 것으로, 이를 통해 복지국가의 급여와 서비스를 중간계급의 기대 수준에 맞추었던 것이다. 그 결과 사회적 시민으로서 평균적인 노동자들은 상향 이동을 경험할 수 있었다. 그에 따라 복지국가는 온몸으로 복지국가를 옹호하는 광범한 다수파 민중을 튼실하게 확보할 수 있었다. 이리하여 '중간계급' 보편주의는 복지 반발의 감정에 맞서 복지국가를 지켜 왔던 것이다.

복지국가 계층화를 비교하기 위한 차원들

이렇듯 모든 복지국가들이 어떤 형태로든 사회 계층화의 과정에 개입하지만, 그 방식과 양상은 사뭇 다양하다. 보수주의와 자유주의, 그리고 사회주의는 그것들이 형성되던 초기의 시기에 그 원리들이 수립되었으며, 이러한 원리들의 역사적 유산들은 흔히 꼬박 한 세기를 거치면서 제도화되고 영속화되었다. 그 결과 체제들의 군집화가 이루어졌으며, 이러한 체제 군집화의 양상은 앞서 탈상품화를 분석할 때 확인했던 것과 놀라울 정도로 유사하다.

복지국가 체제군을 확인하기 위해서는 그에 앞서 먼저 계층화의 특징적인 차원들을 확인할 필요가 있다. 조합주의 모델을 확인할 수 있는 최선의 방법은 사회보험이 다양한 직역별 및 지위별 프로그램들로 분화되고 분절화되어 있는 정도를 파악하는 것이다. 이 경우에 우리는 또한 급여 수준의 높고 낮음 사이에 커다란 편차가 있을 것으로 예상할 수 있을 것이다. 국가주의를 확인하기 위한 가장 간단한 방법은 공무원들에게 부여되어 있는 상대적인 특권을 확인하는 것이다. 이와 대조적으로 자유주의의 원리는 복지국가의 잔여주의, 특히 자산조사의 상대적인 정도, 보험 가입자 개인에게 부과되는 상대적인 재정 책임의 정도, 그리고 자발적인 민간부문의 복지가 누리는 상대적인 비중 등에 의해 확인할 수 있을 것이다. 그리고 사회주의의 이상을 포착하기에 적합한 척도는 말할 것도 없이 보편주의의 정도가 될 것이다. 사회주의 체제라면 응당 급여격차가 가장 낮은 수준을 유지하고 있지 않으면 안 될 것이다.

그런데 체제 군집을 얼마나 명확히 정의할 수 있는지 그 정도가 문제가 된다. 이 문제는 체제 고유의 특징이 어느 한 유형에만 배타적으로 존재하는 정도에 달려 있다. 예를 들어 말하면, (강력한 조합주의와 공무원 집단의 특권을 특징으로 하는) 보수주의 유형의 체계가 자유주의의 특질(가령 대규모 사적 시장)이나 사회주의의 특질(가령 개인주의)을 동시에 갖고 있을 것으로 예상할 수는 없을 것이다. 그러나 복지국가들의 현실 세계는 혼합된 형태를 보여줄 가능성이 매우 높기 때문에 우리가 해결해야 할 과제는 독특한 체제 군집이 출현하기에 충분한 공분산이 어느 정도인가를 파악하는 일이다.

〈표 3-1〉은 체제별 프로그램 속성에 관한 자료를 제시하고 있다. **보수주의적** 계층화의 원리를 드러내기 위해 〈표 3-1〉은 첫째, 지위분리 내지 조합주의의 정도를 보여준다. 이것은 현재 시행 중인 직역별로 분화된 (주요) 연금제도의 수에 의해 측정되었다. 둘째, 〈표 3-1〉은 '국가주의'의 정도를 제시하는데, 이것은 국내총생산 대비 정부 피용자에 대한 연금지출에 의해 측정하였다.

〈표 3-1〉은 또한 **자유주의**의 주요 속성을 확인하기 위한 목적에서 고안된 세 가지 변수들을 보여준다. 첫째, 자산조사 복지급여의 상대적 비중으로, 이것은 총 공적 사회지출에 대한 비율로서 측정되었다(정부 피용자에 대한 급여는 제외하였다). 둘째, 〈표 3-1〉은 연금과 의료 분야에서 민간부문이 차지하는 중요도를 보여준다. 사적 연금의 중요도는 총 연금지출 가운데 민간부문이 차지하는 비율에 의해 측정되었고, 사적 의료의 중요도는 총 의료지출 가운데 민간부문이 차지하는 비율에 의해 측정되었다.

마지막으로 〈표 3-1〉은 **사회주의** 체제들과 가장 분명하게 결합되어 있는 두 개의 변수들을 제시하고 있다. 그 하나는 프로그램 보편주의의 정도이고(이것은 16~64세 인구 중 질병급여와 실업급여, 연금급여 수급 자격자의 평균 비율에 의해 측정된다), 다른 하나는 급여구조의 평등성의

| 표 3 - 1 | 18개국 대상 조합주의, 국가주의, 자산조사, 시장 영향력, 보편주의, 급여 평등성
의 정도. 1980년

	조합 주의[a]	국가 주의[b]	자산조사 구빈정책 (총공적사회 지출 대비 %)	사적연금 (총연금 대비 %)	사적 의료 지출 (총지출 대비 %)	보편주의 평균[d]	급여 평등성 평균[e]
오스트레일리아	1	0.7	3.3	30	36	33	1.00
오스트리아	7	3.8	2.8	3	36	72	0.52
벨기에	5	3.0	4.5	8	13	67	0.79
캐나다	2	0.2	15.6	38	26	93	0.48
덴마크	2	1.1	1.0	17	15	87	0.99
핀란드	4	2.5	1.9	3	21	88	0.72
프랑스	10	3.1	11.2	8	28	70	0.55
독일	6	2.2	4.9	11	20	72	0.56
아일랜드	1	2.2	5.9	10	6	60	0.77
이탈리아	12	2.2	9.3	2	12	59	0.52
일본	7	0.9	7.0	23	28	63	0.32
니덜린드	3	1.8	6.9	13	22	87	0.57
뉴질랜드	1	0.8	2.3	4	18	33	1.00
노르웨이	4	0.9	2.1	8	1	95	0.69
스웨덴	2	1.0	1.1	6	7	90	0.82
스위스	2	1.0	8.8	20	35	96	0.48
영국	2	2.0	—	12	10	76	0.64
미국	2	1.5	18.2	21	57	54	0.22
평균	4.1	1.7	5.9	13	22	72	0.65
표준편차	3.2	1.0	5.1	10	14	19	0.22

a. 직역별로 분화된 공적 연금제도의 수에 의해 측정. 주요 제도만 포함됨.
b. GDP 대비 정부 피용자에 대한 연금지출 비율에 의해 측정.
c. 구빈정책 지출의 추계에는 통상적인 소득조사 제도에 따른 급여는 포함되지 않는다(스칸디나비아의 주
택수당, 독일의 실업부조, 오스트레일리아와 뉴질랜드의 노령, 실업 및 질병 부조는 포함되지 않음). 이
들 두 가지 유형의 표적화를 구분하는 기준선을 긋는 것은 어렵다는 점을 명심해야 한다. 여기서의 추정치
는 해당 국가에서 그 체계가 어떻게 작동하는가에 대한 개별적 평가에 근거하고 있다.
d. 질병급여, 실업급여, 연금급여의 평균(오스트레일리아와 뉴질랜드의 실업 및 질병급여 같은 소득조사
부조 프로그램은 모든 시민에게 급여권리를 부여하지 않고 있기 때문에 0점으로 처리하였다).
e. 질병급여, 실업급여, 연금급여의 기본액과 최대액의 평균 격차(세후 순급여에 기초). 급여격차는 해당
체계가 제공할 수 있는 법정 최대액에 대한 기초보장 사회급여의 비율에 근거하여 계산하였다.
출처 : G. Esping-Andersen(1987b, table 3); United States Government Printing Office, *Social
Security Programs Throughout the World*(1981); ILO, *The Cost of Social Security*, basic
tables(Geneva: ILO, 1981); OECD, *Measuring Health Care*, 1960-1983(Paris: OECD, 1985,
p. 12); SSIB data files.

정도이다. 후자의 경우, 그 척도는 바로 위에서 언급한 세 가지 프로그램을 대상으로 법적으로 보장된 가능한 최대 급여에 대한 기본 수준 급여의 평균 비율이다. 여기서 우리는 확실히 사회주의를 지향하는 체제들은 급여의 평등성을 강화할 것이고, 반면에 보수주의 체제에서는 불평등이 심화되리라는 것을 예상할 수 있을 것이다.

먼저 보수주의와 관련된 속성들을 살펴보면, 조합주의와 국가주의 두 변수와 관련하여 18개 국가들은 기본적으로 쌍봉형 분포를 이루고 있는 것으로 나타난다. 게다가 두 가지 변수간의 정합도가 사뭇 두드러진 것으로 나타난다. 두 개의 변수 모두에서 한 무리의 국가들이 매우 높은 점수를 보여준다. 오스트리아, 벨기에, 프랑스, 독일, 이탈리아 등이 그런 나라들이고, 어쩌면 핀란드도 여기에 포함될 수 있을 것이다. 이들 국가군은 우리가 앞서 탈상품화와 관련하여 보수주의 전통에 속하는 것으로 확인했던 바로 그 국가군이라는 사실에 주목할 필요가 있다.

다음으로 자유주의를 드러내는 특징들로 눈길을 돌려보면, 그 패턴은 상당히 복잡한 것으로 나타난다. 구빈정책 변수를 기준으로 보면 국가들이 세 집단으로 군집을 이룬다. 하나는 점수가 매우 높은 집단이고(캐나다, 프랑스, 미국), 다른 하나는 중간 수준의 집단이며, 또 다른 집단은 구빈정책이 주변적인 수준에 머물고 있는 군집이다(북유럽의 국가들). 이와 대조적으로 사적 연금 변수를 기준으로 보면, 사적 연금이 우위를 점하는 집단과 그것이 거의 존재하지 않는 집단으로 확연히 구분된다. 사적 의료 변수를 기준으로 하는 경우, 구빈정책과 마찬가지로 세 개의 집단으로 군집을 이룬다. 여기서 우리는 오스트리아와 독일 같은 나라들에서 '민영화'가 상당한 정도로 진행된 현실에 주목할 필요가 있다. 이는 사적 복지의 조직화라는 것이 얼마나 모호한 개념인지를 입증해주는 것이다. 이들 두 나라에서 '사적' 의료보호는 고삐 풀린 사적 기업가 정신이 아니라 교회의 영향력(예를 들면 카리타스)이 강한 전통을 반영한다. 그러나 전체적으로 보아 자유주의 속성의 면에서 체계적으로 높은 점수를 받고 있는 집단이 있다. 미국과 캐나다, 그리고 이 두 나라보다 조금 덜 명확하긴 하지만 오스트레일리아와 스위스가 그러한 집단에 해당한다.

마지막으로 사회주의 체제의 척도들을 살펴보면, 보편주의는 스칸디나비아의 사회 민주주의 복지국가들에서 지배적인 원리로 작동하고 있으며, 캐나다와 스위스 같은 몇몇 자유주의 체제에서도 어느 정도 보편주의가 작동하고 있는 것으로 나타난다. 그 반대의 극단에는 사회권의 발달 수준이 현저하게 떨어지는 많은 자유주의 국가들이 자리한다(미국, 오스트레일리아, 뉴질랜드). 그 중간 지대에는 보수주의의 면에서 높은 점수를 받는 경향이 있는 대륙 유럽의 국가들이 속한다. 이러한 결과는 그리 놀라운 것이 아니다. 그도 그럴 것이 대륙 유럽의 국가들은 직역에 따른 강제가입을 강조하며, 그 결과 노동력의 대부분이 보험의 적용을 받고 있기 때문이다. 급여격차의 척도를 기준으로 보면, 원칙적으로 '사회주의'와 '보수주의'의 사례들이 확연히 구별된다. 사회주의 체제에서는 평등을 강조하고, 그런 만큼 급여격차가 낮은 것으로 나타난다. 반면, 보수주의 체제는 지위와 위계체계를 유지하려는 원칙을 강조하고, 그 결과 확연한 불평등이 나타난다. 급여격차의 변수를 올바로 해석하기 위해서는 일단 오스트레일리아와 뉴질랜드를 제외하고 생각할 필요가 있다. 이 두 나라의 체계들은 정액제 사회부조의 전통에 근거하고 있기 때문에 정의(定義)에 의해 사실상 급여가 평등한 경향이 있다. 어쨌든 이러한 경향은 대체로 우리가 이미 예상했던 대로이다. 즉, 스칸디나비아의 사회 민주주의 국가들이 가장 평등주의적인 것으로 나타나는 것이다. 그렇지만 표에서는 (높은 급여격차를 보여주는) 조합주의 체계와 (마찬가지로 극단적인 급여격차를 보여주는) 자유주의 체계가 그렇게 확연히 구분되지 않고 있다.

  체제 군집이 어느 정도나 존재하는가를 확인하고자 하는 첫 번째 시도는 영차상관 행렬(zero-order correlation matrix)을 보여주는 〈표 3-2〉에 제시되어 있다. 체제를 구분시켜줄 것으로 기대되는 특정 변수들 사이에 강한 상관이 존재해야 한다는 것은 말할 필요도 없다. 또한 역으로, 다른 체제들의 속성들과는 부적 상관이 존재하거나 아무런 상관이 없어야 한다. 〈표 3-2〉에 제시되어 있는 상관들은 우리가 예상했던 그대로의 체제 군집이 존재한다는 것을 시사한다. 보수주의의 속성들(조합주의와 국가주의) 간에는 정적인 상관(0.55)이 나타나는 반면, 이 보수주의 속성들은 자유주의 체제의 속성들(구빈정책, 민영화)이나 사회주의의 보편주의 속성과는 부적 상관을 보여주거나 아무런 상관이 없는 것으로 나타난다. 급여격차 변수와의 관계에서는 정적 상관이 나타나는데, 이는 보수주의 체제가 복지국가에서 불평등을 재생산하는 경향이 있다는 것을 시사한다.

| 표 3-2 | 18개국 대상 계층화 속성에 관한 2변량 상관 행렬

	조합주의	국가주의	구빈정책	사적 연금	사적 의료	보편주의
조합주의	1.00					
국가주의	0.55					
구빈정책	0.16	−0.11				
사적 연금	−0.40	−0.64	0.49			
사적 의료	−0.02	0.01	0.60	0.45		
보편주의	−0.02	−0.03	−0.05	0.00	−0.28	
급여격차	0.40	0.14	0.73	0.21	0.51	0.21

  자유주의 체제 군집의 존재 역시 마찬가지로 분명하게 드러난다. 구빈정책은 사적 연금이나 사적 의료의 두 변수 모두와 강한 상관을 보여주며

(각각 r = 0.49와 0.60), 사적 연금과 사적 의료 변수 간의 상관 역시 정적인 것으로 나타난다. 높은 급여격차는 자유주의 체제 변수들과 강력한 상관을 보여준다. 이런 점들로 미루어 복지급여의 불평등은 위계적인 체계와 시장 순응적인 경향 둘 다로부터 비롯된다고 결론지을 수 있을 것이다. 자유주의 체제의 특징들은 하나같이 보수주의 및 사회주의 속성들과 부적 상관을 보이거나 아무런 상관이 없는 것으로 나타나는데, 바로 이런 점에서 자유주의 체제의 독특성이 확연히 드러난다.

마지막으로 사회주의 체제는 그 존재를 확정하기가 조금 까다롭다. 왜냐하면 사회주의 체제를 구성하는 두 가지 변수, 곧 보편주의와 평등주의적 급여 변수들이 서로 간에 강한 상관을 보여주지 않기 때문이다. 다른 점에서는 지극히 자유주의적인 (캐나다와 스위스 같은) 일부 국가들이 보편주의에 근접하는 경향을 보여주기도 하고, 본질적으로 정액제 최저급여 체계를 택하고 있는 (오스트레일리아 같은) 또 다른 자유주의 국가들은 낮은 급여격차를 보여주기도 한다. 그럼에도 불구하고, 보편주의의 속성은 그 나름대로 독자적인 변수이다. 왜냐하면 이 변수는 보수주의 체제 변수는 물론 자유주의 체제 변수와도 (아무런 상관이 없다는 점에서) 구분되는 독자적인 변수이기 때문이다. 그럼에도 평등주의와 보편주의 사이에 강력한 상관이 발견되지 않는다는 것은 뜻밖의 결과이다.

제2장에서 했던 것처럼, 이 자료들은 중요한 국가 군집을 좀더 명료하고 간결하게 식별할 수 있도록 집계지표의 형태로 전환할 수 있을 것이다. 앞에서 한 것과 마찬가지로, 여기서도 각 변수들의 분포를 그린 뒤 각 분포에서 평균과 표준편차를 구하고, 이를 바탕으로 이 작업을 (개략적으로) 수행할 것이다. 〈표 3-3〉은 '보수주의', '자유주의', '사회주의'에 대한 누적 집계 점수를 제시하고 있다. 〈부록 1〉에서 설명하고 있는 것처럼, 점수가 높을수록 보수주의, 자유주의, 사회주의 각각의 정도가 강해

|표 3-3| 보수주의·자유주의·사회주의 체제 속성별 복지국가의 군집화(괄호 안은 누적 지표점수)

	보수주의		자유주의		사회주의	
강함	오스트리아	(8)	오트레일리아	(10)	덴마크	(8)
	벨기에	(8)	캐나다	(12)	핀란드	(6)
	프랑스	(8)	일본	(10)	네덜란드	(6)
	독일	(8)	스위스	(12)	노르웨이	(8)
	이탈리아	(8)	미국	(12)	스웨덴	(8)
중간	핀란드	(6)	덴마크	(6)	오스트레일리아	(4)
	아일랜드	(4)	프랑스	(8)	벨기에	(4)
	일본	(4)	독일	(6)	캐나다	(4)
	네덜란드	(4)	이탈리아	(6)	독일	(4)
	노르웨이	(4)	네덜란드	(8)	뉴질랜드	(4)
			영국	(6)	스위스	(4)
					미국	(4)
약함	오스트레일리아	(0)	오스트리아	(4)	오스트리아	(2)
	캐나다	(2)	벨기에	(4)	프랑스	(2)
	덴마크	(2)	핀란드	(4)	아일랜드	(2)
	뉴질랜드	(2)	아일랜드	(2)	이탈리아	(0)
	스웨덴	(0)	뉴질랜드	(2)	일본	(2)
	스위스	(0)	노르웨이	(0)	미국	(0)
	영국	(0)	스웨덴	(0)		
	미국	(0)				

진다. 〈표 3-3〉에서는 군집들을 강함, 중간, 약함으로 구분하였다.

　〈표 3-3〉을 놓고 볼 때, 우리는 군집들이 존재한다고 결론을 내리지 않을 수 없다. 보수주의의 집계 점수에서 높은 점수를 받고 있는 국가들(이탈리아, 독일, 오스트리아, 프랑스, 벨기에)은 하나같이 자유주의와 사회주의의 지표 점수에서는 낮거나 기껏해야 중간 정도에 속한다. 반면, 강한 자유주의의 특징을 보여주는 국가들(오스트레일리아, 캐나다, 일본, 스위스, 미국)은 보수주의와 사회주의의 지표에서는 점수가 낮거나 중간

에 속한다. 마지막으로 사회주의 군집은 스칸디나비아의 국가들과 네덜란드를 포함하는데, 이 국가들은 하나같이 다른 두 체제 군집들에서는 점수가 낮은 (혹은 중간인) 것으로 나타난다.

바꾸어 말해, 복지국가가 사회 계층화를 유형화하는 과정에서 중요한 역할을 수행하며, 또한 현실적인 것이든 지각된 것이든 불평등과 지위, 계급격차에 대한 사람들의 경험에 의미있는 영향을 미치는 계층화의 속성들을 포착했다는 점을 우리가 기꺼이 사실로서 인정하기로 한다면, 우리는 복지국가들을 놓고 단순히 평등주의가 '더 많거나' '더 적거나' 하는 관점에서 단선적으로 비교하는 것은 잘못이라는 것을 알 수 있게 된다. 그 대신에 우리는 복지국가의 구성에 배태되어 있는 서로 완전히 다른 사회 계층화의 논리들을 발견하게 된다. 이런 의미에서 우리는 탈상품화와 관련하여 언급한 바와 똑같이 여기서도 다시 체제의 존재에 대해 언급할 수 있을 것이다.

덧붙여 말하면, 우리는 이제 탈상품화의 군집화와 계층화의 군집화가 매우 유사하다는 사실을 확인하기 시작하고 있다. 제2장에서 제시된 증거를 상기하자면, 사회 민주주의의 영향을 받은 스칸디나비아의 복지국가들에서는 고도의 탈상품화와 강력한 보편주의가 정확히 일치하는 현상이 발견된다. 앵글로 색슨 국가들에서는 낮은 탈상품화와 강한 개인주의적 자기의존이 마찬가지로 정확히 일치한다. 마지막으로, 대륙 유럽의 국가들은 조합주의적이고 국가주의적이면서 동시에 또한 탈상품화가 꽤나 저조하다는 점에서 상당히 동질적인 군집을 이룬다.

제4장에서는 복지국가 프로그램 가운데 가장 중요한 프로그램으로서 연금제도를 대상으로 국가와 시장의 경계가 어떤 양상으로 형성되었는지를 분석하고, 그럼으로써 복지국가 체제 군집을 확정하려는 이제까지의 논의에 결론을 짓고자 한다. 탈상품화와 계층화를 형성하는 데 있어서 공

사 혼합체가 핵심적인 역할을 수행한다는 점은 이제 명확히 밝혀졌다. 우리가 좀더 면밀히 탐구하고자 하는 바는 정치경제 속에서 사회정책이, 혹은 좀더 구체적으로 말해, 연금이 전반적으로 어떻게 구조화되어 있는가 하는 것이다.

부록 계층화 지수에 대한 점수화 절차

제2장에서와 마찬가지로, 우리는 여기서도 개별 변수들의 평균과 표준편차를 중심으로 각 국가들의 분포를 구하고, 그러한 분포에 기초하여 지표들을 발전시켰다. 보수주의 체제의 속성들은 조합주의와 국가주의 변수에 의해, 그리고 자유주의 체제의 속성들은 사회부조와 사적 의료 및 사적 연금의 상대적 중요도에 의해 파악되었다. 사회주의 체제의 속성들은 주로 보편주의의 정도에 의해 파악되었다. 마지막 변수인 급여격차는 사회주의 체제들에서 낮은 점수를 기록할 것으로 예측되었다.

조합주의의 지표를 구하기 위해 우선 직역별로 구분되는 연금 프로그램이 2개 이하인 국가들에는 0점을 부여하였고, 3개 이상 5개까지인 국가들에 대해서는 2점을 주었으며, 직역별 연금 프로그램이 5개를 넘는 국가들에는 4점을 부여하였다.

국가주의 변수는 공무원 집단에게 각별한 복지 특권을 부여하는 정도를 반영하며, 따라서 이 변수는 공무원 대상 연금지출이 GDP에서 차지하는 비율에 의해 측정하였다. 그 비율이 1퍼센트 이하인 경우에는 지표 점수로서 0점을 부여하였고, 1퍼센트에서 2.1퍼센트 사이인 경우에는 2점을 부여하였으며, 2.2퍼센트 이상인 경우에는 4점을 부여하였다.

사회부조의 상대적 중요성을 보여주는 지표는 자산조사 급여 지출이 총 사회이전지출에서 차지하는 비율에 관한 자료에 근거하고 있다. 고전적인 자산조사 급여 유형과 좀더 근대적인 소득 기반 이전(移轉)의 경계를 정확히 정의하는 일은 매우 까다로운 작업이다. 이 책에서는 오스트레일리아와 뉴질랜드 복지국가를 본질적으로 소득조사형에 속하는 것으로 분류하기로 하였다. 따라서 이 두 나라는 상당히 낮은 점수를 받게 된다. 마찬가지로 스칸디나비아의 주택수당도 제외하기로 한다. 바꾸어 말하면 사회부조 변수를 구성함에 있어서는 전통적인 구빈정책의 논리에 따라 온전히 자산조사형 사회부조에 해당하는 프로그램에 대한 지출만을 포함하도록 하였다. 따라서 이 변수에는 미국의 AFDC, 독일의 사회부조(Sozialhilfe), 북유럽 국가들의 사회부조(socialhjaelp) 등과 같은 프로그램들을 포함한다. 영국의 경우, 자산조사 급여와 소득조사 급여를 '보충급여'라는 종합적인 명칭 아래 통합하는 방식이 채용되어 왔기 때문에 특별한 문제가 발생한다. 비교의 목적상, 여기서는 영국의 비율이 대략 1퍼센트쯤인 것으로 (보수적으로) 추정하기로 하였다. 이 사회부조 변수의 지표 구성은 앞서 채택했던 논리를 그대로 따른다. 총 이전지출 대비 사회부조 지출 비율이 3퍼센트 미만일 경우에는 0점을 부여하고, 3퍼센트에서 8퍼센트까지는 2점을, 8퍼센트를 넘는 경우에는 4점을 부여하였다.

총 연금지출 가운데 사적 연금 지출이 차지하는 상대적 비중을 나타내는 지표는 다음과 같은 절차를 밟아 구성되었다. 그 비율이 10퍼센트 미만인 국가에 대해서는 0점을, 10퍼센트에서 15퍼센트까지는 2점을, 그리고 그 비율이 16퍼센트 이상인 나라에 대해서는 4점을 부여하였다.

사적 의료 지출의 상대적인 비중의 경우에는, 10퍼센트 미만인 국가들에 대해서는 0점을 주었으며, 10퍼센트 이상 20퍼센트 이하인 국가에 대해서는 2점을 부여하였다. 그리고 그 비율이 21퍼센트 이상인 국가에는 4점을 부여하였다.

보편주의의 변수는 각 프로그램의 적용을 받는 상대적인 인구(16세에서 65세 사이의 노동인구)의 비율에 의해 측정된다. 적용되는 인구의 비율이 60퍼센트 이하인 경우는 보편주의의 정도가 낮은 것으로 정의되고, 점수는 0점이 된다. 적용범위가 61퍼센트에서 85퍼센트 사이에 놓이면 2점을 부여한다. 적용범위가 86퍼센트를 초과하면 4점을 부여한다. 오스트레일리아와 뉴질랜드의 실업급여 및 질병급여 제도와 같이 소득조사를 기초로 하는 프로그램들은 0점으로 처리되었다는 점에 유의할 필요가 있다. 그 이유는 이런 유형의 프로그램이 보편적인 권리를 자동적으로 보장해 주지는 않기 때문이다.

마지막으로 급여격차 변수는 보통의 표준적인 노동자가 표준급여로 받게 될 급여와 해당 체계의 규칙에 규정되어 있는 최대급여를 기초로 하여 구성된다. 만일 표준급여가 최대급여의 55퍼센트 미만일 경우, 그 체계에는 0점을 부여한다(이는 급여 격차가 매우 크다는 것을 반영한다). 만일 표준급여가 55퍼센트 이상 80퍼센트 미만이면 그 체계에는 2점을 부여한다. 그리고 표준급여가 80퍼센트 이상이면 그 체계에는 4점을 부여한다.

제4장
연금체제의 형성과 국가-시장 관계

들어가는 말

국가든 시장이든 처음부터 복지공급의 담지자로 예정되어 있었던 것은 아니다. 그렇지만 사회정책에 관한 거의 모든 교과서들은 그렇게 예정되어 있었다고 우리를 설득하려고 애쓰는 경향이 있다. 일례로 사회학자들은 일반적으로 복지의 분배를 정부의 사회정책과 동일시하는 경향이 있다. 자유주의 도그마와 현대 경제학 이론은 국가란 곧 인위적인 창조물에 불과하며, 시장이야말로 방해를 받지 않을 경우 우리의 다양한 복지 욕구를 충족시켜 줄 수 있는 진정으로 유일한 제도라는 점을 납득시키려고 한다. 이 말은 자동차에 대해서라면 맞는 말일지 모르지만, 사회보장에 대해서는 분명 성립되지 않는다.

선진 국가들에서는 예외 없이 어느 정도는 복지 공급의 공사(公私) 혼합체가 발견되며, 복지국가의 가장 중요한 구조적 속성이 드러나는 지점이 바로 이 공사 혼합체의 관계이다. 이 장에서는 전체 사회적 이전 체계 중에서도 가장 중요한 연금제도를 대상으로 이 공사 관계를 탐구하게 될 것이다. 우리는 이를 통해 국가는 시장을 창출하며, 시장 또한 국가를 창출한다는 사실을 확인하게 될 것이다. 적어도 연금제도에 관한 한, 존립 가능한 사적 시장을 건설하고 육성하기 위해서는 국가 권력의 발동이 필요했다. 그런가 하면 연금제도를 육성하는 과정에서 국가가 수행한 역할의 성격에 대해서는 시장의 성격과 한계가 결정적인 영향을 미쳤다. 국가와 시장, 혹은 말을 바꾸어 정치권력과 현금관계는 지속적으로 상호 작용하면서 사회적 공여의 독특한 혼합체를 형성해 왔고, 그 결과로 복지국가 체제들의 성격을 규정하게 되었다.

연금제도만을 분석하는 것은 어딘지 범위가 협소하고 단조롭게 보일지 모른다. 그렇다면 다음 두 가지 상황을 염두에 둘 필요가 있다. 첫째, 많은 현대 국가들에서 연금은 GDP의 10퍼센트 이상을 설명한다는 점이다. 둘째, 연금은 노동 대 여가, 근로소득 대 재분배, 개인주의 대 연대, 현금관계 대 사회권의 이항대립을 연결하는 핵심적인 고리라는 점이다. 그러므로 연금은 이처럼 오랜 동안 서로 갈등을 일으켜온 일단의 자본주의 원리들을 해명하는 데에 도움이 된다.

국가와 시장, 그리고 복지국가 체제

제1장과 제2장에서 논의한 바와 같이, 복지국가 체제라는 개념은 사회정책의 결정과 지출 동향, 문제의 정의, 나아가 시민과 복지 소비자들의 반응과 요구 구조 등을 동시적으로 지배하고 형성하는 제도적 장치와 규칙, 그리고 이해들(understandings)을 가리킨다. 정책 체제가 존재한다는 사실은 단기적인 정책과 개혁, 토론, 의사결정 따위가 국가마다 질적으로 서로 다른 역사적 제도화의 틀 안에서 일어난다는 것을 의미한다.

사회적 시민권에 부착되어 있는 권리와 요구들에 일정한 한계가 존재한다는 사실은 역사적으로 보아 상대적으로 안정적인 그러한 제도적 틀이 존재한다는 것을 보여주는 증좌이다. 결국 인간의 많은 욕구들 가운데 얼마만한 범위의 욕구들에 사회권의 지위를 부여하느냐 하는 문제는 복지국가 체제들을 식별하고 규정하는 과제와 관련하여 핵심적인 쟁점이 된다. 티트머스의 분류 도식에서 '제도적' 복지국가란 '잔여적' 복지국가와 대조적으로 사회권에 대해 그 어떤 사전적인 한계도 인정하지 않는 복지국가를 말하는 것이다(Titmuss, 1974; Korpi, 1980).

따라서 복지국가 체제를 확인함에 있어서는 공적으로 공급되는 사회권과 사적인 복지공여의 혼합체가 어떻게 짜여져 있느냐가 특별히 중요한 요소로 부각되기 마련이다. 바꾸어 말하면, 인간의 본질적인 욕구들 가운데 어떤 것들을 사적인 책임으로 귀속시키고, 어떤 것들을 공적인 책임으로 돌리느냐에 따라 체제들을 비교할 수 있다는 것이다.

사회적 보호는 공적인 차원과 사적인 차원으로 분화되어 있으며, 이러한 공사간의 분화는 그 자체 복지국가 체제에서 탈상품화와 사회권, 그리고 계층체계가 전개되는 양상에 영향을 미치는 구조적 맥락으로 작용한다. 그러므로 아이러니컬하게도 복지국가의 실상을 확인하기 위해서는 사적인 복지를 분석하지 않으면 안 된다. 그리고 앞으로 확인하겠지만, 또한 그 역도 마찬가지로 참이다. 그러나 사적인 복지공급이 어떠한 역할을 수행하는가 하는 문제는 유형론을 전개하려는 시도와 관련되는 것 외에도, 복지국가의 성장을 설명하는 인과이론들을 엄밀하게 검증하려고 할 때에도 반드시 우선적으로 분석되어야 하는 문제이다. 왜냐하면 정확히 말해 국가 공급은 사적 공급과 떼려야 뗄 수 없이 긴밀하게 결합되어 있기 때문이다(Rein and Rainwater, 1986).

선진 자본주의 민주국가와 사회적 공여의 공사 혼합체

공사 혼합체에 관한 연구는 어떤 형태든 상당히 극복하기 어려운 장애물에 직면하게 된다. 첫째는 신뢰할 만한 자료가 부족하다는 점이다. 특히 시간적으로 과거로 거슬러 올라가야 할 경우에는 더욱 그러하다. 둘째는 무엇을 공적인 것으로 간주하고, 무엇을 사적인 것으로 보아야 하는가를 정확히 정의하기가 매우 어렵다는 점이다.

정의를 내리는 문제는 이 책에서의 이론적 관심에 비추어 해결할 수밖에 없다. 체계들을 구분하기 위한 우리의 첫 번째 원칙은 법제화의 존재 여부와 관련된다. 왜냐하면 이것이야말로 다양한 사적 계약 장치들과 사회적 권리를 구분할 수 있는 유일하게 의미 있는 방법이기 때문이다. 이러한 접근이 함축하는 바는 다음과 같다. 즉 a) 만일 연금이 국가에 의해 직접 법제화되거나 관리되는 경우, 혹은 b) 민간부문이 일정한 유형의 연금을 공급하도록 정부가 분명하고 명시적으로 위임을 한 경우, 이런 두 경우의 연금들에 대해서는 모두 '공적 연금'의 항목에 포함시켜야만 한다는 것이다. 그렇게 할 경우 핀란드와 영국, 네덜란드 등에서 시행 중인 연금제도의 2층에 해당하는 산업연금(industrial pensions)은 공적 연금으로 간주될 것이다. 그러나 스위스의 경우 (1982년까지는) 정부의 명시적인 위임이 없었으므로 이 나라의 노동시장 연금은 사적 연금으로 분류되어야 할 것이다. 네덜란드의 '기업연금'에 대해서도 역시 동일한 논리가 적용될 수 있다. 프랑스만은 유일하게 애매한 사례이다. 정부에 의한 위임은 존재하지만, 그것이 정식으로 법제화되지는 않았기 때문이다. 다만 프랑스의 경우 제도 운영의 취지가 정식으로 법제화된 사례에서 찾아볼 수 있는 상황과 다를 바 없기 때문에 여기서는 프랑스의 기업연금을

'공적 연금'으로 취급하기로 하였다. 사적 연금에서 공적 연금으로 이행한 사례에 대해서는 정부의 위임이 실행된 연도를 기준으로 삼는다.

따로 떼어서 논의할 필요가 있는 두 번째 범주는 정부 공무원 연금이다. 이 연금은 사용자로서의 정부의 역할을 반영하며, 따라서 성격상 이 연금은 기업연금과 같다. 정부 예산을 재원으로 하고 또 그에 기초하여 급여가 지급되지만, 이 연금은 법제화된 사회권과는 별반 관련이 없고 오히려 특정한 지위 구분과 깊은 관련이 있다. 공무원 연금은 국가주의와 조합주의적 특권의 유산을 반영한다.

'순수한' 사적 연금으로 볼 수 있는 연금에는 두 종류가 있다. 기업연금 계획과 개인연금이 그것이다. 이 두 가지 유형은 그 제도 운영의 논리가 서로 다르기 때문에 따로 떼어서 논의하는 것이 중요하다. 기업연금은 엄밀한 의미에서 시장 논리 순응적인 연금이라고 단순히 간주하기는 어렵다. 첫째, 기업연금은 흔히 (전통적인 퇴직금의 형태라는 점에서) 고용주의 온정주의를 반영한다. 다음으로, 기업연금은 경우에 따라 (집단계획의 형태라는 점에서) 집단보험(collective insurance)의 결과이며, 이러한 의미에서 그것은 조합주의적 사회보험에 대응하는 민간부문의 연금에 해당된다. 뿐만 아니라 기업연금은 흔히 노동시장에서 이루어지는 단체 교섭의 결과물이며, 따라서 그것은 일종의 이연임금(deferred wages)의 형태를 띠기도 한다. 오늘날 기업연금 가운데 첫 번째 유형은 (일본의 경우를 제외하고는) 상대적으로 주변적이다. 그러므로 우리는 주로 일정한 형태의 단체보험(group insurance)*이나 노동조합주의(trade-unionism)*를 사적 기업연금이라고 분류할 수 있을 것이다. 마지막으로, 생명보험 계획 같은 개인보험의 범주는 경쟁적 계약관계 속에서 작동하는 개인적 자기의존의 전통을 반영한다.

앞서 언급한 바와 같이, 사적 연금계획에 대해서는 통계적으로 포착할 수 있는 자료가 전반적으로 많지 않은 데다 있는 자료마저도 고르게 분포되어 있지 않기 때문에 경험적인 연구를 하는 데는 상당한 어려움이 따른다. 통상 생명보험 계획이나 정부에 의해 위임된 기업연금, 혹은 적립식 내지 신탁식 노동시장 연금에 대해서는 신뢰할 만한 정보가 존재한다. 경험적 자료가 크게 부족한 부분은 비적립식 '퇴직금 형태'의 연금에 관한 자료이다. 그러다 보니 일부 국가들, 특히 일본에 대해서는 사적 공여의 범위를 아무래도 과소 평가할 수밖에 없게 된다. 게다가 역사적인 자료는 수집하는 것 자체가 거의 불가능에 가깝다. 이런 이유 때문에 우리는 현재의 시점으로 한정하여 연구를 할 수밖에 없다. 게다가 두 나라에 대해서는 활용 가능한 정보가 거의 없다. 오스트리아와 이탈리아가 그러한데, 이 나라들에서 사적 계획들이 차지하는 비중은 그야말로 주변적이라는 것이 일반적인 평가이다. 그러므로 결국 이 두 나라에 대해서는 연구대상이 된 국가들 가운데 가장 낮은 점수를 받은 국가와 동일한 점수를 부여하게 될 것이다(이탈리아의 경우, 1970년을 기준으로 공개되어 있는 사적 연금지출 자료를 근거로 추정치를 구하였다).

우리는 아래에서 경험적인 개관을 하면서 두 가지 서로 다른 지표를 제시하고자 한다. 프로그램 범주별 지출 총액이 하나이고, 다른 하나는 고령자 가구의 소득원이다. 첫 번째 지표와 관련해서는 적용범위나 재정 자료 대신 지출 자료를 선택했는데, 그것은 지출 자료가 현실 상황을 잘 반영하기 때문이다. 재정 자료는 장기적인 재원 조달 자료를 포함하는 경우 미래의 있을 수 있는 시나리오를 보여주기는 한다. 그리고 적용범위 자료의 문제점은 적용범위가 넓다고 해서 그것이 사적 연금이 그 어떤 중요한 역할을 수행하고 있다는 것을 반드시 함축하는 것은 아니라는 점이다. 예를 들어 스웨덴의 경우, 사적 기업연금이 사실상 보편적인 적용범위를 자랑하지만, 지급되는 급여 수준은 그야말로 보잘것없는 수준에 불과한 것이다.

고령자 가구의 소득원과 관련해서는 일부 국가들에 대한 서베이 자료가 존재하며, 그 덕분에 공적 연금과 사적 연금의 상대적인 중요도뿐만 아니라 고령자 가구의 총소득원 중에서 근로소득과 개인저축의 상대적인 비중을 추정할 수 있다. 또한 이 자료는 근로의 지속적인 중요성을 분석할 수 있는 가능성을 제공해주며, 나아가 자료의 신뢰도를 확인하기 위한 수단으로서 지출 자료와 소득원 자료를 비교하는 것도 가능해진다. 연금 지출과 관련하여 그 개념 정의와 자료 출처의 쟁점들에 대해서는 이 장의 부록에서 상세히 논의한다.

연금의 국가 공여와 시장 공여

일부 국가들에 대해서는 1950년대 이후 기업연금의 지출 동향을 추적하여 검토하는 것이 가능하다. 〈표 4-1〉은 12개 국가를 대상으로 1950년에서 1980년에 이르는 기간 동안 GDP에 대한 기업연금 지출의 비율 추정치를 제시하고 있다. 나중에 다시 살펴보겠지만, 〈표 4-1〉은 두 가지 중요한 현상을 예시해준다. 첫째, 이 표는 아주 최근에 이르기까지 사적(적립식) 기업연금이 상대적으로 주변적인 역할을 수행했다는 사실을 보여준다. 1950년을 기준으로 보면, 사적 연금이 흡수하고 있는 국가적 차원의 자원은 미미한 수준이었다(이 점에서는 공적 연금도 마찬가지이다). 둘째, 〈표 4-1〉은 국가별로 경향에 차이가 있는 현실을 보여주고 있다. 일부 국가들, 특히 오스트레일리아와 스위스, 미국 등에서는 사적 연금이 대규모로 성장하였다. 또한 덴마크와 캐나다, 네덜란드 등에서도 사적 연금은 상당한 성장을 보였다. 대조적으로 핀란드, 스웨덴, 영국 등에서는 정반대의 현상이 목격된다. 물론 이런 나라들에서는 정부에 의한 입법이나 위임이 민간부문을 주변적인 위치로 내몰았기 때문이다. 사적 연금의 국가별 분포는 이처럼 쌍봉형 분포를 보이는데, 〈표 4-2〉가 보여주는 것처럼 1980년 시점에서 연금지출이 급감하는 현상을 좀더 상세히 검토해 보더라도 이러한 사적 연금의 국가별 쌍봉형 분포는 여전히 변하지 않는다.

| 표 4-1 | 1950년 이래 GDP 대비 사적 기업연금의 비중 추정치(%)

	1950	1960	1970	1980
오스트레일리아	0.1	—	—	1.3
캐나다	0.13	0.5	0.7	0.6
덴마크	—	—	0.34	0.65
핀란드	—	0.2	—	0.1
프랑스	—	0.7	—	0.3
독일	0.2	0.1	—	0.5
이탈리아	—	—	0.09	—
네덜란드	0.3	—	0.4	0.8
스웨덴	0.4	—	—	0.5
스위스	0.25	—	1.1	1.4
영국	—	1.2	—	1.0
미국	0.14	0.34	0.74	1.4

출처 : G. Esping-Andersen, 1988, *State and Market in the Formation of Social Security Regimes*, European University Institute Working Papers, Florence, Italy.

〈표 4-2〉는 18개 국가를 대상으로 사회보장 연금, 정부 피용자 연금, 사적 기업연금, 개인연금의 상대적 비중을 GDP에 대한 비율로서 제시하고 있다. 네 개의 범주 그 모두에서 국가간 편차가 상당히 큰 것으로 나타난다. 사회보장 연금의 경우, 일본과 같이 비율이 2퍼센트를 갓 넘는 나라에서부터 스웨덴과 같이 거의 10퍼센트에 육박하는 나라까지 다양하다. 정부 피용자 연금도 오스트레일리아와 캐나다와 같이 1퍼센트에도

|표 4-2| 각종 공사 연금제도와 개인 생명보험 급여의 지출, GDP 대비 %, 1980년

	사회보장	정부 피용자	사적 기업연금	개인보험
오스트레일리아	3.8	0.7	1.3	0.6
오스트리아	8.65	3.8	—[a]	0.3
벨기에	5.6	3.0	0.4	0.3
캐나다	2.9	0.2	0.6	1.3
덴마크	6.1	1.1	0.65	0.8
핀란드	6.2	2.45	0.1	0.2
프랑스	8.3	3.1	0.3	0.6
독일	8.3	2.2	0.5	0.8
아일랜드	3.4	2.2	0.1[b]	0.5
이탈리아	6.15	2.2	—[a]	0.1
일본	2.15	0.9	0.45	0.45
네덜란드	6.9	1.8	0.8[c]	0.45
뉴질랜드[d]	8.1	0.75	0.35	0.0
노르웨이	7.1	0.9	0.1	0.55
스웨덴	9.7	1.0	0.5	0.15
스위스	7.3	0.95	1.4	0.6
영국[e]	6.4	2.0	1.0	0.1
미국	5.0	1.5	1.4	0.3

a. 기본적으로 해당되는 제도가 존재하지 않음.
b. '산업기금'에 대한 지출 자료가 존재하지 않음. 이 수치는 기여율에 의거하여 추정되었음.
c. 1981년 자료임.
d. 이 자료는 1977년의 자료임.
e. 1979년 자료임. 노동시장 연금은 계약철회에 의해 적용 제외가 인정되는 경우 민간부문으로 분류하였
다. 다만 공적 피용자 급여의 경우는 여기서 예외로 한다.
출처 : G. Esping-Andersen, 1988, *State and Market in the Formation of Social Security Regimes*,
European University Institute Working Papers, Florence, Italy.

미치지 못하는 나라에서부터 오스트리아처럼 거의 4퍼센트에 달하는 나
라에 이르기까지 다양한 범위에 걸쳐 있다. 사적 기업연금 계획은 오스트
리아와 이탈리아에서는 미미한 비중을 차지하지만, 스위스와 미국에서는
그 비중이 매우 크다. (일부 집단계획을 포함하기도 하는) 개인연금은 캐
나다와 덴마크, 독일 등에서는 지배적인 역할을 수행하지만, 핀란드와 이
탈리아, 영국 등에서는 주변적인 역할을 수행할 따름이다.

우리가 총(공적 및 사적) 연금지출에 대한 네 가지 범주 각각의 비율을 살펴보면, 연금의 상대적인 혼합체에 대한 그림을 좀더 명확하게 그려볼 수 있을 것이다. 이에 대해서는 〈표 4-3〉에 제시되어 있다. 여기서 우리는 오스트리아와 이탈리아의 기업연금 지출이 GDP의 0.1퍼센트에 상당하는 것으로 추정하고 있다는 데 유의할 필요가 있다.

| 표 4-3 | 공사 연금 혼합체(총연금지출 대비 %, 1980년)

	사회보장 연금	공적피용자 연금	기업연금	개인연금
오스트레일리아	59.4	10.9	20.3	9.4
오스트리아	67.8	29.8	0.8	2.3
벨기에	60.2	32.3	4.3	3.3
캐나다	58.0	4.0	12.0	26.0
덴마크	70.5	12.7	7.5	9.2
핀란드	69.3	27.4	1.1	2.2
프랑스	67.5	25.2	2.4	4.9
독일	70.4	18.6	4.2	6.8
아일랜드	54.8	35.5	1.6	8.1
이탈리아	71.6	26.0	1.2	1.2
일본	54.4	22.8	11.4	11.4
네덜란드	69.4	18.1	8.0	4.5
뉴질랜드	87.9	8.2	3.8	0.1
노르웨이	82.0	10.4	1.2	6.4
스웨덴	85.5	8.8	4.4	1.3
스위스	71.1	9.3	13.7	5.9
영국	67.3	21.1	10.5	1.1
미국	60.9	18.3	17.1	3.7

출처 : G. Esping-Andersen, 1988, *State and Market in the Formation of Social Security Regimes*, European University Institute Working Papers, Florence, Italy.

〈표 4-3〉은 국가들이 확실하게 군집을 이루고 있음을 보여준다. 연금 혼합체 전체에서 사회보장 연금이 낮은 수준을 보이는 국가들에서는 민간부문의 공급이 큰 비중을 차지하는 현상이 발견된다. 그러나 이것은 동

어반복이나 마찬가지이다. 공적 피용자 연금을 강조하는 태도를 기준으로 볼 때, 놀랍게도 국가들의 분포가 쌍봉형을 이룬다. 한쪽에는 공적 피용자 연금의 규모가 방대한 국가들의 집단이 존재한다. 오스트리아, 벨기에, 핀란드, 아일랜드, 이탈리아, 일본이 그런 나라들이다. 말할 것도 없이, 이런 나라들은 우리가 앞에서 국가주의와 조합주의가 강한 나라들인 것으로 확인한 바 있는 바로 그 국가들이다. 이와 대조적으로, 자유주의 복지국가군과 사회 민주주의 복지국가군은 하나같이 공무원 연금 지출이 낮은 것으로 나타난다(오스트레일리아, 캐나다, 덴마크, 뉴질랜드, 노르웨이, 스웨덴, 스위스). 자유주의적이냐 사회 민주주의적이냐 하는 것은 일차적으로 사회보장 연금 대 민간부문 공여의 상대적인 위상이 어떠하냐에 따라 구분된다. 오스트레일리아와 캐나다, 미국 등은 사회보장 연금이 약하고 사적 헌신이 강한 사례들인 반면, 스웨덴과 노르웨이, 스웨덴(그리고 어쩌면 덴마크도)은 그 역의 관계를 예시해준다. 이상의 논의에 기초하여 '연금체제'에 관한 예비적인 분류를 시도하자면, 아래와 같이 정리할 수 있을 것이다.

1. 국가 지배형 조합주의적 보험체계 : 이 체계에서는 지위가 연금 프로그램 구조에서 핵심적인 요소가 된다. 이 체제에서는 사적 시장이 전반적으로 주변적인 위치를 차지하며, 사회보장은 직역에 따라 확연히 분화됨과 동시에 공무원들에게 특별한 특권을 부여하는 경향을 보인다. 오스트리아, 벨기에, 프랑스, 독일, 이탈리아, 일본이 포함되며, 핀란드 역시 경우에 따라 이 체계에 포함될 수 있다.

2. 잔여주의 체계 : 이 체계에서는 사회보장, 혹은 공무원의 특권, 혹은 둘 다를 희생시키는 가운데 시장이 지배적인 위상을 차지하는

경향이 있다. 오스트레일리아, 캐나다, 스위스, 미국이 여기에 포함된다.

3. 국가 지배형 보편주의적 체계 : 이 체계에서는 인구집단 전체를 대상으로 하는 사회권이 지위 특권과 시장 양자를 모두 배제한다. 뉴질랜드, 노르웨이, 스웨덴이 이 체계에 포함되며, 덴마크와 네덜란드도 경우에 따라 여기에 포함될 수 있다.

상기한 분류에는 꼭 한 가지 매우 복잡한 사례가 포함되어 있지 않은 바, 바로 영국이다. 영국의 경우, 국가 운영의 정액제 기초연금 위에 2층에 해당하는 공공부문의 소득비례 제도가 있지만, 이 후자는 전자를 충분히 보완하지 못한다. 동시에 적용제외(contracting out)*의 원리가 존재한 덕에 사적 연금이 어느 정도 성장할 수 있었다. 그러나 공공부문의 소득비례 연금제도든 사적 연금이든 그 어느 쪽도 체계의 전반적인 패턴을 결정할 만큼 충분히 발전하지는 못하였다.

고령자 가구의 소득원에 관한 자료를 기초로 하였을 때에도 이와 유사한 종류의 군집화가 발견되지 않으면 안 된다. 예컨대, 잔여주의 체제라면 전반적인 가구소득 구성에서 근로소득과 투자소득, 그리고 사적 연금소득이 상대적으로 더 중요한 역할을 수행해야만 할 것이다.

일부 예외가 없지 않지만, 〈표 4-4〉는 이러한 예측을 확증해준다. 불행하게도 현재 확보된 자료에서는 공무원 연금과 일반적인 사회보장 연금이 구분되지 않는다. 우리가 잔여주의 체제라고 예상하는 나라들에서는 근로소득이 중요한 비중을 차지하고 있다. 캐나다와 미국에서 그러하고, 또한 덴마크와 아일랜드, 영국에서도 역시 그러하다. 덴마크와 영국에서 사정이 이렇게 된 이유는 극히 단순한 것으로, 우선 사회보장 체계가 낮

| 표 4 - 4 | 65세 이상 고령 가장 가구의 소득원

	근로소득[a]	자산소득	사적 연금	사회보장 이전[b]
	총가구소득 대비 %			
캐나다(1980)	27.0	22.6	11.3	37.0
덴마크(1977)	27.7	11.1	10.4	46.9
핀란드(1980)	15.3	7.1	0.3	77.3
독일(1978)	11.9	11.6	3.9	68.5
아일랜드(1980)	49.1	3.9	12.3	34.7
뉴질랜드(1980)	13.9	18.9	4.4	59.4
노르웨이(1982)	20.4	7.2	0.8[c]	71.5
스웨덴(1980)	11.1	8.8	—	78.1[d]
영국(1980)	23.8	9.1	5.5	54.6
미국(1980)	26.8	15.4	5.5	37.3

'특정되지 않은 다른' 소득원 범주는 이 표에서 생략하였다. 그러므로 수치들의 합계는 반드시 100퍼센트가 되지는 않는다. 캐나다와 독일, 스웨덴, 영국, 미국에 대한 자료는 가장의 연령이 65~74세인 가구를 가리킨다. 노르웨이와 덴마크의 경우에는 퇴직연령이 67세이기 때문에 이 국가들에 대한 자료는 가장의 연령이 67세 이상인 경우로 한정된다는 점을 유의할 필요가 있다. 덴마크에 대한 자료는 독신 남성, 독신 여성, 기혼 가구의 가중 평균으로, (아래의) 출처에서 재계산되었다.
a. 근로소득에는 자영업 소득이 포함된다.
b. 고령자에 대한 사회보장 연금과 기타 공공부문 소득 이전이며, 공무원 연금도 포함된다.
c. 노르웨이의 사적 연금 수치는 가구소득 통계치 내의 공무원 연금을 포함한다. 노르웨이의 국가회계상 사적 기업연금에 대한 공무원 연금의 비율이 9:1이므로 그에 맞도록 조정하였다 — '사회보장 이전'에 90퍼센트를 할당하였다.
d. 이 수치에는 개별적인 추계가 불가능한 사적 기업연금도 포함된다.
출처 : 캐나다, 스웨덴, 영국, 미국에 대한 자료는 LIS 파일에 근거한다. 덴마크에 대한 자료는 H. Olsen and G. Hansen, *De Aeldres Levevikaar 1977* (Copenhagen: SFI, 1981, pp. 263ff)에 기초하고 있다. 핀란드에 대한 자료는 핀란드 중앙통계국과의 직접적인 정보 교환에 의해 자료를 입수하였다. 아일랜드에 대한 자료는 J. Blackwell, *Incomes of the Elderly in Ireland* (Dublin : NCA, 1984, 표 12)과 M. Macquire(OECD, Paris)와의 직접적인 의견 교환에 근거한다. 뉴질랜드에 대한 자료는 *New Zealand Household Survey 1980~1981* (Wellington: Department of Statistics, 1983, 표 10)에, 노르웨이에 대한 자료는 *Inntektsstatistik 1982* (Oslo: Statistisk Sentralbyra, 1985, p. 58)에 기초하며, 독일에 대한 자료는 *Einkommens-und Verbrauch Stichprobe. 1978* (Wiesbaden: Statistisches Bundesamt, 1983, p. 308)에서 재계산한 데 따른 것이다.

은 수준의 정액제 연금만을 제공하기 때문이고, 둘째로 2층 연금체계가 존재하지 않거나 존재하더라도 최근에 도입된 것이어서 충분한 연금소득을 제공하지 못하기 때문이다. 아일랜드의 경우에 그 이유는 주로 농촌의 자영업이 계속해서 중요한 비중을 차지하고 있는 현실과 관련된다. 그렇지만 〈표 4-4〉가 세대를 단위로 한 것임을 감안한다면, 근로소득은 배우자의 수입과도 상당한 정도로 관련이 있을 수 있다.

〈표 4-4〉에서 투자소득과 사적 연금의 구분은 개인적 자기의존과 단체교섭의 관계에 대응한다. 이러한 의미에서 개인주의는 캐나다와 뉴질랜드, 미국에서 특히 두드러지고, 노르웨이와 스웨덴, 핀란드에서는 가장 약한 것으로 나탄난다. 이 국가들 가운데 일부 국가들에 대해서는 1960년대 초를 시점으로 조사한 가구소득 서베이 자료가 존재한다. 우리는 이 자료에 힘입어 덴마크와 캐나다, 영국, 미국 등에서 일어난 주요 구조적 변화를 추적할 수가 있다. 이 자료에 의하면, 기본적인 추세는 다음 세 가지로 요약할 수 있다. 첫째, 근로소득의 비중이 감소하였는 바, 이는 특히 덴마크와 캐나다에서 그러하다. 둘째, 사회보장 연금이 증가하였다는 점이다. 셋째, 투자소득의 역할이 증대하였는 바, 이 또한 특히 덴마크와 캐나다에서 그러하다(OECD, 1977; Goodman, 1986).

지금까지 논의한 두 가지 유형의 지표들 간의 통계적 대응관계는 상당히 강력하다. 가구소득 자료를 활용할 수 있는 10개 국가로 구성된 하위 표본을 기초로 할 경우, 가구소득에서 사적 연금이 차지하는 비중과 총지출에서 기업연금 지출이 차지하는 비율 간의 영차상관은 +0.602이다. 이와 마찬가지로, 사회보장 비중을 보여주는 두 가지 지표들 간의 상관은 +0.683이다. 가구소득 가운데 근로소득의 비중과 사적 연금의 비중은 둘 다 사회보장 변수와 강력한 부적 상관을 보여준다(각각 −0.694, −0.636).

이러한 증거는 공사 연금 혼합체에 관한 우리의 다양한 지표들 사이에 훌륭한 경험적 대응관계가 있음을 시사한다. 이는 또한 복지국가에 대한 국가간 비교의 방법으로서 '체제 접근법'(regime approach)의 적실성이 높을 수 있다는 것을 의미하는 것이기도 하다. 우리가 선택한 기본적인 차원들을 기준으로 한 군집화가 단일한 지표를 기초로 할 때에도 충분히 명료할 뿐만 아니라, 서로 다른 지표들을 동시에 이용하는 경우에도 여전히 지지될 수 있다는 것이다.

이제 현대의 연금 혼합체에 관한 계량적인 개관에서 한 걸음 더 나아가 서로 구분되는 공사 연금구조들이 어떠한 역사적 과정을 거쳐 전개되었는가 하는 문제를 살펴보기로 한다.

연금구조의 역사적 기원

오늘날 통용되고 있는 연금과 퇴직의 개념적 의미를 그대로 19세기에 적용하는 것은 문제가 있다. 퇴직은 제2차 세계대전까지만 해도 주변적인 현상에 불과하였다(Graebner, 1980; Myles, 1984a). 공공정책이든 사적인 선택이든 그 어느 쪽도 사람이 통상 일정 연령에 도달하면 적극적인 노동생활에서 은퇴하여 그 이후부터는 여가로 노년기를 보낼 것이라고 가정하고 있지 않았다. 물론 연금을 수령하는 사람들이 없지는 않았지만, 그들도 연금으로 수입이나 저축을 대신할 수 있다고 믿지는 않았다. 고령자의 대다수가 의존과 빈곤, 혹은 강제적인 노동에 빠지지 않도록 보장해줄 만한 수준의 퇴직 소득을 확보할 수 있게 된 것은 극히 최근의 일이었다.

사회보장 연금은 19세기 말에 도입되어 양차 대전의 전간기에 급속히 확산되었다. 그러나 제2차 세계대전 이후까지도 그러한 연금은 제도화된 퇴직 수단으로서의 구실을 제대로 수행하지 못하였다(Perrin, 1969). 그러나 그렇다고 해서 그 이전 시기의 연금 세계가 압도적으로 사적인 영역에 속했고, 따라서 국가에 의해 차례로 퇴출되어야 할 세계였다는 뜻은 아니다. 사실 연금은 그 시원에서부터 현재에 이르기까지 복잡한 공사(公私) 혼합체로서 발전해 왔다. 이 과정에서 국가는 공사 양 분야의 발전을 뒷받침하는 도구적인 역할을 수행해 왔다.

19세기에 고령자를 위한 소득보장은 노동능력이 손상되었거나 주생계원이 부재하는 상황에 대한 보호의 문제였다. (마땅히 일해야 한다는 규범으로서의) 노동을 별도로 한다면, 노년기의 주요 소득 보호원이 되었던 것은 민간부문 내에서는 가족보호와 근검, 혹은 자선 등이었고, 공적 부문에서는 구빈제도였다. 연금계획이 현실 속에 도입되면서 국가는 무대의 중심에 등장하였다. 국가는 고용주의 역할을 담당하는 가운데 흔히 직역연금의 구상을 개척하였다. 영국 정부는 일찍이 1834년에 공무원 연금을 도입하였다. 이것은 아이러니컬하게도 신구빈법이 열등수급의 원칙을 확립한 바로 그 해의 일이었다. 뉴욕 시는 1857년에 그 피용자를 대상으로 하는 연금의 지급을 개시했다. 민간부문의 연금계획을 촉진함에 있어 조세정책은 결정적인 역할을 수행하였다. 초기의 우애조합에 대해서는 물론이고 연금급여에 대한 비과세 규칙을 정립한 정부의 규제는 사적 연금의 발전 방향이 구조화되는 과정에 직접적인 영향을 미쳤다. 그리고 마지막으로, 당연한 일이지만 국가의 간접적인 행동 역시 커다란 자극으로 작용하였다. 가령 법정 연금이 부재하고 적용범위가 불충분하며, 급여 수준이 낮다던가, 혹은 수급자격의 조건이 제한적인 등의 현실은 거의 자동적으로 민간부문에서 대안들이 발전하도록 자극하기 마련이었다.

연금의 역사를 논의할 때에는 반드시 오늘날과는 근본적으로 다른 초기 산업 자본주의를 지배하던 구조적 조건을 고려하지 않으면 안 된다. 계급구조와 인구학적 조건이 변화하면서 객관적인 욕구 역시 지속적으로 변화를 거듭해온 것이다.

19세기에는 인구의 대다수가 농민이었다. 자영업도 의미 있는 수준으로 남아 있었다. 예컨대, 1870년을 기준으로 할 때 전체 고용에서 농업이 차지하는 비중은 50퍼센트를 상회하는 것이 보통이었다(오스트리아 65퍼센트, 덴마크 52퍼센트, 독일과 미국 50퍼센트였으며, 다만 영국만은 23퍼센트였다). 이는 결국 노동의 상품화가 상대적으로 미미한 수준이었다는 것을 의미하며, 그것은 동시에 노년기에 들어서도 임금이나 보험소득에 의존하는 사람들이 그다지 많지 않았음을 시사하는 것이다.

고용구조 문제를 별도로 하더라도, 당시에 지배적인 인구학적 조건 역시 노령연금에 대한 대중들의 요구를 억제하는 방향으로 작용하였을 것이다. 1820년 무렵, 출생 시의 기대수명은 통상 잘해야 40세 이하였다. 1900년까지도 기대수명은 여전히 50세 이하였다(이는 기대수명이 70세를 훨씬 웃도는 현대사회와 비교된다). 높은 영아 사망률을 감안하여 보정을 하더라도, 세기의 전환기 무렵 20세 성인의 기대수명은 거의 60세를 넘기지 못했으리라는 점에 주목할 필요가 있다. 이 기준으로 할 때, 오스트리아는 60세, 프랑스 61세, 미국 62세, 스웨덴 66세였다(United Nations Statistics Office, 1949). 바꾸어 말하면, 누군가가 65세 이상 살아남는 것은 거의 예외적인 일이었다는 것이다. 물론 이것은 연령별 인구분포에 직접적인 영향을 미쳤다. 1870년 무렵 65세 이상 인구의 비율은 3에서 5퍼센트 사이였다(이는 1970년대 중반의 11~15퍼센트와 대조된다)(Maddison, 1982).

19세기의 산업사회에서 노령연금의 필요성은 어쩌면 절박한 것이 아니었겠지만, 그러나 그렇다고 해서 그 필요성이 전혀 없었던 것은 아니다. 노동의 상품 지위가 강화되면서 노동능력의 상실이 곧바로 생존을 위협할 수 있는 위험이 출현하였다. 홀어미와 장애인, 노인 등은 극단적인 빈곤의 희생양이 되기 십상이었다. 폰 발루젝(Von Balluseck, 1983, p.

219)은 1867년의 베를린에서 구호물자를 받아가는 사람의 대부분은 홀어미이거나 60세 이상의 노인들이었다는 사실을 보고하고 있다. 그러나 절박한 것이든 장래의 문제이든 보호의 필요성이 존재한 것은 분명하지만, 그 필요성에 대응할 수 있는 그 어떤 일관된 역량은 거의 갖추어져 있지 않았다.

19세기에 고령자의 소득보호는 다양한 방식으로 관리되었다. 첫째, 대부분의 사람들은 계속해서 일을 했다. 이는 20세기에 들어서도 여전히 지배적인 규범으로 남아 있다. 볼(Ball, 1978, p. 80)이 보고한 바에 따르면, 1890년대에 65세 이상 남성 노인들의 거의 70퍼센트는 일을 하고 있었다. 길레마르(Guillemard, 1980) 역시 프랑스를 대상으로 비슷한 수치를 보고하고 있다. 사실 초기의 사회보장 제도들이나 고용주 계획들은 근로소득을 대체하려는 것이 아니라 오히려 감소된 노동능력을 보완하려는 의도에서 출발한 것이었다(Myles, 1984). 고용주들은 흔히 나이가 많거나 생산성이 떨어지는 종업원에 대해 보호적인 일자리(sheltered jobs)를 제공하곤 했다 ― 우연인지 모르지만, 이것은 현재에도 여전히 광범하게 이용되는 관행으로 남아 있다.

가족은 노년기의 생계를 보장하는 두 번째 주요 수단이었다. 가족은 두 가지 의미에서 중요하였다. 첫째, 생산수단이 전통적으로 젊은 세대의 손에 양도되었다는 것이다. 그리고 이에 기초하여 고령자들은 '이익배당'으로 생계를 꾸려간다는 기대가 성립되었다. 둘째, 가족은 종합적인 복지 기능의 공급자였다. 1929년에 실시된 뉴욕 시의 서베이에 따르면, 당시 노인의 절반 이상이 가족과 친지들의 도움에 의존하고 있었다(Weaver, 1982, p. 42).

세 번째 경로는 자선으로, 많은 나라들에서 이것은 주로 교회에 의해 조직화되어 있었다. 위에서 인용한 뉴욕 시의 서베이에 따르면, 노인 인구의 3.5퍼센트가 전적으로 자선에 의존하고 있는 것으로 나타났는데, 사실 이 수치는 자선이 갖는 실제의 중요성을 잘못 전달하고 있는지도 모른다. 미국의 경우 1927년에 이르도록 사적 자선의 총지출이 공적 복지지출 총액의 6배에 달하고 있었던 것이다(Weaver, 1982, p. 20).

공적으로 제공되는 구빈제도는 네 번째 경로였다. 이것은 위에서 언급한 바와 같이 적어도 20세기의 전환기까지도 실제로 정부의 유일한 소득유지 프로그램으로 남아 있었다. 독일의 실례가 보여준 바 있듯이, 구제 대상자 명부는 흔히 일을 할 수 없거나 재산이 전혀 없는 고령 노동자들로 넘쳐나고는 했다. 1954년이 되어서까지도 100만 명에 달하는 영국의 노인들이 사회부조에 의존하고 있었다(Brown and Small, 1985, p. 136). 그렇지만 정치적으로 철저한 자유주의를 옹호하는 태도가 공고했던 국가들에서는 구빈제도도 특별히 기댈 만한 소득원이 되지 못했다. 미국의 경우에는 곤궁자들에 대한 현금부조를 거부한 주(州)들이 한둘이 아니었다(Weaver, 1982). 영국에서는 구빈원의 관리 운영이 엄격하여 가장 절망적인 처지에 있는 사람들을 제외한 나머지 사람들은 모두 다른 곳으로 가야 했다.

다섯 번째와 여섯 번째의 경로는 국가연금과 사적 연금제도로, 이런 제도들은 오늘날에는 지배적이지만, 19세기만 해도 극히 주변적인 위치를 점하는 데 불과하였다. 비스마르크의 개척적인 연금보험이 처음 도입된 것은 1889년의 일이었다. 그러나 많은 국가들은 20세기가 다 되어서야 비로소 노동자를 위한 공적 연금을 도입하는 데 성공했다. 그렇다고 해서 국가가 완전히 손을 놓고 있었다는 것은 아니다. 사실 일부 국가들은 (그 자신이 고용한 공무원을 대상으로 하는) 직역연금의 원리를 개척한 바 있으며, 흔히는 가령 선원이나 광부들과 같이 위험도가 높거나 우선순위가 높은 특정 직업들에게 직역연금을 위임하여 운영하기도 하였다. 그러나 분명한 것은 이런 종류의 계획들은 잠재적 욕구가 가장 큰 저 시민들, 그러니까 점점 확대되어가는 무산자로서 임금 노동자들을 적용 대상에 포함시키지 않고 있었다. 경우에 따라서는 특히 미국에서와 같이 퇴역군인 연금이 나름대로 중요한 의미를 갖는 경우도 있었다. 스카치폴과 아이켄베리는 미국에서 연금 입법에 대한 대중들의 압력이 이상할 정도로 미미했던 까닭은 남북전쟁 연금(Civil War pension)*의 다소 무분별한 급여 확대 때문이었다고 주장한다(Skocpol and Ikenberry, 1983).

민간부문의 보험은 가족과 자선, 국가가 남겨놓은 커다란 사각지대를 메우기에는 역부족이었다. 19세기를 살았던 우리의 선배들 앞에는 민간부문의 연금과 관련하여 두 가지 선택지가 놓여 있었다. 첫 번째이자 가장 중요한 선택지는 우애조합을 비롯하여 그와 유사한 제도들이었다. 이런 제도들은 일반적으로 직역에 따라 구분되거나 노동조합에 의해 규정되는 특정 사회집단을 대상으로 하는 저축 조직들이었다. 흔히 이 제도들은 전래의 길드 제도에서 진화한 것이었다. 일부 국가들에서 이런 제도들의 활동은 광범한 범위에 미치고 있었다. 길버트가 추산한 바에 따르면(Gilbert, 1966), 영국에서는 1880년에 남성 노동계급의 약 50퍼센트가 우애조합의 조합원이었다. 미국에서는 1890년 경에 우애조합의 조합원이 370만 명에 달하였다 — 이는 전체 노동인구의 약 5퍼센트에 달하는 규모였다(Weaver, 1982, p. 46). 애쉬포드의 지적에 따르면(Ashfod, 1986, p. 151), 1902년 프랑스의 공제조합(mutual societies)은 조합원이 200만 명을 헤아리고 있었다. 한편, 우애조합은 노령연금의 지급에 관해서는 아주 주변적인 수준에서 개입하는 데 그칠 뿐이었다. 우래조합의 급여는 주로 질병 보호, 실업, 장제비, 유족지원 등을 중심으로 이루어졌다. 게다가 그 조합원들은 주로 노동계급 중에서도 형편이 좋고 숙련도가 높은 부류들로 구성되어 있었다. 이들은 매주 납부해야 하는 기여금을 납부할 능력을 갖춘 자들이었다. 그 결과, 고령자들에게 연금소득을 보장해 주는 우애조합의 능력은 기대와 달리 그다지 인상적이지 못했다. 이러한 사정은 특히 1920년대의 미국에서 그러하였다. 1928년의 시점에서 우애 조합의 조합원 수는 성장을 거듭하여 무려 500만 명을 넘어섰지만, 그 가운데 연금 수령자의 총 수는 고작 11,000명에 불과하였던 것이다 (Weaver, 1982).

민간부문에 의한 연금보호의 또 다른 원천은 고용주 계획이었다. 초기 단계에서 사적 연금 계획을 확립하고 있던 산업들은 소수였으며, 이런 연금들은 특히 철도 종업원과 광부, 선원들을 대상으로 한 것이었다. 게다가 이러한 초기 산업연금의 선구자들은 흔히 정부의 지원에 의존하고 있었다. 그러다가 19세기가 되면서는 많은 사적 기업들이 기업연금을 도입하기 시작했다. 이런 기업들은 거의 예외없이 해당 분야의 선도적인 기업들이었다. 가령 미국에서는 아메리칸 익스프레스, ATT, 카네기 제철, 코닥 사 등이, 독일에서는 크루프, 지멘스, 회이스트 사 등이, 그리고 영국에서는 캘버리, 레버, 라운트리 사 등이 기업연금을 도입한 기업들이었다. 그렇지만 이런 계획들은 일차적으로 봉급을 받는 종업원들을 대상으로 한 것이었고, 무엇보다도 그 성격상 온정주의적이고 시혜적인 것이었다. 급여는 재량에 기초하였으며, 통상 평생에 걸친 충성스런 복무를 조건으로 하였고, 재정적으로도 불안정하였다. 그리고 이런 계획들은 계약에 의한 수급권의 원리에 근거하는 것이 아니라 기업의 당기 수입에 따라 급여가 지급되고 있었다. 그러다 보니 한 개인의 연금 전망은 향배를 점칠 수 없는 기업의 운명과 긴밀하게 결합되어 있었다.

공사 혼합체의 역사적 진화

19세기의 연금 시장은 말할 것도 없이 잔여적이고 그 발전 수준도 미미했다. 그렇기 때문에 국가연금이 처음 출현했더라도 그것은 이렇다 할만한 '구축' 효과(crowding-out effect)*를 발휘할 수 없었다. 사실 19세기의 사적 시장은 연금이 들어설 만한 적소를 별로 마련해놓지 않고 있었다.

역설적이게도 공적 연금과 사적 연금은 나란히 출현하여 동시에 성장하였다. 그에 따라 전(前)자본주의적인 사회적 보호의 유제들, 그러니까 구빈제도나 우애조합과 함께 가족이라든가 자선 같은 유제들이 하나 둘씩 차례로 사라져 갔다.

연금 발전의 인과 구조는 사회학적 변수들(인구와 고용)과 정치 변화가 어떤 방식으로 결합하느냐에 따라 달라진다. 인구학적 구조는 20세기 초 무렵에 특히 가족구조 및 기대수명과 관련하여 극적으로 변하기 시작했다. 20세기로부터 30여 년이 지나는 동안에 대부분의 나라에서 남성의 평균수명은 거의 10년이나 늘어났다. 그와 더불어 65세 이상 시민의 비율도 급증했다(United Nations Statistics Office, 1949). 자영업에서 임금노동으로, 그리고 농업에서 산업으로의 대대적인 이행이 일어난 것도 바로 이 시기의 일이었다. 독일이나 미국 같은 나라에서는 농업부문 고용의 비중이 1870년의 50퍼센트에서 1910년에는 대략 33퍼센트로 뚝 떨어졌다. 그렇기 때문에 가족과 농장 그 어느 쪽도 새로운 사회질서의 주축을 이루는 평균적인 노동자를 위해 충분한 노후보장을 제공할 만한 여유가 없었다. 그런데 그런 와중에도 욕구는 성장을 거듭했다.

이 시기는 또한 노동과 고용이 새로운 의미를 갖게 된 시기이도 하였다. 장인 중심의 가게나 소규모 공장제 수공업에서 근대의 대량생산으로 생산 방식이 변화하였으며, 노동 집약성을 강조하던 데서 벗어나 생산성의 극대화에 대한 관심이 점점 고조되어 가던 시기였다. 미국에서의 '진보의 시대'(Progressive Era)*나, 유럽에서 그에 필적하는 시대에 접어들면서 과학적 관리와 노동력에 대한 최적의 효율적 활용이라는 발상이 고개를 들기 시작했다. 그러자 고령화하는 노동자를 쫓아내려는 경영진의 열망도 덩달아 커지기 시작했다(Myles, 1984a; Graebner, 1980).

연금을 향한 욕구가 날이 갈수록 높아져가는 한편으로, 그러한 연금을 요구할 수 있는 시민들의 집합적인 역량도 아울러 증대했다. 공적 및 사적 연금계획에 관한 제안과 계획이라면 19세기를 통틀어서는 물론 18세기에도 무수히 쏟아져 나온 터였다. 다니엘 디포(Daniel Defoe)는 일찍이 1697년에 '연금 사무국'을 설치할 것을 제안한 바 있다. 토머스 페인(Thomas Paine)은 연금을 인간의 기본권의 하나로 삼을 것을 제안하고, 나아가 실제로 하원에 연금 입법안을 제출하기까지 하였다. 프랑스에서도 시민혁명기와 나폴레옹 시대에 노후보장을 둘러싼 논쟁이 벌어졌다(Alber, 1982, pp 32-3; Ashford, 1986). 이런 구상들은 하나같이 수포로 돌아갔다. 그 까닭은 우선 정치적 의지가 박약했던 데다, 어쩌면 대중들의 압력 또한 소극적이었기 때문이다. 그러나 세기 말의 전환기에 접어들어 상황이 변화하면서 정치적 의지를 표출할 수 있게 되었다. 노동시장에서는 노동조합이 출현하였으며, 산업 차원이나 국가 차원의 노동 조직들이 차례로 생겨나기 시작했다. 19세기 말 수년 사이에 이런 조직들의 합법성이 전반적으로 인정되었고, 그러자 지역을 불문하고 거의 모든 곳에서 이런 조직들이 폭발적으로 성장하기 시작했다. 제1차 세계대전을 전후하여 보통선거권이 널리 확산되고 대의기관이 성립되자 그것을 지렛대로 삼아 노동 정당들도 태어나기 시작했다. 바꾸어 말하면, '사회문제'

가 정치화되었던 것이다.

이러한 역사적 맥락 속에서 노령보호의 근대적인 공사 혼합체가 출현하였다. 민간부문에서 이러한 운동은 두 가지 기본적인 체계를 지향하고 있었다. 하나는 개인 (생명)보험이고, 다른 하나는 단체보험 형식의 기업연금 및 산업연금이었다. 공공부문에서는 통상 가장 먼저 공무원 연금이 출현하였고, 그보다 훨씬 뒤에 이르러 사회보장 연금이 도입되었다.

초기의 사회입법은 두 가지 경로를 따랐다. 하나는 사회부조의 전통을 그 기원으로 하는 것으로, 통상 정액제로서 기초적인 최저수준 보장이다 (예를 들면 덴마크와 오스트레일리아). 다른 하나는 보험수리 원리에 기초한 보험제도로, 개인의 기여와 고용기록의 입증을 조건으로 한다. 단적으로 말하면, 우애조합의 저축 기능이 근대적인 보험회사로 이전되었으며, 고용주에 의한 퇴직연금이 점차 단체교섭을 통한 계약에 기초한 부가급여(fringe benefit)*로 전환되었고, 정부에 의한 구빈제도가 사회보장으로 변모한 셈이다.

공적 연금이든 사적 연금이든 초기의 연금정책 입법안들은 흔히 노동운동을 약화시켜 보려는 열망을 그 동기로 한 것들이었다. 민간부문의 고용주들은 피용자들을 분열시키고 관리진의 사기를 북돋는 수단으로 연금을 제도화하였다(Myles, 1984a; Graebner, 1980; King, 1978; Jackson, 1977). 고용주들은 화이트 칼라 봉급 종업원을 지원하거나 노골적으로 차별적인 제도를 도입함으로써 노동자들 사이에 존재하는 지위 및 권위의 분화를 공고화하는 수단으로 연금을 활용하였다. 그 동기 자체가 부분적으로는 노동자들의 충성심을 이끌어내는 것이었고, 또 부분적으로는 입법안을 통해 분열을 조장하는 것이었기 때문에 노동조합들은 전형적인 경우 연금제도의 도입에 적대적인 태도를 보였다. 그럼에도 불구하고 조합원이 제한되어 있는 직능조합들은 흔히 배타적인 부가급여

계획들에 지지를 보냈다.

이와 마찬가지로 국가에 의한 초기의 연금입법들도 전형적인 경우 노동운동의 성장을 억제하고 기성 질서에 대한 노동자들의 충성심을 불러일으키는 수단으로 도입되었다(Rimlinger, 1971). 독일이나 덴마크, 오스트리아 등에서 진행된 초기 개혁들의 이면에는 명백히 이러한 의도가 도사리고 있었다. 그것은 또한 1891년 교황의 회칙 *'새로운 사태'*가 나오게 된 배후 동기이기도 하였다. 무릇 초기 단계에서 노동이 연금 발전을 주도한 경우는 일찍이 거의 존재하지 않았던 것이다.

국가를 상대로 해서건 시장을 상대로 해서건, 권력 관계에서 상대적으로 무력한 처지에 놓여 있었던 노동운동은 자연스런 귀결로서 사회적 보호를 위한 나름의 독자적인 체계를 발전시키는 데 주력하였다. 세기의 전환기에 접어들면서 이러한 체계들은 빠른 성장세를 누리게 되었다. 이미 언급한 바 있듯이, 미국에서 노동조합에 의한 우애조합의 조합원 수는 1890년에서 1900년 사이에 370만 명에서 530만 명으로 성장하였다. 이런 우애조합들은 계속 성장을 거듭하다가 대공황 기에 심각한 재정난에 부딪치면서 민간 보험회사나 고용주 계획, 그리고 공적 연금으로 하나 둘 점진적으로 흡수되어 갔다(Weaver, 1982, pp. 46ff). 여기서 유념해야 할 것은 노동조합에 소속한 대규모의 조합원들 가운데 기껏해야 4분의 1 정도밖에는 연금의 적용을 받지 못하였으며, 그 가운데 또 실제로 연금을 수령한 수혜자는 극소수였다는 것이다. 영국에서도 1938년 기준으로 노동조합의 조합원 수가 550만 명에 달하였으며, 이것은 당시 영국 노동자 전체의 24퍼센트에 필적하는 규모였지만, 연금과 관련된 상황은 영국의 경우에도 미국과 대동 소이하였다(Brown and Small, 1985).

노동운동의 견지에서 보면, 우애조합 전략은 최적의 전략이라고 할 수 없는 것으로 드러났다. 우애조합은 노동계급 가운데 가장 취약한 계층을 배제함으로써 노동계급 자체를 분절화할 위험을 안고 있었다. 이것 말고도 우애조합은 주기적인 실업이라든가 고비용이 소요되는 파업 행동, 경기순환 등으로 인해 쉽사리 재정난에 봉착하는 경향이 있었다. 위버의 주장에 따르면, 미국에서 노동조합 기금이 쇠락한 것은 노동조합이 대공황을 돌파할 수 있는 능력을 구비하지 못하고 있었던 데에 그 일차적인 원인이 있었다(Weaver, 1982).

20세기 초반 수십 년 사이에 공적 연금과 사적 연금의 제도화가 동시에 진전되었다. 공공정책은 시장을 확대하는 데 있어 결정적인 역할을 수행하였다. 첫째, 정부는 중앙정부와 지방정부 양 수준에서 그 피용자들을 대상으로 하는 직역연금을 구축하는 데 온 정성을 쏟아붓기 시작했다. 예를 들어, 영국의 경우 모든 지방정부들은 1898년까지 전체 교원을 대상으로 하는 연금을 제도화하였다. 1937년까지 이러한 공적 연금은 모든 지방정부 피용자들에게까지 확대 실시되었다(Brown and Small, 1985). 미국의 경우에는 중앙정부의 공무원 연금이 급속히 성장하였을 뿐만 아니라 동시에 각 주와 지방정부의 연금도 적용범위가 크게 확대되었다. 1928년 시점에서 공공부문 피용자들 가운데 연금의 적용을 받는 대상자는 대략 총 100만 명에 달하였으며, 이는 전체 공무원의 약 25퍼센트에 이르는 것이었다(King, 1978, p. 200; Weaver, 1982, p. 48). 같은 해에 퇴역군인 연금은 아직도 가장 큰 연금 수입원이었으며, 그 수혜자는 미국 전체 연금 수령자의 85퍼센트에 육박하는 50만 명에 달하였다(Weaver, 1982, p. 48). 또한 이 시기는 운송과 가스, 전기 등 많은 공공재들이 국유화된 시기이기도 하였다. 그러다 보니 정부 피용자 연금계획의 가입자도 덩달아 증가하였다. 미국에서는 연방정부가 철도산업을 원조하기까지 하였고, 그 바람에 철도 산업연금 계획은 1935년에 국유화되기에 이르렀다.

정부의 직역연금 계획은 민간부문의 성장에 두 가지 방식으로 직접적인 영향을 끼쳤다. 우선 정부의 직역연금은 다른 피용자 집단들로 하여금 그와 동등한 보호를 해줄 것을 요구하도록 자극하였다는 의미에서 의제설정자라는 중요한 기능을 수행하였다. 다음으로 그것은 개인과 집단, 혹은 산업을 대상으로 하는 민간부문의 연금보호가 더욱 발전해가는 과정에서 관건적인 제도의 구실을 하는 보험회사들을 육성하는 데에도 일조하였다. 간략히 말해 정부 피용자 계획은 사적 시장을 건설하는 데 도움을 주었던 것이다.

정부는 또한 그 재정정책이나 규제정책을 통해서도 영향력을 행사하였다. 특히 양차 대전의 전간기에 정부는 조세지출 개념을 도입함으로써 사회적 보호의 영역에 사적 기업정신이 스며들도록 하는 데 일조하였다. 그 전형적인 기법은 보험 기여금에 대해서는 조세감면 혜택을 부여하는 것이었다(예를 들면, 1921년 영국의 재정법이 바로 그러하였으며, 1922년과 1924년 덴마크의 조세수입법, 그리고 1926년 미국의 조세수입법 등이 바로 그러한 조치들이었다). 다만, 정부가 이와 같이 세제상의 특전을 부여한 경우, 그 이면에 깔려 있는 동기는 민간부문의 계획들을 규제함으로써 그러한 계획들이 재정적으로 건전하고 운영에 책임을 지며 계약상의 권리를 존중하는 것을 담보하자는 데 있었다. 이리하여 정부는 보험회사를 한층 더 중요한 존재로 부각시키게 되었다. 이와 더불어 정부는 전통적인 재량적 퇴직금의 원리를 억제하고 노사교섭과 계약에 기초한 정규적인 부가급여 계획을 장려함으로써 고용주에 의한 연금의 성격이 달라지도록 하는 데 영향력을 행사하였다.

처음부터 의도된 결과이든 의도하지 않은 결과이든, 사회보험 제도의 법제화는 사적 연금이 성장할 수 있는 여지를 크게 넓혀 놓았다. 미국과 같이 법제화가 지연된 곳에서는 법제화의 지연에 따른 인센티브가 분명하게 나타났다. 그러나 법제화가 조기에 이루어진 곳에서는 흔히 민간부문이 처음에는 구축효과를 우려하여 법제화에 대해 적대적인 태도를 취했다. 예컨대, 독일이 1911년에 봉급 피용자들을 대상으로 연금 법제화를 도입하였을 때 보험산업은 이에 격렬하게 반대하였다(Jantz, 1961, p. 149).

그러나 연금입법이 사적 연금의 성장에 영향을 미쳤다고는 하지만, 그 영향이라는 것이 그렇게 명료한 것만은 아니었다. 제2차 세계대전 이전에 도입된 사회보장 개혁들은 급여 수준이 매우 낮았고 적용범위도 불완전하였다. 게다가 보험모델이 채택된 국가에서는 기여 요건의 문제로 인해 기본적으로 오직 미래의 세대만이 급여를 수혜할 기회를 누릴 수 있을 따름이었다. 예컨대 영국의 경우, 1908년의 입법은 70세 이상의 고령 시민들에게만 자산조사 급여를 제공하였을 뿐이었다. 그 이후에 도입된 1925년의 기여형 연금도 40년의 기여 기간을 가정하고 있었을 뿐만 아니라 최저액만을 제공하고 나머지는 대안적인 소득으로 보충하는 것을 전제로 설계된 것이었다. 독일의 노동자 연금보험은 노동능력을 상실한 사람들을 대상으로 한 장애연금으로 도입되었으며, 그것도 70세 이상의 노동자만을 표적으로 한 데다 35년의 기여 기간을 전제로 한 것이었다. 마일즈가 입증한 바와 같이, 독일인들이 연금을 수령하였다고는 하지만 아마 그 연금만으로는 살아갈 수가 없었을 것이다(Myles, 1984a). 스웨덴 역시 비슷한 상황에 놓여 있었다. 1913년에 노령 연금보험이 법제화되었지만, 수십 년 동안 급여를 거의 제공하지 않았다. 결국 이 세 국가의 사례를 보건대, 사회보장은 연금소득을 보장함에 있어 잘해야 주변적인 수준에 머물고 있었다. 그렇지만 사적 연금시장도 이렇게 현저한 사각지대를 메우는 데 이렇다 할 도움이 되지 못하였다.

일반적으로 말해, 제2차 세계대전 이전에 법제화된 정부의 연금입법은 시장을 저해하거나 노동공급을 방해하지 않도록 하기 위해 엄격한 보험 수리 원리와 최소주의적 보호의 정신에 입각하고 있었다. 그리고 연금을 보충하기 위해 필요한 부분은 시장에서 구매하는 것을 원칙으로 가정하고 있었다. 미국에서는 최소주의의 정신이 유례가 없을 정도로 극단적이었다. 그러나 그와 동일한 기본적인 원리는 유럽의 연금입법에도 그대로 적용되었다. '복지 자본주의'라는 말은 제2차 대전 이전의 시기에 정부의 책임이 무엇인가를 아주 적확하게 기술하고 있는 슬로건이었다.

20세기 초반 몇 십년 사이에 발전한 연금 혼합체는 이러한 복지 자본주의 모델을 반영하고 있다. 복지 자본주의는 19세기의 전(前)자본주의적인 영역과 제2차 세계대전 이후의 복지국가주의 사이에 가교를 놓는 발전의 맥락을 체현하고 있다. 연금을 향한 객관적인 욕구가 적극적으로 표출되기 시작했다는 것은 명백하다. 임금 소득자들이 구체적인 조치를 요구할 수 있는 힘을 갖게 되었다는 사실도 점차 부인할 수 없는 현실이 되어갔다. 산업 영역에서는 새로운 생산성주의가 확산되었으며, 그로 인해 고령 노동자들의 가치는 점점 줄어들었다. 국가는 연금을 위한 시장을 장려하였을 뿐만 아니라 나아가 그것을 창출하기 위해 적극적인 조치에 나섰다. 물론 사회보장이 이미 작동하고 있었지만, 그러나 그것은 아직 지배적인 역할을 수행하는 데까지 이르지는 못하고 있었다.

사적 연금제도들은 20세기 초반의 몇 십년 사이에 괄목할 만한 속도로 성장했다. 그러나 그것들이 성장했다는 사실보다 더 중요한 것은 사적 연금제도가 질적인 전환을 이루고 있었다는 점이다. 사적 연금제도는 재량에 기초한 퇴직금의 성격에서 계약에 기초한 제도로, 비적립형 계획에서 보험 방식의 신탁형 제도로 변모하였으며, 나아가 그것은 소수의 상류 간부층을 보호하는 데서 서서히 육체 노동자들에게까지 확대 실시되었다. 이러한 과정과 더불어 또한 노년기 저축의 전통에도 일정한 전환이 일어났다. 우애조합(혹은 가족의 돼지 저금통)은 근대적인 보험회사의 생명보험 계획에 자리를 내주고 물러나게 되었다. 가족경영 농장에 체현되어 있던 재산들도 속도는 좀 느리지만 서서히 도시의 자가주택 소유로 전환되었다.

복지 자본주의는 근대 자본주의 기업이 공산주의의 꺼림칙한 냄새를 풍기는 사회보험을 대체할 수 있을 것이라는 희망 속에서 출현하였다. 그것은 '진보의 시대', 새로이 부상하는 근대적 기업, 과학적 관리, 그리고 양질의 노사관계에 대한 민감한 반응 등으로 구성되는 새로운 세계를 기약하는 것이었다.

미국에서는 개별 기업들은 물론 전체 차원의 산업들이 점차 보험회사들과의 협력 하에 적립식 및 신탁식 연금계획들을 구축하기 시작했다. 1930년까지 보험산업은 (개인, 단체, 기업 등의 계획을 모두 포함하여) 총계 8,300만 개의 보험증권을 보유하고 있었으며, 총 20억 달러에 달하는 급여를 지급하고 있었다(이것은 자선이나 공적 피용자 계획, 다양한 국가연금 계획들이 지급한 급여를 모두 합한 것을 상회하는 수치이다)(Weaver, 1982, p. 42). 이렇게 거대한 규모의 급여액에는 연금이 아닌 보험금도 포함되어 있었지만, 그러나 생명보험 산업이 가장 빠른 성장을 보인 분야는 뭐니 뭐니 해도 연금 분야였다. 1915년 당시, 단체연금(이것은 거의 전적으로 개별 제조업 회사들이 계약한 연금이다)은 이 연금사업의 1퍼센트를 설명하는 데 불과했지만, 1935년에는 그 수치가 15퍼센트로 늘어났다(Weaver, 1982, p. 47).

육체 노동자들을 대상으로 하는 산업연금은 1920년대에 들어서면서 급성장을 보였다. 1928년에는 산업연금이 적용 대상 노동자 수를 기준으로 4배나 많을 정도로 노동조합 연금을 능가하기에 이르렀다. 산업연금의 총자산은 1920년에서 1929년 사이에 10배로 성장하였다. 연금계획의 수도 1900년의 15개에서 1929년에는 440개로 성장하였다(Weaver, 1982, p. 47ff.). 그렇지만 높은 성장률이라고는 해도 그것은 어차피 제로 베이스에 가까운 상태에서 출발한 것이었으며, 복지 자본주의는 대공황 기까지는 신조(信條)의 수준에 머물고 있었다. 적용범위 전체를 기준으로 보면, 대공황 직전 시점에 (철도를 포함하여) 보험증권이 400만 개 정도였으며, 인구 기준으로 노동력의 7.5퍼센트 수준이었다. 형태를 불문하고 일체의 연금보험을 기준으로 계산하더라도 적용 대상은 전체의 14퍼센트였다(Weaver, 1982, p. 48). 그런데 적용 비율로만 계산하게 되면 연금을 실제로 수령할 가능성이 극히 낮았다는 사실이 은폐되는 경향이 있다. 연금 통산(portability)의 권리가 없다든가, 수급자격을 위한 근속 기간이 너무 긴 문제, 기타 다양한 사정이 중첩된 결과, 실제로 연금의 적용을 받는 대상의 약 10퍼센트 정도의 극소수만이 연금급여를 받을 수 있었다(Latimer, 1932). 게다가 전형적인 경우 이들이 연금급여를 받는다고 해도 그 수준이 너무 낮아서 그것만으로는 생계를 유지할 수가 없었다. 1927년 물가 기준으로, 연금 수준은 평균 월 45달러였다(1980년의 화폐가치로 환산할 경우 월 200달러에 상당한다).

미국의 복지 자본주의는 하나의 실패작이었으며, 게다가 특별히 시장 원리에 충실한 것도 아니었다. 미국 복지 자본주의의 성격은 사적 산업에 종사하는 다양한 지위집단이나 지위계층에 맞추어 차별적인 특권을 부여했다는 점에서 전반적으로 조합주의적이었다. 수급자격을 위한 장기간의 복무 요건이라든가 제도간 통산제가 부재한 현실로 인해 복지 자본주의는 쉽사리 기업 농노제(corporate serfdom)*라는 비난에 노출되었다. 조합주의적 색깔은 단순히 경영 전략의 결과인 것만이 아니라, 그것은 초기 단계에 이루어진 단체교섭의 결과이기도 하였다. 그도 그럴 것이 제2차 세계대전 이전의 노동조합주의는 주로 배타적인 숙련 및 장인 노동조합에 의해 지배되고 있었던 것이다.

다른 곳, 그러니까 심지어 노령연금을 법제화한 다른 국가들에서도 정도의 차이는 있지만 그 양상은 미국의 이야기와 별반 다르지 않았다. 사실 독일에서는 1889년과 1911년의 입법이 민간부문의 성장을 방해한 것으로 보인다. 물론 그렇다고 해서 민간부문이 전혀 없었던 것은 아니다. 전통적인 비적립형 공제기금(Unterstutzungskassen)이나 기업계획들이 여전히 연금 혼합체의 안정적인 부분으로 남아 있긴 하였다. 1933년 기준, 생명보험 지급액은 GDP의 0.6퍼센트에 이르고 있었다. 이러한 수치는 1929년에 미국이 1.9퍼센터였던 것과 비교된다. 독일의 사적 연금계획 지출은 1933년 시점에서 GDP의 0.2퍼센트에 달했지만, 미국은 1940년에야 0.3퍼센트의 수치를 보여 대조를 이룬다(Skolnick, 1976; Munnell, 1982; Statistisches Bundesamt 1972, p. 217). 독일의 경우, 민간부문의 계획은 적용범위의 차원에서는 꾸준히 성장하고 있었지만, 급여의 규모 면에서는 여전히 주변적인 수준에 머물고 있었다.

영국에서는 사회보장의 법제화에도 불구하고 사적인 기업연금 계획도 아울러 급속하게 성정하고 있었다. 기업연금 계획의 가입자는 1908년의 약 100만 명에서 1936년에는 260만 명으로 증가하였다(이 가운데 대략 절반은 공적 피용자 연금계획의 가입자들이었다). 노동력 전체 가운데 적용 대상의 범위는 10퍼센트에서 12퍼센트 사이로, 미국에 비견할 만한 수준이었다. 영국 모델의 고유한 특징은 그것이 사용자와 피용자의 양자가 공동 분담하는 기여금에 의존하고 있었다는 데 있다. 또한 육체 노동자들에 대해서는 기여와 급여가 공히 정액제였다. 1936년 시점에서 주당 연금액은 통상 대략 20실링이었다(이는 노동자 통상임금의 대략 25~30퍼센트에 상당한다). 사회보장 연금은 주당 약 10실링이었다(Brown and Small, 1985). 요컨대, 영국에서 전개된 연금 혼합체를 살펴볼 때 영국의 복지 자본주의는 미국의 그것에 비해 약간 나은 편이었다.

1920년대에 출현한 사적 연금계획들은 대공황의 충격에 대해 놀라울 정도의 내구력을 보여주었다. 대공황의 충격에 희생양이 된 것은 주로 노동조합이 운영하는 우애조합들이었다. 사실 독일과 미국은 대공황의 영향을 가장 크게 받은 나라들이었지만, 이 두 나라에서 민간부문의 연금계획은 성장의 동력을 견지하고 있었다. 그 한 가지 이유는 이 나라들의 연금계획들이 점차 재보험에 가입한 데다 적립식이었기 때문이다. 또한 이 연금계획들은 실업의 위험이 그다지 높지 않은 화이트 칼라 피용자들을 주된 대상으로 하고 있었다는 점도 거론할 수 있다. 뿐만 아니라 이 연금계획들은 정부 조세정책의 지원과 경우에 따라서는 정부의 직접적인 재정 지원을 받고 있었다.

전후 시기의 재구조화

자본주의와 복지가 조화를 이루는 가운데 최소주의 국가와 활성화된 시장이 서로를 보완할 수 있으리라는 희망은 대공황이 그러한 기대를 송두리째 뒤흔들기도 전에 이미 실패의 길을 걷고 있었다. 미국의 노인들이 뼈아프게 깨달은 바가 있다면 바로 이 점이었다. (미국의 사회보장법 체계가 이제 막 출범한 시점인) 1940년을 기준으로 65세 이상 인구의 33.5퍼센트가 (모든 형태의 사적 및 공적 연금지급을 포함한) 연금에 의해 보호를 받고 있었던 것으로 추정된다. 사적 연금계획으로부터 급여를 받고 있던 노인인구는 겨우 1.8퍼센트에 불과하였으며, 사회보장 연금은 그것이 1.2퍼센트였다. 그리고 노인의 23퍼센트는 노령부조(OAA)의 혜택을 받고 있었으며, 기타 4퍼센트가 퇴역군인 연금급여를 받고 있었다

(Bureau of the Census, 1976, section H로부터 추정하여 계산한 수 치). 65세 이상 남성 노인인구 가운데 절반을 조금 밑도는 사람들이 이 시 기에 노동을 계속하고는 있었지만, 어쨌든 보호의 사각지대는 어떤 기준 에 비추어 보더라도 너무나 큰 것이었다. 말할 것도 없이 나머지 대다수 는 시장으로부터도 아무런 혜택을 받을 수 없는 처지에 있었다. 그러므로 결론적으로 말하면, 대략 노인인구의 약 3분의 1은 가족이나 자선, 혹은 어쩌면 지방정부의 빈곤부조 따위에 도움을 요청하지 않을 수 없었을 것 이다.

|표 4 − 5| 사회보장 연금 수령 65세 이상 인구 비율(%) 및 평균적 노동자 임금 대비 순(세 후) 연금액(%), 1939년

	65세 이상 인구 중 연금 수령자	세후 연금의 소득대체율 (순임금 대비 %)
오스트레일리아	54	19
오스트리아	35	—
벨기에	46	14
캐나다	24	17
덴마크	61	22
프랑스	0	—
독일	66	19
이탈리아	16	15
네덜란드	52	13
노르웨이	53	8
스웨덴	79	10
스위스	5	—
영국	67	13
미국	5	21
평균	40	15.5

연금은 사회보장 연금과 정부 피용자 연금을 포함하지만, 공공부조는 포함하고 있지 않다. 세후 소득대 체율이란 평균적인 생산노동자 임금에 대한 평균적인 노령연금 지급액의 비율을 말한다.
출처 : SSIB data files.

충분한 시장도 없고 국가에 의한 적용범위도 충분치 않았다는 점에서
는 대부분의 다른 나라들도 마찬가지였다. 〈표 4-5〉는 1939년을 기준으
로 사회보장 연금과 정부 피용자 연금의 두 가지 제도를 대상으로 65세
이상 인구 사이의 연금 실수급률(take-up rate)*을 보여주고 있다. 노인
인구의 다수가 연금을 수령하고 있는 국가는 극히 소수에 불과한 것으로
나타난다. 프랑스와 같은 일부 국가들은 아직 연금을 도입하지도 않았다.
〈표 4-5〉는 또한 평균적인 연금 수령액이 노년기의 단일 소득원으로는 너
무 적다는 것을 보여준다. 이 기간 동안에 사적 연금의 적용범위가 어떠
했는가를 보여주는 자료는 사실상 존재하지 않는다. 사회보장의 적용범
위가 지극히 낮은 수준이라는 점에서 미국과 별반 다르지 않은 스위스의
경우, 1940년 시점에서 생명보험 회사가 지급한 연금이 대략 29,000건에
불과하다는 기록이 있을 뿐이다(Statistisches Bundesamt, 1982, p.
335). 〈표 4-4〉에서 대전 직후 평균을 약간 웃도는 것으로 나타난 바 있는
덴마크의 경우, 사적 연금의 적용범위는 100,000명이 채 안 되었다
(OECD, 1977). 영국에서도 기업연금의 수령자가 겨우 200,000명에 불
과하였으며, 공공부문의 연금 수령자는 다시 그 절반에 그치고 있었다
(Brown and Small, 1985, p. 13).

　제2차 세계대전은 연금 발전의 분수령이었다. 대전을 계기로 국민적
연대를 강화하라는 요구가 일어났고, 또 실제로 국민적 연대가 강화되었
다. 그 결과, 노동운동은 정치적 의사결정의 무대에서 중심 세력으로 등장
하였다. 과잉고용 상태 하에서 엄격한 전시 임금-물가 통제가 이루어지고
있었기 때문에 고용주들은 매력적인 부가급여를 제시하지 않을 수 없었
고, 노동조합 또한 그것을 요구할 수밖에 없었다. 대전은 (독일의 경우에
서처럼) 전래의 사회보험 체계를 붕괴시키기도 하고, 전후의 복지국가 전
망이 들어설 수 있는 틀을 확립하기도 하였다. 대전은 또한 극단적일 정

도로 높은 공공지출과 조세 수준을 요구하였으며, 그런 탓에 전후 점진적으로 그 수준이 낮아진 뒤로도 높은 수준의 재정을 용인하는 국민들의 태도가 수십 년 동안 그대로 유지될 수 있었다.

1940년대는 위에서 언급한 여러 가지 이유에다 사회보장이 여전히 불충분하다는 이유까지 작용하여 사적 연금이 성장을 구가한 시기였다. 미국에서는 그러한 흐름이 유난히 극적이었다. 미국에서는 원래 아주 소수만이 가까운 장래에 사회보장 연금의 수령을 기약할 수 있었고, 1939년과 (그에 뒤이어) '포괄 적용'(blanketing-in)* 조항이 도입된 이후에도 급여는 여전히 너무나 낮은 수준이었다(1939년 현재 월 평균 25달러였다). 그러나 마침내 뉴딜 정책이 노동개혁을 단행하면서 대중적인 노동운동이 활성화되었으며, 대전을 계기로 완전고용도 실현되었다. 임금-물가 통제정책이 실시되는 상황이 전개되면서 (통제를 받지 않고 있던) 부가급여가 성장할 수 있는 발판이 마련되었다(Ball, 1978; Myles, 1984a; Graebner, 1980).

사적 연금은 많은 국가들에서 괄목할 만한 발전을 이루었다. 영국에서 민간부문의 연금계획에 가입한 가입자 수가 1936년의 160만 명에서 1953년에는 310만 명으로 (그리고 1960년에는 550만명으로) 성장하였다. 영국 노동조합회의(TUC, Trade Union Congress)는 전쟁 전에 취했던 입장을 뒤집어, 연금제도의 도입을 목표로 교섭하도록 가맹 노동조합들에게 진지하게 권유하기 시작했다. 미국에서는 대전 중에 250만 명의 노동자들이 새로이 사적 연금제도의 적용을 받게 되었으며(King, 1978, p. 200), 이러한 연금 확대 추세는 1950년대 이후에도 계속되었다. 사적 연금의 급여지출도 1945년에서 1950년 사이에 68퍼센트나 증가하였으며, 1950년에서 1960년에 이르는 10년 동안에는 물경 364퍼센트나 성장하였다(Munnell, 1982. 표 8-4). 실제로 전후 시기의 거의 대부분을 통해, 그 중에서도 특히 1960년대 후반에서 1970년대 초반에 걸쳐 사적 연금지출은 사회보장 연금에 거의 육박할 정도로 빠른 속도로 증가하였다. 단체교섭에 의해 산업연금이 도입된다고 하는 새로운 현상이 거의 모든 선진 자본주의 국가들로 확산되었다(오스트리아와 독일, 이탈리아는 몇 안되는 예외에 속했다). 프랑스에서는 사적 연금이 미로와 같이 복잡한 보충연금의 형태를 띠고 발전하였는데, 이러한 사적 보충연금들은 훗날 근로자퇴직연금연합회(ARRCO)*와 관리직퇴직연금연합회(AGIRC)*의 산하로 편입되었다. 네덜란드에서도 산업 수준과 기업 수준의 연금계획들이 도입되었는데, 전자는 훗날 마침내 정부의 위임으로 전환되었다. 핀란드와 스웨덴은 공히 연금제도의 2층 부분을 국유화하였다.

또한 제2차 세계대전을 계기로 연금의 제도적 형태는 적어도 두 가지 결정적인 측면에서 변화하였다. 첫째, 먼넬이 지적한 바 있듯이 (Munnell, 1982), 사적 연금은 노동조합의 교섭전략에서 핵심 목표로 부상하였으며, 미래의 약속을 믿고 현재의 임금소득을 유보하는 수단으로 등장하였다는 점이다. 둘째, 노동조합이 제도권에 진입함에 따라 (미국에서는 1948년 연방노사관계위원회의 결정의 결과였다), 전통적인 퇴직연금은 뒤로 물러나고 그 자리에 단체교섭에 기초하는 계약형 연금계획들이 들어서게 되었다는 점이다(Rein, 1982). 어떤 의미에서 노동조합들은 전(前)자본주의적 체계의 잔재들이 소멸하고, 그 대신에 집합주의적 시장 계약제도가 들어서는 사태를 가속화하는 데 조력한 셈이었다.

전후에 기업연금들이 급격히 부상한 상황은 비단 대전과 노동조합 권력의 부산물인 것만은 아니었다. 그것은 다양한 정부 주도의 정책에 의해 육성된 것이기도 하였다. 전후 자본주의에서 국가가 수행한 역할은 어느 편인가 하면 오히려 그 이전에 비해 훨씬 더 강력해진 쪽이었다. 그 무엇보다 우선 첫째로 들 수 있는 것은 사회보장에 관한 정부의 의사결정이 심대한 영향을 미쳤다는 점이다. 그 결과, 국가연금의 두 가지 기본적인 유형이 출현하였다. 첫 번째의 것은 보편적인 정액제 연금으로, 이것의 급여는 통상 재래의 최저연금을 업그레이드한 것과 다를 바 없는 수준이었다. 급여는 평등하지만 낮은 수준이었으며, 그 가정은 국가연금의 급여가 낮더라도 사적 연금에 의해 보충될 수 있으리라는 것이었다. 영국의 1944년 백서와 덴마크의 1956년 개혁은 명시적으로 이러한 가정에서 출발한 것이었으며, 오스트레일리아와 노르웨이, 스웨덴 등의 체계에서도 이러한 가정은 분명하게 적용되고 있었다.

두 번째 유형은 사회보험 연금에 기초한 것으로, 기여에 근거하여 급여를 결정하고, 보험수리 원리를 고수하며, 취업 실적을 수급자격의 전제조건으로 하였다. 이 제도에서는 많은 시민들(가령 여성과 이직이 잦은 노동자들)이 적용에서 배제되었으며, 흔히 제도의 성숙에 너무나 많은 기간이 소요되기 때문에 대부분의 노동자들은 만족스런 연금을 기대할 수 없었다. 그 결과, 이 유형 역시 사적 시장이 활성화하는 데 일조하였다. 이러한 상황이 두드러지게 나타난 곳은 확실히 네덜란드와 미국이었다. 그러다 보니 이들 양국에서는 공공정책이 보충적인 사적 연금이 발달할 수 있는 여지를 크게 열어놓고 있었다.

다음으로 사적 연금이 성장할 수 있는 결정적으로 중요한 두번째 전제조건은 정부의 조세정책이었다. 대부분은 아닐지 모르지만 많은 국가들은 전후 조세입법을 단행하였으며, 이를 통해 사적 연금 기여금의 비과세 지위를 대폭 확대하고, 경우에 따라서는 연금 수급자에게 특별 조세감면의 혜택을 부여하기도 하였다. 정부는 또한 조세지출에 의해 사적 연금 시장에 막대한 재정 지원을 하였다. 오늘날 GDP에 대한 사적 연금 관련 조세지출의 비율은 가령 오스트레일리아, 덴마크, 미국 등에서는 대략 1

퍼센트 정도이며, 영국에서는 대충 0.7퍼센트에 달한다(OECD, 1984a; Vestero-Jensen, 1984). 이런 점에서 사적 연금은 이연임금의 한 형태일 수도 있지만, 동시에 그것은 확실히 이연조세(deferred tax)이기도 하다. 전후의 시민들에게 높은 한계세율이 부과되었는데, 이 또한 부가급여로서 기업연금의 매력을 한층 더 높여주었다.

과세의 효과 가운데 하나는 자가(自家)소유와 관련이 있는데, 이 점은 전형적으로 아직도 무시되고 있지만 가장 중요한 측면의 하나이다. 미국에서 노인들에게 자가소유는 의심의 여지 없이 가장 중요한 '소득원'이다. 오늘날, 노인 부부의 약 75퍼센트는 자기 집을 소유하고 있으며, 그 가운데 다시 80퍼센트는 근저당이 설정되어 있지 않다. 이러한 사실이 의미하는 바는 노인가구의 60퍼센트가 대략 15 내지 20퍼센트에 달하는 사실상의 소득보조를 누리고 있는 셈이라는 것이다(Ball, 1978, p. 92. 그리고 필자의 계산에 의함).

세제 혜택(tax concessions)의 확대와 더불어 연금시장에 대한 정부의 규제도 확대되었다. 브라운과 스몰이 지적하고 있는 바와 같이, 1947년의 재정법이 별도의 기금 적립을 전제로 연금제도에 대한 승인을 내주도록 하는 요건을 규정한 뒤로, 영국의 사회정책은 세무 관료들에 의해 주도되게 되었다(Brown and Small, 1985). 정부는 결정적인 방식으로 시장의 문을 열기도 하고 닫기도 하였다. 많은 경우 국가는 연금 저축을 위한 새로운 시장을 창출함에 있어 실질적인 주도권을 행사하였다. 예를 들면, 덴마크의 '물가연동 연금'(Index Contracts)*과 미국의 자영자개인연금(Keogh Plan)* 및 미국 국세청(IRS)의 개인퇴직연금계정(Individual Retirement Accounts)* 등이 그러하였다. 1972년에 독일과 미국의 정부는 피용자에 대한 보증을 의무화함으로써 기업연금을 규제하는 입법 조치를 단행하였다. 당시에는 이러한 입법 조치가 기업연금의 지속적인 성장 전망을 크게 훼손할 것이라는 믿음들이 퍼져 있었지만, 사실 그 어떤 나라에서도 이러한 믿음들은 근거가 없는 것으로 드러났다.

각국의 정부들은 사적 연금에 대한 위임을 개시하였으며, 이러한 조치 또한 사적 연금시장의 창출을 촉진하였다. 영국과 네덜란드, 그리고 (1982년 이후의) 스위스 같은 정부들이 바로 그러한 조치를 취한 나라들 이었다. 프랑스의 경우에는 사실상 위임에 준하는 형식을 취했다고 할 수 있을 것이다. 물론 그 결과로 보충적인 기업연금 공여가 큰 폭으로 증가 하였다. 일부 다른 국가들은 기초연금을 보완하기 위해 공적 제도로서 보 충연금을 법제화하는 결정을 내렸다(노르웨이, 스웨덴, 핀란드, 덴마크 가 그런 나라들이었다). 연금제도의 위임은 시장의 팽창을 초래하는 데 반해 공적 연금의 법제화는 구축효과를 낳는다는 지적이 있지만, 그러나 사실 어느 쪽 말이 옳은지를 판단하는 것은 지극히 어려운 일이다. 연금 제도의 위임이 민간기업에 대해 집합주의 형태의 강제를 부과한다는 점 에서 법제화와 별반 다르지 않다는 것은 분명하다. 노르웨이와 스웨덴이 그렇게 하고 있는 것처럼, 정부 제도가 직접 재원조달과 관리운영을 담당 하는 방식으로 국유화가 진행되는 경우, 시장이 주변화된다는 것은 의심 할 나위 없이 명백하다. 그러나 핀란드에서 그러한 것처럼, 국유화가 이 루어지되 민간부문에 의한 관리운영를 허용하는 방식으로 이루어지는 경 우 그 결과가 어떻게 나타날지는 분명치 않다.

지금까지 검토해 온 역사적 개관에 비추어 볼 때, 공사 연금 혼합체의 구조화가 국가간에 상당히 다른 양상으로 전개되는 것은 국가개입의 두 가지 유형과 함수관계에 있는 것처럼 보인다. 첫째 유형은 정부가 공무원 집단과 정부 피용자 집단에게 특권적인 지위를 부여하는 전통을 갖고 있 는 경우이다. 둘째는 사실상 모든 나라의 사적 시장에서 성장하고 있던 연금제도의 2층 부분를 정부가 나서서 직접 법제화(혹은 직접 위임)하기로 결정하는 유형이다.

결 론

　지금까지 공사 연금 혼합체가 구조화되는 과정을 검토한 바에 따르면, 국가는 투입과 산출을 연결하는 핵심 고리였다. 앞서 살펴본 것처럼, 미국에서와 같이 시장 편향적인 체제를 가능케 한 것은 정부의 적극적이고 직접적인 정책이었다. 그런가 하면, 지위 특권은 확실히 조합주의와 권위주의적 국가주의의 유산이다. 그리고 보편주의적인 사회적 시민권 모델은 분명 국가가 시장과 조합주의를 구축(驅逐)하는 곳에서만 성립될 수 있다. 이렇듯 국가는 체제 유형을 규정하는 데서 핵심적인 변수로 작용한다.

　또한 이 책에서 지금까지 검토해 온 결과는 다음과 같은 점을 분명히 밝혀주고 있다. 즉 복지국가는 그것이 무엇을 하는지, 얼마나 지출하는지, 혹은 이제까지 그것이 무엇을 법제화하였는지 등의 차원에 의해서만이 아니라, 동시에 그것이 시장 및 대안적인 사적 제도들과 어떻게 상호작용하고 있는지의 차원에 의해서도 규정되어야 한다는 것이다. 연금 수급자의 관점에서 보면, 이것은 흔히 왈가왈부의 여지 없이 당연한 논리일 것이다. 퇴직자 역시 자신의 퇴직소득이 어떠한 요소들로 구성되어 있는지 아주 잘 파악하고 있기 마련이다. 정부의 시각에서 보면, 연금의 공사 혼합체가 흔히 그렇게 명료하지 않을 수 있다. 국가개입의 큰 영역, 아니 어쩌면 그 가장 중요한 영역은 세입 서비스의 벽 뒤에 가려져 있다. 조세지출을 통해 사적 연금에 얼마만큼의 보조금을 지출하고 있는지에 대해 정확하게 파악하고 있는 국가는 소수에 불과한 것이다.

아무튼 어떤 복지체계가 되었든, 우리가 공적 및 사적 공여의 상호작용을 검토할 때만이 해당 복지체계의 논리를 명확히 밝힐 수 있다. 전반적인 분배구조, 사회권과 사적 계약의 관계, 그리고 계급과 성(gender) 혹은 지위의 불평등 등을 규정하는 것이 바로 이 상호작용이며, 결국 복지국가 체제를 규정하는 것도 바로 이 공사 공여간의 상호작용인 것이다.

이처럼 공적 공여와 사적 공여를 동시에 고려할 경우, 우리는 또한 국가의 '복지 노력'에 대한 극적으로 다른 평가에 도달하게 될 것이다. 이것은 이론을 검증하는 문제와 관련하여 중요한 의미를 갖는다. 우리는 경제성장 이론을 취할 수도 있고, 인구학적 이론이나 노동계급 동원 이론의 입장에 설 수도 있을 것이다. 우리가 취하는 이론적 입장이 어떠하든, 공공부문의 복지 노력의 수준만을 근거로 하여 우리의 주장을 검증해서는 안 될 것이다. 국가에 따라서는 공공부문에서의 연금 산출은 그 수준이 상당히 미미할 수도 있지만, 그 반대 급부로서 민간부문에서는 연금 산출의 규모가 막대할 수 있는 것이다. 만일 우리가 경제발전 내지 인구학적 구조가 연금지출을 결정한다고 주장하는 이론의 입장에 설 경우, 민간부문과 공공부문의 연금지출을 동시에 검토하지 않는다면 오류를 범하게 될 것이다.

좀더 일반적으로 말하자면, 우리가 만일 복지국가간의 차이를 설명하는 데 관심을 둔다고 한다면, 문제를 정식화할 때에 반드시 공사 부문간의 상호작용을 포함시켜야 한다는 것은 분명한 일이며, 나아가 이러한 상호작용이야말로 우리가 설명해야 할 대상 가운데 하나라는 점도 명확하다. 이제 제5장에서는 바로 이런 문제들을 다루게 될 것이다. 우리는 복지국가들의 제도적 속성들을 좀더 면밀히 검토하고, 또한 공적 공여와 사적 공여 모두를 동시에 고려하지 않으면 안 된다. 우리가 이런 작업에 충실할 경우, 우리는 복지국가에 관한 그간의 인습적인 가설들을 진지하게 재검토할 필요가 있다는 것을 깨닫게 될 것이다.

부록 제4장의 설명과 자료 출처

'연금'에는 노령연금과 장애연금이 포함된다(노동재해 연금은 제외한다). 퇴직 일시금을 전형적인 특징으로 하는 국가들의 경우(통상 사적 기업연금이나 개인연금에 한한다), 이런 연금들도 연금의 범주에 포함된다. 그러나 일본의 자료에서는 고용주가 직접 지급하는 퇴직 일시금이 포함되어 있지 않다는 점에 유의할 필요가 있다.

사회보장 연금과 공적 피용자 연금에 관한 자료는 ILO, *The Cost of Social Security, 1980*(Geneva: ILO, 1983)에 기초하고 있다. 뉴질랜드에 관한 자료는 ILO, *The Cost of Social Security, 1977*(Geneva: ILO, 1979)에 근거하고, 미국에 관한 자료는 *Statistical Abstract of the United Staates, 1981*(Washington, DC: Government Printing Office, 1982)에 입각하고 있다.

사적 기업연금 계획과 개인 생명보험 연금에 관한 자료는 해당 국가의 정부 발간 자료에 의존하고 있다. 이들 자료에 관한 상세한 개관은 Esping-Andersen, 'State and Market in the formation of Social Security Schemes', European University Institute Working Papers, No. 87/281(Florence, 1987)에서 살펴볼 수 있다.

제5장
권력구조와 분배체제

　어떤 나라에서는 다른 나라에 비해 사회적 보호가 더 시장화되어 있는데, 그 이유는 무엇인가? 북유럽의 국가들에서는 보편주의가 두드러지고, 대륙 유럽에서는 보수주의가 현저한데, 그 이유는 또 무엇인가? 자신들의 사회정책 책임을 매우 협소하게 정의하는 국가들이 있는가 하면, 고용의 권리를 최소한의 의무로 받아들이면서 저 19세기 자유주의자(이 문제에 관해서는 사회주의자도)의 상상력을 뛰어넘을 만큼 공식적으로 고용에 헌신하는 국가들이 있는데, 그 이유는 무엇인가? 그리고 마지막으로 왜 국가들은 서로 다른 체제들로 군집화되는가?

　제5장의 과제는 복지국가의 발전을 추동하는 저 힘의 실체를 확인하는 것이다. 이 쟁점을 둘러싼 길고 지리한 논전이 벌어졌거니와, 그 논쟁은 일반적으로 기능주의적 근대화 이론이 권력 이론과 대치하는 구도 아래 전개되었다. 이 쟁점은 사회과학 분야에서 패러다임의 분화를 보여준다는 점에서 이론적으로 중요한 의미를 갖는다. 권력중심 이론은 정치와 사회의 관계에 관한 특유의 관점에 의존하고 있다. 먼저 이 이론은 정부가 결코 중립적인 중재자가 아니라는 가정에서 출발한다. 또한 그 본질상 정

부는 새롭게 등장하는 사회적 욕구에 대해 민감하게 반응하는 존재도 아니라고 가정한다. 정부는 권력의 행사가 지시하는 바에 따라 행동할 뿐이라는 것이다. 그러므로 어떤 사회에서 권력의 균형은 복지국가가 어떤 모습을 띠고 출현할 것인지에 대하여 결정적인 의미를 갖는다. 이와 대조되는 관점은 복지국가가 권력의 균형 상태 여하에 상관없이 출현한다고 주장한다. 마샬파 경제학(A. Marshall, 1920)을 추종하는 이 관점의 출발점은 일정한 수준의 경제발전이 전제되는 경우에만 재분배가 가능해진다는 것이다. 그렇지만 사회정책의 발전을 이끄는 진정한 원천으로는 산업화와 도시화, 그리고 인구의 변화 같은 요인들을 부각시킨다. 이러한 요인들이 긴급한 해결을 요하는 새로운 사회적 욕구들을 창출해내지만, 전통적인 가족이나 지역사회, 혹은 시장 따위는 이러한 욕구를 쉽사리 충족시킬 수 없다는 것이다.

이 두 관점은 서로 첨예하게 대립하는 연구 방법론에 입각하고 있으며, 따라서 이 논쟁은 그만큼 쉽게 해결될 수 있는 성질의 것이 아니다. 림링거(Rimlinger, 1971)와 애쉬포드(Ashford, 1986, 길버트(Gilbert, 1966), 바이어, 올로프, 스카치폴(Weir, Orloff, and Skocpol, 1988), 그리고 플로라에 의한 유럽 각국 연구의 집성(Flora, 1986) 등으로 대표되는 역사적 접근은 세부적인 내용은 풍부하되 일반적으로 국가간 비교연구를 도외시하는 경향이 있다. 이에 비해, 통상 횡단적인 상관연구를 실시하는 양적 연구는 역사적 접근을 대체하는 주요 대안적 연구를 대표한다. 커트라이트(Cutright, 1967)와 윌렌스키(Wilensky, 1975)는 이러한 양적 접근의 제1세대를 대표한다. 이 양적 접근에서는 사회지출을 주요 변수로 설정한다. 그리고 다수의 국가들을 대상으로 하는 횡단적인 분석을 주요 방법론으로 동원한다. 그로부터 10여 년을 지나오는 사이에 이접근의 제2세대가 출현하였다. 이들 제2세대는 (가령 집적 시계열

⟨pooled time-series⟩ 분석 같은) 보다 정교한 기법을 적용하기도 하고 (Hicks, 1988; Griffin, O'Connell, and McCammon, 1989; Pampel and Williamson, 1988), 복지국가의 두드러진 차이를 보다 정교하게 정식화하려 노력하기도 하며(Korpi, 1980; Myles, 1984a; Esping-Andersen, 1985b), 혹은 두 가지 기법을 모두 활용하기도 하였다(Korpi, 1988).

그러나 이 모든 연구들은 그 어떤 하나의 명명백백한 결론에 도달하는 데 실패하고 있다. 그것은 노력의 부족 때문이 아니라 이 두 접근이 대체로 방법론적으로 양립 불가능하기 때문이다. 분석의 차원에서 세밀한 역사적 연구와 회귀계수 표를 양립 가능하게 만든다는 것은 쉽지 않은 일이다. 역사적 연구는 수많은 사건들이 사회정책에 어떤 영향을 미쳤는지에 대해 아주 세밀하게 묘사한다. 반면, 후자는 설명의 경제성을 추구하며, 현실을 최소한의 변수들로 환원시켜 설명한다. 전자의 시각에서 어떤 특정 사례를 뛰어넘어 일반화를 시도한다는 것은 어려운 일이다. 그런가 하면, 후자의 방법에서는 역사가 사라져버리고 만다.

뿐만 아니라, 지배적인 상관 접근은 이론적인 내용과 연구의 절차가 종종 서로 합치하지 않는다는 결함을 안고 있다. 첫째, 이 접근의 연구들은 대부분 '복지국가임'(welfare stateness)을 측정하는 대리 지표로서 전적으로 지출 자료만을 활용한다. 우리는 이미 앞에서 지출 변수가 왜 복지국가의 차이에 대해 신중하지만 어쩌면 잘못된 그림을 제시해주는지 그 이유를 논파한 바 있다. 만일 우리가 관심을 두고 있는 것이 사회권의 정도라든가, 평등과 보편주의, 또는 시장과 정치의 제도적 분리 같은 것이라고 한다면, 사회지출의 수준은 문제를 해명해 주기보다는 그것을 호도할 수 있다는 것이다.

둘째, 표준적인 상관 접근은 관계의 선형성(linearity)이라는 문제가 많은 가정을 채용하고 있다. 즉 각국의 복지국가들은 (지출, 재분배, 혹은 기타 그 무엇인가가) '많거나' 혹은 '적거나' 하는 기준에 의해 비교가 가능하다는 선형성의 가정을 전제하고 있는 것이다. 물론 복지국가의 어떤 차원들은 선형적인 관계를 전제로 비교가 가능하다는 사실을 부인할 수 없다. 그러나 우리가 중요하다고 판단하는 복지국가의 많은 차원들은 확실히 그러한 선형적 비교가 불가능한 경우가 많다. 그렇기 때문에 계층화나 공사(公私) 혼합체, 사회권의 정도 등의 차원에 주목할 경우, 우리는 여러 군집들과 체제 유형들을 발견하게 되는 것이다. 다양한 상관연구들이 대부분 안고 있는 문제점은 설명해야 할 짐승이 어떤 짐승인지 그 놈의 본성에 대해 먼저 특정하지도 않은 채 가설을 검증하려 든다는 데 있다. 그리하여 복지국가에 관한 이론화는 거의 언제나 미진한 상태를 면치 못하고 있다.

대부분의 학자들이 복지국가 그 자체보다는 자신들이 권력이나 근대화, 혹은 산업화 등에 근거하여 내세운 설명이론들의 타당성에 더 많은 관심을 보이고 있다는 사실에 비추어 보면, 복지국가에 관한 이론화가 이렇게 미진한 까닭을 이해할 수 있을 것이다. 복지국가는 흔히 이론을 검증하기 위한 또 하나의 수단에 불과한 것이다. 그럼에도 불구하고 불충분한 이론화의 문제는 설명 변수들에도 그대로 적용된다. 권력의 역할을 예로 들어보자. 복지국가에 관한 권력이론적 설명은 통상 노동계급의 동원이 사회개혁을 밀어붙이는 배후의 추동력이라고 가정한다. 그러므로 노동계급의 동원이 강력하고 단결되어 있는 국가들일수록 보다 선진적인 복지국가를 창출하는 것으로 상정된다. 그러나 아주 드문 예외도 없지 않지만(예를 들면, Korpi, 1983; Wilensky, 1981; 혹은 Castles, 1981), 문제가 되는 것이 노동조합 조직화인지 아니면 정당인지(그리고 어떤 종류의 정당인지), 그리고 노동운동 권력이 이렇다 할 결과를 만들어낼 수 있을 때까지 얼마간의 시간이 필요한지 등에 대해서는 거의 관심을 기울이지 않는다. 권력의 구조화 문제는 보통 무시되고 있는 것이다.

권력의 구조화 문제는 잠시만 역사를 돌아보아도 이내 분명해진다. 1930년대의 위기로까지 이어지는 시기를 떠올려보자. 당시 이를테면 영국과 독일, 오스트리아, 스웨덴, 덴마크 등의 나라에서 측정 가능한 노동계급 권력(노동조합 조직화, 좌파 정당의 득표 수)의 차이는 그다지 크지 않았다. 그러나 노동이 투쟁을 벌여야 했던 대상으로서의 권력구조에는 차이가 있었으며, 이러한 권력구조의 차이는 이후 서구 문명의 전반적인 진보에 결정적인 역할을 하였다. 혹은 전후의 시기를 생각해보자. 거의 모든 연구들은 오스트리아와 스웨덴, 그리고 노르웨이의 3개 국에 대해 노동계급 권력의 면에서 거의 동등한 점수를 부여한다. 그러나 이들 세 나라에서 '유사한' 권력구조를 활용할 수 있는 사회 민주주의의 능력은 서로 다른 제약 조건을 안고 있었다. 스칸디나비아의 사회 민주주의는 우파가 장기간 동안 분열되어 있었다는 축복을 누리고 있었다. 그렇지만 오스트리아의 사회 민주주의는 그렇지 못했다(Esping-Andersen and Korpi, 1984; Castles, 1978). 어쩌면 이러한 차이들이 복지국가의 결정적인 차이를 만들어낸 것이 아닐까?

그렇다면 어떻게 하면 복지국가의 편차를 만들어내는 원인에 대해 이론적으로 만족스러운 명제를 정식화할 수 있을까? 이 물음에 답하기 위해서는 우리가 문제를 제기하는 방식 그 자체를 재검토하는 작업부터 시작하지 않으면 안 된다. 우리가 노동계급 동원의 영향력에 관한 가설을 수립하고자 한다면, 노동계급의 이익이나 요구와 어떤 식으로든 확인 가능한 관계를 맺고 있기 마련인 복지국가의 특징을 확인해내는 작업부터 시작하지 않으면 안 된다. 문제를 이런 식으로 본다면, 사회지출의 수준은 부수적인 현상에 불과하다. 왜냐하면 노동은 사회지출의 확대 그 자체를 요구한 적이 없기 때문이다. 아울러 노동계급의 권력이 어느 정도의 수준에 이를 때 의미 있는 사회정책의 결과를 산출할 수 있게 되는지에 대해서도 좀더 정확한 특정화가 필요하다. 이를 위해서는 말할 필요도 없이 의회제도의 양상이나 노동운동 내부의 분열, 그리고 해당 사회 내 다양한 정치세력간의 관계 등을 검토하는 작업을 아울러 시도하지 않으면 안 된다. 우리가 올바른 사회학을 추구하고자 한다면, 권력을 하나의 사물이 아니라 하나의 관계로서 파악할 필요가 있다.

자본주의의 사회 민주주의화

그러므로 노동계급 동원 이론은 노동자가 원하는 것이 무엇이고, 또 무엇을 위해 동원될 수 있는지를 구체적으로 해명하는 작업부터 시작하지 않으면 안 된다. 그런 연후에는 그러한 확인 가능한 욕구에 조응하는 복지국가의 결과들과 노동계급의 권력 사이에 관계가 있음을 입증하는 증거를 제시하지 않으면 안 된다.

이런 식의 항해를 떠나자마자 우리는 곧바로 하나의 역설에 직면하게 된다. 즉 복지국가를 향한 제일보를 내디딘 것은 거의 언제나 구(舊) 지배계급이며, 이들이 보수주의적인 귀족이든 부르조아적 자유주의자든 이들이야말로 진정으로 근대 복지국가의 토대를 닦은 창설자들로 간주되어야만 한다는 것이다.

대부분의 역사가들이 우리에게 전해주는 바에 따르면, 보수주의 개혁가들은 노동자의 요구와는 한참이나 동떨어진 관심사를 개혁의 동기로 하고 있었다. 비스마르크는 *사회국가*(*Sozialstaat*)를 사회주의를 저지하기 위한 하나의 방책으로, 나아가 빌헬름 황제의 전제정치에 대한 새로운 프롤레타리아트의 충성심을 확보하기 위한 수단으로 생각하였다 (Rimlinger, 1971). 노동계급은 보통 초기 사회정책의 주체가 아니라 객체에 불과하였다. 경우에 따라서는 지배계급의 개혁주의가 노동운동의 탄생보다 시기적으로 앞서기까지 하였다. 예를 들면 스웨덴의 경우가 바로 그러하였다.

그러므로 노동계급 동원의 역할에 대해 이론화하고자 할 때, 우리는 복지국가가 노동과 사회주의를 동시에 저지하기 위한 목적에서 창설된 존재라는 점을 잊어서는 안 된다. 이 점은 초기의 복지정치가 어떻게 설계되어 있었던가를 보면 분명히 알 수 있다. 예를 들어, 독일과 오스트리아의 조합주의 모델은 새로운 집합주의적 위협으로 떠오르고 있던 존재를 분절화하고 분열시키기 위한 의도에서 구축된 것이었다. 시사적이게도 이들 국가들은 나치즘이 등장하기 전에나 후에나 세계적으로 선도적인 복지 지출국들이었지만, 그것은 어디까지나 노동조합이나 사회민주당의 정책과 날카롭게 대치하고 있던 상황 속에서 그러하였던 것이다.

그러므로 복지국가에 관한 노동계급 동원 이론을 논증하고자 할 때는 복지국가의 기원으로부터 시작할 수는 없는 일이다. 또한 노동자 내지 그들의 집합적인 이익 표출이 역사적 전개 여하에 상관없이 이상적인 사회정책의 모델을 일괄되게 가지고 있었다고 가정할 필요도 없다. 그렇다면 우리는 이 이론에 대해 논증 불능의 상태에 빠지게 되는 것일까? 아니, 그렇지 않다. 왜냐하면 우리가 개인으로서나 정치적 집합체로서의 노동자들 사이에서 흘러나오는 긴박한 욕구들을 이해할 경우, 그러한 이해에 기초하여 우리는 노동계급 동원 명제와 합치하는 특징들을 적절히 확인해낼 수 있을 것이기 때문이다.

노동자 개인의 시각에서 보면, 임금 소득자가 그 불안정한 지위로 인해 소득보장이나 사회적 구제, 그리고 자신이 통제할 수 없는 힘으로부터의 더 많은 해방을 요구하게 되리라는 것은 자명한 일이다. 노동자들은 시장의 힘에 속박 당하는 존재들이다. 그러므로 만일 그들이 조금이라도 '탈상품화'를 추구하지 않는다고 한다면, 그들은 비합리적인 존재일 것이다.

그러나 사회권이 부여되는 방식은 천차만별일 수 있다. 우리가 단체행동이라는 비상상황을 고려해야만 하는 이유가 바로 여기에 있다. 노동자들은 다양한 방식으로 조직되어 왔으며, 다양한 모델의 사회정책을 발전시켜 왔다. 전통적인 길드 공동체나 장인(匠人) 공동체는 대체로 협소한 범위의 우애조합과 직역에 기초한 복지제도들을 창출하는 경향을 보인다. 그런가 하면 기독교, 그리고 특히 가톨릭계의 노동운동은 당연한 일이지만 가족모델을 추구한다. 이러한 가족모델에서는 광범한 범위의 계급연대보다는 조합주의와 교회가 두드러진 역할을 수행한다. 반면에, 오늘날 지배적인 노동계급 동원 이론은 본질적으로 단체행동에 관한 노동주의적, 사회주의적, 혹은 사회 민주주의적 모델을 전제로 한다. 물론 이 모델은 20세기가 다 저물어가는 시점이 되어서야 비로소 지배적인 모델로 등장하였다.

비록 몇 가지 되지는 않지만, 사실상 거의 모든 종류의 노동운동에는 공통적인 일정한 사회정책의 원리들이 존재한다. 그 하나는 말할 것도 없이 시장의 변덕으로부터 벗어날 수 있는 탈상품화이다. 이러한 탈상품화가 없다면 단체행동 그 자체도 거의 불가능해진다. 노동자들은 기본적인 자원에 대한 통제권을 필요로 한다. 그러한 통제권을 확보할 때 비로소 파업 파괴자의 준동을 막을 수 있고, 저임금으로 동료 노동자를 팔아치우지 않을 수 있으며, 연대주의적인 공동체에 대한 효과적이고 신뢰할 수 있는 참여자가 될 수 있다. 초기의 노동운동가들은 칼 카우츠키나 로자 룩셈부르크 같은 이론가들이 나서서 룸펜 프롤레타리아트야말로 집합주의를 가로막는 커다란 장애물이 될 것이라고 가르쳐주기를 요청할 필요도 없었던 것이다.

　두 번째의 원리는 사회정책이 노동자들의 집단적 정체성의 적절한 범위를 규정하는 데 도움을 준다는 것이다. 왜냐하면 사회정책은 그만큼 노동자들의 삶에서 결정적으로 중요한 요소를 구성하기 때문이다. 이를테면 사회적 보호제도들은 다양한 방식으로 조직화될 수 있는데, 그 조직되는 방식이 어떠하냐에 따라 사회적 정체성과 지위 공동체, 그리고 연대 등의 윤곽이 달라지기 마련이다. 정확히 이런 이유들 때문에 새롭게 출현하는 노동계급 대중정당은 협소한 범위의 직역제도와 조합주의, 그리고 지위 차별적인 특권 따위에 반대하고, 그 대신에 포괄적인 범위를 갖는 평등주의적이고 보편주의적인 사회보장을 쟁취하기 위해 분투하였던 것이다.

　그러므로 노동자 혹은 노동계급 운동은 마땅히 또는 필연적으로 어떤 단일의 독특한 복지국가 모델을 창출하기 마련이라고 가정하는 것은 잘못이다. 만일 우리가 복지국가 형성에 관여하는 행위자를 놓고 (테르본이 그렇게 하듯이) '노동계급'이라고 규정한다거나, 혹은 (거의 모든 논자들이 그러하듯이) '노동계급 동원'이라고 규정한다면 그것은 오류의 세계로 빠져드는 결과가 될 것이다.

　그 대신에 설명력 있는 노동계급 동원 이론이 되려면, 그 이론은 그 행위자를 독특한 종류의 정치적 계급형성이라는 차원에서 규정하지 않으면 안 된다. 임금소득자들의 대중운동을 향해 명확한 수렴화 현상을 보이는 것이 전후 시대의 특징인 만큼, 이런 식으로 접근할 때 우리의 분석 과제도 풀어나가기가 그만큼 쉬워진다. 내세우는 기치가 사회 민주주의든 공산주의든, 혹은 노동주의(laborism)*든지에 상관없이, 의회주의를 택하고 있는 거의 모든 노동운동은 그들이 내세우는 사회정책의 원리와 복지국가 개혁을 위한 구상 면에서 수렴화 현상을 보인다.

본질적인 면에서, 이러한 수렴화는 사회 민주주의 모델이라고 불러 가장 적절한 것을 중심으로 전개된다. 실제로 의회 내에서 다수파를 장악함으로써 권력을 획득하는 데 부심하는 좌파 정당이라면 앞서 우리가 사회 민주주의 체제 모델이라고 확인한 바 있는 모델을 선택하기를 회피하기 어려울 것이다. 전국적인 수준의 연대와 보편주의라는 이상(理想)은 어쩌면 그 어떤 좌파 정당도 회피할 수 없는 가장 확실한 전범인 것이다. 사실, 좌파 정당의 권력은 대규모 집단이 시장 공여에 묶여 있을 때 등장하는 지위차별과 이중구조를 철폐할 수 있는 능력, 그리고 집단적 낙인화를 최소화할 수 있는 그 능력에 의존한다. 스칸디나비아의 복지국가와 같이 완전고용에 기초하는 보편주의적 복지국가는 실제로 모든 국가의 노동정당에게 하나의 전거가 되고 있는 것이다.

　우리는 복지국가의 형성 과정에서 다양한 역사적 세력들이 결정적인 역할을 하였다는 사실을 이미 알고 있다. 이것은 복지국가들이 어찌하여 서로 다른지, 나아가 어찌하여 군집을 이루게 되는지에 대해 거의 확실하게 그 이유를 설명해준다. 초기의 대륙 유럽 자본주의에서 교회의 예외적인 권력과 귀족정치, 그리고 권위주의적 국가는 이런 종류의 체제 유형을 설명하는 데 핵심적인 열쇠가 된다. 반대로, 앵글로 색슨 국가들에서는 절대주의가 취약하고 자유방임주의에 물든 부르조아지가 지배하였거니와, 이러한 사실이 '자유주의' 체제를 설명하는 데 중요한 역할을 한다. 이 두 체제 모두에서 사회정책은 결코 중립적이지 않았다. 오히려 그것은 사회주의의 진출을 약화시키거나 흡수하고, 나아가 정치적으로 선호할 만한 사회조직 원리의 지속적인 제도화를 담보하기 위한 보다 일반적인 캠페인의 일환이었다.

　이런 점을 염두에 둔다면, 노동계급 동원 명제를 복지국가의 사회 민주주의화 과정이라는 차원에서 검토하는 것은 근거 있는 작업이라고 할 것이다. 여기서 복지국가의 사회 민주주의화라는 말은 자유주의적 내지 보수주의적인 체제에 지배적인 특징들을 포괄적이고 보편주의적이며, '탈상품화를 지향하는' 완전고용 복지국가로 대체할 수 있는 능력을 의미한다.

  이런 식으로 정식화할 경우, 일정 수준의 선형적인 분석도 정당화될 수 있겠지만, 그러나 그것은 어디까지나 일정 수준까지만 그럴 따름이다. 복지국가 발전의 편차에 대해 전적으로 서로 다른 권력동원의 수준에 기인하는 것으로만 설명할 수 없다는 것은 명백하다. 아울러 그것은 권력의 구조화 차원에서 이해되지 않으면 안 된다는 것도 확실하다. 근대의 의회주의라는 맥락을 감안할 때, 권력 구조화의 문제는 특히 두 가지 조건이 관련된다. 첫째는 정치연합 형성의 패턴이고, 둘째는 노동운동의 구조화, 특히 노동조합과 정당의 관계이다. 우리는 여기서 특히 종파에 기초한 정치적 동원이 어떤 방식으로 노동계급의 요구를 여과하여 정책으로 전환시켰는지, 그리고 가톨릭 정당이나 기독교 정당들이 사회주의 정당이나 노동 정당의 위상에 어떤 영향을 미쳤는지 등에 주목하지 않으면 안 된다. 네덜란드와 이탈리아, 독일, 벨기에 같은 국가들에서 전후 시기에 기독교 민주당들이 정치적 우위를 점할 수 있었던 한 가지 이유는 부분적으로는 그들이 선거에 즈음하여 노동자들의 지지를 끌어내는 데 성공하였기 때문이다. 이런 정당들이 장기집권에 성공하였으므로, 사회정책을 향한 노동의 요구를 해석하는 데 있어서도 이런 정당들은 결정적인 역할을 하였다.

권력의 영향력 측정하기

  권력의 표현 형태는 다종다양하며, 또한 그것은 사회의 수준을 불문하고 모든 곳에 도사리고 있다. 그렇기 때문에 우리는 다양한 접근법들 가운데서 선택을 하지 않을 수 없다. 예를 들어 우리는 가족과 기업, 그리고 국가에서 작동하는 가부장제를 확인할 수도 있다. 혹은 '신조합주의'(neo-corporatism)*의 안내를 따라 권력 표현의 핵심 양식으로서 정상(頂上) 수준에서 조직화된 이익중재를 살펴볼 수도 있다. 그렇지만 우리가 복지국가주의에 주된 관심을 두고 있는 한, 위에서 언급한 접근법들 가운데 그 어떤 것도 최적인 것으로 보이지는 않는다. 사회정책의 결정 과정에서 이익조직과 관료제는 커다란 영향력을 행사할 수 있다. 그렇지만, 가장 명백하고 직접적이며 가시적인 분석의 초점은 의회와 내각의 권력이다. 우리는 권력 표출의 바로 이 수준에 초점을 맞추고자 한다.

우리는 분석 대상을 산업화된 주요 18개 자본주의적 민주주의 국가들로 한정하고자 한다. 우리가 연구하고 있는 대상은 어디까지나 비교가 가능한 정치제도와 경제, 그리고 사회구조라는 점을 확인해둘 필요가 있다. 그러므로 우리의 연구 대상들은 하나의 표본이 아니라 비교 가능한 국가들로 구성된 모집단이다. 따라서 이 연구의 결론은 이렇게 사뭇 독특한 정치경제들로 구성된 모집단을 벗어나 그 이상으로 일반화되어서는 곤란하다.

우리가 검증하고자 하는 모델들은 구조화의 차이와 일정한 관련을 맺고 있는 척도들을 제시하게 될 것이다. 첫째, 우리가 채택한 노동계급 동원 변수는 좌파 정당 및 노동 정당이 입법부와 내각에서 차지하고 있는 의석 점유율의 가중 평균으로 구성되며, 그 대상 시기는 1918~33, 1918~49, 혹은 1949~80년의 기간이다. 이 변수의 이름은 '가중 내각점유율'(Weighted Cabinet Shares, WCS)이다. 많은 연구들이 시사하듯이, 노동조합 또한 정책에 영향을 미칠 수 있을 테지만, 그러나 이 분석에서는 대체로 제외하기로 하였다. 그 이유는 첫째, 노동조합의 힘은 경험

적으로 볼 때 정당의 힘으로 대체될 수 있기 때문이다(두 변수간의 상관
관계는 0.816이다). 둘째는 우리가 분석의 초점으로 삼고자 하는 진정한
대상은 의회주의이기 때문이다.

많은 연구들은 권력을 측정함에 있어 애매모호한 방식들을 제시하고
있다. 예를 들면, 정당의 힘을 득표율로 측정하는 것이 일반적이다. 그러
나 선거 규칙에 따라서는 득표 수에 비례해서 의석을 배분하지 않는 경우
가 많기 때문에 이런 방법은 문제가 있다. 또한 정당 권력에 대해 짧은 기
간을 대상으로 측정하는 연구들이 많은데, 이런 방법은 소위 '블럼' 효과
(Blum effect)*의 위험을 범할 수 있다. 즉 좌파 정권은 정권을 장악해
봤자 수년이 지나고 나면 추방되고 말기 때문에 지속적인 영향력을 거의
아니면 전혀 발휘하지 못하고 만다는 것이다.

우리는 또한 가톨릭 및 기독교 민주주의의 정치적 동원이 수행한 역할
을 포착하기 위한 변수들을 도입하고자 한다. 1950년을 기준으로 그 이
전 시기에 대한 분석을 위해, 우리는 단순히 한 국가의 국민 중 가톨릭 교
도의 비율을 측정치로 사용하고자 한다. 기독교 민주주의의 대중 정당이
하나의 현상으로서 완전히 그 모습을 드러낸 것은 그 이후의 시기에 들어
서이다. 그러나 변수를 구체화하는 작업은 하나의 가정, 그러니까 예를
들어 가톨릭주의가 강한 곳에서는 사회정의의 지배적인 이상 역시 가톨
릭 교회의 세계관에 물들어 있을 가능성이 있다는 가정에 기초하고 있
다 — 실제로 가톨릭주의 변수는 가톨릭교의 교리가 사회정책에 미친 일
반적인 영향을 포착하고자 하는 변수이다. 현대의 시기에 대한 분석을 위
해, 우리는 1946~80년의 어간에 가톨릭 정당이 확보한 의회 내 의석의
비율을 활용하고자 한다. 사실, 첫 번째 척도나 두 번째 척도 중 어떤 척
도를 사용하든 그 차이는 대동소이하다. 첫 번째 척도와 두 번째 척도 간
의 영차상관은 0.848이다.

우리가 신절대주의(neo-absolutism)*와 권위주의적 국가주의의 역사적 영향력을 확인할 필요가 있다는 것은 말할 나위가 없다. 이러한 역사적 경험의 복잡성을 적절히 측정 가능한 것으로 요약하기 위해, 우리는 두 가지 기본적인 특징을 확인하였다. 1) 절대주의적 지배의 강도와 지속성, 2) 완전한 정치적 민주주의 실현의 지체. 전자의 척도는 로칸의 분류(Rokkan, 1970, 제3장)에 근거하며, 이에 따르면 세 범주로 구분된다. 1) 강력하고 지속성 있는 절대주의, 2) 약한 절대주의, 3) 절대주의의 부재. 이러한 분류에 따라 일단 점수를 부여하고, 그 점수에 대해 다시 (남녀 모두의) 보통선거권이 전면적으로 제도화된 연도를 기준으로 가중치를 부여하였다.

여기서 검토하는 모든 모델에서 우리는 복지국가의 발전을 설명하는 이론적 요인들 중 권력을 제외하고 가장 영향력 있고 설득력 있는 이론적 요인 두 가지를 통제하고자 한다. 그 첫째는 경제발전 요인으로, 이 요인이 복지국가 발전에 영향을 미친다는 주장이 나오는 이유는, a) 경제 성장률이 자원의 재분배를 가능케 해주기 때문이며, b) 경제진보의 수준이 전반적인 산업의 성숙과 사회적 근대화를 집약적으로 보여주기 때문이다. a)의 경우, 우리가 사용할 측정치는 1960~80년의 기간 중 연평균 실질 GDP 성장률이고(이 시기는 근대 복지국가가 실질적으로 성장하고 성숙한 시기이다). b)의 경우에 우리의 척도는 국민 1인 당 GDP이다. 두 번째 요인은 사회정책과 가장 확실하게 관련되는 인구학적 변수로, 전체 인구 가운데 노인(65세 이상)인구의 비율이다(연금은 일반적으로 사회적 이전지출의 핵심 부분을 차지한다).

통상 경제발전과 인구학적 압력을 복지국가 발전의 주요 설명 요인으로 부각시킨 것은 복지국가에 관한 '제1세대 연구들'이었다(Cutright, 1965; Wilensky, 1975; 1987). 뿐만 아니라 윌렌스키는 '관료제 점증론'(bureaucratic-incrementalist theory)을 옹호한 바 있다. 이 이론은 일단 관료제가 확립되면 그것은 그 자신의 확대에 관심을 가짐과 동시에 그 확대를 촉진할 수 있는 권력을 강화하려 한다고 가정한다. 기실, 사회 정책의 역사에서 결정적인 사건들은 복지국가 관료제의 영향과 직접적으로 관련된다(Derthick, 1979; Skocpol, 1987; Weir, Orloff, and Skocpol, 1988). 그러나 이 책의 연구와 같은 양적 비교 연구에서 관료제의 영향력을 측정 가능한 방식으로 확인한다는 것은 지극히 어려운 일이다— 대부분의 설명이 제시하는 논거는 역사적 과정에서 결정적인 개입을 한 핵심 인물들과 너무나 긴밀하게 결부되어 있다. 게다가 복지국가 전체를 설명해야 할 대상으로 삼는 경우, 의미 있는 관료제 변수를 구축하기란 더욱 어렵다. 왜냐하면 사회 프로그램에 따라서는 아주 오랜 기간을 두고 출현하는 것들도 있기 때문이다. 앞으로의 분석에서는 연금에만 초점을 맞추어 관료제의 영향을 확인하고자 한다. 이렇게 할 경우, 잠재적으로 영향력 있는 변수로서의 관료제는 좀더 직접적으로 인식 가능한 변수가 된다.

복지국가 체제 측정하기

목하 우리의 연구는 복지국가를 연구함에 있어 총지출 척도에 대해서는 단지 제한적인 타당성만을 인정한다는 점을 이쯤에서 분명히 짚고 넘어가야만 한다. 우리는 구조적이고 제도적인 특징들이 중요하다고 주장해 왔으며, 따라서 우리는 바로 이런 특징들에 분석의 초점을 맞추게 될 것이다. 복지국가 발전의 원인을 규명하려는 이하의 검증 작업은 서로 구분되는 네 단계를 따라 진행된다. 첫 번째 단계에서 우리는 총계로 표현되는 복지국가 척도에 대해서는 분석을 하되 제한적인 수준에서만 분석할 것이다. 즉 (1933년, 1950년, 그리고 1977년을 기준으로) GDP 대비 사회보장 지출과 (공공부문과 민간부문을 망라한) 총연금지출만을 분석할 것이다. 이 두 경우가 인구학적 변수와 경제적 변수의 인과적 중요성을 드러내줄 가능성이 가장 높기 때문이다.

두 번째 분석 단계에서는 연금, 그리고 특히 연금공여의 구조화에 관심의 초점을 맞추고자 한다. 이렇게 특별히 연금에 초점을 맞추기로 한 까닭은 첫째, 연금이야말로 복지국가의 활동 중에서 가장 중요한 요소를 차지한다는 사실 때문이며, 둘째, 복지국가에 대한 고도로 추상적이고 총합적인 특정화의 수준을 벗어나 좀더 세부적인 제도적 특징을 확인할 수 있는 수준으로 분석 수준을 전환하고 싶은 바람 때문이다. 그 동안 우리가 체제들 사이에 결정적인 차이가 있다고 주장해 온 바를 이번에는 연금에 대한 분석을 통해서 다시 한번 확인하게 될 것이다. 이를 위해 우리는 프로그램 조합주의의 정도(지위에 의해 구분되는 개별 연금계획의 수)와 국가주의 편향성(GDP 대비 공무원 연금 지출의 비율), 민간부문 연금의 상대적인 중요도(총연금지출 대비 개인연금과 기업연금의 비율), 그리고 사회보장 편향성이라고 부를 수 있는 것(민간연금과 공무원 연금을 제외한 총연금지출의 비율) 등을 검토하게 될 것이다.

세 번째 분석 단계에서는 복지국가의 일반적인 구조적·제도적 특징들을 검토한다. 여기서도 분석의 목표는 보수주의, 자유주의, 그리고 사회민주주의 복지국가 체제들의 핵심 특징들을 적출해내는 데 있다. 우리는 여기서 다음과 같은 변수들에 초점을 맞추게 될 것이다. 표적화와 자산조사의 상대적인 중요성, 즉 복지국가 잔여주의(이것은 총 사회적 이전지출 대비 자산조사형 사회부조 지출의 비율에 의해 측정된다), 급여구조의 불평등주의와 탈상품화(이 변수들은 모두 제2장과 3장에서 측정된 바 있다), 그리고 완전고용을 보장하기 위한 복지국가의 역할(1960~80년 간의 조정된 평균 실업률, 그리고 1970~80년 간 공공부문의 고용성장률)이다.

마지막으로 네 번째 단계에서는 제3장에서 확인한 바 있는 복지국가 체제들에 대한 설명으로 되돌아간다. 즉 사회 계층화 체계로서 복지국가의 세 가지 주요 모델들을 논의한다.

방법론적 설계

복지국가에 관한 대부분의 이론들은 동태적이고 역사적인 논거들을 제출한다. 그러나 그 이론들에 대한 검증은 거의 언제나 순전히 횡단적인 자료에 의해서만 이루어진다. 이 이론들을 경험적으로 적절히 확증하는 것을 가로막는 주된 장애 요인은 바로 여기에 있다. 횡단적인 연구 설계를 이용하여 동태적인 가설을 다룬다는 것은 지극히 의심스러운 가정이 아니고서는 가능한 일이 못된다. 우리는 지금 주어진 일정 시점에서의 횡단적인 차이 대신에 시간적 흐름에 따른 차이를 검토하려고 한다. 이런 문제점을 보여주는 실례를 들자면, 비교 연구들에서 거의 언제나 스웨덴이 어떤 주어진 복지국가 속성(지출, 평등주의, 관대성 등)의 차원에서 가장 높은 점수를 받게 되는 경우를 들 수 있다. 횡단적인 연구를 할 경우, 우리는 암묵적으로 다음과 같이 가정하고 있는 것이다. 즉 스웨덴에게 행복하게도 축복을 안겨준 인과적 속성들(사회 민주주의, 노동조합의 강함, 신조합주의, 경제발전, 고령인구 등)을 다른 나라들도 좀더 많이 갖추게 되면, 그런 나라들도 점점 스웨덴의 수준에 접근해갈 것이라고 가정한다는 것이다.

횡단적인 연구 설계에서는 권력의 영향력에 관한 연구를 할 때마다 스웨덴과 같은 어떤 한 나라가 늘상 복지 선진국으로 부각되는 결과가 나타난다. 따라서 이러한 연구설계는 특히 샬레브(Shalev, 1983)가 지적하는 바 스웨덴 중심주의 내지 '사민주의 중심주의'의 오류를 범하기 마련이다. 횡단적인 연구는 어떤 주어진 인과변수(가령, 권력)에 의해 설명되는 변량에 초점을 맞추는 경향이 있다. 그러면서도 이론을 정식화할 때에는 상관관계의 정도(회귀계수 B값, 혹은 회귀선의 기울기)를 중요한 통계치로 제시하는 경우가 흔하다. 그러나, 예컨대 우리가 알고 싶어하는 것은 좌파 권력의 강화가 어느 정도나 사회적 평등을 개선시키느냐하는 것이다.

자료가 부족하다는 이유도 있고 해서 쓸만한 시계열적 연구를 찾아보기는 극히 어려운 실정이다. 그리고 만일 우리가 장기간의 시계열이 존재하는 몇몇 변수들을 연구 대상으로 선택하는 경우에는 흔히 심각한 자기상관의 문제에 직면하게 된다—예를 들면, 지난 해의 지출이 올해의 지출을 가장 잘 설명해주는 변수가 되는 문제가 발생하는 것이다. 그럼에도 불구하고 목하 입수할 수 있는 몇 안되는 시계열 연구들을 살펴볼 때, 우리는 횡단적인 연구들의 근저에 깔려 있는 가정들을 수정하지 않으면 안된다는 것을 알게 된다. 예를 들면, 그리핀 등(Griffin, O'Connell and McCammon, 1989)은 사회 민주주의적 통제와 실업률 간의 상관관계가 횡단 분석을 할 때는 -0.544이지만 시계열 분석에서는 -0.150이어서 무의미한 수준이라는 것을 보여준다.

그렇지만 이 책에서 우리의 연구도 주로 횡단적인 분석에 의존한다는 비난을 피할 수 없을 것 같다. 우리가 활용하고자 하는 변수들은 사실상 거의 예외없이 적절한 시계열 변수로 구성하는 것이 불가능하거나, 자료가 지극히 편향되어 있어서 통계적인 확정도 불가능하다. 바꾸어 말하면, 이 책에서 동태적인 성격의 결론은 상당히 제한적일 수밖에 없다는 것이다.

총계로 본 복지국가

사회임금

앞서 지적한 바와 같이, GDP 대비 사회보장 지출의 비율은 '복지국가주의'의 정도를 드러내는 지표로서 가장 공통적으로 사용된다. 이 지표는 사회임금의 총액, 즉 엄격한 시장 기준이 아니라 사회적 기준에 따라 배분되는 한 국가의 자원의 비율을 개략적으로 표현해준다. 우리가 주장하는 논거의 골자는 지출 노력 그 자체와 좌파 정당의 권력이 관련되어 있다고 믿어야 할 하등의 이유가 없다는 것이다. 방대한 규모의 사회임금은 권위주의 체제에서도, 가톨릭주의에서도 똑같이 지출될 수 있다. 물론 좌파의 권력동원이 사회지출에 영향을 미칠 수도 있었을 것이다. 그러나 그것은 어디까지나 복지국가 발전의 시기를 놓고 볼 때 상대적으로 최근에 들어서의 일이었다. 전후 시기가 되기 전에는 좌파의 권력은 고사하고 좌파의 내각 참여도 주변적이고 간헐적이었을 따름이다.

현대 복지국가의 규모를 제2차 세계대전 이전에 그 규모가 얼마나 되었던가에 기초하여 예측할 수는 없는 노릇이다. 사실, 1933년의 (GDP 대비) 사회지출과 1977년의 그것은 영차 상관계수 −0.120의 부적 상관을 보여준다. 그렇지만 1950년과 1977년을 비교해 보면, 그 상관관계가 훨씬 더 강력해진다(0.617). 만일 이처럼 과거의 복지국가의 규모가 오늘의 그 규모를 설명하는 강력한 예측 요인이라고 한다면, 과거에 그 차이를 만들어낸 요인을 설명하는 일 외에 달리 할 일이 남지 않게 된다는 것은 말할 나위도 없을 것이다. 그렇지만 사회지출 차원의 국가별 분포를 근본적으로 변화시킨 것은 1930년대부터 오늘의 시점 사이에 일어난 이런저런 사건들임에 틀림없다.

사회임금이 모든 국가에서 예외없이 성장하였다는 사실은 그리 놀라운 일이 아니다. 우리의 관심은 현대에 들어 나타나는 국가간의 차이를 산출해내는 데 개입한 요인들을 설명하는 것이다. 오늘날 복지국가들의 규모는 과거보다 더 큰 편차를 보여준다. 예컨대, 평균을 중심으로 한 표준편차를 보면, 1933년에는 2.7이었지만(이 시기의 평균은 GDP의 4.6퍼센트였다), 1950년에는 2.6(평균은 7.2퍼센트)으로, 그리고 1977년에는 6.0(평균은 GDP의 18.3퍼센트)으로 증가해 왔다.

역사의 파노라마를 세부 장면들로 분해해 볼 경우, 우리는 오늘날 국가간의 서열이 과거의 상황과는 거의 아무런 대응관계도 없다는 것을 잘 알수 있게 된다. 1933년 시점에서 사회임금의 선두 주자들은 독일과 영국, 그리고 오스트리아였다. 반면, 당시 사회임금의 느림보들은 핀란드, 네덜란드, 그리고 이탈리아였다 — 물론 오늘날에는 이들도 선두 주자의 대열에 합류하였다. 그리고 미국은 당시 사실상 단 하나의 사회보장 입법도 도입하지 않았지만 서열은 중위권에 속하였다. 1930년대의 국가간 서열은 오늘날에 존재하는 것과는 거의 완전히 다른 사회 프로그램들이 혼재되어 있던 당시의 사정을 반영한다. 당시에는 자산조사형 구빈정책과 공무원 급여, 그리고 특히 미국의 경우에는 시혜성이 강한 퇴역군인 연금 등이 지배적이었다. 그렇지만, 이쯤에서 복지국가의 구조적 차이를 논의하기에 앞서 먼저 사회임금의 차이를 설명하는 몇몇 주요 이론들의 타당성을 검토해 볼 필요가 있다.

〈표 5-1〉은 1933년, 1950년, 1977년을 기준으로 경제적 변수, 인구학

적 변수, 정치적 변수 등이 사회임금(GDP 대비 사회보장지출의 비율, SSE)에 미친 영향을 정리한 이변량 회귀분석의 결과를 제시하고 있다.

| 표 5-1 | 사회임금에 대한 횡단적(OLS) 분석(1933, 1950, 1977년)

	r	B	R자승[a]	F
종속변수				
GDP대비 사회보장지출(1933)				
1인당 GDP(1933)	0.078	N. S.	—	—
고령인구 비율(1930)	0.178	N. S.	—	—
가중 내각점유율(1918-33)	0.287	N. S.	—	—
가톨릭 정당	0.122	N. S.	—	—
절대주의	0.070	N. S.	—	—
종속변수				
GDP대비 사회보장지출(1950)				
1인당 GDP(1950)	−0.106	N. S.	—	—
고령인구 비율(1950)	0.613	0.892 (3.10)[b]	0.336	9.61
가중 내각점유율(1918-49)	0.254	N. S.	—	—
가톨릭 정당	0.262	N. S.	—	—
절대주의	0.289	N. S.	—	—
종속변수				
GDP대비 사회보장지출(1977)				
1인당 GDP(1977)	0.088	N. S.	—	—
고령인구 비율(1977)	0.727	1.823 (4.23)	0.498	17.89
가중 내각점유율(1950-76)	0.558	0.236	0.268	7.23
가톨릭 정당(1946-76)	0.251	N. S.	—	—
절대주의	0.270	N. S.	—	—

a. 조정된 R자승.
b. 괄호 안은 t 값.
출처 : SSIB data files.

〈표 5-1〉에서 확인할 수 있는 가장 중요한 결과는 아마도 우리의 설명 변수들 가운데 그 어떤 변수도 전후의 시기가 될 때까지는 유의미하지 않다는 점일 것이다. 1933년과 1950년의 시점에서, 복지국가를 발전시키

는 데 영향을 미치는 것으로 통상적으로 간주되는 대부분의 변수들은 이렇다 할 영향을 미치지 않는 것으로 나타난다. 좌파 권력의 효과(가중 내각점유율, WCS)가 없다는 것은 당연히 우리가 예측한 대로라고 하지만, 1933년(그리고 또한 1950년)의 시점에서 가톨릭주의와 절대주의의 효과마저 나타나지 않는다는 것은 우리의 예측과 어긋난다. 앞서 논의한 바 있듯이, 우리가 초기에 복지국가 제도를 성립시킨 공(功)을 돌려야 할 대상이 대체로 바로 이 두 가지 역사적 힘이기 때문이다.

복지지출의 분포가 변화한 이유를 설명하는 데 있어 중요한 것으로 부각되는 두 가지 변수가 있다. 한 가지 변수는 전체 인구 중 고령자의 비율(고령인구 비율)로, 이 변수는 1950년과 1977년 양 시점 모두에서 유의미하다. 다른 하나의 변수는 좌파의 권력동원(WCS)으로, 1977년의 시점이 되어서야 유의미한 변수로 등장한다.

바꾸어 말하면, 정치적 힘은 전후의 시기에 들어서만 지출 노력에 영향을 미친다. 이러한 결과 또한 우리가 예상한 바와 같다. 모든 국가들이 완전한 민주주의를 확립하고, 노동계급과 사회주의 정당들이 정권을 장악하거나 혹은 적어도 정권에 참여할 수 있는 진정한 기회를 누릴 수 있게 된 것은 제2차 세계대전이 끝난 이후의 일이다. '경제성장'에 의한 설명이 제대로 들어맞지 않는다는 것은 명백하다. 그 어떤 시기를 막론하고 GDP는 사회지출의 성과를 설명하지 못한다. 그러나 고령인구 비율 변수는 강력한 설명력을 갖는데, 이는 인구학적-기능주의 이론이 일정한 정도의 타당성을 갖는다는 것을 시사한다.

1950년과 1977년의 시점에서 고령인구 비율은 사회지출 변량의 34퍼센트와 50퍼센트를 각각 설명하는 가장 강력한 변수이다. 1977년의 시점에서 가중 내각점유율(WCS) 변수는 변량의 대략 27퍼센트를 설명한다. 결국, 전후 시기에 관한 한, 우리는 권력기반 이론과 기능주의적-인구학적 이론이 다같이 설명력을 발휘하는 고전적인 문제에 직면하게 된다. 이 두 가지 이론의 상대적인 설명력을 추정하기 위해, 두 가지 변수를 동시에 단순 다변량 최소자승법(OLS) 모델에 진입시켜 보았다.

$$SSE/GDP(1977) = -2.860C + 0.058WCS + 1.596(\text{고령인구 비율})(R\text{자승} = 0.477)$$
$$(t = 0.42) \quad (t = 0.58) \quad \quad (t = 2.72)$$

우리가 고령인구 변수를 통제하게 되면, 좌파 권력 변수는 그 설명력을 상실한다. 결국, 윌렌스키(Wilensky, 1975)나 팜펠과 윌리암슨(Pampel and Williamson, 1985) 등이 보여주는 바와 같이, 인구학적 구조는 사회지출에 관한 국가간의 편차를 설명하는 가장 강력한 요인이다.

이러한 결과는 이 책에서 주장해온 논거와 상당히 일치한다. 즉, 사회지출 수준 그 자체가 어찌하여 노동자의 열망과 노동 정당의 업적을 반영해야만 하는 것인지 그 이유를 설명하는 설득력 있는 이론적 논거는 존재하지 않는다는 것이다. 특히 초기의 시기에 초점을 맞추어 살펴볼 때, 그 어떤 '가톨릭'이나 '절대주의'의 효과가 나타나지 않는다는 사실은 더욱 놀라운 일이다. 물론 제2차 세계대전 이후에는 사회 민주주의 세력과 기독 민주주의 세력이 모두 앞서거니 뒤서거니 하면서 복지지출을 확대해 왔다 ─ 아마도 사회주의 쪽이 좀더 많이 확대했을 것이다. 그리고 이러한 사실만이 1950년 이후 '가톨릭주의'의 독립적인 효과가 나타나지 않는 이유를 설명해줄 것이다. 그러나 1933년과 1950년의 시점에는 가톨릭주의와 절대주의의 효과가 좀더 분명히 나타났어야만 했지만 그렇지 않았다. 이러한 결과는 우리의 예상과 어긋나지만, 그러나 그렇다고 해서 그것이 우리의 논거를 무효화하지는 않는다. 쟁점의 요체는 총지출이 아니라 복지국가의 구조화인 것이다. 우리가 구조적 차이에 관한 분석에 들어갈 때 비로소 정치세력과 관련한 우리의 논거가 제대로 검증될 것이기 때문이다.

연금

우리가 사회임금을 그 구성 요소들로 분해하여 분석하는 방법을 선택해야만 하는 데는 여러 가지 이유가 있다. 전체 복지국가 프로그램들 가운데 어떤 프로그램은 다른 프로그램에 비해 노동계급에게 더 중요한 의미를 갖는 것들이 있다. 그런가 하면 (가령 고령화와 같은) 인구학적 요인들이 모든 사회 프로그램들에 대해 똑같은 정도로 영향을 미치는 것도 아니다. 권력 변수와 인구학적·경제적 변수의 상대적 중요성 문제는 전적으로 연금에만 초점을 맞추어 분석할 때 더 잘 검증될 수 있다.

마일즈(Myles, 1984a)와 팜펠 등(Pampel and Williamson, 1983)의 연구들은 이런 방향에 따른 접근들 가운데 가장 정교한 접근을 보여준다. 이 두 연구가 연금을 측정하는 방식은 사뭇 다르다. 마일즈는 주로 연금제도의 질에 초점을 맞추고, 좌파 권력의 변수가 국가간의 차이를 설명하는 결정적인 요인이라는 것을 발견한다. 팜펠과 윌리암슨은 연금지출에 초점을 맞추어 분석하고, 인구학적 구조가 가장 강력한 설명 요인이라고 (고령자 집단이 강력한 동맹투표 세력이 된다고) 주장한다. 그러나 이런 식의 접근들에는 알게 모르게 편향성이 스며들어 있다. 팜펠과 윌리암슨과 같이 연금을 위한 복지국가의 지출에만 초점을 맞추는 것은 전체 연금세계 가운데 단지 일부 — 공공부문 — 만을 연구하게 된다는 것을 의미한다. 이것은 암묵적으로 연구자가 현재 연금의 구조화를 연구하고 있다는 것을 의미한다.

인구 고령화의 영향을 적절히 검증하려 할 경우, 공공부문과 민간부문을 망라한 모든 유형의 연금지출을 고려해야만 한다는 것은 논란의 여지가 없어 보인다. 그러나 이런 식의 접근에서 관심의 대상이 되는 것은 구조화가 아니라 거시경제적 자원배분이다. 그리고 이런 식으로 접근하게 되면, 경제적 및 인구학적 변수의 설명력이 정치적 변수의 그것보다 더 큰 것으로 나타날 개연성이 높아진다. 간단히 말해, 우리가 민간부문과 공공부문의 지출 모두를 고려하는 방식으로 연금지출을 연구하게 되면, 수렴 이론에 도달할 가능성도 그만큼 더 커진다는 것이다. 반대로, 우리가 연금제도의 구조적 차이를 연구하게 되면, 정치적 변수의 영향력이 유의미하다는 것을 발견할 가능성이 좀더 높아질 것이다.

〈표 5-2〉는 전체 연금지출과 관련하여 우리가 발견한 결과들을 요약하고 있다. 종속변수에는 네 가지 유형의 프로그램을 위한 지출을 포함하고 있다. 사적 개인연금, 집단적 기업연금, 공무원 연금, 그리고 사회보장 연금이 그것이다. 이 변수에 관한 자료에는 1980년의 자료만이 제시되어 있다.

| 표 5-2 | 공사 연금지출에 관한 횡단적(OLS) 분석(GDP 대비 %, 1980년)

독립변수	r	B	R자승[a]	F
1인당 GDP(1980)	0.052	N. S.	—	—
GDP 성장률(1960-80)	−0.557	−0.23 (−2.69)[b]	0.267	7.21
고령인구 비율(1980)	0.791	5.170 (5.17)	0.602	26.69
가중 내각점유율(1946-76)	0.423	0.072 (1.87)	0.128	3.49
가톨릭 정당	0.329	N. S.	—	—
절대주의	0.217	N. S.	—	—

a. 조정된 R자승.
b. 괄호 안은 t 값.
출처 : SSIB data files.

이미 예측한 바와 같이, 인구의 고령화는 공사연금을 망라한 전체 연금 지출의 배후에서 작용하는 추동력인 것으로 나타난다 — 이러한 결과는 꽤나 논리적인 것 같고, 또 동어반복이라고 하기도 거의 어렵다. 그러나 우리가 고령인구 비율의 유의미성을 해석하려고 할 경우에는 어려움이 따른다. 이 난관은 기능주의 이론의 측면에서 분석될 수 있다. 기능주의 이론에 따르면, 욕구는 그것이 발생할 때 충족되거나, 그렇지 않으면 노인 유권자들이 정치체계에 대해 정치적 압력을 행사할 때 그러한 압력의 측면에서 욕구가 충족된다.

이러한 기능주의적 해석은 다음의 두 가지 조건이 충족된다면 좀더 그럴 듯한 해석이 될 것이다. a) 정치적 변수들이 완전히 무관한 경우, 그리고, b) 경제적 변수들이 인과관계의 면에서 중요한 의미를 갖는 경우가 그것이다. 전자와 관련하여, 〈표 5-2〉는 우리의 정치권력 변수들 가운데 그 어떤 것도 연금지출에 대해 유의미하게 영향을 미치지는 못한다는 것을 보여준다. 후자와 관련해서는, 놀랍게도 경제 수준(1인당 GDP)은 전혀 무의미한 데 반해, 전후의 경제성장률은 연금지출과 유의미한 관계가 있기는 하되 부적 관계인 것으로 나타난다. 이러한 결과는 만일 경제성장이 부진의 늪에 빠졌더라면 1980년의 총연금지출 규모가 더 커졌을 가능성이 있다는 것을 시사한다. 이같은 외견상의 역설적인 결과를 우리는 어떻게 해야 가장 잘 해석할 수 있을까?

우리가 먼저 명심해야 할 것은 연금지출이 GDP 차원에서 계산된다는 점이다. 그러므로 만일 GDP는 완만하게 성장하는데, 동시에 고령인구 비율이 급속하게 성장한다면, 연금은 보나마나 틀림없이 GDP보다 빠르게 성장할 것이다. 표현을 달리해서 말하면, 인구학적 압력은 경제상황과 상관없이 지속된다는 것이다. 이러한 가설을 OLS 모델로 표현하면 아래와 같다.

$$총연금지출 = 1.580C + 0.679(고령인구 비율) - 0.010(GDP 성장률)$$
$$(t = 0.61) \qquad (t = 4.14) \qquad (t = -1.58)$$

이 모델은 변량의 64퍼센트를 설명한다(F = 15.84). 그리고 GDP 성장률은 그 유의미성을 상실하고 있으므로, 이 모델은 인구학적 변수 하나만이 인과적으로 중요한 요인이라는 점을 확증해준다.

그러나 앞서 언급한 바 있듯이, 정치적 변수의 결정적인 영향은 총복지지출의 모델에서 나타나는 것이 아니라 우리가 구조적 편향성을 검토할 때 나타날 가능성이 높다. 앞으로 검토해야 할 과제는 바로 이것이다. 첫째, 우리는 우리의 세 가지 복지국가 체제를 반영하는 세 가지 유형의 연금제도에 대한 일련의 분석으로부터 출발하고자 한다. '자유주의' 체제는 총연금에 대한 민간부문 연금의 비중에 의해 측정된다. '보수주의' 체제에 대해서는 GDP 대비 공무원 연금 지출에 의해 측정되는 국가주의의 정도와 (제3장에서처럼) 지위 차별적인 공적 연금계획의 수로 측정되는 프로그램 조합주의의 정도, 이 두 가지를 모두 분석하게 될 것이다. 끝으로, '사회 민주주의' 체제는 총연금 대비 법정 사회보장 연금지출에 의해 확인된다.

연금체제

'자유주의 체제' 의 시장 편향성

연대라든가 단결, 탈상품화 같은 명분들 때문에 좌파 정당은 민간부문의 연금을 법정 사회권으로 대체시키려고 애쓸 것으로 예측할 수 있다.

따라서 우리는 전체 연금 혼합체에서 가중 내각점유율(WCS)이 민간부문의 연금에 대해 강력한 부적 영향을 미칠 것으로 예견할 수 있을 것이다. 탈상품화라는 비슷한 명분도 있고, 또한 그들이 지위와 위계체계를 선호한다는 점에서, 우리는 가톨릭 정당이나 강력한 절대주의와 권위주의 국가 전통을 갖고 있는 국가들도 민간부문의 연금에 대해 비슷한 부적 영향을 미칠 것으로 예상할 수 있을 것이다.

사적 연금에는 두 가지 서로 다른 유형이 있다. 하나는 개인연금 계약(통상 다양한 생명보험의 형태를 띤다)이고, 다른 하나는 (전형적인 경우) 단체교섭에 기초하는 기업연금 계획이다. 이 두 가지 유형은 각기 서로 다른 논리에 기초하는 경우를 쉽사리 발견할 수 있다. 전자는 대부분 엄격한 시장 개인주의를 철저히 고수하는 데 비해, 후자는 노동이 강력하게 조직화되어 있는 경우에는 독자적으로 대규모로 성장할 수 있다 — 특히 노동조합주의는 강력한 데 반해 노동 정당의 권력이 취약한 조건에서 그러하다. 바꾸어 말해, 조직 노동자들로서는 기업연금이 의회주의 노동전략을 대신할 또 다른 전략이 될 수 있다는 것이다. 따라서 우리는 노동조합의 강도를 별도로 검증하고자 한다. 〈표 5-3〉에서 종속변수는 1980년 기준 해당 경제에서 총 연금지출에 대한 전체 민간부문(개인연금과 기업연금) 연금지출의 비율(시장연금의 비율)이다.

〈표 5-3〉에 제시되어 있는 분석 결과들은 우리의 일반적인 이론적 논거와 일치한다. 정치적 변수들 가운데 그 어떤 것도 통계적인 유의미성을 갖고 있지는 못하지만, 앞서 예측한 대로 부호들은 하나같이 마이너스로 나타나 있다. 노동조합주의의 역할은 전체 시장연금의 일부로서 기업연금에 대해서만 별도로 분석되었다. 그 결과 회귀계수는 B = −0.719, t = 1.48로서 부적이고 유의미하지 않다. 노동조합주의와 가중 내각점유율이 상호 강력한 상관관계가 있다(따라서 양자가 서로 대체 가능하다)는 점을

감안할 필요가 있지만, 그럼에도 불구하고 이러한 결과는 사적인 기업연금 계획이 노동운동의 주요 대안이 되지는 못한다는 것을 보여준다.

|표 5-3| 연금의 시장 편향성에 관한 횡단적 (OLS) 분석. 1980년

독립변수	r	B	R자승[a]	F
1인당 GDP	0.508	3.330 (2.36)[b]	0.212	5.58
GDP 성장률	0.262	N. S.	—	—
고령인구 비율	−0.530	−2.209 (−2.50)	0.236	6.26
가중 내각점유율(1946-80)	−0.412	−0.290 (−1.81)	0.118	3.27
가톨릭 정당	−0.405	−0.229 (−1.77)	0.112	3.14
절대주의	−0.348	N. S.	—	—

종속변수는 1980년 기준 공적 및 사적 연금의 총지출에 대한 사적 연금(개인 및 기업) 지출의 비율임.
a. 조정된 R자승.
b. 괄호 안은 t 값.
출처 : SSIB data files.

〈표 5-3〉은 연금의 시장 편향성이 주로 두 가지 변수와 관련되어 있다는 것을 보여준다. 첫째, 그것은 1인당 GDP와 정적인 상관관계에 있으며(다만 GDP 성장률과는 그러한 상관관계가 없다), 둘째로 그것은 인구의 연령구조와는 강한 부적 상관을 갖고 있다. 경제수준 변수는 해석하기가 까다롭지만, 고령인구 비율 변수가 강력한 부적 효과를 갖는다는 사실은 앞서 우리가 발견한 결과에 흥미로운 부연 설명을 덧붙일 필요가 있다는 것을 시사한다. 이러한 결과로 미루어 보건대, 인구학적 '압박' 이론이 모든 종류의 연금에 똑같이 적용되지는 않는 것으로 여겨진다 ― 고령자들은 연금지출에 영향력을 행사하는 차원에서 어떤 의미에서는 중립적이지 않은 것으로 보인다. 상관계수들은 고령자들이 사적 시장연금에 대해

부적인 선호를 갖고 있다는 것을 시사한다.

　이상의 검토 결과는 두 개의 모델을 추가로 검증할 필요가 있다는 것을 시사한다. 첫째, 우리는 1인당 GDP를 통제했을 때에도 여전히 고령인구의 (부적인) 효과가 유지되는지 여부를 확인할 필요가 있다. 둘째로, 만일 고령자들이 사적 연금에 대해 부적인 선호를 갖는다는 것이 맞는다고 한다면, 이것은 어쩌면 좌파 정당의 역할에도 영향을 미치리라는 것이다. 아래에서는 먼저 GDP를 통제한 상태에서 고령인구의 설명력을 검증하였다.

시장연금의 비율 =12.150C +3.615(1인당 GDP) −2.381(고령인구 비율)
　　　　　　　　(t = 0.96)　　　(t = 3.30)　　　　　(t = 3.42)

　(조정된) R자승 값이 0.528(F = 10.49)이므로, 고령인구 비율 변수와 GDP 변수 양자를 동시에 진입시킨 현재의 가법 회귀모델이 앞서 살펴본 이변량 모델들 중 그 어떤 것보다 훨씬 더 우수하다는 것은 분명하다. 또한 두 개의 변수 모두 통계적으로 여전히 유의미하다. 그렇지만 아래의 두 번째 모델은 고령자의 연금 선호가 좌파 정당 효과로 그대로 '전달' 되는 것은 아니라는 것을 시사한다.

시장연금 비율=38.860C −0.076(가중 내각점유율) −1.910(고령인구 비율)
　　　　　　　(t = 2.76)　　　(t = −0.37)　　　(t= −1.58)

　이 모델에서 설명되는 변량은 고령인구 비율에 관한 이변량 모델에 비해 실제로 작다(20퍼센트). 바꾸어 말하면, 이 모델은 연령구조와 사적 연금 편향성 간의 관계를 확정하는 데 실패하고 있다.

좌파 정당의 권력이 사적 연금에 대해 좀더 강한 부적 영향을 미치지 않는다는 사실은 이론적인 관심을 불러일으킨다. 이러한 효과가 없는 것으로 나타난 결과는 사적 연금 변수와 관련하여 국가들이 본질적으로 쌍봉형으로 분포되어 있는 것과 관련이 있을지도 모른다. 한 군집에서는 사적 연금의 비율이 매우 높은 데 비해(미국, 캐나다, 스위스, 오스트레일리아), 다른 군집에서는 그 비율이 매우 낮기 때문이다. 결국 이것은 선형적 접근의 유용성이 제한적이라는 것을 보여주는 명백한 사례이다.

연금공여의 국가주의 편향성

국가주의 성향은 공무원들에게 특별한 특권을 부여하는 성향이라고 앞서 정의한 바 있다. 우리가 주장해온 논거에 따를 때 국가주의는 보수주의 복지국가 모델과 결합되어 있으며, 따라서 우리는 가톨릭주의와 절대주의가 높은 수준의 국가주의와 강력한 정적 상관을 맺고 있을 것으로 예측할 수 있을 것이다. 역으로 우리의 사회 민주주의화 이론에 따르면, 좌파 정당의 권력동원(가중 내각점유율, WCS)은 국가주의에 대해 부적인 방향의 영향을 미쳐야 할 것이다. 연령구조나 경제발전이 공무원에 대한 국가의 특별 대우에 어떤 식으로 영향을 미칠 수 있을지는 파악하기가 어렵다. 〈표 5-4〉에서 종속변수는 (1980년 기준) GDP 대비 정부 피용자 연금지출의 비율로서 정의된다. 인구학적 변수와 경제적 변수들은 예측했던 대로 국가주의에 대해 거의 혹은 전혀 중요한 의미를 갖지 않는다. 좌파 정당의 권력(가중 내각점유율)과 관련하여 그 관계는 가설에서 제시한 바와 같이 부적인 관계를 보이긴 하되 전혀 유의미하지 않다. 노동조합과 좌파 정당은 통상 하나같이 특별한 지위특권을 공격하므로, 이러한 결과는 일반적으로 집권 노동 정당이 공무원의 기득권을 감축하지 못한

다(혹은 애써 감축하려 들지는 않는다)는 것을 의미하는 것으로 해석할
수 있다.

|표 5-4| 국가주의적 특권에 대한 횡단적(OLS) 분석. 1980년

독립변수	r	B	R자승[a]	F
고령인구 비율	0.458	0.187 (2.06)[b]	0.160	4.24
1인당 GDP	−0.385	N. S.	—	—
가중 내각점유율(1946-80)	−0.060	N. S.	—	—
가톨릭 정당	0.667	0.037 (3.58)	0.397	12.21
절대주의	0.534	0.198 (2.53)	0.241	6.39

a. 조정된 R자승.
b. 괄호 안은 t 값.
출처 : SSIB data files.

다음으로, 〈표 5-4〉는 가톨릭 정당의 강도와 강고한 절대주의 유산이
모두 강력한 효과를 갖고 있다는 것을 보여준다. 이러한 결과는 우리가
예측한 바와 정확히 일치한다. 다음의 의문은 가톨릭주의와 절대주의를
한 모델에 동시에 진입시킬 경우 그 결과가 어떻게 나타나는가 하는 것이
다. 이론적인 가능성 한 가지는 하나의 변수가 다른 변수를 압도하는 결
과이다. 또 하나의 이론적 가능성은 두 변수가 각기 독자적으로 전체적인
설명력에 기여하는 결과이다. 아래의 모델에서 우리는 절대주의와 가톨
릭주의 양자의 가법 효과를 검증하였다.

$$국가주의 = 0.599C + 0.014(가톨릭 정당) + 0.127(절대주의)$$
$$(t = 1.76) \qquad (t = 2.84) \qquad (t = 1.82)$$

두 변수를 모두 진입시킨 가법 모델은 변량의 54퍼센트(F = 8.65)를

설명하며, 따라서 〈표 5-4〉에 제시된 두 개의 이변량 모델들 가운데 그 어떤 것보다 우수하다. 그렇지만 가톨릭주의와 절대주의 변수를 동시에 진입시킨 경우, 가톨릭 정당 변수가 절대주의를 압도하는 것이 분명하다 — 절대주의는 본질적으로 그 유의미성을 상실하고 있다.

이러한 결과는 일반적으로 보수주의 복지국가 체제의 특징과 그 정치적 표현 사이에 대응관계가 존재할 것이라고 했던 우리의 예측을 확증해 준다. 이러한 대응관계는 연금의 프로그램 조합주의를 분석하는 다음 소절에서 다시 한번 확증될 것이다.

사회보장 연금의 조합주의

우리가 되풀이 주장해온 바와 같이, 가톨릭주의와 권위주의 국가의 정책에서는 지위차별과 조합주의를 몹시 강하게 강조한다. 그러나 직역에 따른 조합주의는 또한 많은 초기의 노동운동에도 광범위하게 침투하고 있었다는 사실을 잊어서는 안 된다.

사회 민주주의화 이론에 따를 때 우리는 노동 정당이 지위차별의 해소를 위해 적극적으로 노력할 것으로 예측할 수 있을 것이다. 거꾸로 가톨릭 정당의 강도와 절대주의의 유산은 공히 조합주의에 대해 정적인 방향의 영향을 미칠 터이다. 우파와 가톨릭 정당의 반대에 부딪치는 이외에도, 조합주의를 해체하려는 노동 정당의 노력은 지위분화와 특권의 보존에 집착하는 제도화된 이익집단으로부터도 반대에 부딪치게 될 것이다. 그러므로 우리는 가중 내각점유율이 조합주의에 대해 부적이긴 하되 그리 강하지는 않은 영향을 미칠 것으로 예측할 수 있을 것이다.

연령구조나 경제발전이 프로그램 조합주의에 영향을 끼칠 것으로 예측할 수 있는 그 어떤 순수한 이론적 이유는 존재하지 않는다. 〈표 5-5〉는 연금 프로그램의 조합주의에 관한 분석을 제시하고 있다. 이 경우 조합주의는 제3장에서 정의하고 측정한 바와 마찬가지로 직역에 의해 범위가 한정되는 개별적인 공공부문 연금 프로그램의 수로 정의된다. 〈표 5-5〉에 제시되어 있는 결과들은 우리가 예측한 바와 정확히 일치한다. 좌파 정당(가중 내각점유율)은 비록 통계적으로 유의미하지는 않지만 조합주의에 대해 부적인 영향을 미친다. 반면에 가톨릭주의의 효과, 그리고 특히 절대주의의 효과는 매우 크다. 사실 절대주의 변수 한 가지만의 설명력도 놀라울 정도로 크다(변량의 84퍼센트). 앞서 한 것과 마찬가지로, 우리는 가법 다변량 모델에서 절대주의와 가톨릭주의 간의 상대적인 인과관계가 어떠한지를 검토할 필요가 있다.

$$\text{조합주의} = 1.072\text{C} + 0.014(\text{가톨릭 정당}) + 1.054(\text{절대주의})$$
$$(t = -1.85) \qquad (t = 1.66) \qquad\qquad (t = 8.87)$$

이 모델은 절대주의가 진정으로 결정적인 변수라는 사실을 확증해준다. 절대주의만을 진입시킨 이변량 모델과 비교할 때, 이 모델에서 설명되는 변량은 단지 미미한 수준으로 증가할 뿐이며(86퍼센트, F = 52.68), 가톨릭 정당 변수는 유의미하지 않게 된다.

| 표 5-5 | 연금의 조합주의적 사회 계층화에 관한 횡단적(OLS) 분석. 1980년

독립변수	r	B	R자승[a]	F
가중 내각점유율(1946-80)	−0.178	N. S.	—	—
가톨릭 정당	0.463	0.085 (2.09)[b]	0.166	4.38
절대주의	0.923	1.124	0.843	92.54

a. 조정된 R자승.
b. 괄호 안은 t 값.
출처 : SSIB data files.

연금의 사회보장 편향성

연금 혼합체에서 사회보장 편향성은 복지국가의 '사회 민주주의화' 와 가장 긴밀하게 결부되어 있을 터이다. 연금 전체(사적 연금, 공적 연금, 그리고 공무원 연금)에 대한 사회보장 연금의 비율로서 측정한 결과 높은 점수를 받는 경우, 그 높은 점수는 분명 국가주의나 조합주의에 대해서는 반드시 그렇지 않을지라도 사적 연금에 대해서는 구축(crowding-out) 효과가 있다는 것을 의미할 것이다.

'관료제 '이론이 가장 잘 들어맞는 영역이 바로 사회보장 연금이다. 윌렌스키가 논의한 바 있듯이(Wilensky, 1975), 관료제 이론의 논거는 다음과 같은 가정에 근거하고 있다. 즉 관료제는 일단 확립되고 나면 독자적인 권력을 축적하고 그 권력을 영속화하고 확대하기 위해 이기적인 조직적 이해관계를 발전시키게 된다는 것이다. 그러므로 파킨슨의 법칙(Parkinson's law)*에 따라, 우리는 해당 사회보장 연금체계가 오래 되면 될수록(그 체계가 도입된 연도에 의해 측정된다), 그 규모가 커질 것이라고 예측할 수 있을 것이다. 〈표 5-6〉에서 우리는 정치적 변수와 경제적 변수, 인구학적 변수, 그리고 관료제 변수가 사회보장 편향성에서 나타나는 국가간의 편차를 얼마나 설명하는지를 검증하고 있다.

〈표 5-6〉의 결과를 볼 때, 관료제도 경제발전도 사회보장 편향성에 아무런 영향을 미치지 못한다는 것은 분명하다. 관료제의 효과를 설파하는 윌렌스키의 논거는 GDP 대비 사회보장 지출에 기초하여 검증된 것이지 우리가 문제로 삼고 있는 구조적 편향성 변수에 근거하여 검증된 것이 아니라는 점을 유의할 필요가 있다. 그렇지만 우리의 연구에 포함된 18개 국가들을 대상으로 1980년 기준 GDP 대비 사회보장 연금을 기준으로 관료제 명제를 검증한다고 하더라도, 관료제 효과는 여전히 0이 된다.

| 표 5-6 | 연금 혼합체에서 사회보장 편향성에 관한 횡단적(OLS) 분석. 1980년

독립변수	r	B	R자승[a]	F
고령인구 비율	0.443	1.812 (1.98)[b]	0.146	3.90
1인당 GDP	0.050	N. S.	—	—
관료제	−0.078	N. S.	—	—
가중 내각점유율(1946-80)	0.706	0.488 (3.99)	0.468	15.94
가톨릭 정당	−0.164	N. S.	—	—
절대주의	−0.150	—	—	N. S.

a. 조정된 R자승.
b. 괄호 안은 t 값.
출처 : SSIB data files.

　　인구 고령화는 사회보장 편향성에 대해 약간의 영향을 미치긴 하지만 그 효과는 유의미하지 않다. 이러한 결과는 그것이 사적 연금의 편향성에 부적인 영향을 미쳤다는 사실을 상기할 때 약간은 놀라운 결과이다. 우리는 그 때 고령자들은 시장 종속 대신에 법제화를 지지하는 정치적 압력집단이라는 가설을 제시한 바 있다. 다만, 가중 내각점유율 변수는 변량의 47퍼센트를 설명한다. 이러한 결과는 노동 정당이 시민권을 공고히 하고 사적 공여에 대한 의존을 줄이기 위해 적극적으로 노력할 것이라는 우리의 판단과 일치한다.

　　뿐만 아니라 좌파 권력의 중요성은 고령인구 비율을 통제할 경우에도 여전히 확증된다. 아래의 다변량 OLS 모델에서 고령인구 비율 변수는 그 유의미성을 완전히 상실하고, 따라서 가중 내각점유율의 설명력의 로버스트성(robustness)을 확증해준다. 설명된 총변량은 43퍼센트(F = 7.50)로, 이는 가중 내각점유율과 사회보장 편향성의 단순 이변량 모델보다 설명력이 떨어진다.

사회보장 편향성 = 63.750C + 0.508(가중 내각점유율) − 0.185(고령인구 비율)

$$(t = 5.54) \qquad (t = 3.02) \qquad (t = -0.185)$$

정치적 변수의 영향력과 관련해서는 우리의 예측이 지지된다. 사실 사회보장 편향성을 추동하는 확인 가능한 유일한 힘은 집권 노동 정당이다.

복지국가의 구조화

지금까지 우리는 복지국가의 배후에서 작용하는 인과 메커니즘에 대해서는 복지국가의 규모에 초점을 맞추어서, 그리고 연금에 대해서는 그 구조적 편향성에 초점을 맞추어 검토해 왔다. 이제 우리는 복지국가의 구조적 차이에 대한 설명을 보다 일반적인 수준에서 살펴보기로 한다. 우리는 이 소절에서 세 가지 특징에 초점을 맞추려 하거니와, 이 세 가지 특징 모두 노동운동이 추구해온 사회정책의 역사에서 핵심적인 쟁점들이다. 우리는 먼저 자산조사형 구빈정책의 상대적 중요성을 검토할 것이다 ─ 이것은 특히 잔여적인 자유주의적 복지체제의 특징으로, 노동 측은 언제나 이에 대해 격렬하게 반대해 왔다. 그러므로 좌파 권력은 구빈정책을 주변화하기 위해 노력할 것이다. 이어서 우리는 탈상품화와 완전고용의 업적에 대해 분석할 것이다. 양자는 모두 '사회 민주주의적' 복지국가의 초석을 이루기 때문이다.

자산조사의 중요성

노동운동은 구래의 구빈정책 전통에 대해 반대해 왔다. 거기에는 두 가지 이유가 동시에 작용하고 있다. 한 가지 이유는 노동운동이 확고 부동한 시민의 권리를 추구하기 때문이고, 다른 한 가지 이유는 자산조사가 낙인을 초래할 뿐만 아니라 인구집단을 사회적으로 분열시키기 때문이다. 우리가 분석 대상으로 삼고 있는 18개 국가들 가운데, 사회 민주주의가 지배하는 북유럽 국가들에서는 구빈정책의 전통이 거의 완전히 소멸하였으며, 미국과 캐나다 같은 국가들에서는 아직도 꽤나 두드러지게 남아 있고, 대륙 유럽의 국가들에서는 그러한 전통이 그저그런 수준으로 남아 있다. 전체 사회보장 지출에서 자산조사형 부조급여가 차지하는 상대적인 비중은 복지국가의 구조화를 측정하는 매우 적절한 척도가 된다. 왜냐하면 그것은 전통적인 자유주의 사회정책에 구현되어 있는 원리를 확실히 보여주는 것이기 때문이다.

〈표 5-7〉은 1977년의 자료에 근거하여 구빈정책의 편향성에 관한 분석 결과를 제시하고 있다. 이 결과에서 통계적으로 유의미한 변수는 확실히 단 두 개의 변수뿐이다. 하나는 1인당 GDP로, 이 변수는 놀랍게도 구빈정책과 정적일 뿐만 아니라 통계적으로도 유의미한 관계를 갖고 있다. 그리고 다른 하나의 변수, 즉 가중 내각점유율은 우리가 예측한 바와 같이 강한 부적 효과를 갖는다. 가톨릭 정당의 강도와 절대주의, 그리고 고령인구 비율은 모두 유의미하지 않다(물론 그 부호들은 예측한 방향을 향하고 있다).

1인당 GDP 변수가 강력한 설명력을 갖는 점을 감안하여 우리는 가중 내각점유율에 대한 통제변수로서 취급해야만 할 것이다. 아래에 제시된 모델에서 가중 내각점유율과 1인당 GDP 두 변수는 변함 없이 강력한 변수로 남아 있다. 이 모델에서 두 변수는 공동으로 전체 변량의 72퍼센트를 설명한다(F = 22.38).

|표 5-7| 복지국가에서 자산조사형 구빈정책에 대한 횡단(OLS) 분석(1977년)

독립변수	r	B	R자승[a]	F
1인당 GDP	0.580	1.860 (2.85)[b]	0.295	8.12
고령인구 비율	−0.380	N. S.	—	—
가중 내각점유율(1946-80)	−0.652	−0.224 (−3.44)	0.389	11.83
가톨릭 정당	0.118	N. S.	—	—
절대주의	−0.063	N. S.	—	—

a. 조정된 R자승.
b. 괄호 안은 t 값.
출처 : SSIB data files.

$$구빈정책 = -6.922C - 0.221(가중 \ 내각점유율) + 1.830(1인당 \ GDP)$$
$$(t = -1.86) \qquad (t = -4.97) \qquad (t = 4.40)$$

1인당 GDP가 구빈정책 편향성에 대해 갖는 강력한 가법적이고 선형적인 영향력은 허위적인(spurious) 것으로 해석하는 것이 가장 타당할 것이다. 1인당 GDP에서 가장 높은 점수를 받고 있는 바로 그 국가들(미국과 캐나다)이 또한 구빈정책에서도 가장 높은 점수를 받고 있는 것이다. 이러한 결론은 사실 오차항을 검토함으로써 확증된다. 중요한 것은 이 모델이 '사회 민주주의화'와 관련, 좌파 정당 권력의 중요성에 관한 우리의 논거를 확증해준다는 점이다. 즉 가중 내각점유율은 복지국가에서 자산조사의 편향성을 억제하는 데 있어 확실히 결정적인 의미를 갖는다는 것이다.

복지국가의 탈상품화

우리의 탈상품화 척도는 제2장에서 발전된 종합 지표로부터 도출된다.

이 변수는 사회복지 프로그램이 노동자를 현금관계의 구속으로부터 벗어나도록 해주는 능력을 어느 정도나 갖고 있는가를 측정하고자 하는 변수이다.

확실히 우리는 좌파의 정치권력이 탈상품화에 대해 정적인 방향으로 매우 강력한 영향을 끼칠 것으로 예측할 수 있을 것이다. 만일 그렇지 않다고 한다면 우리의 전체적인 이론적인 틀의 상당 부분이 무너지고 만다. 또한 경제발전 변수를 통제할 때에도 가중 내각점유율의 효과는 여전히 강력한 것으로 남아 있어야만 할 것이다. 이 점은 중요한데, 왜냐하면 탈상품화는 거시경제의 상황이 여의치 않은 경우에도 계속해서 추구되어야만 하는 목표이기 때문이다.

보수주의 정책에 대한 우리의 이해에 따르면, 탈상품화에 대한 보수주의 정책의 영향력은 부적이기보다는 미약하나마 정적인 영향을 끼칠 것으로 예측할 수 있을 것이다. 말할 필요도 없이 탈상품화에 대한 가장 강력한 반대는 자유주의로부터 나오지 않으면 안 된다. 안타깝게도, 자유주의를 측정할 수 있는 명확한 척도는 존재하지 않는다. 하는 수 없이 우리는 차선책으로서 〈표 5-8〉에서 자유주의에 대한 대리변수로서 구빈정책을 포함시키고자 한다.

〈표 5-8〉은 이변량 관계에서는 단 두 개의 설명 변수만이 유의미하다는 것을 보여주고 있다. 가중 내각점유율은 우리가 예측한 대로 탈상품화와 강력하고 유의미한 상관 관계를 맺고 있다 ─ 이 변수는 변량의 43퍼센트를 설명한다. 인구집단 중 고령인구 비율은 거의 동등한 정도의 강력한 효과를 갖고 있다. GDP 변수는 전혀 유의미하지 않으며, 가중 내각점유율 변수를 함께 진입시켰을 때에도 달라지는 것은 전혀 없다.

자유주의 정치권력에 대한 대리변수로서 구빈정책은 우리가 예상한 바와 같이 탈상품화와 부적인 관계를 맺고 있지만, 그러나 그 관계는 유의미한 수준에는 미치지 못한다. 그러므로 고령인구 비율 변수가 강력한 설명력을 갖는 이유가 이 변수 자체가 독립적인 설명력을 갖고 있기 때문인지, 아니면 고령인구 비율의 효과가 가중 내각점유율 변수에 의해 매개되는 것인지 여부를 따져보는 것이 가장 적절한 검증 방법일 것이다.

| 표 5-8 | 복지국가의 탈상품화에 관한 횡단(OLS) 분석(1980)

독립변수	r	B	R자승[a]	F
1인당 GDP	−0.026	N. S.	—	—
고령인구 비율	0.672	2.173 (3.63)[b]	0.417	13.18
가중 내각점유율	0.681	0.371 (3.72)	0.430	13.81
가톨릭 정당	0.161	N. S.	—	—
절대주의	0.284	N. S.	—	—
구빈정책	−0.412	−0.654 (−1.81)	0.118	3.27

a. 조정된 R자승.
b. 괄호 안은 t 값.
출처 : SSIB data files.

아래의 모델은 전자의 경우가 맞다는 것을 시사한다. 왜냐하면 두 변수 모두 탈상품화에 관한 각각의 설명력을 (같은 정도로) 유지하고 있기 때문이다. 그렇지만 두 변수 모두 통계적인 유의미성을 상당한 정도로 상실하고 있다. 이 모델에서 설명되고 있는 총변량은 49퍼센트($F = 9.18$)이다. 즉 가중 내각점유율이나 고령인구 비율 각각을 놓고 본 이변량 모델들 가운데 그 어느 쪽보다도 결코 우수하지 않다는 것이다.

탈상품화 = 7.898C + 0.229(가중 내각점유율) + 1.275(고령인구 비율)
      ($t = 0.92$)   ($t = 1.81$)   ($t = 1.71$)

결국 확실한 것은 고령인구 비율 효과가 비단 가중 내각점유율에 의해 매개되는 것이 아닐 뿐만 아니라(두 변수간의 영차상관은 0.663으로, 이는 이 모델에서 두 변수의 설명력이 낮아지는 이유를 설명하는 데 도움이 될지 모른다), 탈상품화가 두 변수의 가법효과에 의해 가장 잘 설명되는 것도 아니라는 점이다.

그럼에도 불구하고 우리의 분석 결과는 탈상품화가 노동계급 권력동원 과정의 배후에서 작용하는 핵심적인 목적은 아닐지 몰라도 중요한 목적이라고 하는 이 책의 기본적인 이론을 충분히 지지해준다. 경제적 변수들이 그 어떤 영향력도 갖지 않고 있다는 사실은 '산업화' 명제가 거의 타당성을 갖지 못한다는 것을 시사한다. 한편, 인구학적 요인들이 중요하다는 것은 명약관화하기 때문에 우리가 여기서 복지국가의 진전에 관한 기능주의적 견해를 완전히 도외시하기는 어렵다.

완전고용 성과

완전고용은 단순히 개별 임금소득자들에게 혜택을 준다는 점에서 바람직한 것으로 그치지 않는다. 일찍이 지속적인 완전고용이 권력의 균형추를 노동계급에게 유리하도록 의미있게 변화시킨다는 칼레키(Kalecki, 1943)의 확신은 어쩌면 모든 노동운동이 공유하는 믿음이었을지도 모른다. 노동운동의 힘은 상당 부분 노동력 공급이 수요에 비해 부족한 경색된 노동시장(tight labor-market)에서 나온다.

많은 국가들이 국가 차원에서 완전고용을 유지하겠다는 공약을 내세웠으며, 심지어 제2차 세계대전 이후에는 헌법에 완전고용 유지를 명문화하기까지 하였다. 그러나 완전고용을 유지하려는 의지의 정도는 나라마다 달랐으며, 실제로 현실화된 정도는 그보다도 훨씬 더 다양했다. 예를 들면, 노르웨이와 같이 헌법에 의해 완전고용을 보장한 국가가 있는가 하면, 1967년과 1974년 어간의 독일과 같이 통상적인 케인즈주의의 반(反)경기순환 전략의 일환으로 완전고용을 적용한 국가도 있고, 1958년까지의 덴마크나 1967년 이전의 독일, 전후 시기의 대부분에 걸친 미국 등과 같이, 정부가 실질적으로 소극적인 역할만을 수행한 국가들에 이르기까지 다양했다.

더글러스 힙스는 좌파 정치권력이 물가안정보다는 완전고용을 선호한다는 점을 분명히 보여준 바 있다(Douglas Hibbs, 1977). 힙스의 연구는 예외적이리만큼 정교하지만, 분석 대상에 포함된 국가들이 제한되어 있고 분석 대상이 된 기간 또한 경제가 성장하던 기간으로 한정되어 있는 한계를 갖고 있다. 1973년 이후의 시기라면 어쩌면 완전고용을 유지하기 위해 훨씬 더 많은 권력을 동원해야 할 필요가 있었을 것이다. 적극적 고용정책은 재원이 충족되어야 할 뿐만 아니라, 따라서 또한 피용자들 사이에서도 부담 면에서의 재정적 연대가 전제되어야 할 필요가 있기 때문이다.

1973년 이후의 실업문제에 대해 많은 국가들은 노동공급의 감축을 목표로 하는 각종 프로그램들로 대응하였다. 이러한 노동공급 감축 프로그램들에는 조기퇴직이라든가, 외국인 노동자의 송출, 여성의 가정복귀 촉진 정책 등이 포함된다. 이러한 정책들은 말할 필요도 없이 노동참가 수준을 최대한으로 유지하려고 하는 국가에 비하면 완전고용을 유지하려는 노력치고는 상당히 완화된 전략이라고 할 수 있다.

아래의 분석들에서는 노동공급의 국가별 차이를 통제하고자 한다. 이 분석에서의 척도는 노동력 참가 수준에 의해 가중치를 부여한 (OECD의 표준화된 정의에 따른) 평균 장기실업률이다. 따라서 노동력 참가 수준이 낮은 국가들에는 '벌점'을 주고, 반대로 노동력 확대 정책을 추구해온 국가들에는 '가점'을 부여하게 된다. 결국 우리가 사용하는 지표는 단순히 실업만이 아니라 일자리 창출의 성과를 아울러 포착하고자 하는 것이다.

말할 필요도 없는 일이지만, 완전고용의 성과에 대한 분석에서 관련 경제적 변수는 GDP의 실질 평균 성장률이 된다. 잔여적 복지국가는 완전고용을 유지하기 위해 노력할 가능성이 훨씬 낮다는 것이 우리의 논거이므로, 우리는 이 분석 모델에서 구빈정책 변수를 도입하고자 한다. 〈표 5-9〉를 보자.

| 표 5-9 | 완전고용 성과에 관한 횡단적(OLS) 분석. 1959~83년

독립변수	r	B	R자승[a]	F
GDP 성장률	0.160	N. S.	—	—
가중 내각점유율	0.557	5.880	0.267	7.18
		(2.68)[b]		
가톨릭 정당	−0.448	−3.806	0.150	4.01
		$(−2.00)$		
절대주의	0.014	N. S.	—	—
구빈정책	−0.492	−15.137	0.195	5.11
		$(−2.26)$		

완전고용 지표 = 1959~78년의 평균 실업수준을 1978~83년의 평균 실업수준과 합한 값에 15~64세 인구 중 비경제활동 인구 비율을 곱한 값임. 이 지수는 플러스 기호가 좋은 성과를 나타내도록 역사정이 이루어져 있다는 데 유념할 필요가 있다.
a. 조정된 R자승.
b. 괄호 안은 t 값.
출처 : SSIB data files.

좌파 권력이 완전고용을 위한 중요한 전제 조건이 된다는 점은 〈표 5-9〉에서 분명히 드러나고 있다. 가중 내각점유율(WCS)은 변량의 거의 27 퍼센트를 설명한다. (1978~83년의) 실업률과 가중 내각점유율의 상관관계를 보면, 유의미성에서는 조금 약하지만 유사한 관계가 나타난다. 두 변수간의 영차상관은 −0.384이다. 〈표 5-9〉는 또한 경제성장률이 완전고용 성과에는 이렇다 할 영향을 미치지 못한다는 것을 보여준다. 이러한 결과는 완전고용이 대체로 정치적 의지의 문제라는 주장에 추가적인 증거를 제공해주는 것이다.

이러한 '정치적' 가설은 구빈정책과 가톨릭 정당의 강도가 완전고용 성과에 부적으로 유의미한 영향을 미치고 있다는 사실에 의해 다시 한번 지지된다. 전자의 경우, (자유주의의 대리변수이거나 혹은 복지국가 잔여주의의 대리변수로서의) 구빈정책의 역할은 부적일 것으로 예측되었던 터였다. 왜냐하면 자유방임주의 이데올로기는 (노동)시장에의 개입을 회피하는 데 그 특징이 있기 때문이다. 후자의 경우에 부적인 효과는 가톨릭주의에 특유한 종류의 사회정책을 반영한다고 말할 수 있다. 즉 가톨릭주의는 가족의 복리에 대해서는 보조를 제공할 의향이 있지만 고용에 대해서는 보장해주려 하지 않는다는 것이다.

경합하는 정치세력과 관련하여 가중 내각점유율 변수가 갖는 설명력을 확인하기 위해 우리는 두 가지 별도의 모델을 설정하였다. 첫 번째 모델에서는 구빈정책을 통제하고자 한다. 두 번째 모델에서는 가톨릭 정당의 강도를 통제할 것이다.

$$\text{완전고용} = -293.015C + 4.337(\text{가중 내각점유율}) - 6.909(\text{구빈정책})$$
$$(t = -3.35) \qquad (t = 1.48) \qquad (t = -0.81)$$

위의 모델은 변량의 25퍼센트를 설명하는 데 불과하다(F = 3.84). 그리고 이 모델은 가중 내각점유율의 유의도를 떨어뜨리지만(그리고 구빈정책의 영향력을 제거시키지만), 그것은 고려할 만한 정도는 아니다. 이 모델은 가중 내각점유율만을 포함시킨 이변량 회귀에 비해 설명력이 떨어진다. (아래의) 두 번째 모델에서는 가톨릭주의와 가중 내각점유율의 결합 효과가 좀더 강력한 설명력을 발휘한다. 설명된 변량은 40퍼센트로 증가하며(F = 6.64), 완전고용에 대한 가톨릭 정당의 부적 효과는 확실히 가중 내각점유율의 정적 효과를 압도한다.

$$\text{완전고용} = -253.100C + 3.681(\text{가중 내각점유율}) - 1.860(\text{가톨릭 정당})$$
$$(t = -4.14) \qquad (t = 1.64) \qquad (t = -2.13)$$

결국 종합하자면, 우리는 이러한 결과에 대해 완전고용을 유지함에 있어 좌파의 권력동원은 강력한 가톨릭 및 기독교 민주주의 정당과 경쟁할 때에 비해 그 영향력이 떨어지는 것을 의미한다고 해석할 수 있다.

완전고용에의 헌신

설명된 변량의 비율이 낮은 사실에서 알 수 있듯이, 완전고용의 유지는 분명 좌파 정당이 통제할 수 있는 요인과 통제할 수 없는 요인 양자 모두에 의존한다. 한 국가의 국제적 취약성이 너무 클 경우, (1970년대와 같은) 대규모 충격은 최선의 노력으로도 어쩔 수 없는 수준의 대량실업을 초래할 수 있다. 그럼에도 불구하고 좌파 정당은 할 수 있는 최선의 노력을 기울일 수 있으며, 이제부터 우리가 살펴보려고 하는 주제가 바로 이러한 노력에 대해서이다.

시장경제 하에서 노동당 정부는 경기순환과 실업에 대항하기 위해 일련의 정책수단을 동원할 수 있다. 그 가운데 가장 중요한 것으로는 적극적인 인력 정책(재훈련, 노동이동, 보호고용 등)과 공공부문의 고용성장을 꼽을 수 있다.

적극적인 인력 프로그램의 발전에 좌파의 권력동원이 어떤 영향을 미치는가를 평가하는 작업은 쉬운 일이 아니다. 이러한 프로그램을 위한 지출 자료를 이용하기 위해서는(물론 실업급여를 위한 지출을 포함한다), 분석 대상을 15개 국가로 한정하지 않으면 안 된다. 우리는 회귀분석을 통해 가중 내각점유율이 GDP(1975년 기준) 대비 적극적 인력 프로그램의 지출 비율에 영향을 미치는 정도를 분석하였다. 그 결과는 강력하고 유의미한 효과를 보여준다. 두 변수 간의 영차상관은 0.695이며, 가중 내각점유율은 변량의 44퍼센트를 설명한다.

대안적인 전략에 해당하는 공적 고용을 살펴보기 위해 우리는 18개 국가를 대상으로 1970~80년 동안 공적 고용의 평균 성장률을 계산하였다. 〈표 5-10〉에 제시되어 있는 분석 결과에 따르면, 공적 고용을 증대시킬 수 있는 한 국가의 능력은 풍요(1인당 GDP)의 함수나 실질 GDP성장률의 함수가 아니라 거의 전적으로 좌파 권력동원(가중 내각점유율)의 함수인 것으로 나타난다.

| 표 5-10 | 공적 고용성장에 대한 횡단(OLS) 분석. 연평균, 1970~80년

독립변수	r	B	R자승[a]	F
1인당 GDP	−0.152	N. S.	—	—
GDP 성장률	−0.259	N. S.	—	—
가중 내각점유율	0.748	0.109 (4.51)[b]	0.532	20.33
가톨릭 정당	−0.018	N. S.	—	—
절대주의	−0.009	N. S.	—	—

a. 조정된 R자승.
b. 괄호 안은 t 값.
출처 : SSIB data files.

요약하자면, 우리는 좌파 권력이 일자리 성장을 촉진시키고 실업을 방지하기 위한 정책을 발전시키는 면에서는 일정한 역할을 하지만, 현실 속에서 장기적으로 완전고용을 유지하는 능력은 그보다 훨씬 떨어진다는 시나리오에 직면하는 것으로 여겨진다. 그렇다면 여기서 제기되는 질문은 완전고용 성과의 편차들이 과연 좌파 정당의 노동시장 정책에 의해 설명될 수 있느냐 하는 것이다. 이 문제를 검토하기 위해 우리는 아래에서 1970~80년 어간을 기준으로 가중 내각점유율과 공적 고용성장의 가법 회귀모델을 제시하였다.

$$\text{완전고용} = -330.011C + 8.360(\text{가중 내각점유율}) + 22.618(\text{공적 고용성장})$$
$$(t = -6.76) \qquad (t = 2.53) \qquad (t = 1.00)$$

이 모델은 변량의 27퍼센트를 설명하긴 한다(F = 4.09). 그러나 이 모델은 동시에 공적 고용을 증대시키려는 정책이 고용성과에 대해 그 어떤 독립적인 효과도 갖지 못한다는 것을 보여준다.

복지국가 체제 설명하기

우리는 앞서 제3장에서 복지국가 체제에 따라서 계층화의 양상이 달라진다는 것을 확인한 바 있거니와, 이제 마침내 정치적 변수들이 계층화 차원에 어떤 영향을 미치는가를 검증할 수 있는 시점에 도달하였다.

보수주의 복지국가 체제

제3장에서 보수주의 체제는 조합주의적 조직화와 국가주의가 유별나게 두드러진 체제인 것으로 확인된 바 있다. 우리는 일찍이 이 체제에 대해 좌파 권력은 부적 영향을 미치는 반면, 가톨릭 정당의 강도와 강력한

| 표 5-11 | 보수주의 복지국가 체제의 계층화에 관한 횡단(OLS) 분석. 1980년

독립변수	r	B	R자승[a]	F
가중 내각점유율	−0.149	N. S.	—	—
가톨릭 정당	0.608	0.111 (3.07)[b]	0.331	9.40
절대주의	0.075	0.859 (3.98)	0.456	15.81

a. 조정된 R자승.
b. 괄호 안은 t 값.
출처 : SSIB data files.

절대주의 및 권위주의 국가의 역사가 주된 요인이라고 주장한 바 있다. 복지국가의 계층화 차원에 관한 연구에서 경제적 변수와 인구학적 변수가 영향을 미친다고 보아야 할 이유는 그 어디에도 없는 것처럼 보인다. 그러므로 이 두 가지 변수는 우리의 분석에서 제외되었다. 〈표 5-11〉에서 종속변수는 제3장에서 발전시킨 바 있는 보수주의 계층화 속성들을 보여주는 지표들이다.

우리가 검토하고자 하는 보수주의 체제의 특징들은 대체로 초기 시기에 (노동을 약화시키기 위한 노력 속에서) 제도화된 것들이다. 바로 그렇기 때문에 그런 특징들은 사회 속에 깊숙이 침투하여 구조적 요소로 자리 잡았을 터이며, 따라서 그런 구조적 요소들을 온존시키기 위해 애쓰는 이해관계 집단도 그 만큼 강고하게 형성되어 있을 것이다. 그러므로 비록 부적인 것으로 예측되었다 할지라도 가중 내각점유율(WCS)의 효과가 미미하고 유의미한 수준이 못 되는 것은 놀라운 일이 아니다. 우리는 이러한 결과에 대해 좌파 정당이 권력을 장악했을 때 (그리고 만일 장악하는 경우에), 그들이 유산으로 물려받은 조합주의와 국가주의를 근본적으로 바꿀 능력을 보유하고 있지 못하였다는 의미로 해석할 수 있다. 이러한 해석은 적어도 이전의 분석과 일치하는 것이다(Esping-Andersen and

Korpi, 1984).

그런데 보수주의적 계층화의 속성들은 가톨릭 정당의 강도 및 절대주의 두 변수 모두와 강력한 관련을 맺고 있다. 이것은 우리의 이론 전체가 예측한 바와 정확히 일치한다. 그럼에도 불구하고, 가톨릭 정당과 절대주의 이 양자가 상호 호환 가능한 정치세력이라고 믿어야 할 이유는 없다. 장기적으로 볼 때 강력한 권위주의와 절대주의 유산을 보유한 국가들에서 강력한 가톨릭 정당이 집중적으로 발견되는 경향이 있는 것은 사실이다. 그러나 그런 나라들이 전부 그러한 것은 아니다. 아일랜드와 네덜란드는 절대주의가 예외적일 만큼 약하다.

가톨릭 정당과 절대주의가 내세우는 사회정책의 원리가 어느 정도 서로 구분되는 만큼, 이 두 변수의 상대적인 영향력을 좀더 상세히 검토해 볼 필요가 있다는 것은 당연하다. '절대주의적–권위주의적' 사회정책은 국가가 중심적인 역할을 담당해야 한다고 역설하는 데 반해, 가톨릭주의가 표방하는 보충성의 원리는 민간조직들(주로 교회)이 사회 서비스의 공급에서 주도적인 역할을 해야 한다고 일관되게 주장해 왔다. 이 두 변수의 상대적인 중요성을 분리해서 검토하기 위해 우리는 두 가지 모델을 제시하고자 한다. 첫 번째는 가톨릭 정당의 강도와 절대주의 변수를 동시에 진입시킨 모델이고, 두 번째 모델은 두 변수의 상호작용 효과를 검증하고자 하는 모델이다.

보수주의 체제 = $-0.069C + 0.071$(가톨릭 정당) $+ 0.670$(절대주의)

$\quad\quad\quad\quad\quad$ (t = -0.07) $\quad\quad\quad$ (t = 2.26) $\quad\quad\quad\quad$ (t = 3.19)

이 가법모델은 변량의 57퍼센트를 설명하며(F = 12.47), 따라서 〈표 5-11〉에서 제시된 그 어떤 이변량 모델보다 설명력이 우월하다. 가톨릭주의와 절대주의 두 변수 모두 여전히 유의미하며, 두 변수는 모두 상호간의 관계에 상관없이 결과에 대해 독립적으로 기여하고 있다. 상호작용 관계(절대주의 × 가톨릭 정당의 강도)를 추가할 경우, 그것은 오히려 변수들의 유의도를 약화시키며, 모델의 설명력에 그 어떤 보탬도 주지 못한다. 이러한 결과는 어쨌든 두 변수의 상호작용 효과가 존재한다고 주장할 근거가 없다는 것을 보여준다. 상호작용 효과를 추가한 모델의 유의도가 크게 떨어진 것은 부분적으로는 모델의 '과부하' 때문이라고 할 수 있다. 겨우 18개 국가들로 구성된 표본에 기초하여 3개의 독립변수를 가진 회귀모델을 검증하려 보니 오차항이 너무나 커져버리고 만 것이다.

$$\text{보수주의 체제} = 0.426C + 0.035(\text{가톨릭 정당})$$
$$(t = 0.40) \qquad (t = 0.77)$$
$$+ 0.475(\text{절대주의})$$
$$(t = 1.74)$$
$$+ 0.005(\text{가톨릭 정당} \times \text{절대주의})$$
$$(t = 1.11)$$

요약하건대, 보수주의 체제로서의 '체제다움'을 추정할 수 있는 최선의 유일한 모델은 가톨릭주의와 절대주의 두 변수의 영향력을 가법적으로 결합시킨 모델이라고 결론지을 수 있다.

자유주의 체제

계층화와 관련된 자유주의의 특징으로 우리는 자산조사형 표적화가 두드러지고, 사적 시장에의 의존도가 높다는 점을 확인한 바 있다. 앞서 지적한 바와 같이, 자유방임 자유주의 정치세력을 측정하는 직접적인 척도를 발전시키기는 어렵다. 게다가 이전의 분석들에서처럼 구빈정책 변수를 대리변수로 활용하는 것도 배제될 수밖에 없다. 왜냐하면 이 변수는 종속변수를 정의하는 요소의 일부에 포함되어 있기 때문이다.

자유주의 복지국가 체제에 대한 우리의 검증 작업은 결국 '사회 민주주의화' 가설에 대한 직접적인 검증을 하는 외에 달리 도리가 없다. 즉 좌파의 권력동원이 자유주의 복지국가의 속성을 어느 정도나 약화시키는지를 검증하는 수밖에 없는 것이다.

| 표 5-12 | **자유주의 복지국가 체제의 계층화에 대한 횡단(OLS) 분석. 1980년**

독립변수	r	B	R자승[a]	F
1인당 GDP	0.524	1.326 (2.46)[b]	0.230	6.07
가중 내각점유율	−0.738	−0.200 (−4.38)	0.517	19.16
가톨릭 정당	0.100	N. S.	—	—
절대주의	0.000	N. S.	—	—

a. 조정된 R자승.
b. 괄호 안은 t 값.
출처 : SSIB data files.

〈표 5-12〉는 자유주의 계층화의 정도를 설명하는 데서 중요한 역할을 수행하고 있는 변수는 단 두 개의 변수, 즉 가중 내각점유율과 1인당 GDP 변수밖에 없다는 것을 보여준다. 가중 내각점유율은 예측한 바와 같이 자유주의에 대해 강력한 부적 영향을 미치고 있다. 반면에 1인당 GDP의 정적인 효과는 아무래도 허위적인 것으로 간주하는 것이 마땅할 듯싶다. 이미 지적한 바 있거니와, 가장 부유한 국가들이 자유주의 체제에 속할 가능성이 좀더 높기 때문이다(예를 들면 미국, 캐나다, 오스트레

일리아).

　좌파동원(가중 내각점유율)의 부적 효과는 우리가 보수주의 계층화를 분석했을 때 나타났던 것보다 훨씬 더 강력한 것으로 나타난다. 자유주의와 관련하여 가중 내각점유율은 변량의 52퍼센트를 꼬박 설명하고 있으며, 이는 좌파의 권력동원이 보수주의 계층화 요소보다는 자유주의 계층화 요소를 제거하는 데 잠재적으로 훨씬 더 효과적이라는 것을 보여준다. 이 점 또한 일찍이 예측한 그대로이다. 일반적으로 '절대주의' 국가들은 자유주의 국가들보다 시기적으로 훨씬 이른 시기에 사회정책을 도입하였다. 그 결과 보수주의의 원리는 아무래도 훨씬 더 강력하게 제도화되어 있을 것이고, 따라서 변화에 대한 면역성도 훨씬 더 강고해졌을 가능성이 있다. 이와 대조적으로 '자유주의' 국가들은 시기적으로도 늦을 뿐만 아니라 강도 역시 미온적으로 사회개혁에 착수하였으며, 그러다 보니 종종 좌파 정당이 집권세력으로 등장하여 사회입법을 도입할 수 있는 여지를 크게 남겨놓곤 하였다. 그러므로 이러한 경우, 좌파는 자신의 독자적인 원리에 따라 복지국가 발전을 주도해갈 수 있는 여지를 훨씬 더 많이 누리게 되었을 것이다.

　아래에 제시된 모델에서 우리가 GDP를 통제했을 때에도 가중 내각점유율의 부적 영향력은 여전히 결정적이다. 이 모델은 변량의 78퍼센트를 온전히 설명하며(F = 31.41), 이런 점에서 이 모델은 〈표 5-12〉의 이변량 검증 모델들 중 그 어떤 모델보다도 우수하다.

$$자유주의 체제 = -2.304C - 0.198(가중내각점유율) + 1.295(1인당 GDP)$$
$$(t = 0.90) \qquad (t = -6.44) \qquad (t = 4.52)$$

　이러한 결과로부터 우리는 두 가지 결론을 도출할 수 있다. 첫째, 자유주의 체제의 '체제다움'을 설명하는 가장 강력하고도 유일한 설명 요인은 가중 내각점유율의 부적 효과이며, 둘째, 가중 내각점유율과 1인당 GDP의 결합이 최선의 모델이긴 하지만, 1인당 GDP의 이론적 모호성을 감안할 때 이 모델은 해석에 어려움이 따른다는 점이다.

사회주의 체제

사회주의 체제에서 복지국가가 추구하는 연대의 지도 원리는 보편주의와 평등이다. 우리의 가설은 말할 필요도 없이 '사회주의'의 정도는 좌파 정당의 동원(가중 내각점유율)의 강도에 의존하며, 절대주의와 가톨릭주의는 그 '숙적'(宿敵)이라는 것이다.

〈표 5-13〉이 시사하는 바 또한 바로 이 점이다. 가중 내각점유율은 가장 중요하고도 유일한 변수로서 변량의 45퍼센트 이상을 설명한다. 절대주의와 가톨릭 정당의 권력은 유의미하지 않으며, 예상한 바와 같이 마이너스 부호를 보여준다. 결국, 좌파 정당의 권력이 사회주의 체제가 발전하기 위한 전제조건이라는 단순한 결론이 성립한다.

| 표 5-13 | 사회주의 복지국가 체제의 계층화에 대한 횡단(OLS) 분석, 1980년

독립변수	r	B	R자승[a]	F
1인당 GDP	0.036	N. S.	—	—
가중 내각점유율	0.698	0.115 (3.90)[b]	0.455	15.22
가톨릭 정당	−0.384	N. S.	—	—
절대주의	−0.359	N. S.	—	—

a. 조정된 R자승.
b. 괄호 안은 t 값.
출처 : SSIB data files.

결 론

우리는 지금까지 정치적 변수들이 복지국가의 특징에 끼치는 영향을 확인하기 위해 몇 가지 분석 단계를 거쳐 왔다. 그러한 분석의 결과들은 우리가 전제로 삼고 있는 이론적 논거에 상당한 근거를 제공해준다. 이제까지의 분석 결과들은 다음과 같이 요약할 수 있다.

첫째, 우리가 사회정책의 비구조적인 특징들에 초점을 맞춰 검토할 때, 정치와 권력의 영향력은 주변적인 수준에 머무는 반면, 경제적 변수, 그리고 특히 인구학적 변수는 중요한 역할을 수행한다는 것이다. 이러한 결과는 사회적 (그리고/또한) 사적 공여가 경제발전 및 인구 고령화와 보조를 맞추어 출현한다는 논거와 일치한다. 이것은 또한 사회지출 그 자체는 정치적인 주요 갈등 무대의 중심으로 부상하는 일이 거의 없다는 것을 시사하는 것이기도 하다.

둘째, 정치적 권력 관계가 설명력을 갖게 되는 것은 우리가 복지국가의 구조적 차이에 초점을 맞추기 시작할 때이다. 이 점은 연금제도와 관련해서 사실일 뿐만 아니라, 가령 탈상품화의 정도라든가 완전고용에의 헌신, 그리고 잔여주의 등과 같은 복지국가의 보다 일반적인 특징들과 관련해서도 마찬가지로 사실인 것으로 확인되었다. 노동계급의 권력동원과 가톨릭주의, 그리고 국가의 전통이 상호작용을 개시하는 것은 바로 이러한 쟁점들과 관련해서이다. 이제까지의 분석 결과에 따르면, 좌파 정당의 권력이 탈상품화와 완전고용에의 노력, 그리고 일반적인 사회 민주주의화 등에 결정적으로 중요하다는 것은 의심의 여지가 없다. 그리고 가톨릭 정당과 절대주의적 국가성의 역사적 유산이 조합주의라든가 국가주의의 편향성에 영향을 미친다는 점 또한 명백하다.

셋째, 우리는 또한 복지국가 체제와 정치세력 사이에 사뭇 뚜렷한 대응 관계가 존재한다는 것을 확인할 수 있었다. 보수주의적 계층화의 원리에 대해서는 가톨릭 정당의 강도와 절대주의의 역사가 그 상당 부분을 설명한다. 마찬가지로 사회주의적 계층화는 강력한 사회 민주주의에 의존한다. 그리고 끝으로, 강력한 노동운동은 자유주의적 복지국가 계층화를 저지하는 훌륭한 억제력인 것으로 생각된다.

그럼에도 불구하고, 자료를 구하기가 어렵고 방법론적 한계도 있었던 까닭에 우리가 채택한 이론이 예측한 바에 따라 분석을 진행하는 데는 어느 정도 무리가 없지 않았다. 권력의 영향력을 관계의 측면에서 분석할 수 있는 우리의 능력도 좌파 및 가톨릭의 권력과 각국의 국가형성 역사의 반영으로서 '절대주의'가 공동으로 행사하는 영향력에 분석의 초점을 맞추는 바람에 제한적일 수밖에 없었다.

이러한 선형 모델들이 달성하지 못한 것이야말로 궁극적으로 우리가 답변을 모색해야만 하는 문제들이다. 즉 정치권력은 결정적인 변수인가, 아니면 단지 허위적인 역사적 변수인가 하는 문제이다. 우리가 가령 탈상품화와 보편주의에 대한 노동계급 동원(가중 내각점유율)의 독자적인 영향력을 확인하고자 할 경우, 사회주의 정당은 어느 정도나 매개력으로 작용하는가? 특정한 복지국가 결과를 사전에 결정해버리는 또 다른 역사적 영향력은 존재하는가? 이러한 종류의 질문들에 답변하기 위해서는 복지국가의 발전에 관한 통계적인 분석에서 새로운 돌파구가 열리기를 기다리지 않으면 안 될 것이다.

제 2 부
복지국가와 고용구조

이 책의 제1부에서 우리의 관심은 복지국가의 핵심적인 차이들을 명확히 하고, 나아가 그러한 차이들이 세 가지 독특한 체제 유형을 만들어낸다고 하는 우리의 핵심 가설을 검증하는 데 있었다. 어떤 의미에서 우리는 사회과학에서 오랫동안 논란의 대상이 되었던 쟁점을 논의한 셈이다. 비교 연구를 위해 우리가 다음으로 해결해야 할 과제는 복지국가를 독립적인 인과변수로 설정하고, 그 복지국가가 수행하는 역할을 탐구하는 일이다. 즉 선진 자본주의에서 서로 다른 유형의 복지국가들은 사회적 · 경제적 행동에 체계적으로 어떤 영향을 미치는가? 우리가 제2부에서 답변을 모색하고자 하는 질문이 바로 이것이다.

가족과 사회 계층화, 사회조직 등을 다룬 사회학 문헌에 익숙한 사람들이나 노동시장에 관한 문헌을 연구해본 사람들은 그러한 문헌들에 복지국가에 관한 분석이 빠져 있는 사실을 어렵지 않게 알아차릴 수 있을 것이다. 그렇지만 현대의 스칸디나비아나 서구 유럽에서, 혹은 심지어 북아메리카에서조차도 복지국가는 사실상 모든 시민들의 일상적인 경험 속에 뿌리 깊이 배태되어 있다. 우리의 개인적인 삶은 복지국가에 의해 구조화되어 있으며, 그러기는 정치경제체제 전체 역시 마찬가지이다. 사실, 복지국가의 방대한 규모라든가 그 중차대한 역할을 감안할 때, 우리가 복지국가를 설명 모델의 일부로 끌어들이지 않는다면, 우리는 현대사회에 대하여 많은 것을 제대로 이해하기 어려울 것이다.

복지국가에 의해 직접 형성될 뿐 아니라 그 방향까지도 결정될 가능성이 높은 사회제도들은 많다. 그러나 그 중에서도 어쩌면 가장 중요한 사회제도는 노동생활과 고용, 그리고 노동시장일 것이다. 한편, 사회정책의 핵심 이념은 언제나 사람들이 생애주기 중에서, 그 중에서도 특히 노동능력을 상실할 때 직면하게 되는 긴급사태나 위험으로부터 사람들을 보호한다는 것이었다. 그리고 전통적인 최소주의 복지국가가 표방한 철학은 노동에 부적합하거나 노동능력이 없는 것으로 입증된 사람들에게 마지막 피난처로서 안전망을 보장해 해준다는 것이었다.

　다른 한편, 근대의 선진 복지국가들은 이러한 최소주의 철학을 의식적으로 폐기하고, 생애주기의 위험에 즈음하여 복지국가가 마땅히 수행해야 할 역할과 관련하여 완전히 새로운 원리를 신봉한다. 그 결과, 이제 선진 복지국가들은 흔히 사람들이 일자리를 찾아 일을 하고, 나아가서는 보수와 노동환경이 좋은 양질의 일자리를 구할 수 있도록 사람들의 능력을 최적화하기 위해 전력 투구한다. 이러한 복지국가들은 개인들이 노동생활과 가정생활을 조화시킬 수 있도록 해주고, 아이를 갖느냐 일을 하느냐의 딜레마를 해소할 수 있도록 해주며, 생산활동과 의미 있고 보람 있는 여가활동을 양립시킬 수 있도록 해주는 것을 그 목표로 한다. 적어도 일부 국가들에서 최근 수십 년 사이에 발전한 사회정책은 바로 이런 철학에 바탕을 둔 것이었다. 사실, 많은 현대 복지국가들의 정당성에 근거를 제공하고, 현대 복지국가에 대한 공동의 이해를 뒷받침하는 것은 다름 아닌 바로 이러한 철학인 것이다.

　그렇다고 해서 이러한 원리들에 대해 완전한 합의가 이루어져 있어서 더 이상 그 누구도 이의를 제기하지 않는다고 말하는 것은 아니다. 일부 보수 정당들과 많은 고용주들, 그리고 대부분의 경제학자들은 복지권이 노동유인을 왜곡한다거나, 정부가 적극 개입하여 고용성과를 개선하려 하는 것은 오히려 경제의 균형을 해칠 뿐이라는 식의 고전적인 우려를 아직도 떨쳐내지 못하고 있다.

이 책의 제2부에서 우리가 관심을 기울이는 문제는 복지 프로그램들이 노동유인 효과를 갖는지 어떤지를 따지는 데 있지 않다. 대신에 여기서 우리의 목표는 복지국가와 같은 핵심적인 제도가 전통적인 자신의 영역에서 벗어나 있는 사안들에 대해 어떤 영향을 미치는가를 탐구하는 데 있다.

앞으로 논의할 세 개의 장에서, 우리는 복지국가 체제에 관한 우리의 연구 결과를 적용하여 목하 고용영역에서 일어나고 있는 주요 변화에 대해 연구하려고 한다. 현대의 자본주의 경제가 일련의 근본적인 구조적 변화를 경험하고 있다는 사실에 이의를 제기할 사람은 거의 없을 것이다. 그러한 변화들 가운데 대부분은 아닐지라도 많은 것들은 노동생활에 대한 우리의 인습적인 관념들을 송두리째 뒤흔들고 있다. 여성들이 있어야 할 마땅한 자리는 이제 더 이상 가정이 아니라 노동시장이다. 그런가 하면, 복지국가는 노동능력이 있으면서도 노동하지 않는 수천, 아니 심지어 수백만에 달하는 사람들에게 급여를 지급하고 있다. 사람들도 대부분은 이제 더 이상 공장에서가 아니라 사무 공간이나 패스트 푸드 가게에서 일을 한다. 오늘날, 전형적인 노동자는 인생의 가장 많은 시간을 노동을 떠나서, 그러니까 가령 교육이라든가 여가 같은 활동을 하면서 지낼 수 있는 전망을 누릴 수 있다. 전후 시기의 낙관주의를 휘감고 있던 완전고용이라는 저 위대한 약속은 이제 거대한 먹구름으로 변해 대부분의 선진국들을 짓누르고 있다. 하지만 정치적 공약으로서 완전고용 그 자체 또한 혁명적 변혁의 물결에 휩싸여 있다. 베버리지 경과 그를 추종한 전후의 개혁가들은 완전고용 개념이 국민의 절반인 남성에 대해서만 적용되는 것으로 가정하고 있었다. 현대의 정치인들은 이제 더 이상 성 차별이 없는 완전고용을 실현하기 위해 전력을 기울이지 않으면 안 된다.

우리는 선별한 세 가지 쟁점에 초점을 맞추어 서로 다른 유형의 복지국가들이 고용 변화에 대해 어떤 영향을 미치는가를 탐구하고자 한다. 첫째, 제6장에서 우리가 추구하는 목표는 복지국가 체제 유형과 노동시장 행동의 전반적인 특성 사이에 어느 정도나 체계적인 관련성이 있는가를 탐구하는 것이다. 여기서 우리가 검토하고자 하는 핵심적인 가설은 복지국가의 특성들이 노동시장이 조직화되는 방식들에도 반영되어 있다는 것이다. 우리는 이러한 작업을 통해 우리의 세 가지 복지국가 체제들이 저마다 고유한 '노동시장 체제'와 일대일로 대응하고 있다는 것을 보여주게 될 것이다.

둘째, 제7장에서 우리는 전후 시기 동안에 완전고용을 유지할 수 있었던 각국의 능력에 복지국가가 얼마나 결정적인 영향을 미쳤는가를 검토하게 될 것이다. 그리고 마지막으로, 제8장에서 우리는 훨씬 더 광범하고 좀더 야심찬 과제로 눈길을 돌린다. 그것은 새롭게 부상하는 '포스트 산업' 사회에서 복지국가는 진행 중인 고용 변화와 사회 계층화에 어떤 영향을 미치고 있는가를 추적하는 것이다.

방법론에 대해 말하면, 이 책의 제2부에서 우리는 그간의 접근법과 다른 방법을 취하려고 한다. 18개 국가들을 비교 연구한 이제까지의 접근법 대신에, 앞으로 우리는 제1부에서 확인한 세 가지 체제들 각각에서 1개 국가씩을 표본으로 추출하여 3개 국가를 비교하는 전략을 취할 것이다. 미국은 자유주의 체제의 대표 역할을, 스웨덴은 사회 민주주의 체제의 대표 역할을 하며, 독일은 보수주의 체제를 대표하는 (완벽하지는 않지만) 편리한 전범으로서의 구실을 한다.

제6장

복지국가 체제와 노동시장 체제

    제6장의 목표는 복지국가와 노동시장의 상호작용에 대해 최초로 개념화를 시도하는 것이다. 우리의 이러한 작업은 다음과 같은 노동시장의 세 가지 기본적인 요소들을 주축으로 진행된다. 1) 사람들이 노동시장에서 이탈하여 복지국가 클라이언트가 되는 조건(이 경우에는 특히 퇴직에 초점을 맞춘다), 2) 사람들이 결근을 하면서 유급 보상을 요구하기 위한 조건, 그리고 3) 사람들이 일자리에 배치되는, 다시 말해 고용에 진입하는 조건, 이상 세 가지 요소들에 초점을 맞추어 그러한 상호작용을 분석하겠다는 것이다.

    만일 (복지)국가가 노동시장을 체계적이고 직접적으로 형성한다는 주장이 성립될 수 있다고 한다면, 그 당연한 귀결로서 복지국가 체제의 차이가 노동시장 행동의 국가별 차이를 만들어낸다고 예상할 수 있을 것이다. 이러한 견해는 표준적인 신고전파 경제학이 내세우는 지배적인 노동시장 모델과 모순된다. 신고전파 경제학은 전형적인 경우 노동시장을 폐쇄적이고 자율적인 체계로 취급한다. 이 체계에서 행위자들은 상호간에 분리되고 독립적인 존재로서, 그 무엇보다 일차적으로 가격 정보에 반응하여 행동한다. 신고전파 경제학의 표준적인 가정은 노동시장은 스스로 청소를 하고 그럼으로써 항상 균형을 향해 움직이리라는 것이다.

이같은 주류 경제학자들이 근대 복지국가의 영향력을 검토할 때는 일반적으로 다음과 같은 두 가지 주제에 초점을 맞춘다. 첫 번째 주제는 복지국가의 기반을 이루는 전반적인 '케인즈주의적' 수요 자극이고, 두 번째 주제는 복지국가가 임금과 노동공급, 혹은 노동비용에 영향을 끼침으로써 자동적인 청소 메카니즘(clearing-mechanism)을 왜곡할 수 있는 가능성이다. 신고전파 경제학 모델은 복지국가가 들어설 틈을 거의 남겨 놓지 않는다.

최근의 '제도주의' 경제학 모델에서는 이런 문제점이 그렇게 두드러지게 나타나는 것 같지는 않다. 그럼에도 불구하고 이 모델은 국가를 내생적 변수로서 검토하는 경우는 드물다. 이중노동시장 이론(dual labor market theories)*이나 노동시장 분절론(segmented labor market theories)*, 내부자-외부자 모델(insider-outsider models)*, 그리고 효율성 임금(efficiency wage) 계약이론* 등, 그 어느 이론이고를 막론하고 이 이론들은 주로 산업조직과 노사관계 제도에 분석의 초점을 맞춘다. 노동이동 행동이나 근속 기간, 그리고 보다 일반적으로는 노동시장 경직성과 계층화 등에 대해 복지국가가 어떤 역할을 수행하고 있는가를 설명하는 이론은 아직 출현하고 있지 않다.

최근 들어 일부 제도주의 경제학자들은 '사회임금'이 노동자 행동과 해고비용에 어떤 영향을 미치는가 하는 문제에 좀더 깊은 관심을 보이기 시작했다(Shore and Bowles, 1984; Bowles and Gintis, 1986). 이러한 시각은 좀더 체계적인 분석을 위한 최초의 발판을 마련한 것으로 평가될 수 있을 것이다.

경제학이 노동시장 행동과 사회정책 간의 관계를 깡그리 무시한 것은 물론 아니다. 미시적인 수준에서 사회임금이 노동공급과 노동이동에 끼치는 역유인 효과를 논의하는 문헌은 무수히 존재하며, 거시적인 수준에서 그러한 효과를 분석하려는 시도들도 일부 없지 않다(Danziger et al., 1981; Lindbeck, 1981). 또한 고용행동, 특히 여성의 고용행동을 조세법이나 사회 서비스 제도 따위의 정부 프로그램들과 관련지어 분석하는 문헌들도 눈에 띄기 시작했다(Blundell and Walker, 1988; Gustavsson, 1988). 그러나 일반적으로 이런 연구들은 복지국가를 당연한 존재로 간주하거나 아니면 시장의 자동청소 과정을 저해하는 장애물쯤으로 치부한다. 대부분의 연구들은 어느 한 국가를 연구 대상으로 하고 있으며, 전형적인 경우 분석 대상도 어느 한 정책 분야로 한정되어 있다. 이런 연구들의 목적은 사회적 급여가 해당 노동자의 노동공급에 어느 정도나 영향을 미치는가를 추정하는 것이다.

또한 우리의 접근법은 이와 비슷한 이유로 지배적인 사회학적 노동시장 모델들과도 궤를 달리한다. 사회학은 직업과 일자리 획득의 제도적 메카니즘을 연구해온 오랜 전통을 자랑한다. 한편, 사회학은 사회적으로 상속된 노동시장 이동기회라든가 양육환경과 교육 등의 매개 효과에 강조점을 두어 왔다. 그런가 하면, 사회학자들은 사회적 힘이 작용하여 노동시장의 행위자들이 a) 자율적으로 행동하거나, b) 일자리와 보상을 위한 경쟁에서 공평하게 출발할 수 있는 가능성을 차단한다는 이유를 들어 경제학자들의 견해에 비판을 가한다. 대신에 사회학의 연구 문헌들은 노동시장에 존재하는 사회학적 분단들을 확인해낸다. 가령 아버지의 계급 위치가 아들의 이동기회에 영향을 미치는 경향이 있다는 식이다(이러한 접근의 대표적 실례로는, Blau and Duncan, 1967; Featherman and Hauser, 1978; Jencks et al., 1982; Colbjornsen, 1986 등을 들 수 있다).

다른 한편, 사회학은 노동시장에서 작동하는 구조적 분단, 특히 산업

내지 기업의 내부와 그들 상호간에 작동하는 조직적 특징들에 초점을 맞추어 왔다(Berg, 1981; Baron, 1984; Baron and Bielby, 1980). 이러한 접근은 경제학의 이중 노동시장이론이나 노동시장 분절론과 거의 흡사한 사회학적 노동시장 이론들이다. 또한 직업사회학은 사회제도가 노동시장의 결과에 영향을 미친다는 점을 확인해 내기도 하였다. 예컨대, 직업적 지위에의 입직은 물론 그 안에서의 행동이 모두 기업의 독점적인 관행에 의해 결정되는 것이 그 전형적인 실례라는 것이다. 그러나 노동이동에 대한 교육의 효과를 제외하고, 사회학에서 일자리 획득을 복지국가와 관련시켜 분석하는 경우는 설사 있다손 치더라도 거의 없는 편이다.

최근 들어서야 사회과학은 노동시장의 성과와 관련하여 정부가 어떤 역할을 수행하는가 하는 문제에 좀더 깊은 관심을 기울이기 시작했다. 이러한 관심은 아마도 완전고용 성과의 국가간 차이를 결정짓는 요인들에 관한 최근의 연구들에서 가장 분명하게 엿볼 수 있다. 예컨대, 슈미트(Manfred Schmidt, 1982; 1983)와 테르본(Therborn, 1986b)은 적극적 노동시장 정책이나 케인즈주의적 수요관리, 노동조합의 구조 등이 어떤 역할을 하느냐에 따라, 그리고 각국의 신조합주의적 이익중재의 역량이 어떠하냐에 따라 완전고용을 유지할 수 있는 각국의 능력이 달라진다는 것을 보여준다. 서비스 부문의 고용성장에 관한 최근의 비교 연구들은 서비스 부문의 고용에서 나타나는 국가간의 차이를 설명하는 데 있어 복지국가가 결정적인 요인으로 작용한다는 점을 입증한 바 있다(Rein, 1985). 샤프는 조세 수준이 사회 서비스 고용을 확대할 수 있는 복지국가들의 능력을 설명하는 한 가지 요인이 된다는 것을 보여준다(Sharpf, 1985). 쿠색 등은 이것을 복지국가의 예산평성 구조와 관련지어 설명한다(Cusack, Notermans, and Rein, 1987).

그 수는 많지 않지만, 마르크스주의적인 관점에서 계급이론의 재개념화를 시도한 연구 또한 없지 않았다. 가령 반 파레이스는 날이 갈수록 늘어만 가는 일자리 없는 복지국가 클라이언트 집단을 하나의 독자적인 사회계급으로 설정하고 분석할 것을 제안한다(Van Parijs, 1987).

정치로부터 자율적인 노동시장이란 개념은 이데올로기에 의해 그 생명을 이어가고 시대착오적인 이론들에 의해 연명하고 있는 하나의 신화에 불과할 따름이다. 그럼에도 불구하고 하나의 신화에 불과한 그 개념은 역사적 실천 속에서 물질적 생명력을 획득하였다. 그리하여 사회정책은 노동시장의 메카니즘을 교란시켜서는 아니 된다는 전통적 규범이 확립되었다. 초기의 복지정책 설계자들은 노동시장에서 제대로 기능할 수 없는 사람들, 이를테면 노인이라든가 허약자, 환자, 실업자 등과 같은 사람들에 한해서만 사회적 보호를 제공해야 한다는 원칙을 단호하게 고수하였다. 복지정책이 노동시장에서의 행동 결정에 영향을 미치도록 해서는 안된다는 원칙은 '열등수급'의 이데올로기로 무장한 19세기의 구빈정책에서 명확히 드러났다. 뿐만 아니라 그러한 원리는 엄격한 보험수리 원리와 장기간의 고용 내지 기여 요건을 강요한 초기의 사회보험 입법들에서도 분명히 작동하였으며, 자산조사와 낮은 급여를 통해 노동을 하는 것이 복지에 의존하는 것보다 한계효용이 훨씬 높도록 했던 초기의 사회부조 제도들에도 그러한 원리는 분명히 스며들어 있었다.

전후의 사회정책을 검토해 보아도, 우리는 시장 불개입의 철학과 완전히 결별한 증거들을 찾아보기 어렵다. 영국의 베버리지 모델이나 스칸디나비아의 '인민의 집' 모델은 시장으로부터의 탈출을 부추기려는 의도에 기초한 것이 아니었다. 오히려 거꾸로 그러한 모델들은 노동시장에 대한 최대한의 의존을 조장하려는 목적에서 설계된 것들이었다. 그리고 사회행정의 전통이 발휘하는 지적인 영향력을 반영하여, 사회개혁은 복지국가와 노동시장의 분리 상태를 유지해야 한다는 것을 기본 원리로 내세우게 되었다. 이를테면, 각국의 정부가 제2차 세계대전 이후 '케인즈 플러스 베버리지' 모델을 실현하기 위해 전력을 기울였을 때에도, 그들은 관료제와 사회적 보호 행정을 노동시장으로부터 철저히 체계적으로 분리시키는 원칙을 고수하고 있었다.

비록 허구일망정 국가 및 사회제도로부터 노동시장을 철저히 분리시켜야 한다는 주장은 고전적 자유주의 이론, 특히 효율성과 평등의 상쇄관계에 관한 그 이론의 가정에 근거한다. 철저한 자유방임주의의 옹호자들이든, 아니면 밀(John Stuart Mill)이나 그에 뒤이은 알프레드 마셜(Alfred Marshall)과 같이 온건하고 이성적인 자유주의 정치경제학자들이든, 이 이론의 계열에 속한 이론가들은 평등을 증진시키려는 정부의 노력이 경제적 성과를 오히려 해칠 것이라는 데 대해 만장일치로 견해를 같이하였다.

그럼에도 불구하고, 우리의 이론적 선배들 중에는 제도야말로 이러한 상쇄관계 속에서 포지티브섬(positive sum)의 결과를 달성하는 데 꼭 필요한 (그리고 흔히는 바람직한) 수단이라는 것을 깨닫고 있던 선배들도 많았다. 예컨대, 우리가 앞서 살펴본 바 있듯이, 보수주의 정치경제학은 노동자를 상품으로 간주하는 발상에 대해 단호히 반기를 들었다. 자원배분의 효율성과 생산성을 요구하는 목소리에 맞서, 보수주의 정치경제학은 '노동전사', 곧 충성심과 단결, 위계체계 따위를 답변으로 내놓았다. 나치 독일은 자유로운 노동시장에 신뢰를 보내려 하지 않았으며, 대신에 사람들을 일자리에 배치하거나 징용하고 강압적인 작업 계획서를 앞세워 노동이동을 통제하는 쪽을 선호했다. 개혁주의적 사회주의 전통은 효율성과 최적의 생산성을 위해서는 단순히 교육받고 건강하며 영양이 좋은 노동자만 있으면 그만인 것이 아니라, 노동자들이 적정한 소득을 보장받을 때 오히려 근대화와 신속한 기술변동이 촉진될 수 있다고 주장했다.

이렇듯 우리 앞에 놓인 많은 이론적 · 정치적 유산들은 사회정책을 노동시장 행동에 필수 불가결한 요소로 간주하고 있었다. 그럼에도 당대의 과학이 이런 점을 무시하고 있는 것은 안타까운 일이 아닐 수 없다. 지난 수십 년 사이에 세 가지 소리없는 '혁명'이 전개되면서 복지국가가 노동시장에 직접 개입하게 됨에 따라 노동과 복지의 관계는 근본적으로 변화하였다.

세 가지 소리없는 혁명

전후 시기의 복지국가라는 건축물은 그 자체 경제성장과 완전고용에 관한 일정한 가정 위에서 건설된 것이지만, 이제 그 가정은 점점 시대에 뒤떨어진 것으로 변해가고 있다. 고도 산업주의 시대에는 한때 경제성장이 방대한 규모의 새로운 일자리를 창출해줄 것으로 기대할 수 있었다. 그러나 오늘날 우리는 일자리 없는 경제성장이라는 현상을 목격하고 있다. 이것은 일정한 투자 수준에서 완전고용을 관리하는 데 그만큼 어려움이 가중된다는 것을 함축할 뿐만 아니라, 복지국가의 재정에도 심각한 사태가 일어날 수 있다는 것을 뜻한다.

이러한 맥락 속에서, 완전고용에 관한 우리의 개념에 소리 없지만 중대한 혁명이 일어나고 있다. 베버리지(그리고 그와 시대를 함께 한 다른 나라의 인물들)가 완전고용 헌신에 뛰어들었을 때, 그들은 노동능력을 보유한 남성만을 완전고용의 대상이라고 생각하고 있었다. 전후 자본주의에서 일어난 가장 주목할 만한 사건은 완전고용의 토대가 확대되어 이제는 모든 여성은 물론이고, 나아가서는 일하기를 원하는 모든 사람을 망라하게 되었다는 것이다. 이는 완전고용을 보장해주어야 할 대상 인구가 대폭 증대하였으며, 나아가 그만큼 정치적 관리의 필요성도 크게 강화되었다는 것을 의미한다.

바로 이같은 새로운 딜레마가 등장함에 따라 전통적인 복지국가 프로그램들도 점점 새로운 목적에 복무하게 되었다. 예를 들어, 교육과 퇴직 프로그램들은 노동인구 중 경제활동에 종사하는 인구층을 감소시키는 효과를 낳는다. 그런가 하면, 복지국가 사회 서비스들은 새로운 노동력, 특히 여성 노동력의 신규 진입을 흡수하는 통로가 될 수 있다.

앞서 언급한 바 있듯이, 근대 복지국가는 노동시장과 복지국가 사이에 명확한 구분선을 그어놓고 그것을 고수해야 한다는 원칙에 입각하여 설계되었다. 따라서 복지국가는 노동능력을 완전히 상실한 사람들에게만 보호를 제공해야만 했다. 즉 누군가가 노동을 떠나 복지에 의존하도록 유도한다는 것은 복지국가의 가정 속에 전혀 들어 있지 않았었다. 여기서 다시 한번 소리없는 혁명이 일어나고 있다. 일례로, 퇴직 프로그램들이 단순히 개선된 데 그치는 것이 아니라 대폭 확장된 것이다. 가령 최근 들어 서구의 조기퇴직은 모르면 몰라도 수백만에 달하는 노동 능력자들을 노동시장을 떠나 복지국가에 의존하도록 유도하였을 것이다.

많은 국가들에서, 조기퇴직은 증대하는 실업문제를 해결하기 위한 대책으로 자리잡았다. 그러나 만일 복지국가가 노동생활을 떠나 퇴직으로 이행하는 대대적인 탈주극을 지원하는 경우, 복지국가는 분명 그러잖아도 쪼들리는 재정난에 더 한층 심한 압박을 받게 될 것이다. 조기퇴직은 또한 기업의 합리화와 재구조화를 위한 수단으로 복무하기도 한다. 이 대목에서 우리는 전체로서의 사회가 나서서 개별 기업의 경쟁력 강화를 지원하고, 심지어 재정까지 지원을 아끼지 않는 장면을 목격하게 된다. 그 결과, 기업의 미시적 합리성과 전체로서의 공동선 사이에 날로 긴장이 고조되고 있다. 어떤 점에서 복지국가는 미시 수준의 효율성을 지원하는 동시에 거시 경제적 비효용을 창출하는 셈이 된다. 이를 테면, 인적 자원의 능력을 과소 이용하게 한다던가 공공예산에 적자가 발생하도록 하는 경우가 그러한 비효용이다. 다른 한편, 복지국가가 노동시장 메카니즘에 대한 불개입이라는 고전적인 도그마를 고수했더라면, 각 국가들은 산업의 경쟁력을 유지하라는 심각한 압박에 시달리는 사태가 벌어졌을 것이다.

우리는 여기서 소리는 없지만 중요한 세 번째 혁명을 확인할 수 있다. 근대 복지국가는 더 이상 단순히 사회적 공여체계에만 머물지 않는다. 많은 국가들에서 근대 복지국가는 사실상의 고용 제조기(employment machines)로 등장하고 있으며, 흔히는 일자리 성장을 위한 거의 유일하고도 중요한 원천으로 부상하고 있다. 오늘날, 덴마크와 스웨덴의 복지국가는 전체 노동력의 대략 30퍼센트 정도를 고용하고 있다. 이 또한 다시 한번 노동시장을 자율적 유기체로 파악하는 이론으로부터 현저하게 벗어난 현상이 아닐 수 없다. 이렇듯 복지국가가 노동공급을 흡수하는 까닭은 비단 완전고용의 약속을 지키기 위해서만이 아니라, 복지국가 그 자체의 경제논리가 가능한 한 많은 사람이 노동할 것을 요구하고 있기 때문이기도 하다. 복지국가의 입장에서는 일을 하지 않는 사람들에게 보조금을 지급하는 것보다 잉여 노동력을 고용하는 것이 더 비용 효과적일 수 있다.

이런 사정들을 두루 고려하건대, 복지국가와 노동시장 사이에 새로운 유형의 관계가 등장하고 있으며, 그 새로운 관계는 아주 복잡한 긴장들을 내포하고 있다는 데 그 특징이 있다. 그 책임이 고용 증대를 향한 것이든 좀더 일반적인 경제적 목표를 향한 것이든, 복지국가의 전통적인 책임은 확장되었고 변화되었다. 그 결과, 사회정책과 노동시장은 서로 얽히고 설켜 상호 의존적인 제도로 탈바꿈하고 있다. 복지국가는 일정 정도 노동시장의 청소를 담당하는 주요 행위자가 되고 있다. 복지국가는 가족 프로그램을 통해서는 여성의 이탈을, 조기퇴직을 통해서는 고령자들의 이탈을 용이하게 해준다. 복지국가는 또한 건강과 교육, 그리고 복지 분야에 사람들을 고용함으로써 노동수요를 지원한다. 복지국가는 필요한 사회 서비스를 공급함으로써 여성의 노동공급을 촉진한다. 복지국가는 노동자들에게 유급휴가를 주고 일시적인 유급결근을 허용함으로써 사람들이 경제적 생산자로서의 역할과 사회적 시민으로서의 역할, 나아가서는 가족 구성원으로서의 역할 등을 조화롭게 수행할 수 있도록 도움을 준다.

우리는 아래의 소절들에서 노동생활과 사회정책이 서로 뒤얽혀 있음을 가장 명백하게 보여주는 세 가지 실례('창문')를 보다 면밀하게 검토할 것이다. 우리는 이 세 가지 실례를 노동계약을 구성하는 여러 요소들로부터 선별하였다. 첫째, 우리는 노동공급을 결정하는 제반 조건에 초점을 맞춘다. 즉 사람들이 노동력에 계속 남아 있을 것인지 아니면 이탈할 것인지를 결정하는 요인은 무엇인가? 여기서 우리는 주로 고령 노동자들의 퇴직행동을 경험적 연구의 분석 대상으로 삼을 것이다.

두 번째 창문은 노동계약에 즈음한 노동자의 행동을 결정하는 제반 조건을 검토하는 작업이다. 원칙적으로 노동계약은 노동시간과 보상의 상호 교환을 규정한다. 이 노동시간은 원칙적으로 고용주에 의해 '소유'되며, 노동자는 자신의 시간배분에 대해 이렇다 할 통제권을 행사하지 못한다. 이와 관련된 질문은 다음과 같다. 노동자들이 노동계약에 즈음하여 자신들의 선택권을 어느 정도나 행사할 수 있으며, 또 어떤 조건 하에서 그러한 선택권을 행사할 수 있는가? 요컨대 그들의 지위는 어느 정도나 탈상품화되어 있는가? 이러한 질문에 해답을 줄 수 있는 적절한 경험적 분석 대상은 유급결근이다.

이와 관련된 세 번째 창문은 노동수요, 곧 노동은 어떤 조건 하에서 고용에 진입하는가 하는 문제와 관련된다. 일부 예외가 없지 않지만, 지배적인 이론은 노동수요가 한계생산성과 노동가격의 함수라고 가정한다.

물론 케인즈주의 거시경제학 이론은 대부분 복지국가의 총수요 효과가 노동수요에 영향을 미친다고 가정한다. 경제학자들 또한 임금 보조금의 효과를 인정한다. 그러나 핵심 고용주로서 복지국가가 수행하는 역할에 대한 연구는 크게 미흡한 실정이다.

노동시장 이탈과 노동공급

사회정책이 노동공급에 영향을 미친다는 인식에 특별히 새로운 것은 전혀 없다. 그뢰브너는 퇴직의 원리가 실업문제를 관리하기 위한 수단이자 고용주로 하여금 생산성이 떨어지는 노동력을 정리할 수 있도록 해주는 메카니즘으로 등장하였다고 주장한다(Graebner, 1980).

경제학자들은 퇴직 현상을 여가-노동 상쇄관계의 함수로 파악하고 이를 연구하였다(Aaron and Burtless, 1984; Danziger *et al.*, 1981; Boskin and Hurd, 1978). 이런 종류의 연구들은 전형적인 경우 미시 수준에 초점을 맞추며, 따라서 미시 수준의 선택과 거시 수준의 결과가 상호 어떻게 관련되는지를 드러내주지는 못한다. 경제이론상으로 보아 비효율적일 수 있는 것(사람들이 연금급여라는 인센티브 때문에 노동보다는 여가를 선택하게 되므로)이 기업의 입장에서는 효율적인 것으로 전환될 수 있다(납세자들이 내는 세금을 재원으로 하여 생산성과 이윤을 증대시킬 수 있으므로). 거시 수준에서 볼 때, 조기퇴직은 노동공급을 감소시키는가 하면, 집합적 생산성을 증대시키기도 하고, 생산적 산출을 전혀 내놓지 못하는 활동(퇴직)에 자원을 낭비하기도 하는 등의 세 가지 현상을 동시에 유발하는 것을 의미할 수 있다.

기존의 학문적 연구들은 복지국가의 차이가 노동공급의 구조에 서로 다른 방식으로 영향을 미친다는 점에 대해서는 거의 관심을 기울이지 않았다. 고령 남성의 노동시장 이탈 행동에서 나타나는 국가간의 차이가 오로지 연금급여 수준의 상대적인 높낮이나 조기퇴직에 대한 접근의 용이성 정도에만 기인한다고 생각할 수는 없다. 조기퇴직을 향한 수요는 활용 가능한 대안들(시간제 노동, 보호고용(sheltered employment)*, 재훈련, 실업보험 등)의 존재 여부와 노사관계 제도의 성격(고용보장)에 따라, 그리고 해당 경제의 위상에 따라 달라지기 마련이다. 그런데 이러한 대안들의 존재 자체가 그 상당 부분은 복지국가의 활동에서 비롯된 것들이다.

조기퇴직의 이용 정도는 국가간에 놀라우리만치 커다란 편차가 나타나며, 그러한 편차는 지난 수십 년 사이에 꾸준히 증가해 왔다. 이 문제를 해명하기 위해서는 55~64세에 해당하는 연령집단 중 남성 노동자들에 초점을 맞추어 분석하는 것이 적절할 것이다. 대부분의 국가들에서 퇴직은 관행상 65세를 전후로 이루어지는 것이 보통이기 때문이다. 다만, 여성의 경우에는 가정주부라는 전통적인 역할 때문에 여성의 퇴직을 비교 연구하기가 어렵다. 〈표 6-1〉은 우리가 앞서 전개한 체제 유형과 노동력 이탈 간에 체계적인 관계가 있음을 시사한다. 즉, 북유럽의 군집은 낮은 이탈 수준을, 대륙 유럽의 군집은 높은 이탈을, 그리고 앵글로 색슨의 세계는 영국을 제외할 경우 중간 정도의 이탈을 특징으로 한다. 이러한 결과가 단지 연금 프로그램의 질적 수준과 조기퇴직의 이용 가능성이라는 두 변수만의 함수에 불과한 것일까? 어느 정도는 그렇게 보일 수도 있을 것이다. 그러나 독일과 네덜란드, 프랑스 등은 1970년 이후 유연한 조기퇴직 프로그램의 발전에서는 선두주자들이었지만, 조기퇴직을 이용하기 위한 접근성 면에서는 미국이나 영국, 캐나다 등에 훨씬 못 미치는 수준에 머물고 있었다. 게다가 우리는 노르웨이가 아직도 장애를 이유로 한 조기퇴직 프로그램만을 운용하고 있는 국가라는 사실에 대해서도 주목할 필요가 있다.

| 표 6-1 | 고령 노동자들의 노동시장 이탈 추세: 55~64세 남성 노동자의 노동력참가율(%)

	1960-62	1970	1984-85	변동폭
노르웨이	92	87	80	−12
스웨덴	90	85	76	−14
프랑스	80	75	50	−30
독일	83	82	58	−25
네덜란드	85	81	54	−31
캐나다	86[a]	84	71	−15
영국	94	91	69	−25
미국	83	81	69	−14

a. 캐나다의 경우에는 1960년 자료 대신에 1965년 자료를 활용함.
출처 : ILO, *Yearbook of Labor Statistics*, 최근호; 그리고 *National Statistical Yearbooks*.

연금 프로그램의 급여 수준을 강조하는 설명은 매력적인 복지급여가 퇴직을 유발한다고 보는 다른 연구자들의 연구 결과와 상통한다(Boskin and Hurd, 1978; Feldstein, 1974; Parsons, 1980; Hurd and Boskin, 1981). 그러나 또 다른 연구들은 정 반대의 결론을 내놓는다. 이것은 특히 비교 연구에 따른 결론의 경우에 그러하다. 헤이브먼트 등(Havement *et al.*, 1984)과 다이아몬드와 하우스맨(Diamond and Hausman, 1984), 팜펠과 바이스(Pampel and Weiss, 1983) 등은 국가간 연금급여의 편차가 퇴직행동의 차이를 설명할 수 없다는 결론을 제출한다. 특히 팜펠과 바이스는 경제적 근대화에 관한 정의와 측정 방법이 약간 모호한 구석이 없지 않지만, 어쨌든 퇴직은 주로 경제적 근대화의 함수라고 주장하였다. 그런가 하면, 다이아몬드와 하우스맨은 고령 노동자들의 실업이 중요한 의미를 갖는다는 점을 강조하였다. 예컨대 미국을 대상으로 하여 그들은 해고된 고령 노동자의 33퍼센트가 조기퇴직을 선택했는 바, 그 이유는 이렇다 할 고용 대안이 없었기 때문이라는 것을 확인한 바 있다.

퇴직행동의 패턴에서 두드러지게 나타나는 체제별 특성들을 명확히 하기 위해서는 좀더 깊이 파고들어갈 필요가 있다. 특히 두 가지 요인이 이 문제와 관련이 있을 것으로 보인다. 하나의 요인은 고령 노동자들이 장기실업에 처할 위험이고, 다른 하나는 퇴직소득을 보장받을 수 있는 가능성이다.

고령 노동자들이 장기실업에 빠질 가능성(즉 전체 실업 중에서 고령 노동자들의 장기실업의 비율)은 독일과 프랑스, 네덜란드, 영국 등에서는 매우 높았으며(35~50퍼센트), 스칸디나비아와 캐나다, 미국 등지에서는 상당히 낮았다(10~12퍼센트). 이러한 결과는 말할 필요도 없이 '실업관리' 가설을 확증해준다. 한편, 급여의 측면에서 보면, 캐나다와 미국의 연금은 급여 수준이 보잘것없고, 스웨덴과 노르웨이의 연금 입법은 연금 총액과 수급자격의 관대성의 양 측면 모두에서 대륙 유럽의 국가들에 비해 매우 양호하다. 그러므로 이 두 변수의 상호작용 효과를 검토해볼 필요가 있다. 고령자들을 위한 노동시장 기회가 열악할 경우에는 조기퇴직이 대규모로 일어날 수 있지만, 그러나 그것은 어디까지나 연금급여의 수준이 매력적일 경우에 한해서만 그러하다. 이것이 대륙 유럽의 시나리오이다. 급여가 양호한 수준이더라도 노동시장 조건이 양호한 경우에는 조기퇴직을 유발하지 않을 것이다. 이것은 스칸디나비아의 상황이다. 그리고 마지막으로, 급여가 제법 괜찮은 수준이더라도 노동시장 조건이 형편없이 열악하다면 조기퇴직을 유발할 수 있을 것이다. 이것은 영국에서 그러하다.

이처럼 노동시장 이탈이 실업위험과 퇴직급여라는 두 변수가 어떻게 결합하느냐에 따라 달라진다고 한다면, 우리는 복지국가의 역할을 좀더 폭넓은 맥락에서 검토하지 않으면 안 된다. 고령 노동자의 이탈 추세의 일부는 단지 조기퇴직 제도가 법제화된 시점(통상 1970년대 초반)에서 퇴직 기회를 노리고 있던 부분장애 노동자들의 잠재적인 집단이 존재하고 있었다는 사실에 의해서만 설명될 수 있다. 그러나 이것은 공통의 추세를 설명할 수는 있지만, 국가간의 차이에 대해서는 거의 설명하지 못한다.

실업과 퇴직의 관계에 영향을 미치는 두 번째 요인은 일할 권리(job rights)이다. 일할 권리가 강력하게 보장되는 경우, 고령 노동자라고 해도 쉽게 해고할 수 없다. 그러나 일할 권리의 차이는 퇴직행동의 차이를 거의 설명하지 못한다. 왜냐하면 일할 권리는 스칸디나비아와 대륙 유럽에서 대충 동일한 정도로 강력하고, 미국에서는 상당히 약하기 때문이다. 어쩌면 더 중요한 요인은 고령 노동자들이 실업의 위협에 노출되어 있는 상황에서 복지국가가 제시할 수 있는 대안들일 것이다. 바로 이 대목이 스칸디나비아와 대륙 유럽이 대조되는 지점이고, 이러한 대조가 양 진영의 차이를 가장 잘 설명해준다. 스웨덴은 적극적 노동시장 정책 체계를 통해 고령 노동자들에게 다양한 노동시장 대안들을 제공해주는 반면, 대륙 유럽의 국가들은 그렇지 않다. 스웨덴의 고령 (퇴직) 노동자는 시간제 노동이라든가 유급 재훈련, 보호고용 등과 결합된 부분 퇴직을 선택할 수 있다. 그러나 독일에는 이러한 선택지가 존재하지 않는다.

그러나 퇴직 관계는 1970년대와 1980년대에 걸친 실업 증가라든가 대대적인 산업 재구조화와 관련한 각국의 전략 속에도 배태되어 있다. 이 시기에 조기퇴직 제도가 경제위기에 대처한다는 특별한 목적 아래 도입된 경우는 거의 찾아보기 어렵다. 조기퇴직 제도가 위기관리 수단으로 활용되기 시작한 것은 통상 그 시기 이후의 일이었다. 노동조합이 강력하고 연공서열 규칙이 엄격하게 적용되는 국가들에서, 조기퇴직 제도는 고용주들로서는 하늘이 내린 선물이나 다름 없었다. 그러잖아도 고용주들은 노동력의 규모를 슬림화하고 늙고 생산성이 떨어지는 피용자들을 청소할 전략을 찾고 있던 터였다. 이리하여 조기퇴직 제도는 산업 합리화를 위한 전제조건으로 그 성격이 전환되었다.

그러나 조기퇴직(그리고 외국인 노동자를 본국으로 송출하거나 여성을 가정에 머물게 하는 등 노동공급을 감축하기 위한 다른 수단들)은 또한 완전고용을 유지한다는 보다 광범한 목적에 기여하기도 하였다. 특히 재정 및 통화 정책이 규제적이고, 적극적인 인력정책이 주변적인 수준에 머물고 있던 독일이나 네덜란드, 프랑스, 벨기에 같은 국가들에서 그러하였다. 이 나라들은 또한 정부의 사회 서비스 팽창에 대해 반대하고, 따라서 또한 복지국가 고용을 고용촉진을 위한 대안적인 전략으로 활용하는 데 대해 강력하게 저항하는 편향성을 보인다. 이와 대조적으로, 스웨덴과 노르웨이 같은 국가들은 노동공급을 감축하는 정책을 부적절한 것으로 생각했다. 현실적으로도 그럴 필요가 없었다. 이들 국가들은 1970년대에도 완전고용에의 헌신과 경기순환을 중화시키는 적극적 정책, 그리고 사회 서비스 고용의 대규모 팽창 정책을 구사하고 있던 터였다.

유급결근

질병과 그 관련 급여는 연금과 마찬가지로 원래 노동능력을 완전히 상실한 사람들에게만 도움을 제공하려는 의도에서 출발한 것이었다. 결근에 대한 유급보상의 발상은 질과 범위 양 측면 모두에서 획기적인 변화를 경험하였다. 대부분의 유럽 국가들에서 질병급여는 통상적인 수입에 버금가는 수준에 달한다. 일부 국가들, 특히 스칸디나비아 국가들은 이러한 입법을 통해 가령 질병과 출산, 육아(부와 모 양쪽 모두에 적용됨), 교육, 노동조합 기타 관련 활동에의 참여, 휴가 등을 두루 망라하는 다양한 우발적 사건들에 즈음하여 높은 급여를 확대함으로써 개인을 노동의무로부터 해방시킨다는 목표를 의도적으로 추구하였다. 각종 통제와 제한들이 철폐되거나 자유화되었다. 대기기간은 폐지되었으며, 의학적인 질병 진단서도 1주일 이상인 경우에 한해서만 요구되었고, 수급자격을 갖추기 위해 노동경험을 충족시켜야 할 필요도 없어졌으며, 급여도 상당히 장기간 동안 지급받을 수 있게 되었다.

유급결근에 대한 자유로운 접근이 고용주의 통제권 행사를 근본적으로 뒤흔들 수 있다는 것은 말할 필요도 없다. 그리고 그러한 이전급여가 '노동 역유인'의 쟁점을 논의하는 문헌들에서 단골 메뉴로 등장하는 것도 놀라운 일이 못된다. 많은 경우, 결근은 객관적인 노동 무능력 상태 그 이상도 그 이하도 반영하는 것이 아니며, 그런 점에서 역유인의 쟁점은 지엽적인 문제에 불과하다. 그러나 만일 노동자들이 자신들에게 제공된 프로그램들에 힘입어 일을 할 것인지 아니면 개인적으로 우선순위를 두고 있는 다른 활동을 추구할 것인지를 놓고 부족하나마 선택의 재량권을 행사할 수 있게 된다면, 사회정책은 고용계약의 논리 전체를 바꾸어놓게 될 것이다.

노동 역유인의 쟁점에 대한 해법을 모색하는 대부분의 연구들은 결근율이 전반적으로 상승하는 것은 기강 해이와 수급자격 확대의 함수라고 예측한다(Salowski, 1980; 1983). 그러나 결근 현상을 적절히 이해하기 위해서는 이런 요인들 외에도 또 다른 많은 설명들을 아울러 고려에 넣지 않으면 안 된다. 의학적 진단이 요구되는 경우에는 의학적 판단이 결정적인 의미를 갖게 될 것이다. 노동자들이 실업에 대한 두려움을 갖고 있거나 고용주란 놈이 깐깐한 경우, 사람들은 유급결근의 권리를 행사하지 않고 보류할 수도 있다. 노동조건이 열악한 경우, 그로 인해 빈번하게 질병이 유발될 수도 있겠지만, 동시에 그것은 또한 노동자들로 하여금 결근을 하나의 '대응 전략'으로 써먹도록 부추길 수도 있다. 역설적으로, 특히 납세자의 돈으로 결근보상 급여를 지불할 수 있는 경우, 상품 수요의 하락으로 악전고투 중인 고용주들이라면 '노동저장 전략'(labor-hoarding strategy)*의 일환으로 노동자들의 '결근'을 '장려'할 수도 있을 것이다. 끝으로, 노동자로서의 역할과 가족 구성원 내지 공동체 구성원으로서의 역할 사이에서 균형을 잡으려는 노동자들의 노력을 반영한 결과로 결근이 이루어질 수도 있다.

이렇듯 결근이라는 현상이 지극히 복잡 다단하다는 것은 분명하다. 거의 모든 경험적 연구들, 특히 각종 '역유인'의 문제를 논하는 연구들이 논란만 분분한 채 이렇다 할 결론을 내놓지 못하는 까닭이 바로 여기에 있다.

흔히들 상병결근이 지속적으로 증가해온 것으로 생각한다. 그러나 이는 사실에 어긋난다. 총계 자료는 1960년대부터 1970년대까지 상병결근이 급속히 증가하였음을 보여준다. 이것은 상병결근 프로그램의 존재를 결근 증가의 원인으로 보는 설명을 지지해줄 수도 있다. 왜냐하면 상병결근 제도가 자유화되고 개선된 시기가 전형적인 경우 바로 이 시기이기 때문이다. 미국에서 상병결근의 증감에 아무런 변화가 일어나지 않은 현상도 이같은 논거에 따라 해석될 수도 있다. 왜냐하면 미국이야말로 상병결근을 법제화하지 않은 유일한 사례이기 때문이다. 그렇지만 독일의 경우에는 1960년대 후반에 상병결근 프로그램이 혁신되었음에도 불구하고 결근률이 증가하지 않았다.

결근율의 국가간 편차는 놀라우리만치 크다. 최근의 OECD 연구는 국가들이 세 개의 집단으로 군집화된다는 것을 보여준다. 한 집단(스웨덴과 영국)은 상병 결근율이 매우 높은 집단으로, 노동자 1인 당 상병결근일 수가 연평균 20일에 달한다. 두 번째 집단(미국과 캐나다)은 결근율이 극히 낮으며, 노동자 1인 당 연평균 5일을 결근한다. 독일과 프랑스, 네덜란드 같은 국가들은 그 중간에 위치한 집단으로, 결근률이 대략 연평균 10~13일을 기록하고 있다(OECD, 1985). 이 연구는 또한 지난 수년 동안 결근율이 단선적으로 증가한 것은 아니라는 것을 시사한다. 사실 6개 국 중 5개 국에서는 1970년대 중반 이래 결근율이 계속 떨어지고 있다.

대부분의 연구들은 오로지 상병결근에만 초점을 맞춘다. 그러나 사실 복지국가가 노동시장 행동에 어떤 영향을 미치는가를 이해하고자 한다면, 상병결근에만 초점을 맞추는 것은 너무나 협소한 것이다. 우리가 시야를 확대하여 온갖 유형의 유급결근을 빠짐없이 포함시킬 경우, 결근율은 두 배로 껑충 뛸는지도 모른다. 〈표 6-2〉는 상병결근과 총결근(단 휴일과 휴가는 제외)에 관한 자료를 모두 제시하고 있다. 이 두 가지 자료는 총 노동시간에 대한 결근시간의 수를 비율로 표현한 것이다.

| 표 6-2 | 유급결근 : 총 노동시간 대비 연간 결근시간의 비율(%), 1980년

	상병결근	총결근	상병결근율
덴마크	3.9	8.8	44
노르웨이	3.2	7.0	46
스웨덴	4.3	11.2	38
프랑스	5.1	6.6	77
독일[a]	6.1	7.7	79
미국	1.3	—	

a. 독일 자료는 전체 취업자 수 대비 결근자의 수에 기초함.
출처 : 전국 노동력 표본조사 자료를 근거로 한 WEEP data files.

〈표 6-2〉는 스칸디나비아의 유급결근이 전통적인 이유인 상병에서 크게 벗어난 다른 이유들 때문에 일어난다는 것을 보여준다. 이 결과는 또 어찌 보면 복지국가가 나서서 피용자들로 하여금 노동계약의 범위 안에서 노동과 무관한 다른 활동을 추구하도록 유도하고 있음을 보여주는 것이기도 하다. 상병급여 이외의 프로그램으로서 유급휴가 다음으로 가장 큰 비중을 차지하는 것은 출산휴가와 육아휴가이다— 이것은 사실상 여성에게 노동생활과 출산의 양립을 가능케 해주는 프로그램이다. 이 점을 감안할 때, 〈표 6-2〉에 제시된 총계 자료는 스웨덴의 경우 날짜를 불문하고 취업 여성의 20퍼센트 이상이 유급으로 결근하고 있는 현실을 감추고 있다. 스웨덴은 여성의 노동력 참가를 극대화하는 것을 사회정책의 원리로 앞세운다. 그러한 원리는 80퍼센트를 상회하는 세계 최고의 여성 노동력참가율이라는 현실로 표현되고 있다. 그러나 그에 수반되는 비용이 높은 결근율로 나타나고 있다는 것도 부인할 수 없다.

스웨덴에서는 영유아 자녀(0~2세)를 둔 기혼 여성들의 노동력참가율이 전체 여성의 평균에 거의 육박할 만큼 높다. 그것은 1973년의 43퍼센트에서 1985년에는 82.4퍼센트로 급증했다. 그러나 바로 이 기혼 여성의 집단 중 거의 절반에 가까운(47.5퍼센트) 기혼 여성들이 날짜를 불문하고 결근을 하고 있다. 이것은 여성 평균 결근율의 두 배이며, 국가 전체 평균에 비해서는 4배나 높은 수치이다.

또 다른 연구에서 우리는 시계열적인 방법과 산업부문별 횡단적 비교 연구 방법을 동시에 활용하여 스칸디나비아에서 남성과 여성의 결근 행동을 연구한 적이 있다(Esping-Andersen and Kolberg, 1989). 우리의 연구 결과는 이 책에서 제시된 시나리오를 확증해준다. 여성들은 남성들에 비해 두 배에서 세 배나 결근할 가능성이 높을 뿐만 아니라, 그런 경향은 공공부문에서 가장 강하다. 공공부문에서는 날짜를 불문하고 여성 피용자의 30퍼센트 이상이 결근을 하고 있다. 이러한 결과는 우리가 종래의 방식으로는 결근과 노동의 문제를 제대로 분석할 수 없다는 것을 시사한다. 북유럽의 국가들에서 노동과 '여가'의 관계는 여성의 취업을 극대화하기 위한 조치들(공공부문의 고용과 노동공급을 촉진하기 위한 광범한 서비스들)에서부터 결근을 용이하게 해주는 다른 조치들에 이르기까지 아주 복잡한 복지국가의 활동망에 의해 결정되고 있다.

스칸디나비아 모델은 독일 모델과 대조될 수 있다. 독일의 결근율이 훨씬 낮은 현상은 여성의 노동력 참가 수준이 훨씬 낮고, 고령 노동자들의 조기퇴직률이 훨씬 높은 사정과 관련되어 있을 것이 틀림없다. 그러나 독일이나 네덜란드 같은 나라들은 그래도 미국에 비해서는 덜 당혹스럽다. 미국에서 여성의 노동력참가율은 거의 스칸디나비아 수준에 육박할 만큼 폭발적으로 증가하였다. 미국은 상병급여의 법제화도 이루어지지 않았고, 단체교섭에 의한 적용범위도 매우 불균등하며, 상병휴가나 출산휴가, 혹은 육아휴가에 대한 급여 수준도 보잘것이 없다. 그럼에도 불구하고 미국의 여성들은 모든 연령층에서 매우 높은 참가율을 자랑하고 있는 것이다.

스웨덴에서와 같이, 날짜를 불문하고 어림잡아 노동자의 15퍼센트가 결근을 하면서도 유급보상을 받는 경우, 노동시장의 논리가 순수한 교환원리에 의해서만 지배된다고 보는 이론은 더 이상 먹혀들기가 어려워진다. 통상적으로 노동시간으로 간주되는 시간의 상당 부분은 실은 '복지시간'(welfare time)인 것이다. 대안적인 선택지들의 범위가 매우 큰 정도 만큼, 스웨덴 사람들은 상대적으로 탈상품화되어 있다. 그들은 자신들의 시간을 고용주에게 곧이 곧대로 넘겨주지 않는다. 그리고 구매한 노동상품에 대한 고용주들의 통제권도 크게 제한을 받는다.

탈상품화의 가능성을 결정하는 사회정책의 특성들은 한두 가지가 아니다. 사회입법의 존재는 제1의 선결조건이다. 미국의 매우 낮은 결근율은 단지 법제화된 프로그램이 존재하지 않기 때문일 수 있다. 확실히, (노르웨이와 스웨덴의 0일에서부터 캐나다의 14일에 이르는) 대기기간과 의료 진단서 제출의 의무화도 중요한 요인이다. 스웨덴은 7일까지는 의료 진단서를 제출할 것을 요구하지 않는다. 노르웨이에서는 그것이 4일까지이다. 다른 나라들은 첫째 날부터 그러한 진단서를 제출할 것을 의무화하고 있다. 유급보상의 수준이 결정적으로 중요하다는 것은 말할 나위도 없다. 결근을 선택할 수 있는 재량의 정도는 결국 결근을 하고서도 노동자가 계속 자신의 생활수준을 유지할 수 있느냐에 달려 있기 때문이다. 나아가, 급여가 고용주에 의해 지급되느냐, 아니면 그 비용이 사회화되느냐도 매우 중요한 요인으로 작용할 것이 틀림없다. 독일과 미국에서는 고용주가 급여를 지급하는 데 반해, 스웨덴에서는 국가가 지급한다. 이것은 미시와 거시 수준의 효용 매트릭스에서 결근이 어떤 결과를 초래할 것인지에도 영향을 미칠 것이 분명하다. 스웨덴의 기업 입장에서 결근은 비용이 많이 들지 않으며, 사실 기업에 이익이 될 수도 있다. 그것은 불경기 때에는 상대적으로 비용이 덜 드는 노동저장 장치로 기능할 수 있다. 그러나 집합적 행위자로서의 스웨덴에게 그것은 거시경제 차원에서 완전고용을 극대화하기 위해 치러야 할 필요는 하되 값비싼 비용이 아닐 수 없다. 독일이나 미국과 같은 나라에서는 이같은 효용 혼합체가 다른 양상으로 나타나게 될 것이다. 고용주들에게 이 국가들의 체계는 결근을 최소화하도록 유도하는 유인동기를 제공해준다. 이것은 독일의 기업들이 여성 노동자를 채용하는 데 그다지 열의를 보이지 않으리라는 것과 함께, 가능하면 고령 노동자들을 퇴출시키도록 유도하는 유인동기를 추가로 제공하게 되리라는 것을 의미한다. 이렇게 본다면 독일에서는 결근 덕분에 거시경제 차원의 비용절감 효과를 거두고 있는 셈이지만, 그러나 그것은 어디까지나 저조한 인력 활용도와 무거운 연금부담을 대가로 지불하고 나서야 거두게 되는 효과이다.

고용주로서의 복지국가

국가고용은 그 자체로서는 전혀 새로울 것이 없다. 그러나 그것이 확대된 현상에 대해서는 그 의미를 새롭게 음미할 필요가 있다. 공공부문도 여타의 고용주처럼 임금을 지불하고 노동계약을 체결할 수 있지만, 그러나 그것은 진정한 시장은 아니며, 여기서 인습적인 시장 원리는 설사 작동하더라도 단지 주변적으로만 작동한다. 공공부문은 정년보장 임용이라든가 이윤동기(잉여가치라고 불러도 좋다)의 결여, 봉급 수령자로서의 지위, 전통적인 생산성 논리가 온전히 작동하지 않는 점 등을 특징으로 한다. 공공부문의 이런 특징은 노동시장에 관한 정통 경제학적 모델들이 이 부문에는 거의 적용되지 않는다는 것을 의미한다.

이전부터 해온 직접적인 고용주로서의 역할 말고도, 정부는 전통적으로 다양한 수단을 통해 고용진입에 영향력을 행사해 왔다. 그러한 수단들에는 일시적인 근로 프로그램, 임금 보조제, 총수요 관리 등을 비롯하여 산업 보조금과 전면적인 적극적 인력정책 등이 포함된다. 그럼에도 불구하고 복지국가가 노동수요와 고용배분에 어떤 영향을 미치는가를 연구할 수 있는 가장 직접적인 접근 방법은 복지국가가 고용주로서 어떤 역할을 하는가를 연구하는 것이다. 또한 복지국가가 노동시장에 대한 우리의 전래의 이해 방식을 가장 근본적으로 바꾸어놓는 것도 바로 이 고용주로서의 역할을 통해서이다.

그렇다면 고용진입의 과정과 노동수요의 구조를 형성하는 과정에서 복지국가는 어떤 역할을 수행하는가? 여기서 우리가 관심을 기울이고자 하는 대상은 공공부문 그 자체는 아니다. 우리가 복지국가와 노동시장의 상호작용에 관심을 두고 있다고 한다면, 공영 기업체라든가 운수 내지 통신 따위는 논의 대상으로 적절치 않다. 공공행정이나 사법체계 따위의 전통적인 영역도 그렇기는 마찬가지이다. 여기서 우리의 관심사는 국가마다 다른 사회복지의 집합적 기준이 고용배분 과정에서 얼마나 시장을 지배하는지 그 정도를 알아보는 데 있다.

국가간의 편차에 관한 기본적인 아이디어를 포착하기 위해 먼저 두 가지 지표를 검토해보자. 한 가지 지표는 사회 서비스 고용(건강, 교육, 복지 서비스 등) 전체에 대한 복지국가 사회 서비스의 비중이고, 다른 한 지표는 총고용에 대한 복지국가 사회 서비스 고용의 비중이다. 첫 번째 지표는 사회 서비스의 공사 혼합체를 측정하기 위한 지표이고, 두 번째 지표는 해당 국가에서 복지국가 고용의 전반적인 편향성의 정도를 측정해준다. 〈표 6-3〉을 보라.

여기서도 다시 한번 우리가 분석한 국가들은 군집을 이룬다. 복지국가 고용이 예외적일 정도로 방대한 규모를 과시하는 북유럽의 국가들이 하나의 집단을 형성한다. 이 국가들에서는 복지국가 고용이 전체 고용의 20~25퍼센트를 차지한다. 두 번째 국가군도 마찬가지로 동질적이다. 이 두 번째 국가군에 속하는 국가들은 사회복지 고용 그 자체의 발전이 매우 저조하며, 전체 고용분배에서 공공부문의 복지국가가 수행하는 역할도 단지 주변적인 수준에 머문다. 오스트리아와 독일, 이탈리아가 이 국가군에 속하는 가장 명백한 사례들이다. 그리고 세 번째 국가군은 복지서비스 고용이 제법 잘 발달해 있긴 하지만 그것이 민간부문에 의해 지배되고 있다. 이 국가군에는 오스트레일리아, 캐나다, 미국 등이 포함된다.

앞으로 제8장에서 고용 변화와 관련한 복지국가의 역할을 아주 상세

| 표 6-3 | 고용구조와 복지국가의 역할 : 건강, 교육, 복지 서비스(HEW) 고용의 전체 비중 및 공공부문의 비중, 1985년, %

	총고용 중 HEW고용 비중	HEW 총고용 중 공적 고용 비중	총고용 중 공적 HEW 고용 비중
덴마크	28	90	25
노르웨이	22	92	20
스웨덴	26	93	25
오스트리아	10	61	6
프랑스	15	75	11
독일	11	58	7
이탈리아	12	85	11
캐나다	15	44	7
영국	16	77	12
미국	17	45	8

출처 : WEEP data files.

히 살펴볼 계획이지만, 지금 이 시점에서 보더라도 이 세 개의 국가군이 우리가 앞서 전개한 세 가지 복지국가 체제 유형과 거의 완벽하게 일치한다는 것은 분명해 보인다.

체제 군집의 결정화(結晶化)

노동시장 이탈과 결근, 고용진입 등에 관한 우리의 논의에서 나온 증거들을 두루 살펴볼 때, 이런 증거들은 복지국가 구조가 노동시장 결과와 체계적으로 관련되어 있다는 우리의 논거를 상당히 강력하게 지지해준다. 첫째, 일부 국가들은 노동공급을 극대화하는 방향으로 크게 편향되어 있다. 이들 국가들에서는 고령 노동자들의 이탈률이 미미하고, 여성의 참가율은 매우 높다. 이런 점을 보여주는 대표적인 사례는 노르웨이와 스웨덴이다. 이와 대조적으로, 노동시장 이탈을 적극적으로 조장하고 노동공급을 감축하는 복지국가들이 있다. 독일과 네덜란드, 이탈리아와 프랑스 등이 이 집단에 속한다. 마지막으로 미국과 캐나다를 대표적 실례로 하는 세 번째 국가군이 있다. 이들 나라에서는 복지국가가 특별히 노동시장 이탈이나 여성의 고용참가를 조장하는 따위의 역할을 수행하지는 않는다. 두 가지 현상이 모두 일어나긴 하지만, 사회정책이 그 어떤 유인책을 제공하기 때문에 그렇다고 보기는 어렵다. 복지국가 정책이 모든 이야기를 다 설명해줄 수는 없을지 모르나, 아동보호와 관련 서비스 공여의 차이는 여성의 노동공급에 영향을 미칠 수 있으며, 이는 결근 프로그램이나 조세정책에 대해서도 마찬가지라고 말할 수 있다. 스칸디나비아에는 맞벌이 부부를 대상으로 하는 조세 역유인이 없다. 반면, 독일에서는 그러한 조세 역유인이 상당히 강한 편이다(Gustavsson, 1988).

그러나 사회 서비스 전달을 위한 복지국가의 노력은 이런 방식이 아닌 다른 방식으로 고용에 영향을 미치기도 한다. 스칸디나비아에서와 같이, 복지국가가 적극적이고 의도적으로 개입하여 사회 서비스의 팽창을 위해 노력하는 경우, 그것은 여성 고용에 대해 놀랄 만한 승수효과를 발휘하기도 한다. 사회 서비스는 여성들이 일하는 것을 가능케 해줄 뿐만 아니라, 여성들이 취업을 할 수 있는 방대한 노동시장을 새롭게 창출하기도 하기 때문이다. 이런 측면에서도 역시 스칸디나비아의 복지국가들은 한쪽 극단을 대표하고, 대륙 유럽의 국가들은 다른 쪽 극단을 대표한다.

앵글로 색슨 국가들은 전체 노동력참가율과 여성 노동력참가율이 모두 높지만, 복지국가의 직접적인 효과는 앞서 논의한 바와 같이 주변적인 수준에 그치는 사례들이다. 우리가 각각의 '창문'을 통해 확인한 국가별 행동 특징들을 종합해볼 때, 국가들의 군집화 정도가 강력하다는 것을 발견하게 된다. 이것은 복지국가 체제와 고용체제가 서로 대응하는 경향이 있다는 것을 시사한다.

　이러한 논의를 통해, 우리는 결국 이 연구에서 처음 제기한 가설을 지지해주는 근거들을 확인해낼 수 있을 뿐만 아니라, 복지국가를 근대경제의 조직화와 계층화를 산출한 근본적인 요인으로 간주해야 할 합당한 이유들도 발견할 수 있다. 앞으로 이어지는 경험적 분석을 통해 이 점이 확증된다면, 우리는 바로 그만큼 노동시장과 사회 계층화에 관한 그간의 지배적인 이론들을 재구성해야 하는 어렵고도 힘든 이론적 과제에 직면하게 될 것이다. 이 과제를 지금 당장 해결할 수는 없다. 다만, 지금 우리는 그러한 프로젝트를 수행하는 데 필요한 몇 가지 요점들을 확인할 수는 있다. 첫째, 한때 복지국가와 노동시장 사이의 명확한 분리를 창출하고 유지해온 경계선은 더 이상 작동하지 않는다. 복지국가의 '소리없는 혁명들'은 자율적인 시장 메카니즘이라는 이데올로기만이 아니라 그 현실까지도 아울러 효과적으로 붕괴시켰다. 그것은 비단 사회 프로그램들이 노동계약 내에서 이루어지는 노동공급과 노동수요, 노동과 여가의 상쇄관계에 대해 점차 영향력을 강화해온 때문만은 아니다. 진정 근본적으로 중요한 것은 노동시장의 청소 메카니즘을 의식적으로 변화시키는 방향으로 사회정책이 스스로 변화해 왔다는 것이다.

　소리없는 혁명들이 진행되는 과정에서 일어난 변화들은 결코 지엽적인 것들이 아니다. 잠시 우리의 '창문들'로 되돌아가 살펴보면 이 점은 명확해진다. 우선 고용 '이탈'의 창문부터 시작해보자. 경제이론에 따르든 역사적 실천에 따르든, 가격 신호는 기업과 노동자의 행동을 지배하는 핵심 메카니즘이다. 오늘날 적어도 많은 국가들에서 기업들은 그 수단이 조기퇴직이 되었든 실업이 되었든, 아니면 적극적 인력정책이 되었든 복지국가에 의존하지 않고는 노동을 합리화할 수도, 해고할 수도 없게 되어 있다. 노동자들이 사직이나 퇴직, 혹은 전직을 하기로 결정을 할 때 그들의 의사결정 역시 사회정책이 마련해놓은 메뉴에 따라 이루어진다. (일부 국가들에서 이제 전체 노동력의 절반에 육박해가고 있는) 여성들이 노동시장에 진입하기로 결정을 할 때에도, 그들의 의사결정은 훨씬 더 직접적으로 복지국가에 의해 지배된다. 이 경우 복지국가의 수단들에는 복지국가의 서비스 전달(아동보호)과 이전 체계(결근을 활용할 수 있는 능력), 조세제도, 복지국가의 노동수요(사회복지 일자리들) 등이 포함된다.

고용 '진입'의 창문으로 눈길을 돌려볼 경우, 그 이야기는 '이탈'의 결과를 거울에 비춘 것 같은 반대의 결과(mirror image)를 보여준다. 일부 국가들의 경우, '노동시장'의 3분의 1 이상은 통상적인 의미에서의 시장이 결코 아니다. 그것은 오히려 정치적으로 조직된 집합적 재화생산 체계에 다름 아니다. 물론 복지국가의 고용 또한 노동시간과 임금을 상호 교환하는 노동계약을 매개로 하여 이루어진다. 그렇지만 그 논리는 질적인 면에서 판이하다. 생산성 개념은 거의 통용되지 않는다. 임금은 어느 정도 정치적으로 결정되며, 일자리는 전형적인 경우 정년이 보장된다. 피용자들 또한 보통 자신들의 시간을 어떻게 배분하고, 어떻게 일하며, 일과 복지 중 어떤 것을 선택할 것인지와 관련하여 훨씬 더 많은 자율성과 자유, 그리고 권한을 누린다. 복지국가는 전체 경제의 노동시장 안에서 (어쩌면 덤으로 달라붙어 있는) 파트너가 아니라 사실상 그 자체가 독립적인 별개의 일자리 '시장' 내지 게토일 수 있다. 복지국가의 성장은 새로운 유형의 이중경제가 형성되는 조짐일 수도 있다. 그런데, 만일 이것이 사실이라면, 우리는 참으로 얄궂은 역설에 도달하게 된다. 즉, 근대 복지국가가 국가와 경제라는 전통적인 경계를 발생적으로 해체시키는 순간, 그 자리에 새로운 경계선이 들어서고 있다는 것이다. 이 새로운 경계선은 그동안 우리의 사회를 조직하고 우리의 정치를 동원하고 우리의 이론을 주조해온 저 유서깊은 산업적 계급갈등의 축을 대체할는지도 모른다. 사실 우리가 제8장에서 확인하고자 하는 바가 바로 이것이다.

제7장

완전고용을 위한 제도적 적응

완전고용을 둘러싼 제도상의 문제들

전후의 개혁주의적인 저술가들은 복지국가와 더불어 완전고용이 자본주의를 보다 인간적인 동시에 보다 생산적인 자본주의로 만들어줄 것이라고 예견하였다. 베버리지 같은 자유주의자들과 비그포르스(Wigforss)나 미르달(Myrdal) 같은 사회 민주주의자들도 이 점에 관한 한 기본적으로 견해를 같이하였다. 이들은 너나 할 것 없이 케인즈주의적 복지국가 정책의 추진을 신조로 삼고 있었다.

마이클 칼레키가 '완전고용의 정치적 측면들'이라는, 이제는 고전의 반열에 올라선 분석에서 해결하고자 했던 쟁점이 바로 이것이었다 (Michael Kalecki, 1943). 그가 파악한 바에 따르면, 문제의 요체는 자본주의가 어떻게 새로운 계급권력의 균형에 적응할 수 있느냐 하는 것이었다. 칼레키는 두 가지 서로 다른 대응 전략을 확인하였다. 그 하나는 안정화 정책으로서 '정치적 경기순환'(political business cycle)*을 선호하는 체제이다. 이 모델에서는 임금압박과 노동자의 기강 해이가 정부 주도의 불황에 의해 관리된다. 따라서 완전고용은 경기순환이 정점에 도달한 시기에 한해 간헐적으로만 달성된다. 아쉽게도 칼레키는 또 하나의 체제에 대해서는 모호한 태도를 취한다. 다만, 그는 완전고용 자본주의를 유지하기 위해서는 노동계급의 강화된 권력을 반영하는 새로운 사회적 · 정치적 제도를 발전시키지 않으면 안 된다는 주장을 내놓을 따름이다.

사적 기업의 존재와 더불어 완전고용과 사회정의에 대한 공적 헌신이 병존하는 경제에서, 제도적 조정의 쟁점은 재분배를 추구하는 노동권력이 어떻게 하면 균형잡힌 경제성장의 요구를 위협하는 사태를 피할 수 있을 것인가 하는 문제로 압축된다. 다시 말해, 문제의 요체는 잠재적인 제로섬 갈등을 어떻게 하면 포지티브섬적인 상쇄관계로 전환하여 지속적인 물가안정과 동시에 완전고용을 달성할 수 있을 것이냐 하는 것이다. 어떤 종류의 제도적 틀이 사적 기업과 강력한 노동조합의 공존을 가능케 해줄 것인가?

산업화된 선진 민주주의 국가들은 전후 시기에 접어들면서 예외없이 바로 이 문제에 직면하였다. 대부분의 국가들에서 평화를 향한 도약이 이루어질 수 있었던 것은 지속적인 완전고용에 대한 강력한 이데올로기적 헌신 덕분이었다―물론 말할 필요도 없이 이러한 이데올로기적 헌신은 (노르웨이에서처럼) 사실상의 헌법적 성격을 갖는 형태에서부터 (미국이나 서독처럼) 일반적인 선의(善意)의 형태를 띠는 경우에 이르기까지 다양한 방식으로 표출되었다.

이러한 공통된 약속에도 불구하고, 각 국가들이 헤쳐나가야 할 실천적 과제들은 저마다 다 달랐다. 영국이나 미국, 스웨덴 등과 같이 대전이 끝나자마자 완전고용에 수반되는 분배의 딜레마에 직면한 국가들이 있는가 하면, 전후 수년 동안 이런 문제들이 표면으로 떠오르지 않은 국가들도 있다.

현실의 세계에서 진정으로 완전고용이라 할 만한 성과를 지속적으로 유지한 경우는 시간적으로 일시적일 뿐만 아니라 그런 사례도 흔치 않았다. 전후 시기를 통틀어 실업 수준을 2~3퍼센트 이하로 일관되게 유지할 수 있었던 국가는 아주 극소수에 불과하였다(노르웨이, 스웨덴, 그리고 스위스). 대부분의 국가들에서 완전고용은 1960년과 1974년에 이르는 아주 짧은 기간에만 유지되었을 따름이다.

보르도냐는 (가령 노르웨이나 스웨덴과 같이) 완전고용 헌신을 실질적으로 강제하는 한 무리의 국가들을 한편에 놓고, 전형적인 경우 임금압박을 규제하기 위한 수단으로서 실업을 수반하는 스톱-고 정책(stop-go policy)*에 호소하는 국가들을 다른 한편에 놓는 유용한 구분을 내놓는다(Bordogna, 1981). 이것은 원래 칼레키가 제시한 체제 시나리오를 그대로 본뜬 구분에 다름 아니다. 그러나 전후의 발전을 놓고 볼 때, 이러한 구분은 새로운 문제들에 주목할 수 있게 해준다. 첫째, 이 두 가지 대안 체제 중에서 각국이 어느 한 체제를 선택한다고 할 때, 그런 선택을 조건 지은 요인은 무엇인가? 둘째, 완전고용 상태의 노동계급이 행사하기 십상인 임금압박을 억제하기 위해 각국은 어떤 제도적 장치를 채택하며, 또한 똑같이 중요한 점으로, 어떤 정책 수단을 채택하는가? 칼레키가 예견한 것처럼, 새로운 제도적 구조가 필수적인 요건일는지도 모른다. 그러나 그러한 제도적 구조가 만일 제로섬 갈등을 극복해줄 정책 수단을 산출하지 못한다면, 그것만으로는 충분하다고 할 수 없을 것이다. 셋째, 완전고용을 달성하기 위한 종래의 구상을 근본적으로 바꾸어놓는 적어도 두 가지의 결정적인 사태가 전개되고 있다는 점이다. 하나는 지구적인 경제통합이 출현하였다는 것이다. 따라서 (1950년대 후반에서 1973년에 이르는) 국제경제가 팽창하는 국면에서의 완전고용 쟁점과 1973년 이후 시기의 그것을 분석적으로 구분할 필요가 있다. 이런 관점에서 볼 때, 노르웨이나 스웨덴 같은 국가들이 1973년 이후에도 괄목할 만한 완전고용 성과를 과시하고 있는 모습은 특별히 주목할 만하다. 과연 이 국가들은 제도 구축과 정책해법에 의해 필립스 곡선(the Phillips-curve)*이라는 고르디우스의 매듭(the Gordian kont)*을 끊는 데 성공한 것일까? 다른 하나의 사태는 제6장에서 논의한 바와 같이, 여성들이 정상적인 참여자로서 노동시장에 대거 진출하면서 완전고용의 의미가 급진적으로 변하고 있다는 점이다. 이러한 사태는 통계적인 차원에서 완전고용의 적용 대상이 혁명적으로 증가하는 것을 의미할 수도 있다.[1]

제7장에서 우리의 분석은 비관적인 결론에 도달하게 될 것이다. (특히 1970년대 말 이래로) 제도적 적응과 정책 선택에 근본적인 차이가 있음에도 불구하고, 선진 자본주의적 민주주의 국가들은 한 가지 점에서 수렴하고 있는 것처럼 보인다. 즉, 그 어떤 국가를 막론하고 완전고용과 균형잡힌 경제성장을 동시에 보장할 수 있는 능력을 상실하고 있다는 것이다. 이 점은 '정치적 경기순환' 체제에 대해서는 말할 것도 없고, 저 내로라 하는 스웨덴과 노르웨이의 사례들에 대해서도 마찬가지로 해당된다. 사태가 이렇게 된 근본적인 이유는 (그 동안 자본주의에서 시도된 그 어떤 방식의 제도적 틀이든 그러한 틀 내에서는) 제로섬 갈등을 유효 적절한 교섭으로 유도하기 위해 동원할 수 있는 수단들이 제한되어 있는 사정과 관련된다. 그렇게 제한된 수단들의 범위 안에서나마, 복지국가는 지배적인 (그리고 문제가 있는) 역할을 수행하였다.

결국, 완전고용이라는 정책 목표를 추구하는 데 필요한 종류의 교섭 내

---

1 1950년에서 1980년 사이에 스웨덴과 미국에서 여성의 노동력 공급은 두 배로 증가하였다(스웨덴은 23퍼센트에서 47퍼센트로, 미국은 22퍼센트에서 40퍼센트로 증가하였다). 독일의 경우에는 여성의 경제활동참가율이 31퍼센트에서 34퍼센트로 성장하는 데 그쳤다(ILO, *Yearbook of Labour Statistics*, 1960 and 1983).

지 협약은 사적 기업이 재량권을 계속 유지할 것을 전제로 한다. 그런 만큼, 임금억제를 비롯한 여타의 희생을 이끌어내기 위해 동원할 수 있는 수단들은 주로 공공영역으로 한정되기 마련이다. 이런 점에서 사회정책이 분배투쟁의 해법을 모색하기 위한 핵심 무대로 등장하게 된 것은 놀랄 만한 일이 아니다. 그렇지만 이로 인해 복지국가는 이중의 굴레를 뒤집어 쓰게 되었다. 그러니까 복지국가는 완전고용 성과와 분배상의 조화를 **동시에** 책임져야 하는 이중의 굴레를 쓰게 되었다는 것이다. 그러나 차차 논의하겠지만, 이 두 가지 기능은 본질적으로 양립이 불가능하다.

전후 시기의 제도적 모델과 정책체제

대부분의 국가들에게 1930년대부터 1950년대에 이르는 시기는 사회 정치적 재편을 향한 역사적 분기점을 이루는 시기였다. 분배갈등을 관리하기 위해 새로운 제도적 장치들이 구축되었다. 몇 가지 서로 구분되는 모델들이 확인 가능하다. 저 유명한 스웨덴을 대표적 사례로 하는 하나의 모델은 강력하고 포괄적이며 중앙 집중화된 노동조합을 전제로 한다. 여기서 노동조합은 통상 집권(혹은 집권 능력을 갖춘) 노동 정당과 연합하여 국가의 중앙 수준이나 산업 수준에서 전개되는 대(對) 고용주 협상에 기꺼이 개입하였다. 스웨덴의 이러한 제도적 토대는 노동이 산업의 사적 소유권과 특권을 인정하는 데 기반을 두었으며, 이는 노동조합이든 노동당 정부든 민간기업의 의사결정에 누구도 개입하지 않는다는 것을 의미하였다. 따라서 이 모델에서 갈등은 사회적 생산물을 어떻게 분배할 것이냐와 관련된 쟁점으로 한정되었다. 간단히 말해, 이 모델에서는 공과 사의 경계를 허물기 위해 노동의 권력자원이 동원되어서도 안 되고, 또 동원될 수도 없다는 것이 인정되었다. 대신에 이 모델에서 노동의 권력은 완전고용과 사회권 양자에 대한 확고한 헌신을 이끌어냈다. 결국, 스웨덴 에는 강력하고 응집력이 있으며, 모든 계급을 망라하는 이익조직이 존재 하였기에, 무임승차자의 문제나 죄수의 딜레마(prisoner-dilemma)* 문 제를 거의 동반하지 않으면서 안정적인 '사회계약'의 제도적 장치를 구 축할 수 있었다. 분배갈등은 상당 부분 장기적 전망 아래 정교하게 구축 된 정치적 교환 양식에 의해 관리될 수 있었다.

전후 시기 제도적 재편의 또 하나의 기본적인 모델을 가장 잘 대표하는 사례는 아마도 미국일 것이다. 이 모델은 시장과 정치 양쪽 모두에서 계 급조직의 형성이 불완전하거나 파편화되어 있는 특징을 보인다. 분배 문 제를 둘러싸고 포괄적 협상을 벌일 제도적 수단이 결여되어 있다 보니, 무임승차자와 죄수의 딜레마 문제가 만연할 공산이 높고, 분배투쟁도 특 수주의적이고 시간적으로 근시안적인 경향을 보이곤 한다. 이와 같은 조 건에서는 노동은 노동대로 교섭에 임하여 이익 극대화 전략을 추구하기 쉬우며, 따라서 그럴 때마다 강력한 반(反)인플레이션 대책을 세워야 할 필요성도 그만큼 커진다. 게다가 고용주들은 노동운동을 제도적으로 인 정하지 않기 때문에, 노동운동의 강도 그 자체가 갈등의 대상이 된다. 이 런 종류의 체계에서는 노동의 조직권력이 사실상 경제의 균형성장을 가 로막는 최대의 걸림돌로 여겨지곤 한다.

이들 두 가지 양극단의 모델들은 올손(Mancur Olson, 1982)이 확인 한 바 있는 분배연합(distributional coalitions)*이나 슈미트가 제시하는 두 가지 완전고용 모델(Schmidt, 1987)과 아주 흡사하다. 이 모델들은 또한 각기 우리가 앞 장에서 확인한 복지국가 노동시장 체제들 가운데 하 나씩을 대표한다. 물론 이 양극단의 모델들은 그 사이에 존재하는 전후의 다양한 제도적 표현들을 보지 못하게 만드는 문제점이 있다. 대부분의 국가들은 전후 수십 년에 걸쳐 저마다 독특한 경로를 따라 발전하였으며, 그 결과 이 두 모델들이 복잡하게 뒤섞여 있는 양상을 보여준다. 그러나 이 장에서 우리의 과제는 제도적 모델들의 목록을 있는 대로 모조리 끌어내어 상론하자는 것이 아니라, 이처럼 서로 구분되는 '대조 사례들'이 완전고용 문제에 대한 해법을 어떤 방식으로 모색해 왔는가를 추적하자는 것이다.

아래에서는 거의 전적으로 다음과 같은 세 가지 체제, 곧 미국과 스칸디나비아, 그리고 독일에 초점을 맞추어 검토 작업을 진행해나갈 것이다. 특히 마지막의 독일에 대해서는 각별한 관심을 기울이고자 하는 바, 그 까닭은 독일이 1950년대 말에서 1960년대 초까지는 노동의 진출 이후 북유럽의 방향으로 이동하였으나 1970년대에 접어들면서는 반인플레이션 정책에 우선순위를 두는 방향으로 되돌아갔기 때문이다.

전후 시기 제도적 장치들의 결정화(結晶化)

제2차 세계대전 이후 많은 국가들이 사회 민주주의화라는 포괄적인 약속을 내걸고 등장하였다. 그러한 약속은 사회적 시민권에 헌신하고 실업을 철폐하겠다는 것을 의미하였다. 미국의 경우, 이러한 약속은 사회보장에서의 뉴딜개혁과 농업 보조금, 그리고 적극적인 고용촉진 정책 등에 의해 실현되었다. 루스벨트 대통령 치하의 민주당은 스스로 농민과 노동자의 연합에 의한 스칸디나비아의 '적록동맹'에 대응하는 미국판 적록동맹임을 자임하였으며, 정책 강령 면에서도 유사한 정당임을 자처하였다. 그러나 미국에는 '적색'이든 '녹색'이든 전국적 차원의 강력하고 응집력 있는 계급조직이 존재하지 않았다. 그 대신 동맹은 계급조직이 아니라 정치체계에 의해 매개되었으며, 그나마도 노동비용을 끌어올리고 흑인 집단의 해방으로 이어질 것을 우려한 남부가 복지와 고용정책에 끈질기게 반대하는 바람에 정치체계에 의한 동맹도 늘 취약한 상태를 벗어나지 못했다. 1936~37 회계연도에 루스벨트가 균형예산이라는 정통파의 재정원칙으로 복귀하기로 결정한 것은 기술적으로는 실패였는지 몰라도 정치적으로는 불가피한 것으로 받아들여졌다. 이러한 후퇴는 임금과 물가 동향을 냉각시키려는 의도에서 설계된 '정치적 경기순환'의 첫 사례라는 기록을 남기게 되었다. 게다가 대전 직후에 보수주의자들이 (강경하게 정식화된) 와그너 법(Wagner bill, 1935)*과 (그보다는 정도가 약한) 태프트-하틀리 법(Taft-Hartley act, 1947)*이 약속하고 있던 사회보장 개혁과 완전고용의 약속에 동시에 십자포화를 퍼붓기 시작하면서 이러한 뒷걸음질은 더욱 가속화되었다. 뉴딜정책이 체현하고 있던 근대 선진 복지국가를 향한 개척자적인 발걸음은 1945년에서 1950년에 이르는 시기에 이리하여 효과적으로 차단되었다(Skocpoll, 1987). 물가안정이 모든 정부의 최우선 목표로 제도화되었다. 그것을 달성하기 위한 주요 정책 조합은 특히 한국전쟁의 인플레이션 위협에 대응해야 할 필요가 대두하면서 반인플레이션적인 '정치적 경기순환'과 결합한 긴축 예산정책으로 표현되었다. 1960년대 중반에 이르기까지 복지국가는 전혀 진전되지 않았으며, 실업은 사뭇 높은 수준에서 헤어나지 못하였다. 연방준비은행의 정치적으로 상대적인 독립성은 물가안정이라는 장기적인 우선과제를 추진함에 있어 중요한 제도적 수단으로 작용하였다.

대전 직후 다른 나라들도 미국과 마찬가지로 비슷한 딜레마에 직면하였다. 영국의 전후 노동당 정부는 베버리지 계획의 노선에 따라 복지국가의 제도화를 도입하라는 강력한 명령과 완전고용을 유지하라는 마찬가지로 강력한 합의를 주도적으로 실천에 옮겼다. 이 두 가지 과제는 성공적으로 실현되었지만, 그에 촉발되어 인플레이션 압력이 날로 심해졌다. 노동당은 임금과 물가를 통제하는 소득정책(income policy)*을 실시하는 것으로 대응하였지만, 그것은 곧바로 노동조합의 이반을 불러왔다. 그렇지만 노동조합은 내적 응집력을 결여하고 있었다. 이러한 사실은 그 무엇보다도 우선, 눈앞의 임금과 미래의 이익 사이에서 실효성 있는 정치적 교환 내지 교섭을 꾸려나가는 것이 불가능하다는 것을 의미하였다. 둘째로, 그것은 노동조합 운동이 받아들일 수 없는 소득정책이나 끝없이 이어지는 스톱-고 정책에 맞설 수 있는 전략적 대안을 안출할 능력을 제도적으로 갖추고 있지 못하다는 것을 의미하였다. 영국과 스웨덴을 비교 연구한 히긴스와 애플이 주장하는 바와 같이(Higgins and Apple, 1981), 스웨덴의 노동조합총연맹(LO)이 출범시켰던 저 '포지티브섬' 해법은 시기도 같고 상황이 유사했음에도 불구하고 영국에서는 출현할 수 없었다 — 그것은 정책의 창의성이 부족했기 때문이 아니라 제도적 장벽 때문이었다.

북유럽의 사회 민주주의는 흔히 완전고용과 복지국가의 균형잡힌 성장모델로 묘사되고는 한다.[2] 북유럽의 국가들도 영국이나 미국과 마찬가지로 재분배 및 완전고용의 약속과 인플레이션의 악순환이라는 엄혹한 현실 사이에서 딜레마에 직면하였다. 규모가 작고 개방적인 북유럽의 경제에서 수요의 과열은 직접적이고 즉각적으로 국제수지의 위기를 불러오기 십상이다. 그러므로 과도한 임금압박으로 인해 경쟁력이 위기에 빠지는 문제가 발생한다. 그러나 각국이 처해 있는 상황은 이렇게 유사했음에도

---

2 전후 스칸디나비아의 모델과 아주 유사한 모습을 보여주는 정치경제 발전 모델이 네덜란드 모델이다. 네덜란드는 아주 유사한 복지국가 정책과 강력한 완전고용 헌신을 답습하였다. 뿐만 아니라 소득정책을 둘러싸고 인상적일 정도로 일관되게 합의를 구축하면서 인플레이션 없는 균형성장을 추구하였다.

불구하고, 북유럽의 사회 민주주의 국가들은 각자 서로 다른 방식으로 대응하였다.

덴마크에서는, 전후 제도가 구축되고 있던 중차대한 시기에 노동운동이 정치적 중심에서 밀려나 있었다. 완전고용 복지국가 프로그램을 통해 덴마크를 대공황의 위기에서 구출했던 적록동맹은 아무런 위력도 발휘하지 못했다. 강력한 (자유주의적 성향의) 농민층이 농산물 수출을 유지하기 위해 긴축예산과 물가안정화 정책에 집착하였기 때문이다. 그리하여 덴마크에서는 1950년대 후반 이후에 들어서야 비로소 복지국가 개혁과 완전고용이 정치적 해법의 일부로 등장할 수 있었다. (한국전쟁 기간 중에 발생한 것 같은) 간헐적인 임금 및 물가상승 압박은 영국이나 미국에서처럼 스톱-고 정책이라는 '정치적 경기순환'에 의해 관리되었다.

그리하여 결국, 자본주의적 민주주의 국가들 전체에서만이 아니라 스칸디나비아 내에서도 완전고용 헌신을 현실로 바꿀 수 있는 능력을 보여준 국가는 노르웨이와 스웨덴 단 두 나라뿐이었다. 이 두 나라는 덴마크와 더불어 1930년대에 사회 민주주의에서 돌파구를 찾음으로써 적극적인 복지 및 고용 정책을 실시하였다는 공통점을 갖고 있었다. 그 출발의 토대 역시 유사했다. 이 국가들에는 보편주의 이념으로 무장한 강력한 노동조합이 버티고 있었으며, 노동당이 농민과 노동자의 정치연합을 주도할 수 있는 역량을 보유하고 있었다. 그런 덕분에 처음으로 이들 나라에서는 사회 민주주의가 주도권을 장악할 수 있었다.

그러나 제도의 차원에서 덴마크와 결정적으로 대조되었던 점은 노르웨이와 스웨덴의 경우 노동운동이 훨씬 잘 통합되어 있어서 중앙 수준에서 교섭을 조정할 능력을 갖추고 있었던 반면에, 농민층은 정치적으로나 경제적으로나 좀더 주변적인 위치에 머물러 있었다는 점이다. 또한 덴마크와 달리, 노르웨이와 스웨덴의 노동 정당들이 정치지형을 지배할 수 있었던 것은 그에 맞설 대안으로서 통합된 부르조아 정치연합이 싹틀 수 있는 개연성이 아예 없었기 때문이다. 그러므로 이들 노동 정당은 완전고용과 복지국가 개혁 둘 다를 실현하라는 강력한 명령을 주도적으로 실행에 옮길 수 있었다. 영국에서와 마찬가지로, 이러한 명령이 실행에 옮겨진 것은 대전 직후의 시기였고, 그 때문에 노동운동도 이 시기부터 임금-물가 압박의 문제에 대해 좀더 지속성 있고 안정적인 해법을 모색하지 않을 수 없게 되었다.

스웨덴의 경우, 1940년대 후반에 들어 국제수지가 악화되면서 임금-물가 압박의 문제가 떠올랐다. 영국에서처럼, 사민당 정부는 소득정책을 통한 임금동결에 동의해줄 것을 노동조합에 요청하는 것 말고는 달리 뾰족한 대안이 없었다. 당연한 일이지만, 임금통제의 영향을 가장 많이 받는 것은 입지가 취약한 노동자들이며, 입지가 가장 유리한 노동자들에게는 그 효과가 가장 적기 마련이다. 이러한 사정 때문에 노동조합은 두 가지 문제점을 놓고 고심하지 않을 수 없게 되었다. 한 가지는 향후에도 계속 소득정책이 반복되는 시나리오가 성립하는 경우 그것은 어쩌면 노동조합 운동의 단결과 연대를 해칠 수 있다는 것이다. 둘째는 소득정책은 곧 임금억제를 통해 자본의 이윤에 불균등하게 보조금을 지불해주게 되는 것을 의미하였다. 그리하여, 고스타 렌(Gosta Rehn)과 루돌프 마이드너(Rudolf Meidner)가 설계하고, 노동조합 운동이 소득정책에 맞설 대안으로 추진한 적극적 노동시장 정책이 스웨덴에서는 완전고용을 향한 조정의 수단으로 등장하였다. 이 수단의 우수성은 그 단순성에 있었다. 즉, 임금압박이 전면화할 경우, 관대하고 적극적인 노동시장 프로그램을 가동하여 사양산업에서 쏟아져나오는 잉여 노동자들을 흡수하여 재훈련시키고 전직시키는 식으로 맞불을 놓겠다는 것이었다. 동시에 이 정책은 또한 역동적인 성장산업에 대해서는 높은 이윤과 함께 양질의 노동력을 풍부하게 공급하기 위한 목적에서 설계되었다. 마지막으로, 이 적극적 노동시장 정책은 부득이한 임금압박에 대해서는 (경기역행적인) 재정긴축을 통해 억제하면 된다는 가정을 깔고 있었다.

적극적 노동시장 정책을 적용하기 위해서는 두 가지 결정적인 제도적 조건의 충족을 전제로 하였다. 하나는 중앙 집중화되고 연대주의적인 노동조합 조직이 정부의 정책에 정치적으로 협조하는 입장에 서는 것이었고, 다른 하나는 고용주 측이 확신과 의지를 가지고 높은 투자 수준을 계속 유지하는 것이었다.[3] 이러한 제도적 전제조건들은 대략 1970년대까지는 충족되었으며, 그 결과 완전고용에 따른 임금압박의 문제에 대해 '포지티브섬적' 해결책을 적용할 수 있게 되었다.

노르웨이의 대응 전략은 스웨덴과 대동 소이하였으나, 또한 그 나름의 고유한 제도적 특성도 없지 않았다. 그 무엇보다 우선, 전후 노르웨이의 노동당 정부는 의회 내에서 절대 다수파를 향유하고 있었으며, 따라서 예외적이리만치 안정적인 정치적 합의를 동원할 수 있었다. 사실, 부르조아 정당들은 복지국가와 완전고용의 실현을 위해 헌신할 것을 서약한 전후 합의서의 공동 서명자였다. 제도적 장치들 역시 시작 단계에서부터 '신조합주의적'인 이익중재를 목표로 설계되었다 — 정부 산하의 위원회가 노동조합과 공동 협의를 거쳐 경제성장 목표에 연계한 임금 가이드라인을 설정하곤 하였다. 임금 가이드라인의 준수를 강제하기 위해 가장 중요한 수단으로 정부는 산업의 신용과 투자에 대한 강력한 통제권을 동원하였다. 따라서 노동조합은 자신들의 임금억제가 투자 확대를 불러올 것이라고 확신할 수 있었다. 이런 의미에서, 정부에 의한 신용정책은 스웨덴의

---

3 사실상, 이 모델은 또한 고용주들이 고도로 조직화되어 있어 응집력을 발휘할 것과, 사양산업 부문에 있는 '보다 취약한' 자본가들의 정치적 발언권이 미미할 것, 이 두 가지를 전제로 한다. 이 두 가지 전제조건이 충족될 때 중앙집중적인 연대임금 교섭이 작동할 수 있는 것이다.

적극적 노동시장 정책의 노르웨이 판이었던 셈이다. 두 정책 모두 완전고용을 향한 노동의 교섭권력을 포지티브섬 방향으로 유도하기 위한 목적에서 설계된 것이었다. 두 정책 모두 다음과 같은 제도적 상황에서만 적용이 가능하다. 즉 노동과 자본이 조직 내부의 합의를 통제할 수 있고, 이를 발판으로 상대적으로 장기 전망에 기초한 정치적 교환을 할 수 있는 역량이 있으며, 나아가서는 정부 측과 조율하여 협소한 이익을 국가적 이익으로 전환시킬 수 있어야 한다는 것이다.

독일은 전후 발전의 세 번째 판형을 대표한다. 저 유명한 '사회적 시장'(social market)* 모델이 물가안정 속에서 급속한 경제성장을 이룰 수 있었던 것은 자유방임적 시장 상황과 긴축적 재정·금융정책의 결합에 그 비결이 있었다. 긴축적인 재정·금융정책이란 공공예산이 GDP보다 더 빠른 속도로 증가하는 것을 명시적으로 금지하는 정책이었다. 그러나 이런 정책들은 유리한 제도적 조건들의 도움을 받지 못할 경우, 자칫 실패로 돌아가기가 십상이다. 전후 독일의 유별난 상황(외국에 의한 점령, 대규모의 파괴, 국토의 분단)을 논외로 한다면, 결정적으로 중요한 조건은 다음의 세 가지 요소로 압축할 수 있다. 첫째, 독일의 중앙은행 '분데스방크'(Bundesbank)가 자율성을 확보하고 있었기에 긴축적인 금융정책을 통해 임금과 공공지출의 성장을 억제하기 위한 기본적인 제도적 수단으로 기능할 수 있었다. 둘째, 사회민주당과 노동조합이 똑같이 사실상 주변화되어 있었으며, 이는 재분배를 향한 압력이 약한 상태에 머문다는 것을 의미하였다. 셋째, (동유럽으로부터) (양질의) 인력이 지속적이고 대규모로 공급되고 있었던 탓에, 노동운동은 오랫동안 강력한 임금압박을 행사하지 못하였다. 이 마지막 요소와 관련하여, 독일의 처방은 (남부의 노동력에 의존할 수 있는 이점을 누리고 있던) 이탈리아의 그것과 유사하며, (히스패닉의 노동력을 끌어들일 수 있는 이점이 있는) 미국의 그것과도 어느 정도는 상통한다.

　노동공급의 양이 산업의 일자리 증대 속도를 능가하는 한, 독일의 '경제기적'은 인플레이션을 유발하는 임금압박이나 대대적인 사회개혁을 단행하라는 정치적 요구에 시달리지 않으면서 탄탄대로를 걸었을지도 모른다. 그러나 1960년대 초 노동공급이 고갈되면서 제도적 재편의 필요성이 대두하였다.

　새로이 등장한 노동의 재분배 권력에 대한 제도적 적응은 1966년 기독민주주의자들(기독민주연합, CDU)과 사회 민주주의자들(사회민주당, SPD) 간에 '대연정'이 형성되는 것으로 시작되었다. 루드비히 에르하르트(Ludwig Erhard)의 신자유주의적 정통파 경제이론이 퇴장하고, 그 자리에 **'총체적 조정'**(*Globalsteuerung*)을 강조하는 쉴러(Schiller)의 케인즈주의가 들어섰다. **'협조행동'**(*Konzertierte Aktion*)*이야말로 완전고용이 수반하는 피할 수 없는 임금압박을 규제할 수 있는 능력을 발휘해 줄 것이라는 믿음이 광범하게 확산되었다. 협조행동은 노동조합과 고용주, 정부의 삼자가 분배 목표를 조율할 수 있는 제도적 틀을 마련하자는 취지에서 도입되었다. 독일 정치의 재편은 1969년 사회민주당과 자유민주당의 연정이 형성되면서 두 번째의 결정적인 단계로 접어들었다. 이 정치연합은 새로운 권력 구도에 적응할 목적으로 설계된 정책 수단들의 발전을 촉진하였다. 그 가운데 가장 중요한 것은 스웨덴식 적극적 인력 프로그램과 사회적 급여 프로그램의 대폭적인 개선이었다.

완전고용의 국제적 수렴화

　완전고용의 국제적 수렴화는 1960년대에 접어들면서 나타나기 시작했다. 수렴화의 진행 과정을 더듬어볼 때, 각국은 그 제도적 체계들이 근본적으로 서로 분기화되어 있었음에도 불구하고 조절 수단을 선택함에 있어서는 놀라울 정도의 유사성을 보여주었다. 복지국가는 그 무엇보다도 분배갈등에 따른 교착상태와 위협적인 임금압박에 대처하기 위한 출구로서 등장하였다. 완전고용이 실현되자, 노동은 전후 처음 맺었던 '사회계약'에 대해 재협상할 것을 요구하고 나섰다.

실업 수준은 1950년대부터 1960년대에 걸쳐 급격히 떨어졌다. 1950년에서 1960년에 이르는 10년 사이에 미국은 평균 4.5퍼센트였으며, 독일은 4.6, 덴마크 4.3, 노르웨이와 스웨덴은 각각 2.0과 1.8퍼센트였다. 미국을 제외한 나머지 국가들은 1960년대 전반에 걸쳐 대략 1.5~2.0퍼센트의 실업 수준으로 수렴하였다.[4]

제2차 세계대전의 시점까지 거슬러 올라가 임금압박의 추이를 시계열적으로 보여주는 자료를 구축하는 일은 쉽지 않다. 그러한 자료에 필적할 만한 측정 방법은 제조업 내 시간당 산출고의 연간 변동에 대한 시간당 보상의 연간 변동의 탄력성을 계산하는 방법일 것이다. 그러나 어느 한 해에 높은 탄력성을 보여준다고 해서 그것이 반드시 임금압박이 있었음을 보여주는 증거는 아닐 수도 있다. 그것은 단지 협상에 의한 임금인상의 초기 효과를 보여주는 것뿐으로, 이듬해에는 그 초기 효과가 흡수되어 사라져버릴 수 있기 때문이다. 그러므로 이 문제를 극복하기 위한 한 가지 해결책은 2년 이상 유의미하게 높은 탄력성이 나타나는지 여부를 확인하는 것이다. 〈표 7-1〉은 선정된 국가들을 대상으로 그러한 임금압박이 나타난 시기를 개관하고 있다. 1950년대의 시기에 유의미한 임금압박이

---

4 1960~7년의 기간 동안 OECD 전체의 평균 실업률은 3.1퍼센트였고, 1968~73년의 기간에는 3.4 퍼센트였다. 미국은 1964년 이후 처음으로 실업률이 급격히 떨어지기 시작했다(OECD, *Historical Statistics*, 1960~83, Paris, OECD; Maddison, 1982).

나타난 사례는 (완전고용이 달성되었던) 스웨덴과 (실업 수준이 기록적으로 낮은 3.2와 2.9퍼센트를 보였던) 1951~2년 어간의 미국뿐이다. 이 시기 외에 이 두 나라의 유의미한 임금압박은 다른 국가들에서와 마찬가지로 1960년대에 고개를 들기 시작해 1969년에서 1973년의 어간에 정점에 달하였다(Flanagan *et al.*, 1983; Ulman and Flanagan, 1971; Crouch and Pizzorno, 1978; Sachs, 1979).

| 표 7-1 | 스웨덴, 미국, 독일에서 유의미한 임금압박의 발생, 1950~83년

	유의미한 임금압박 연도	유의미한 임금완화 연도
스웨덴	1951~2	1955~7
	1957~8	1959
	1971~2	1963~5
	1975~7	1967~8
		1973~4
		1978~80
		1982~3
독일	1962~3	1953~4
	1970~1	1959
		1967~8
		1976
미국	1951~2	1962
	1965~7	1968
	1969~70	1971
	1972~4	1976~7
	1978~9	1981~3

임금압박은 제조업의 시간당 보수의 연간 변동률을 남성의 시간당 제조업 산출고의 연간 변동률로 나눈 값으로 정의된다. '유의미한' 임금압박(혹은 완화)은 추세선(trend-line)*으로부터의 실질적인 편차를 구함으로써 확인된다. 국가들마다 나름의 독자적인 추세가 있기 때문에 결정 방법은 각각의 추세선에 맞추었다.
출처 : OECD, *National Accounts, detailed tables*, 최근 각호(Paris, OECD).

1960년대의 임금압박 심화는 이윤율 저하와 인플레이션, 그리고 국제수지 악화 등과 동시에 일어났다. 이 새로운 상황에 맞서 네 가지의 주요 대응 전략들이 발전하였다. 그 한 가지는 지나치게 과열된 경제를 진정시키기 위한 디플레이션 정책이었다. 1963년의 이탈리아와 프랑스, 덴마크, 1965년의 서독, 1966년의 영국과 스웨덴 등이 이러한 대응 전략을 시도하였으며, 여기에 평가절하를 포함시킨다면, 1967년의 영국과 덴마크, 노르웨이도 이 범주에 들어간다. 이러한 디플레이션 조치는 일차적으로 갑작스런 국제수지 악화에 대응하기 위한 조치였으며, 독일의 경우를 제외하고 이런 조치들은 상대적으로 온건한 수준이었다. 어쨌든 그렇다고 해서 이런 조치를 두고 칼레키가 말하는 '정치적 경기순환'의 논리로 복귀한 것으로 해석하는 것은 곤란하다. 그것은 다만 위기 극복을 위한 일회성 대책이었을 뿐이다.

두 번째 대응 전략은 소득정책으로, 이 정책 범주에는 명시적이고 포괄적인 협상에서부터 노동조합의 자제를 설득하기 위한 좀더 애매하고 간접적인 노력들까지가 두루 망라된다. 전자의 방식을 예시해주는 초기의 선두주자는 1963년 덴마크의 '일괄타결 교섭'이었다. 이를 통해 덴마크 정부는 일체의 유력한 이익조직들과 협상에 임하면서 민간부문에서 소득과 소비를 억제해주는 데 대한 보상으로 전국민을 위한 일련의 사회복지 급여를 종합적으로 제공하였다. 이것은 완전고용 압력이 어떻게 하여 복지국가 팽창으로 귀결되는지를 보여주는 개척적인 실례라고 할 수 있다.

실효성 있는 소득협상을 추진할 수 있는 능력은 계급조직의 응집력과 정치적 교환의 역량에 따라 국가마다 다양했다. 1964년 프랑스의 시도는 공공부문의 노동자들만을 대상으로 하였으며, 그것은 그들의 임금을 억제하게 되면 그것이 민간부문으로까지 확산될 것이라는 기대를 반영한 것이었다(그러나 실제로는 그렇게 확산되지 않았다). 프랑스의 이러한 소득정책은 수년 동안 적용되었으며, 그것은 결국 1968년 사회 전체를 뒤흔든 대파업과 임금폭등을 촉발하는 계기로 작용하였다(Ulman and

Flanagan, 1971; Crouch and Pizzorno, 1978). 영국도 1966년에 법제화된 소득정책을 (6개월간의 임금동결을 포함하여) 적용하였지만, 프랑스에서와 마찬가지로 줄파업을 야기하고 영국노총(TUC)과 노동당의 관계만 악화시키는 것으로 끝나고 말았다(Crouch, 1977; 1978). 독일의 경우, 1966년에 출범한 새로운 대연정의 '협조행동'은 임금 가이드라인을 책정하는 과정에 노동조합을 끌어들이고자 한 시도였다. 이 협조행동은 그 후로 2년 동안 계속되었지만, '사회적 대칭성'(social symmetry)의 결여(즉 임금억제가 이윤폭증과 결합된 상태)로 인해 1969년 불법파업이 빈발하고, 그에 따라 임금이 폭등하는 사태로 귀결되고 말았다(Mueller-Jentsch and Sperling, 1978).

완전고용이라는 새로운 질서에 대한 세 번째 대응 전략은 노동의 새로운 권력에 적응하기 위한 제도적 재편 전략이었다. 곧 이익중재와 상호협조를 원리로 하는 '신조합주의'의 구조가 출현한 것이다. '신조합주의' 현상에 관한 연구 문헌들은 흘러넘친다.[5]

주지하는 바와 같이, 영국과 프랑스, 이탈리아에서는 이러한 신조합주의가 실패로 끝났으며, 독일에서는 잘 해봐야 위태로운 실험에 머물렀다. 스칸디나비아나 오스트리아 등과 같이, 전제조건들이 비교적 잘 갖추어진 국가들에서는 특히 분배교섭을 위해 동원할 수 있는 많은 수단들이 고안되면서 이익협조의 구조가 강화되었다. 가령 스웨덴에서는 부가연금(ATP) 기금과 적극적 노동시장 정책을 위한 장치, 그리고 투자기금제도 등의 발전에 힘입어 협상을 위한 기회들이 크게 확대되었으며, 이 모든 과정에 노동조합이 핵심적인 의사결정자로서 참여하였다(Martin, 1981;

---

5 이에 대한 중요하고도 대표적인 논의에 대해서는 Schmidt(1981); Schmidt and Lembruch(1979); Lange(1984); Lembruch(1984); Panitch(1980); Cameron(1984); Regini(1984) 등을 보라.

Esping-Andersen, 1985a). 노르웨이의 경우에도 마찬가지로 공공부문의 신용투자 기관들의 제도적 연결망이 확충되면서 좀더 빈곤하고 저발전된 지역에 유리하도록 재분배를 하는 식으로 새로운 협상이 현실화되었다. 분배의 우선순위를 둘러싼 협상에 노동운동을 끌어들이는 것을 일차적인 목적으로 하는 이같은 새로운 제도들은 그것들이 성공을 거둔 국가들에서만 출현한 것이 아니라 구조적으로 지지부진을 면키 어려울 수밖에 없는 국가들에서도 도입되었다.

마찬가지로 중요한 점은 제도적 재편을 위한 이같은 시도들이 분배에 대한 불만의 배출구를 모색하려는 필사적인 노력과 결합되어 있었다는 점이다. 그 한 가지 방안이 바로 투자촉진 정책이었다. 이 정책은 임금억제가 곧 새로운 일자리 창출로 이어지리라는 것을 확신시키기 위한 목적에서 고안된 정책이었다. 또 하나의 방안은 갈수록 그 비중이 커져가는 것으로, 복지국가에 의한 '이연임금'을 확충하는 것이었다. 그러니까 현재의 임금억제에 대한 보상으로 장차 사회적 급여를 개선해줄 것을 약속하는 것이다. 이 두 가지 방안 모두 공공예산의 막대한 팽창으로 귀결되었다.

마지막으로, 네 번째 대응책은 새로운 인력 예비군을 동원하는 전략이었다. 한 가지는 외국인 노동자를 초청하여 부족한 자리를 메우는 것이고, 다른 한 가지는 여성의 노동력 참가를 장려하는 것이었다. 전자의 방책은 독일과 스위스, 오스트리아에서 지배적이었고, 후자는 스칸디나비아에서 널리 확산되었다.[6]

---

6 외국인 노동자의 수는 막대한 규모였다. 가장 많았던 때에는 독일(1973)에서는 전체 노동력의 9퍼센트 이상을, 오스트리아에서는 7퍼센트 이상을 설명하였다. 스웨덴의 경우에는 그 퍼센트가 핀란드인을 포함할 경우에는 대략 5퍼센트였고, 핀란드인을 제외할 때는 약 3퍼센트에 달했다.

지속적인 완전고용의 모순들

1960년대가 이울어갈 무렵까지만 해도 대부분의 국가들은 장기간에 걸친 완전고용을 경험하고 있었다. 그러나 많은 제도적 재편과 다양한 정책적 대응에도 불구하고, 새로운 안전적 균형은 찾아오지 않았다. 계급적·조직적 권력의 성장과 그에 따른 권력균형의 변화는 인플레이션 압력이 고조되고(Hirsch and Goldthorpe, 1978), 노동조합 내부는 물론 노동조합과 노동정당 간에도 긴장이 조성되며(Crouch and Pizzorno, 1978), 파업 활동이 격증하고 기업 이윤이 하락하는 등의 사태로 표출되었다.[7] 또한 〈표 7-1〉이 예증하고 있는 바와 같이, 1969에서 1973년의 시기에 이르면서 임금압박도 격화되었다.

완전고용에 따른 1960년대의 압력에 대응하기 위해 각국의 정부와 이익조직들이 고안해낸 해법들은 기껏해야 일시적으로 숨통을 틔워주었을 뿐, 전반적으로 볼 때 장기적인 조정의 능력을 발휘하지는 못했다. 첫째, 정부 주도의 경기안정화 정책이든 새로운 인력 예비군의 투입이든, 그 어떤 정책도 지속 가능한 완전고용의 시나리오를 효과적으로 변경하지 못했다. 둘째, 일반적으로 1960년대에 소득정책이 정착되는 과정에서 협상의 대상이 되었던 임금억제를 위한 교섭 조건은 노동자의 요구를 진정시키기에는 역부족이었다. 특히 임금억제가 이윤폭증으로 귀결되거나 인플레이션에 의해 실질임금이 하락하였을 때는 더욱 그러하였다. 셋째, 소득

---

7 대부분의 국가에서 이윤율(제조업 부문에서 순부가가치에 대한 순이윤의 비율)은 1960~67년의 기간과 1968~73년의 기간에 가파르게 감소하였다. 이런 나라들에는 미국과 독일, 영국, 스웨덴, 덴마크 등이 포함된다(OECD, *Historical Statistics*, 1960-83, Paris, OECE, 1985; Flanagan *et al.*, 1983; Glyn and Sutcliffe, 1972; Edgren *et al.*, 1973; Martin, 1985; Nordhaus, 1974).

정책이 실시되고 재분배를 목적으로 하는 임금교섭에다 인플레이션까지 가세하는 상황이 전개되자 노동시장에서는 형평성을 둘러싼 격렬한 갈등이 일어났다. 임금 격차는 좁혀졌으며, 그러자 입지가 가장 강력한 노동자들은 통상 임금부상(wage drift)*을 통해 보상을 얻어냈다.

그 결과 새로운 분배교섭이 봇물처럼 터져나왔다. 대부분의 국가들이 직면한 기본적인 문제들은 물가와 노동비용을 어떻게 안정화할 것인지, 국제수지 상황을 어떻게 개선할 것인지, 이윤율이 저하되는 상황에서 어떻게 지속적인 투자를 확보할 것인지 등의 문제들이었다. 분배의 측면에서는, 임금인상에 대한 대안을 어떻게 정식화할 것인가가 문제였다. 1960년대 말과 1970년대 초에 각국이 처해 있던 정치적·경제적 조건들을 감안할 때, 디플레이션 정책은 처음부터 아예 해법의 목록에 오를 수조차 없었다.

게다가 노동조합 내부에서도 긴장이 고조되고 합의의 틀도 흔들리기 시작했다. 이는 새로운 협상을 통해 확보한 성과물이 일반 조합원들에게 전보다 더욱 매력적인 것이어야 하고, 또 흔들리는 연대를 회복하는 데에도 도움이 될 수 있는 것이어야만 한다는 것을 의미하였다. 복지국가는 임금억제를 위한 핵심적인 수단으로 등장하였다. 그러나 급여 개선과 사회 프로그램의 신설에 의해 구현된 '이연임금'은 1960년대와 비교해서 훨씬 더 많은 비용이 소요되었다.

대부분의 국가들이 '이연 사회임금 전략'(deferred-social-wage strategy)으로 대응하였다는 사실은 양적인 지표를 통해 분명히 확인할 수 있다. 예를 들어, 바이스코프(Weisskopf, 1985)는 사적 임금에 대한 사회임금의 (경향적) 비율은 경기순환 주기가 일순(一巡)할 때마다 비약적으로 증가하였다는 것을 보여준다. 사회임금의 비율이 가장 급격히 증가한 시기는 1960년대 후반의 경기순환(대략 1963~8/9)에서 1970년대 초반의 후속 경기순환(1968~71, 그리고 1971~4/5년)으로 넘어가던 어간이었다. 〈표 7-2〉는 7개 국가에서 1965년에서 1982년에 이르는 시기에 사회임금이 증가한 추세를 보여주고 있다. 이연 사회임금 전략은 각국이 처한 제도적 환경에 따라 다양한 방식으로 표현되었다. 미국에서는 그것이 주로 두 가지 형태를 띠었다. 하나는 기업부문 내에서 협상에 의해 피용자의 급여를 개선하는 형태이고(가령 건강보호와 기업연금 따위),[8] 다른 하나는 통상 선거와 연계하여 사회적 급여를 개선하는 형태였다. 확고한 계급 기반이나 선거 기반을 결여하고 있었기 때문에, 미국에서는 득표 극대화라는 제도적 틀이 유럽의 사회 민주주의에 전형적인 정치적 교환 모델을 대신하게 되었다.

| 표 7-2 | '이연 사회임금'의 증가 : 임금과 봉급의 연평균 증가분에 대한 사회적 이전지불의 연평균 증가율, 1962~82년

	1962-5	1965-9	1969-73	1973-8	1978-82
덴마크	1.02	1.07	1.04	1.04	1.07[a]
노르웨이	1.04	1.06	1.07	1.01	1.05
스웨덴	1.07	1.07	1.04	1.16	1.05
독일	1.00	1.02	0.98	1.08	1.02
네덜란드	1.13	1.13	0.91	1.08	1.06
영국	1.03	1.06	1.00	1.11	1.10
미국	0.99	1.05	1.10	1.06	1.06

a. 1978-81.
출처 : OECD, *National Accounts*, detailed tables, 최근 각호(Paris, OECD).

그리하여 현직 대통령으로서 디플레이션 정책을 배경으로 하여 대통령

---

8 사적 연금계획에 대한 고용주의 부담금을 전체 임금총액에 대한 비율로 따져보자면, 1970년의 5퍼센트에서 1975년에는 7.3퍼센트로 상승한 것으로 나타난다(OECD, *National Accounts*, 1962~79, vol. 2, Paris, OECD, 1981).

선거에 돌입한 사람은 단 한 사람뿐이게 되었다(1979~80년의 지미 카터 대통령). 미국에서 사회적 급여의 주된 향상은 사실상 예외없이 총선거나 대통령 선거가 있는 해에 이루어졌다. 터프트는 법정 사회보장을 개선하기 위한 입법 13건 중 9건이 선거가 있는 해에 이루어졌다는 것을 보여준다(Tufte, 1978). 그러나 터프트의 분석에서도 득표 극대화 정책이 임금 압박을 중화시키는 역할을 하기도 한다는 점은 분명히 드러나지 않았다. 1950년대 전반 내내, 그리고 1960년대 중반에 이르는 시기까지 미국의 사회임금 비율은 거의 일정한 수준을 유지했다. 이 시기는 임금이 전반적으로 생산성보다 낮은 시기였고, 또 실업률도 높은 수준을 유지하고 있던 시기였다. 그러다가 1965년 이후가 되면서 상황이 극적으로 반전되었다. 1962~5년에서 1965~9년까지 생산성 대비 시간당 소득의 연평균 탄력성은 세 배로 뛰었다(Sachs, 1979). 미국 복지국가에서 제2차 팽창이 이루어진 것이 바로 이 시기였다(Myles, 1984b).

(주로 빈민과 흑인 유권자들을 집권 민주당의 정치연합 속으로 끌어들일 목적으로 고안된) '빈곤과의 전쟁'(War on Poverty)* 외에도, 존슨 행정부는 케인즈주의적 경기부양 정책(1964년의 감세정책)을 발주하고, 메디케이드와 메디케어(Medicaid/Medicare)*를 법제화하였으며, 수급 자격 요건을 완화하고, 사회보장연금 급여를 크게 인상하는 법안을 두 차례나 연거푸 통과시켰다(1965년과 1967년).

역설적이게도 사회임금 전략을 가장 노골적으로 실시한 것은 닉슨 행정부였다. 1969~72년에 이르는 시기에 연방정부는 사회보장 연금 급여를 대폭 인상하는 입법 조치를 통과시켰으며, 물가연동제를 도입하였고, 적용범위를 대폭 확대하였으며, 보충적 소득보장 연금(SSI) 법안을 통과시켰다. 임금에 대한 비율을 의미하는 연금의 소득대체율도 급속히 인상되었다. 이러한 개선 조치들은 1971년 말에 소득정책(임금과 물가 통제)

이 실시된 시기와 일치하였다. 그러나 이런 조치들이 1972년의 대통령 선거에서 승리하기 위한 목적에서 도입되었다는 것 또한 의심의 여지가 없다. 그렇지만 미국식 제도의 논리 안에서는 후자의 전략이 반드시 전자를 배제하는 것은 아니었다.

1960년대 말에서 1970년대 초에 접어들어 사회임금을 둘러싼 대대적인 교섭은 유행처럼 확산되어 시대의 질서가 되었다. 스웨덴에서는 1973년 공개적인 교섭이 전개되었으며, 당시 노동조합은 피용자의 연금 기여금을 폐지하는 입법을 관철시키는 대신 임금인상 요구를 자제하는 데 동의하였다. 덴마크에서는 1960년대 초 이래로 사회임금이 임금압박을 우회할 수 있는 실질적으로 유일한 배출구였다. 그리하여 사실상 공식적인 소득정책이 발동될 때마다 협상에 의한 임금억제와 평가절하, 노동자의 소득억제 등이 이루어졌지만, 그 효과는 급여 개선과 사회개혁에 의해 상쇄되곤 했다. 대부분의 다른 국가들에서 그러했던 것처럼, 이러한 양상은 1970년대 초에, 그러니까 연금이 인상되고 실업 및 질병 관련 현금급여 프로그램들의 대규모 개선이 법제화된 시기에 그 절정을 이루었다. 그 결과 덴마크에서는 사실상 세계에서 가장 관대한 현금급여 프로그램들이 발전하게 되었다.

독일로 눈길을 돌려보면, 협조행동의 틀 안에서 임금 가이드라인을 준수하도록 노동조합을 설득할 수 있는 사회민주당 정부의 능력은 독일 복지국가를 개선하기 위한 사민당 정부의 프로그램과 긴밀하게 연계되어 있었다. 고용촉진법에 뒤이어 1969년 정부는 상병 기간 중에도 계속 임금을 지급할 것을 의무화한 법안을 통과시켰다 — 이것은 과거 10년 동안 노동조합이 내건 최우선적인 요구 사항 가운데 하나였다. 전후 초기 사회적 복구기에는 노동조합도 임금억제를 수용했지만, 노동조합의 이런 태도는 이내 전투성과 임금압박이라는 새로운 물결 속에 묻혀버리고 말았다(국민소득에서 임금이 차지하는 비중은 1968년의 61.3퍼센트에서 1974~5년에는 66.3퍼센트로 급증하였다). 대규모 복지국가 개선이 이루어진 두 번째 국면은 1972년에 찾아왔다. 연금이 대폭 증액되었고, 법정 최저연금 제도가 도입되었으며, 조기퇴직을 선택할 수 있는 기회도 자유화되었다. 1971년의 미국이 그러했던 것처럼, 1972년의 독일 복지국가의 개혁은 사회임금 교섭과 득표 극대화 전략이 혼합된 결과물이었다. 왜냐하면 기독민주연합이 선거에서 이기기 위해 사회민주당이 강령에 명시한 수준을 뛰어넘는 개혁안을 제안하였기 때문이다.

이연 사회임금 전략은 노동자들이 자신들의 교섭력을 발동할 경우 언제든지 즉시 향유할 수도 있는 소비증대의 즐거움을 기꺼이 잠시 뒤로 미룰 것을 전제로 한다. 그러나 그것은 그렇게 마음만 먹는 것으로 되는 것이 아니라 아주 복잡한 교섭을 요구하는 사안이다. 우선 이렇게 광범한 묵시적 동의가 이루어지기 위해서는 그 전제로서 임금소득자들 사이에 연대가 형성되어야만 할 뿐만 아니라 직접적인 수혜자가 될 공산이 가장 높은 사람들, 그러니까 일차적으로는 노인들과 임금소득자들 간에도 연대가 형성되어야 한다. 이연 사회임금 전략은 두 가지 동기를 동시에 달성해야 하는 목적을 지닌다. 이 전략은 임금인상 요구를 억제하려는 동기와 함께 인플레이션을 억제하려는 동기도 아울러 갖고 있는 것이다. 그렇지만 복지국가 지출의 대폭적인 증대는 세금 인상을 초래하지 않을 수 없으며, 완전고용의 조건 하에서 공적 지출을 급속히 확대하게 되면 기왕의 인플레이션 압력을 더욱 가중시킬 가능성이 있다. 그리하여 결국 각국의 정부는 임금완화를 실현하면서도 비용은 덜 소요되는 또 다른 수단을 모색하기 시작하였다.

1960년대 후반에서 1970년대 초반의 시기에 모습을 드러낸 주요 대안은 다양한 제도적 장치를 통해 노동생활을 민주화하고 기업의 의사결정에 대한 노동자의 영향력을 제고하는 방안이었다. 이러한 제도적 장치들은 복지국가의 재정 측면에서 매력적일 뿐만 아니라, 노동조합 내부의 정당성 문제에도 일정한 호소력을 갖는 것이었다. 노동자들의 권리 확대는 노동조합이 추구하는 주요 우선과제로 등장하였다. 1970년대 초에 노르웨이와 스웨덴, 그리고 그보다 정도는 덜하지만 덴마크 등지에서 '산업 민주주의' 법안들이 줄줄이 통과된 사실은 이 점을 여실히 보여준다. 1970년대 중반에 공동결정 제도(Mittbestimmung)*의 확대를 둘러싼 서독의 갈등도 그 맥락은 이와 상통하는 것이었다. 스웨덴에서는 이런 차원에서의 교섭이 적나라했을 뿐만 아니라 그 교섭의 대상에 떠오른 사안들의 비중도 막대한 것이었다. 일련의 법안들이 통과되면서, 스웨덴의 노동자들은 기업 이사회에 참여할 수 있는 대표권을 쟁취하였으며, 정년 보장제는 물론 안전과 위생, 나아가서는 기술도입 결정 등에 대해서까지 상당한 통제권을 확보할 수 있게 되었다.

사회임금의 확충이 정부의 예산에 압박을 가했다고 한다면, 산업 민주주의의 확대는 관행화된 경영자 전권을 위협하게 됨에 따라 심각한 긴장을 초래하였고, 또한 실제로도 적나라한 갈등으로 이어졌다. 산업 민주주의의 도입은 전후의 복지국가와 완전고용 모델의 전제를 이루고 있던 '계급합의'로부터 사실상의 이탈을 의미하였다. 게다가 그것은 노동자들의 끝모를 임금 탐욕을 억누르는 데에도 거의 성공하지 못하였다.

사회임금 전략과 산업 민주주의, 그 어떤 접근법이든 그 모순이 오래지 않아 분명히 드러나기 시작했다. 노동자의 통제권을 확대한 법안들은 고용주들의 입장에서 수용 가능한 포지티브섬 해법을 결코 제공할 수 없었다. 스웨덴에서는 그러한 법안들이 통과되자마자 고용주 단체와 보수파 정당들이 벌떼처럼 들고 일어나 체계적이고 강력한 공격을 퍼부어댔다. 그것은 의심할 나위 없이 그러잖아도 지난 10여 년 동안 단체협상의 테이

블에 감돌던 긴장된 분위기에 기름을 부은 격이었다. 그리고 그것은 또한—최초의 '사회계약'으로부터 명시적으로 등을 돌리는 것이었기에—전후 시기에 걸쳐 스칸디나비아 국가들에 보편화되어 있던 계급합의의 조건 전반을 붕괴시켜버렸다.

사회임금 교섭의 모순들은 복잡하기 이를 데 없다. 레닌주의 분석들이 쉽사리 예측하듯이, 이런 전략이 일반 조합원들로 하여금 노조 지도부에 등을 돌리도록 부추긴다는 데에 그 약점이 있는 것으로 보이지는 않는다. 오히려 문제의 요체는 그런 전략이 초래하는 재정적 결과에 있다. 고용과 산출이 성장하는 국면에서라면, 세율을 크게 인상하지 않더라도 사회임금의 확충에 따라 소요되는 재정수입 요건을 충족시킬 수 있을 것이다. 그러나 1970년대 초반에서 중반에 이르는 시기는 성장은 굼뜨고 인플레이션은 미친 듯이 치솟은 시기였다. 그 결과, 필연적인 일이지만 평균적인 노동자 가구가 떠안아야 할 세금이 극적으로 늘어났다.[9] 〈표 7-3〉은 이 문제의 심각성을 분명히 예증하고 있다. 노동자들은 이연 (사회)임금을 받는 대신 호된 대가를 치르지 않으면 안 되었다.

인플레이션이 심화되는 데다 설상가상으로 세금까지 오르는 상황이 겹치자, 노동조합은 부득이 임금교섭 전략에 나서지 않을 수 없게 되었다. 그런데, 이 임금교섭 전략은 경제안정과 지속적인 완전고용을 위협하기 십상이었다. 어떤 경우에는 실질임금을 2~3퍼센트 끌어올리기 위해 명목임금을 20~30퍼센트나 대폭 증액하지 않으면 안 되는 사태까지 벌어졌다. 그리하여 이제 노동조합은 세금인하를 최우선 과제로 내세우게

---

9 고용주 입장에서도 결과는 비슷했다. 비임금 노동비용(주로 사회보장 분담금)이 하늘 높은 줄 모르고 치솟았다. (1965년에서 1975년 사이에) 총노동비용 중 비임금 노동비용의 비중이 미국에서는 17에서 23퍼센트로, 스웨덴에서는 19에서 32퍼센트로, 독일에서는 30에서 34퍼센트로 증가하였다.

| 표 7-3 | 평균적 노동자 가구의 조세 부담, 1965~80년, 스웨덴, 독일, 미국

		1965	1970	1975	1980
스웨덴					
	인세 평균	22	30[a]	33	33
	한계세율	26	45	59	59[b]
독일					
	인세 평균	17	21	26	26
	한계세율	20	28	33	34[c]
미국					
	인세 평균	13	15	16	19
	한계세율	13	20	31	24

평균 인세는 사회보장 기여금을 포함한다. 한계세율은 소득원 1명에 자녀가 2명인 가족을 전제로 하여 노동자의 소득에 대한 비율을 의미한다.
a. 추정치임.
b. 1982년의 수치임.
c. 1982년의 수치임.
출처 : OECD, *The Tax/Benefit Position of a Typical Worker*(Paris: OECD, 1981); and SSIB data
files.

되었으며, 임금억제를 둘러싼 협상에서도 이 세금인하가 주요 쟁점으로 부상하였다. 스웨덴에서는 1973년에 사회보장 분담금을 고용주에게 떠넘기는 법안을 통과시킨 탓에 일시적인 소강 국면이 조성되었지만, 그러나 진짜 문제는 한계세율에 있었다. 세금을 인하하고 인플레이션을 효과적으로 억제하는 데 실패함에 따라 1975년에 임금이 폭등하는 현상이 나타났다. 1981년에 들어서야 비로소 일정한 개혁을 통해 한계세율을 낮출 수 있었지만, 이 시기에는 또 국제적인 경제위기가 고개를 쳐들고 완전고용 헌신에도 긴장이 고조되면서 노동조합은 임금 극대화 교섭을 고수하지 않을 수 없었다. 1975~7년에 이르는 동안 임금은 생산성보다 빠른 속도로 증가하였으며, 이러한 추세는 1981년에도 다시 재현되었다.

덴마크의 상황은 훨씬 더 극적이었다. 그 이유의 한 가지는 덴마크 복지국가가 거의 배타적으로 직접 소득세에만 의존하고 있었기 때문이며,

또 다른 이유는 인플레이션이 좀더 심했던 데다 한계세율도 좀더 빠른 속도로 증가하였기 때문이다. 그리하여 1970년대 초반의 시점에서 많은 가구들은 노동공급을 추가해도 오히려 그로 인해 가처분소득이 감소하는 효과가 나타나는 상황에 처하게 되었다. 그 결과로 일어난 것이 바로 1973년 모겐스 글리스트럽(Mogens Glistrup)의 진보당이 주도한 저 유명한 반세(反稅)운동(tax revolt)이었다. 그 때 이후로 등장한 내각들은 교체가 빈번한 데다 의회 내의 기반도 취약했기 때문에 그 어떤 내각도 눈덩이처럼 불어나는 공공지출을 벌충하기 위해 추가적으로 소득세를 부과할 엄두를 내지 못하였다.

클레인이 관찰하고 있듯이(Klein, 1985), 영국에서도 이와 유사한 논리가 작동하였다. 노동당 정부가 임금억제에 대한 보상으로 공공지출을 늘린 시기를 거치고 난 후, 노동당 정부는 (1978년 들어) 영국노총의 대대적인 감세 요구에 양보를 하지 않을 수 없었다.

미국에서는 예상할 수 있는 바와 같이, 보상적 성격의 감세 압력을 가한 것은 확고한 기반을 갖춘 이익조직들이 아니라, (처음에는) 지방 수준에서, (나중에는) 전국적 수준에서 전개된 반세운동이었다. 전문가들이 나서서 이구동성으로 감세가 경제에 악영향을 끼칠 것이라고 경고했음에도 불구하고, 이러한 압력은 사실상 거부할 수 없는 명령이 되어 1981년 레이건 행정부의 감세정책으로 귀결되었다.

임금억제에 대한 보상으로서 고용의 재등장

덴마크, 미국, 서독 그 어느 나라든, OECD의 전형적인 선진 국가들은 1973년의 OPEC 석유위기와 브레튼우즈 고정환율제의 붕괴, 산업 이윤율의 하락과 국제무역의 침체 등 일련의 위기에 직면하여 모순적인 방식으로 대응하였다. 한편으로 이연임금과 사회적 시민권의 대대적인 개선 전략으로 대응하였으나 이는 공공지출의 대규모 팽창을 불가피하게 만들었다. 다른 한편으로 공공지출의 팽창을 위해서는 추가로 조세수입을 확보할 수 있어야 하나 그럴 수 있는 정부의 능력은 효과적으로 차단되었다. 공통분모가 있었다면 그것은 모든 국가들이 재정위기를 코 앞에 두고 있었다는 사실이다. 그러나 이번의 위기는 향후의 10년 동안에는 경제성장에 따른 과실 배당이나 지출 삭감 따위의 전통적인 해법으로는 어찌해 볼 도리가 없는 그런 종류의 위기였다.

1973년 이후의 시기를 지배하게 된 제반 조건 역시 완전고용 헌신을 더 이상 존중하기 어렵게 만들었다. 완전고용을 계속 떠받치거나 아니면 적어도 대량실업 사태를 막아내야 하는 책임이 복지국가의 어깨 위에 추가되었다. 1973년 이전에는 완전고용에 따른 임금압박 문제에 맞서 각국이 조세징수의 한계를 수반하는 사회임금 전략으로 대응하는 흐름의 수렴화가 전개되었다고 한다면, 1973년 이후의 시기에는 새로운 근본적인 분기화가 일어나기 시작했다.

정치적으로 물가안정을 강조하느냐 완전고용을 강조하느냐에 따라 체제들 사이에 분기화가 일어났다. 그러나 그것만이 아니라 고용을 유지하기 위해 선택한 수단과 관련해서도 의미있는 분기화가 나타났다. 1973년 이후의 상황, 특히 1979년 이후의 상황에 대한 국제적인 비교 연구는 지배적인 제도적 모델들 가운데 그 어떤 것도 완전고용과 지속적인 균형성장을 **동시에** 보장할 능력을 발휘하지 못하였다는 것을 시사한다.[10] 우선 긴축적인 재정금융 정책에 기초한 반인플레이션 정책은 실업을 유발하였다. 그런가 하면, 경기역행적인 재정금융 정책에서부터 적극적인 고용창출 및 대규모 생산 보조금 정책에 이르는 일련의 선택지들에 기초한 고용

촉진 정책은 또 그것대로 균형성장을 달성할 수 없는 것으로 드러났다. 한 가지 확실한 대안, 즉 효과적이고 실질적인 임금억제를 전제로 그에 대한 보상의 성격을 갖는 또 하나의 고용촉진 프로그램이라는 분명한 대안이 있었지만, 이 대안은 이제까지 형성되어온 제도적 걸림돌들에 의해 봉쇄되었다.

먼저 노동조합 조직은 경제침체가 장기화하고 있는 사이에 완전고용을 유지하고자 할 때 하나의 중요한 걸림돌로 작용한다. 고용확대가 민간부문에서의 대규모 신규 투자에 의해 이루어지느냐, 아니면 공공부문에서의 사회 서비스 성장에 의해 이루어지느냐에 상관없이, 고용확대를 위한 재원은 가처분 임금의 삭감을 통해 조달되지 않으면 안 된다. 그러나 노동조합이 이익을 대표하는 그 대상들은 일반적으로 취업 노동자들로 한정되므로, 사회임금이나 조세를 둘러싼 교섭을 위해서라면 연대를 동원할 수 있을지 몰라도 비취업자들을 대상으로 하는 고용촉진 프로그램을 위해 연대를 동원한다는 것은 기대 난망일 공산이 높다 ─ 특히 그러한 프로그램은 실질소득 증가율의 하락 추세에 기름을 붓기 때문만이 아니라 실제로 실질소득의 하락을 자극하기 때문에도 더욱 그러하다. 더군다나 기왕에 고용보장 법률들이 마련되어 있는 터에, 노동조합의 조합원인 평균적인 노동자들이 실업자들의 운명을 자신들의 운명으로 심각하게 받아들일 개연성도 별로 없다.

고용촉진 프로그램을 가로막는 두 번째의 주된 제도적 걸림돌은 복지국가의 재정 불균형과 관련이 있다. 징세(徵稅) 능력의 감퇴는 급증하는 사회임금 헌신들과 맞물려 있는 데다, 거기에 실업마저 증가할 경우 그

---

10 여기서 말하는 지속적인 균형성장이라 함은 중기적 수준에서 경제성장을 유지하되 국제수지 적자라든가 공공재정의 적자, 투자철회, 인플레이션 등이 심각하게 누적되지는 않는 상황을 의미한다.

속도는 더욱 가속화된다. 이러한 조건 하에서는, 정부의 예산적자가 사회복지와 완전고용을 동시에 요구하는 이중창의 목소리에 화답할 수 있는 몇 안 남은 수단 가운데 하나가 될 수밖에 없게 된다.

세 번째의 중요한 걸림돌은 산업기술의 선진화와 국제경쟁의 격화가 강요하는 경제 활성화의 논리 속에 도사리고 있다. 즉, 이런 조건 하에서 경제 활성화를 위해서는 신규 산업투자에 따른 고용의 한계 성장률이 낮아야 하며, 또한 노동비용을 감축하거나 합리화에 의한 고용조정(redundancies)을 통해 국제 경쟁력을 회복시킬 필요가 있게 된다는 것이다. 그러나 노동비용의 감축과 고용조정은 복지국가의 성과에 직접적으로 연계된다. 노동비용의 삭감은 고용주들이 감당하는 사회보장 분담금의 감축을 수반하기 마련이다. 그런가 하면, 고용조정은 해고된 노동자들을 흡수할 수 있는 조기퇴직과 같은 복지국가 프로그램의 존재를 전제로 한다. 요컨대, 이러한 걸림돌들을 놓고 어떤 방식으로 인식하든, 복지국가는 갈등의 중심축으로 떠오르게 된다.

미국과 스칸디나비아, 그리고 독일 간의 차이에 의해 전형적으로 예시되는 우리의 세 가지 복지국가 체제들은 전후의 완전고용 문제에 대해 저마다 독특한 대응 전략을 발전시킨 바 있다. 그런데 이 체제들은 또한 위에서 언급한 1973년 이후의 조건에 대한 정치적 적응과 관련해서도 각자의 독자성을 그대로 보지한다. 첫 번째 모델(미국)의 지배적인 특징은 정치적 경기순환에 의한 관리와 시장 조절(market regulation)을 혼합하고 있다는 점이다. 두 번째 모델(스칸디나비아)에서는 한편으로는 직접적인 고용주로서, 다른 한편으로는 보조금을 통해서 복지국가가 완전고용을 유지하는 과정에서 주도적인 힘으로 작용한다. 그리고 세 번째 모델(독일)에서는 보수적인 긴축정책과 복지국가가 주도하는 고령 노동자의 고용이탈이 혼합체를 이루고 있다. 앞의 두 모델에서는 고용이 지속적으로 성장하고 있다. 반면, 세 번째 모델에서는 고용이 축소되고 있다. 세 가지 모델 모두에서 복지국가는 재정비용을 떠맡지 않을 수 없게 되어 있지만, 그럴 수 있는 재정적인 준비는 되어 있지 않다. 세 가지 모델 그 어떤 것도 머지 않은 장래에 완전고용에 기반을 둔 안정적인 성장으로 복귀하기는 어려울 것으로 전망된다.

앞서 언급한 바 있듯이, 미국은 1973년 이후의 시기를 맞아 사회지출을 대폭 확충하는 것으로 첫 걸음을 떼었다. 물론 이렇게 사회지출을 확충했다고 해서 조세인상이나 사회보장 기여금을 인상하는 조치로 이어진 것은 아니었다. 제도적으로 자율재정에 기초하고 있던 미국의 사회보장 체계는, 특히 실업이 늘어나면서 재정수입은 감소하고 인구 고령화에 따라 지출은 증대하면서 파산 위기에 직면해 있던 터였다. 정부의 조세수입을 증대시킨 주된 원천은 주로 인플레이션에 의한 효과였다. 인플레이션으로 인해 명목소득이 단계적으로 상승하였고, 이것이 과세소득계급(tax brackets)*을 전반적으로 밀어올렸기 때문이다. 그리고 감세 정책에 대한 광범한 지지를 불러일으킨 것도 바로 이것이었다.[11]

카터 행정부는 인플레이션과 실업률을 동시에 끌어내려야 했지만, 재정 수단과 정책 대안들이 한정되어 있었기 때문에 그럴 수 있는 능력은 크게 제한되어 있었다. 한 가지 접근법, 그러니까 공공부문의 일자리 확충이 하나의 대안이 될 수 있었지만, 이 또한 재정적으로 (그리고 정치적으로) 봉쇄되어 있었다. 63세부터 조기퇴직을 자유롭게 선택할 수 있도록 한 조치는 기업들로 하여금 생산성이 떨어지는 일부 인력들을 퇴출시키도록 하는 데는 도움을 주었지만, 그로 인해 사회보장 재정에 대한 압박

---

11 그러나 반세운동의 제1의 물결은 인플레이션의 와중에서 치솟은 재산세에 초점이 맞추어지고 있었다는 데 유의할 필요가 있다.

은 더욱 심화되었다. 적극적인 인력정책을 도입하고자 했던 희망도 기업들이 똘똘 뭉쳐 저항하는 바람에 무위에 그치고 말았다. CETA(포괄적 교육훈련법) 프로그램은 많은 노동예비군을 흡수하는 데 일조하였지만, 그것마저도 잠시 머물다 떠나는 정거장을 제공하는 데 불과하였다.

높은 실업을 야기하는 반인플레이션적 경기순환 조절에 정책의 우선순위가 있었던 것은 분명하다. 1978년과 1979년의 이태 동안 잠시 고용이 증가하고 경제도 성장하였지만, 이 또한 이내 예의 임금압박을 다시 불러일으켰다(1978~9년 사이에 생산성 증가 대비 임금성장의 탄력성은 대략 1.3이었다). 이러한 사태에 대한 카터의 대응은 1979년에 디플레이션 조치를 도입한 것이었다(이 조치는 그의 재선 가도에 치명타를 가했다).

디플레이션 정책에 수반된 극심한 경기침체는 대공황 이래 가장 높은 실업률을 야기하였다(1982년과 1983년의 연평균 실업률은 9.5퍼센트였다). 그런데 과거의 경기불황 때와 달리, 이번에는 노동조합에 가입되어 있는 핵심 노동력이 심각한 타격을 입었다. 이 충격에 촉발되어 노동조합, 특히 대규모 산별연맹들은 단체교섭 수준에서만이 아니라 정치적 장에서 협상할 것을 들고 나섰다. 이 때의 협상을 지배한 발상은 임금을 희생시키는 대신 고용보장과 고용촉진 정책을 얻어내겠다는 것이었다. 고용문제를 해결하기 위한 교섭들이 민간부문(예를 들면 자동차 산업)을 중심으로 간헐적으로 진행되었지만, 그것은 새로이 집권한 레이건 행정부의 노선과 조화를 이룰 수 없었다. 레이건 행정부의 정책 우선순위는 CETA의 전면 폐지와 감세, 복지삭감, 탈규제, 반인플레이션 정책 등에 맞추어져 있던 터였다.

정부에 의한 고용촉진이라는 발상에 대해서는 적대적인 노선을 취하고 있었음에도 불구하고, 레이건 행정부(들)은 경기부양 프로그램들에 의지하였다. 첫째, 대규모 군비 지출과 그에 결부된 공공예산 적자의 확대를 통해 수요를 자극했다. GDP 대비 정부의 순채무 규모는 1980년의 1.4퍼센트에서 1983년에는 약 5퍼센트로 증가하였다.[12] 둘째, 1981년 감세조치를 도입함으로써 실질적으로 기업들에게 보조금을 지급하였다. 법인수입 대비 법인 소득세의 비율이 1980년의 20퍼센트에서 1983년에는 11.4퍼센트로 떨어졌다.[13]

정부 고용의 비중이 현실적으로 감소한 데다, (1984년까지는) 실업률마저 꽤나 높았음에도 불구하고, 미국의 고용 성장률은 매우 강력하였다. 그 자체로서야 눈부신 것이라 하겠지만, 이러한 성과를 레이건의 리플레이션 정책(reflationary policies)*에 의거하여 설명할 수는 없다. 왜냐하면 이러한 고용성장의 추세는 1970년대 전반에 걸쳐 내내 강력한 흐름을 보였기 때문이다. 그러나 1980년대 초반의 고용성과가 공공예산과 대외무역수지의 막대한 쌍둥이 적자를 포함하여 심각한 경제 불균형을 낳고 있던 정책 체제 하에서 달성된 것은 사실이다. 연방정부의 경상세출 대비 순채무상환 비율은 1983년 기준 11퍼센트를 웃돌았다.

노르웨이와 스웨덴은 1973년 이후까지도 완전고용을 유지할 수 있는 능력을 보여준 극소수의 국가들로 꼽힌다. 양국은 1980년대의 경기침체 시기까지는 공식 실업률을 3퍼센트 이하로 유지하는 데 성공하였다. 이러한 성과는 이 두 나라를 지배하는 강제적인 완전고용 헌신의 강점을 입증해주며, 나아가 그것은 이 두 나라가 자본주의의 기본적인 경제적 딜레마를 해결할 수 있는 제도 체계를 산출할 가능성이 있음을 시사한다. 그

---

12 사회보장 기금을 제외하고, 경상계정과 자본계정을 모두 포함시켜 계산하면, 1983년의 적자는 GDP의 8.3퍼센트에 달했다.

13 1981년 기업을 위해 감세정책을 도입할 훨씬 이전부터 정부는 조세지출에 의해 암묵적으로 법인들에게 막대한 보조금을 지급해 왔다는 데 유의할 필요가 있다. 브레이크는 1970~80년의 기간에 법인을 지원하기 위한 조세지출이 연방정부의 소득세 세입에 비해 거의 세 배나 빠른 속도로 증가하였음을 보여주고 있다(Break, 1980).

러나 조금 더 면밀히 따져보면, 그것은 사실이 아님을 알 수 있게 된다.

노르웨이의 정책 대안들을 유형화한 조건들은 오일경제의 영향에 힘입은 것인 만큼 당연히 그 나름의 독특한 면을 보여준다. 석유수입(收入)은 노르웨이에게 소득과 고용에 필요한 재원을 동시에 충족시켜줄 수 있는 수단을 제공해주었다. 다른 나라들의 처지에서 이러한 수단은 언감생심이다. 1973년 이후 예외적일 만큼 강력한 케인즈주의적 리플레이션 정책을 도입하였을 때, 그럴 수 있었던 디딤돌 역시 바로 이 석유수입이었다. 미래의 재정수입을 예상한 위에서, 1974년에 정부가 설계한 소득협정은 정부지출을 10억 크로네나 증가시켰고, 이는 피용자들에게는 막대한 세금감면 혜택을 주었다. 이러한 팽창 지향적 소득정책은 이후에도 수년 간 반복되다가 1977년에 정부지출이 20억 크로네로 늘어나는 것으로 정점을 이루었다(Esping-Andersen, 1985a, p. 244). 완전고용의 맥락에서 전개된 이러한 소득의 향연은 노동비용을 OECD의 평균보다 25퍼센트나 더 높게 만들었고, 그 결과 노르웨이 경제의 경쟁력은 그 만큼 훼손되었다.

만일 정부가 생산과 임금에 보조금을 공급하지 않았더라면, 이런 소득정책은 대량실업이라는 필지의 사태로 결말이 나고 말았을 것이다. 어떤 추산에 따르면, 1970년대 후반의 시점에서 노르웨이 노동자의 일자리 5개 중 1개는 공적 보조금에 힘입은 것이었다(Haarr, 1982). 뿐만 아니라, 생산 보조금의 실질적인 규모도 입이 쩍 벌어질 정도였다. GDP에 대한 비율을 기준으로 보면, 생산 보조금은 1972년의 5.2퍼센트에서 1978년에는 7.7퍼센트로 급증하였다. 1983년의 시점에서는 그것이 6.1퍼센트로 떨어졌다. 이것은 미국의 비율에 비해서는 약 15배, 서독에 비해서는 3배, 그리고 (그 비율이 높은) 덴마크에 비해서도 어림잡아 두 배에 달하는 규모이다.

말할 필요도 없이, 그 결과는 어마어마한 규모의 예산적자로 나타났으며(이 적자를 상쇄한 것이 석유수입이었다), 더욱 심각한 것은 산업의 경쟁력이 장기적인 차원에서 악화되었다는 것이다. 만일에 향후 석유수입이 감소하리라는 전망이 성립할 경우, 완전고용을 유지하기 위한 비용은 감내할 수 없을 정도로 높아지게 될 터이다. 실업률 증가에 맞서 스칸디나비아에 독특한 세 번째 대응 전략을 채택한 것은 노르웨이도 예외가 아니었다. 물론 그 정도는 스웨덴이나 덴마크에 비해서는 약한 편이었다. 그러한 전략 속에는 복지국가에 의한 일자리 확충(1970년대 연평균 성장률 약 3.5퍼센트)과 더불어 재훈련이랄지 보호고용 등을 포함하는 적극적 인력 프로그램들이 포함된다.

하늘로부터든 바다로부터는 그 어디로부터도 아무런 은총을 받지 못한 나라임을 감안할 때, 스웨덴의 완전고용 성과는 훨씬 더 인상적이다. 게다가 1970년대 초반에 잘못 조율된 재정정책으로 인해 스웨덴 경제는 지극히 불리한 상황에 처해 있던 터였다. 첫째, 심각한 임금압박과 경기과열에 대응하기 위해 사회민주당 정부는 1971~3년의 시기에 상대적으로 심각한 경기침체 국면을 의도적으로 조작하였다. 이러한 디플레이션 조치는 소득과 소비의 성장을 억제하는 데는 일조했지만, 그로 인해 스웨덴은 당시 호경기를 누리던 국제시장의 추세에 편승할 기회를 놓쳤고, 상당한 규모의 실업을 적극적 노동시장 기구 안으로 흡수하지 않으면 안 되었다. 둘째, 장기간에 걸친 소득억제는 1975~7년의 기간에 임금폭증을 촉발하였으며, 이는 노르웨이에서 그러했던 것처럼 스웨덴 경제의 대외 경쟁력을 붕괴시켰다. 1976년, 그러니까 사회민주당이 선거에서 패배한 시점에 이르자, 오랫동안 '중도' 노선을 통해 완전고용을 균형성장에 적응시켜온 사회민주당의 능력도 이제는 다 고갈되어버렸다는 것이 분명해졌다. 임금압박과 경쟁력 약화는 차치하고라도, 투자율은 극도로 완만하였으며, 인플레이션이 격화되었고, 실질 GDP성장률도 바닥을 맴돌았다. 사회 민주주의적 완전고용의 헤게모니는 1976년부터 1982년까지 집권한 불안정한 부르조아 내각의 통치 기간 중에도 그대로 유지되기는 하였다. 그러나 스웨덴의 정치는 더 이상 아무런 기능도 하지 못하는 제도적 체계에 갇혀버린 상태였다. 임금은 억제하기 어려웠으며, 조세는 인상하는 것이 불가능하였고, 공공 지출을 삭감하는 것은 꿈도 못 꾸었으며, 디플레이션 정책은 아예 논의의 대상에 오를 수조차 없었다.

남아 있는 선택지는 재정적자의 누적을 감수하면서 고용을 위해 재정지원을 계속하는 대책이었다. 위기에 처한 산업들에 엄청난 보조금이 투입되었으며, 흘러넘치는 재고품에도 일률적으로 보조금이 지급되었다(그 규모는 1977년 기준 GDP의 2퍼센트에 달했다). 적극적 노동시장 프로그램에 흡수된 잉여 노동력도 우후죽순으로 늘어났다. 활용할 수 있는 유일한 선택지는 복지국가 고용을 단계적으로 확대해가는 것뿐이었다. 1970년대 전반에 걸쳐 공공부문의 연평균 고용 성장률은 5퍼센트였다. 미국과 마찬가지로 스웨덴은 비록 복지국가의 주도에 의한 것이긴 하지만, 경제침체 상황에서 실제로 총고용을 확대시켰다. 그러나 완전고용을 지속하려는 노력은 값비싼 대가를 치러야 했다. 1980년 기준, 정부의 재정적자는 GDP의 10.4퍼센트였으며, 1983년에는 거의 12퍼센트에 육박할 정도로 증가하였다. 이러한 재정적자의 규모는 1980년대까지 정부의 과세가 GDP의 50퍼센트나 되었던 사정과 관련지어서 이해하지 않으면 안 된다.

스웨덴의 조세징수 능력은 그 자체로도 독특한 것임과 아울러 복지국가와 완전고용을 떠받치는 연대의 원리와 밀접한 관련을 맺고 있다. 하지만 징세 능력의 더 이상의 확대는 기대 난망인 것으로 보인다. 1982년 정권에 복귀한 사회민주당 정부는 방대한 재정적자를 해소해야 하는 책임과 동시에 대규모 신규투자에 재정지원을 해야 할 필요성에 직면하였다. 사회민주당 정부는 1982년 이후 노동조합의 협조를 통해 공동이익을 위해 임금을 희생시키는 데는 성공하였으나, 그에 수반하여 실질임금이 하락하자 노동운동 내부에서는 또 다시 불만이 폭발하였다. 1982년에 마침내 강력한 금속노조연맹은 고용주들과의 협약을 파기해버렸다. 공공부문 노조연맹과 민간부문 노동연맹 사이에서도 심각한 긴장이 조성되었다.

1970년대에 접어들면서 스웨덴의 분배갈등은 제로섬 게임으로 전환되었으며, 이러한 게임은 적자를 무릅쓰고 재정지원을 해온 복지국가의 개입에 의해 그저 아슬아슬하게 봉합되고 있을 뿐이었다. 사태가 아슬아슬하다고 하는 정황은 장기간 동안 유지되어온 자본과 노동간의 합의가 증발해버린 현실 속에 반영되어 있었다. 합의가 사라진 자리에는 눈에 띄는 양극화가 대신 들어섰다.

이 딜레마에서 벗어나기 위해 사회 민주주의가 선택한 길은 1982~3년에 평가절하 및 경제위기 프로그램과 동시에 일괄 도입한 임금소득자 기금(wage-earner fund)*(경제 민주주의)이었다. 이 기금의 원리는 노동자들이 이 기금의 혜택을 얻는 대신에 효과적인 임금규제를 받아들일 수 있도록 하자는 것이었다. 그것은 임금소득자 기금이 집단으로서의 노동자들에게 두 가지 형태로 임금억제의 결과로 발생한 이윤의 일부를 되돌려준다고 보았기 때문이다. 임금소득자 기금은 우선 부실한 연금기금에 재정을 추가로 투입할 수 있는 재원의 형태로, 그리고 장래의 일자리와 임금을 위한 집단적인 투자자본의 형태로 집단으로서의 노동자에게 혜택을 제공하게 된다. 칼레키적 의미에서, 임금소득자 기금은 완전고용에 대한 제도적 적응을 위한 새로운 시도인 셈이다. 즉, 그 기금이 노동의 권력을 포지티브섬 협상으로 끌어들이는 데 기여하리라고 보는 것이다. 그런

데 이 기금이 그러한 기여를 할 수 있을지 여부는 경영 측이 기꺼이 이 기금에 동참할 준비가 되어 있을 것을 전제로 한다. 그러나 과거 사회 민주주의의 제도적 혁신들과는 달리, 임금소득자 기금은 경영 측의 입장에서 보면 사유재산권에 대한 추가적인 침해를 의미하는 것이어서 도저히 수용하기 어려운 것이다. 따라서 만일 완전고용을 위한 제도적 적응이 어떤 형태로든 사회계약을 전제로 한다고 주장할 수 있다면, 우리는 임금소득자 기금 전략이 좌초할 가능성이 높다고 예측하지 않을 수 없을 것이다.[14]

서독의 경우, 완전히 새로운 사회 민주주의의 시대가 엄습해 왔다는 공포는 사회민주당(SPD)이 집권한 지 채 몇 년이 지나기도 전에 녹아 사라져버렸다. 서독이라고 해서 특별히 유리한 조건에서 1973년의 석유위기에 직면한 것은 아니었다. 그 이전의 수년 동안에 민간부문의 임금과 사회임금이 하나같이 급속히 상승하였으며, 이윤율은 떨어졌고, 인플레이션 압박은 격화되었으며, 독일의 대외 수출 경쟁력도 악화되고 있던 터였다. 1973년 이후 실업이 치솟는 상황이 전개되자 사회민주당은 자연스레 경기부양 정책을 선택하였다. 그러나 사민당의 경기역행적인 예산은 통화와 물가를 안정화하기 위해 긴축적인 통화정책을 고수하려던 연방중앙은행과 충돌하지 않을 수 없었다. 이 충돌에서 중앙은행의 입장이 승리하였다. 그러자 사민당 정부는 복지지출을 억제하고 실업증가를 감내하지 않을 수 없었다. 인플레이션을 억제할 목적으로 도입된 긴축정책은 1978~9년의 짧은 리플레이션이 시도될 때까지 지속되었다.

이리하여 적극적 노동시장 정책과 더불어 시도된 독일의 케인즈주의적

---

14 최근의 서베이 연구(OECD, 1985)가 제시하고 있는 경제 활성화에 관한 장밋빛 그림과 여기서 필자가 제시한 좀더 암울한 시나리오가 반드시 양립 불가능한 것만은 아니다. 필자가 말하고자 하는 요지인 즉슨 제도적 틀이 심각한 분쟁에 휩싸이게 될 경우에는 *지속적인* 활성화가 쉽지 않을 것 같다는 것이다.

타개책은 무위로 돌아가버렸다. 이런 맥락에서 노동조합은 협조행동이 함축하는 바의 신조합주의적 해법에 충실히 협조해야 할 하등의 이유를 찾지 못하였다. 그렇지만 엄격한 통화정책과 증대하는 실업 때문에 임금압박을 가할 처지도 못 되었다. 이런 점에서 1970년대의 임금억제는 정치적 경기순환의 함수였지, 협상에 의한 교섭의 결과는 아니었다. 사실, 노동조합은 그 어떤 협상할 만한 가치가 있는 대상을 발견하지도 못하고 있었다.

스칸디나비아와는 정반대로, 독일 복지국가는 사회적 평등과 고용촉진이라는 이중의 임무를 수행할 만한 형편이 못 되었다. 실업과 연금의 비용 증가를 감당하기 위해, 정부는 1977년과 1981년, 그리고 다시 1982년에 사회 및 인력 프로그램의 지출을 실질적으로 삭감해야 했음은 물론, 동시에 세금부담을 인상하지 않을 수 없었다. 가장 중요한 점은 복지국가 고용을 확충할 수 있는 사회 민주주의의 자유가 억압된 것과 마찬가지로, 적극적 인력 프로그램에 의해 실업을 흡수할 수 있는 사회 민주주의의 능력도 효과적으로 차단되었다는 것이다. 전반적인 재정긴축에도 불구하고, 정부는 재정적자에 빠져들기 시작했다. 스칸디나비아나 미국에 비하면 재정적자의 수준이 대단한 것은 아니지만(1975년에는 GDP 대비 5.7퍼센트였고, 1980년에는 0.3퍼센트, 그리고 1983년에는 약 1퍼센트였다), 정치적 차원에서는 그것이 수용될 만한 것이 못 되었다.

독일에서 실업과 맞서 싸우기 위해 동원할 수 있는 주요 정책은 두 가지가 남아 있었다. 하나는 외국인 노동자들을 본국으로 송출하는 것이었고, 다른 하나는 고령 노동자들의 조기퇴직을 권장하는 것이었다. 후자의 정책은 생산성을 제고함과 동시에 청년 노동자들에게 일자리를 제공할 수 있으리라는 희망을 반영하고 있었다. 대륙 유럽 국가들의 대부분에 전형적인 이러한 접근법은 총고용이 대폭 감소하는 결과를 초래하였다. 독일에서 60세부터 65세에 이르는 남성의 노동력참가율은 1970년의 75퍼센트에서 1981년의 44퍼센트로 뚝 떨어졌다.[15] 그러나 이렇게 노동력이 감축되었음에도 불구하고, 실업률은 계속 치솟기만 했다(1983년에는 8퍼센트 이상으로 치솟았다). 긴축적인 통화공급 정책이 소비와 투자를 동시에 억제한 탓이었다.

독일적 특징을 보여주는 고용이탈 전략은 산업에 대해서는 생산성 향상을 가져다 주었을지 모르지만, 복지국가에 대해서는 스칸디나비아에서 목격된 것과 똑같은 재정 불균형을 안겨다 주었다. 사정이 이렇게 된 주된 이유는 고용이탈이 이전지출은 증대시키는 반면에 사회보장 기여금은 감소시키기 때문이다. 따라서 공공예산의 균형을 회복하기 위해서는 상당한 규모의 급여 삭감 내지 조세인상이 불가피하였다.

독일의 경우에는 대안적인 정책들의 범위가 제한되어 있었던 데다, 특히 고용확대를 위한 교섭의 전망도 차단되어 있었다. 이런 사정은 왜 독일의 노동조합이 희소한 일자리들을 재분배하는 정책에 의존하게 되는가를 설명하는 데 도움이 된다. 결국, 노동시간 감축이 핵심 요구사항으로 등장하게 되었다. 그러한 요구가 처음으로 등장한 것은 일률적으로 노동시간을 1시간씩 단축할 것을 요구한 1976년의 일이었다 — 이 제안은 다른 노조연맹들에 의해 거부되었다. 대신에 금속노련은 5퍼센트의 임금보상을 전제로 한 주 35시간제를 요구하였다. 1978년에 파업을 하면서까지 밀어붙였지만, 이 전략은 패배로 끝나고 말았다. 1984년에도 그 후속 전략이 제안되었지만 이 역시도 불발에 그쳤다.

---

15 독일에서 총고용은 1973년에서 83년까지 평균 −0.7퍼센트씩 감소했다. 같은 기간 동안 벨기에는 그 수치가 −1.1퍼센트, 오스트리아는 −0.5퍼센트이다. 그러나 OECD 전체를 놓고 볼 때, 고용은 1973년부터 1979년까지는 연평균 1.1퍼센트씩, 1979년에서 1983년까지는 0.2퍼센트씩 성장했다.

안정화 정책을 위한 독일식 접근은 다음과 같은 세 가지 점에서 막대한 비용을 초래하였다. 1) 복지국가에 대한 재정 압박, 2) 인력 활용의 불충분성, 3) 투자행동의 부진 등이 그것이었다.

결 론

제7장에서는 낡은 자료들을 새롭게 해석하려고 시도하였다. 여기서 다루어온 쟁점들은 과거에도 폭넓게 검토되어온 주제들이다. 전후의 거시경제 정책과 소득정책, 완전고용의 경험, 복지국가 등을 다룬 연구 문헌들은 물론, 노동조합과 신조합주의적 협조, 1970년대 초반 이래 선진 자본주의 국가들을 괴롭혀온 통치능력(governability)의 저하와 경제위기 등을 논의한 연구 문헌들도 무수히 많다.

이렇게 많은 지식과 지혜가 축적되어 있음에도 불구하고, 새로운 해석을 시도하는 까닭은 그럴 만한 정당한 이유가 있는 것으로 생각된다. 첫째, (매우 중요한) 일부 예외가 없지 않지만, 지난 40여년 동안 일어난 권력구조상의 많은 변화들 간의 상호관계에 초점을 맞추어 연구하려는 노력들은 거의 찾아볼 수 없다는 점이다.[16] 필자가 보기에, 이런 문제점은 완전고용과 경제안정화 정책, 그리고 복지국가 간의 상호관계에 대해서도 똑같이 적용되는 것으로 여겨진다. 우리의 지적 선배들은 보다 민주적이고 새로운 자본주의라는 자신들의 시나리오를 제시하면서 이러한 요소들이 상호 복잡한 관계를 맺고 있는 것으로 파악하였다. 반면에, 현대의

---

16 가장 포괄적이고 종합적인 개관을 보여주는 연구의 하나는 골드소프(Goldthorpe, 1984b)의 연구에서 찾아볼 수 있다.

연구자들은 저마다 전문적으로 분화된 독자적인 길을 걷고 있다. 마일스가 지적하고 있듯이(Myles, 1984b), 이연임금의 개념이 우리에게 새로운 분석 수단을 제공해줌으로써 우리는 전후의 정치경제를 연구함에 있어 복지국가를 다시 내생변수로 끌어들일 수 있게 되었다.

그런가 하면, 1970년대 초반은 전후의 사회적·정치적·경제적 발전의 논리에 마침표를 찍었을 뿐만 아니라, 사회과학에 대해서는 새로운 분석 과제, 곧 위기에 빠진 자본주의를 연구해야 하는 과제를 던져주었다. 필자가 생각하기에, 1973년 이후의 새로운 '위기 분석들'은 시간적으로 그에 앞서 진행되었던 연구들이나 현상들과는 대체로 단절되어 있는 것으로 보인다. 이 장에서 제시한 새로운 해석은 완전고용과 경제성장 시대의 정치와 새로운 '위기' 시대의 정치 간의 직접적인 연계관계를 탐구하려는 노력의 일환이다.

전후 수십 년 동안 가장 핵심적인 문제 가운데 하나는 평등과 완전고용, 효율성의 약속을 어떻게 실행에 옮기느냐 하는 것이었다. 칼레키가 내놓은 답변, 그러니까 새로운 정치적·사회적 제도를 통해서 실행에 옮긴다는 답변은 그 자체로서는 논란의 여지가 없을 것이다. 한편, 만일 칼레키가 민간기업의 권리를 철저히 약화시키는 식의 제도적 재편을 염두에 두고 있었다고 한다면, 문제는 완전히 달라진다.

전후 자본주의의 성공은 민주주의와 사적 소유를 조화시킬 수 있는 그 능력에 힘입은 것이었다. 이 두 제도의 조화로운 통합을 가능케 한 것은 1930년대와 1940년대의 '사회계약'이었다. 이 사회계약에서 노동은 방해를 받지 않고 분배투쟁을 전개할 수 있는 자유를 확보하는 대신 경영의 신성한 전권을 존중할 것을 약속하였다.

전후의 계급조직이나 이익조직은 이처럼 기본적인 이익 교환이 작동할 수 있는 제도적 장치들을 찾아낼 수 있는 능력을 발휘하였으며, 전후 수십 년 간의 안정성은 바로 그들의 이러한 능력과 상당한 관련이 있다. 그러나 사회계약이 하나의 상수였다고 한다면, 제도적 장치들은 국가마다 크게 분기화되었다. 이러한 제도적 장치들의 분기화는 완전고용을 어느 정도의 강도로, 얼마나 오래 실현하느냐를 결정하는 데서 중요한 역할을 수행하였을 뿐만 아니라, 정책 목표와 분배 목표 사이의 갈등을 안정적이고 실효성 있게 중재할 수 있는 능력을 형성하는 데서도 결정적인 역할을 수행하였다.

지배적인 제도적 구조의 형태가 어떠하든, 전후 국가들의 공통된 특징은 완전고용을 창출한 새로운 권력균형을 관리할 수 있는 국가들의 능력이 시나브로 사라져가고 있다는 점이다. 기본적인 난관은 코앞에 닥친 제로섬 갈등을 해소시켜 줄 수 있는 수용 가능한 배출구를 찾아내는 것이 쉽지 않다는 데 있다. 앞서 지적한 바 있듯이, 소유권의 신성성이 인정된다고 할 때, 그것이 의미하는 바는 국가가 변화 가능한 가능태의 영역으로 들어오게 된다는 것을 뜻한다. 그러므로 정치적 교환의 개념은 두 가지 사항을 함축한다. 그 하나는 권력에 의한 분배의 과실(果實)을 시간적으로 뒤로 이연(移延)시킬 수 있는 능력과 관련되고, 다른 하나는 분배에 개입하는 권력을 어떻게 관리할 것인가 하는 과제를 정치의 장에 의존하여 해결하는 것과 관련된다.

그렇지만 피상적이나마 우리가 개관한 바에 따르면, 국가가 제공하는 교환조건의 범위는 사뭇 폭넓은 것일 수 있다는 것이 드러난다. 정치적 교환의 범위 안에는 정부신용과 투자, 국유화와 보조금, 과세, 고용과 복지정책 등이 두루 망라되어 있다. 복지국가는 주로 이연 사회임금의 형태로 완전고용의 압력을 해소시켜줄 수 있는 주요 배출구로 부상하였다.

그러나 그 형태가 어떠하든 이연임금 전략이 존속 가능할지 여부는 궁극적으로 장래에도 계속해서 이연임금을 징수할 수 있는 능력이 있느냐에 달려 있다. 바로 여기에 이연임금 전략의 아킬레스 건이 도사리고 있다는 것은 이미 입증된 바 있다. 노동은 교섭을 이유로 내세워 세금인상에 완강히 반대할 것이 틀림없다. 기업은 기업대로 경쟁력을 빌미 삼아 마찬가지로 세금인상을 거부할 것이 틀림없다. 그 결과, 복지국가는 자신에게 부여된 본래의 의무를 방기하든가, 아니면 재정적자에 의해 이연임금의 재원을 마련하고, 이를 통해 제로섬 대결을 그저 뒤로 연기하든가 둘 중 하나를 선택하지 않으면 안 되는 처지에 몰리게 되었다.

국제무역과 성장이 정체를 보임에 따라, 완전고용 상황에서 터져나오는 분배 요구들에 대해 균형을 잡을 수 있는 각국의 능력은 크게 약화되었다. 그러나 그러한 능력이 약화된 것은 또한 확실히 기존에 열려 있던 분배의 배출구들이 점점 막혀가고 있기 때문이기도 하였다. 그렇지만, 경험적인 증거들은 이연임금 전략의 한계가 반드시 재정적인 차원에만 있는 것은 아니라는 것을 시사한다. 무슨 말인가 하면, 늘어나는 지출에 적응하기 위해 조세를 인상할 수 있는 정부의 능력은 노동계급의 권력동원이나 사회 조합주의의 강도와 정적인 상관이 있는 것으로 보인다는 것이다(Schmitter, 1981). 따라서, 어떤 나라가 '연대'를 창출할 수 있는 능력은 어떤 경제정책을 선택하느냐와 긴밀하게 결부된다. 연대의 능력은 다시 한 국가가 전통적인 정책 수단들을 뛰어넘을 수 있는 능력을 발휘할 수 있느냐와 관련해서도 핵심적인 요인으로 작용한다. 이 점을 보여주는 전형적인 사례가 스웨덴이다. 스웨덴에서 이연임금 전략은 다음의 몇 가지 요인들이 중첩적으로 작용하면서 점차 기능 부전에 빠져들었다. 1) 응집력이나 정당성과 관련하여 노동조합 내부에서 문제가 발생한 점, 2) 조세인상과 인플레이션을 벌충하기 위해 명목임금의 인상을 교섭할 수 있는 능력이 고갈된 점, 3) 임금억제에 대한 보상으로서 기업의 지속적인 투자가 이루어지고 있는지에 대한 불신이 확산된 점 등이 그러한 요인들이다. 이러한 요인들이 작용하면서 노동조합은 그간 소유권의 신성성을 존중해온 자신들의 태도에 의문 부호를 찍기에 이르렀다. 노동조합은 1930년대부터 치켜들었던 슬로건, 곧 '민주주의는 공장 문 앞에서 멈출 수 없다.'는 슬로건을 다시 꺼내들고 당초의 계약을 재협상할 것을 요구하였으며, 먼저 노동자 통제권에 대한 법제화를, 이어서 집합적인 임금소득자 기금에 기초한 경제 민주주의를 발진시켰다. 이런 정책들은 1970년대와 1980년대 초반에 걸쳐 핵심적인 교섭의 대상으로 등장하였다. 이런 정책들을 도입하는 것은 1950년대와 1960년대에 교환의 대상이 되었던 정책들과 달리, 기업의 입장에서는 협상의 대상도 아니고 수용할 수도 없는 것들이었다. 이런 점에서 이런 정책들은 결국 사회 조합주의와 이익중재의 승리가 아니라 법제화를 강제한 권력의 승리였다. 이리하여 소유권의 민주화는 (사회민주당 정부가 임금소득자 기금을 내세워 효과적인 임금억제를 이끌어냈다는 의미에서) 새로운 유형의 안정화 정치로 작용하였음과 동시에 불안정화의 원천으로 기능하기도 하였다. 노동자 통제권의 정치는 한때는 기업으로서도 수용할 만한 것이었는지 몰라도, 현재의 시점에서는 수용할 수 있는 것이 못 된다는 것이 분명해지고 있다. 결국 스웨덴에서 평등과 완전고용, 효율성을 동시에 추구하기 위해 사회 민주주의가 유일하게 선택할 수 있었던 이 처방은 간신히 다수파를 점한 의회의 힘을 빌려 가까스로 유지되고 있는 형국에 있다. 탱고를 추기 위해서는 어쨌든 상대가 필요한 법이거늘, 자본의 이동이 자유로워진 상황에서는 그 상대가 더 이상 춤을 추지 않겠다고 선택할는지도 모르는 일이다.

제8장

포스트 산업화의 세 가지 고용 궤적

들어가는 말

기술과 경영, 소비와 고용 분야에서 목하 진행 중인 혁명의 물결에 촉발되어 포스트 산업사회라는 개념이 처음 등장한 것은 1960년대의 일이었다. 포스트 산업사회는 기술자와 전문가, 경영 등이 지배하는 새로운 세계로 묘사된다. 이 새로운 세계에서는 저 고풍스런 육체노동은 사라지며, 소비자들의 욕망은 서비스를 향해 몰려간다.

이런 등속의 '사실들'을 둘러싸고 근본적으로 다른 해석들이 쏟아져 나왔다. 사회문화 이론가들은 삶의 질을 중시하는 탈물질주의(post-materialism)* 가치로 무장한 새로운 다수파가 도래하고 있는 조짐이라고 믿는다. 빈곤과 희소성, 사회계급 따위의 전통적인 산업사회의 쟁점들은 역사의 기억 저편으로 사라져버렸다는 것이다(Touraine, 1971; Ingelhart, 1977).

그렇지만, 대다수 연구자들에게 초미의 관심사는 포스트 산업화를 향한 변화가 고용에 어떤 결과를 초래하느냐 하는 것이다. 경제학자들에게는 과연 서비스 일자리들이 지속적인 완전고용을 떠받칠 수 있을 만큼 충분히 성장할 수 있느냐가 관심사이다. 사회학자들은 일자리의 질이라든가 고용의 계층화와 분절화 현상에 더 많은 관심을 기울인다.

제8장은 포스트 산업사회의 고용을 연구하는 데 그 목적이 있다. 일각에서는 포스트 산업사회라는 용어 자체를 회의적인 시각으로 바라보지만, 거기에는 그럴 만한 까닭이 없지 않다. 이 용어가 너무나도 거리낌없이 물질적 생산의 필요를 벗어난 사회가 도래하였다고 시사하기 때문이다. 포스트 산업주의 이론들은 또한 걸핏하면 기술결정론에 빠져든다는 이유로 비판을 받는다.

이 장에서는 '포스트 산업화'라는 용어를 그대로 사용할 것이다. 그것은 우리가 이 용어를 만들어낸 이론들을 맹신하는 추종자들이기 때문이 아니라, 우리가 해명하고자 하는 문제를 확인하는 데 이 용어가 도움이 된다고 보기 때문이다. 첫째, 포스트 산업화라는 명칭의 이면에는 고용의 근본적인 변화 과정이 실재하고 있다. 새로운 직업들이 출현하고 있으며, 한때 희소했던 일자리들이 이제는 대량으로 생겨나고 있다. 신체적·육체적 노동은 소멸을 향해가고 있으며, 다양한 수준의 복잡성과 품격을 갖춘 정신노동이 새로운 규범으로 부상하고 있다. 둘째, 우리는 강력한 저류를 형성하고 있는 이론적 결정론에 대해 비교 연구 자료를 대면시켜 평가하고자 한다. 이 장을 관통하고 있는 논거는 각 국가들은 저마다 서로 다른 '포스트 산업화'의 궤적을 밟아가고 있다는 것이다. 다시 말해, 우리 앞에는 지금 미래의 고용 시나리오들이 다양한 모습으로 펼쳐지고 있다는 것이다.

대부분의 이론들은 기술과 근대화, 경제적 풍요 같은 요인들의 인과적 중요성을 강조한다. 앞의 장들에서 개진된 논거에 따라, 목하 전개되고 있는 고용추세 역시 정치적 차원에서 설명될 필요가 있다. 그러나 전반적인 고용성과는 논외로 하고, 이 장에서는 고용이 어떻게 구조화되고 있는 지, 또한 고용이 사회 계층화에 어떤 영향을 미치는지에 초점을 맞추어 좀더 구체적으로 논의하고자 한다.

독일과 스웨덴, 미국을 비교 연구하는 것은 이 장의 목적에 잘 부합한다. 왜냐하면 이 나라들은 앞서 밝힌 바 있는 복지국가/노동시장 체제들의 각각을 대표하는 국가들이기 때문이다. 우리는 포스트 산업화의 발전이 질적으로 서로 다른 세 가지의 고용구조를 창출하고 있다는 것을 보여주게 될 것이다. 현재 지배적인 이론은 이러한 차이들의 일부에 대해 나름대로 값진 설명을 내놓고 있지만, 그 차이의 전체를 설명하는 데까지는 미치지 못하고 있다. 고용의 성장과 그 구조 및 계층화의 측면에서, 우리는 복지국가야말로 포스트 산업사회 고용 발전을 낳는 산파임을 입증하고자 한다. 복지국가와 노동시장의 상호작용의 차이가 포스트 산업사회의 궤적의 차이를 낳고 있다. 양자간의 상호작용은 서비스의 성장에 영향을 미칠 뿐 아니라, 대인 서비스와 대비되는 사회복지 활동을 상대적으로 강조하는 정도에도 영향을 미친다. 또한 이 상호작용은 노동력의 숙련 및 직업 구성에 영향을 미친다. 그리고 그것은 또한 젠더와 인종, 민족 등의 배경을 기준으로 한 직업 분포에도 영향을 미친다.

서비스 고용의 성장을 설명하는 이론들

전후 첫 10년 사이에 도처에서 목격되었던 대량실업의 공포는 비단 대공황이 남긴 후유증인 것만은 아니었다. 그러한 공포심에 불을 붙인 또 하나의 계기는 기술변동이었다. 작가 보니거트(Kurt Vonnegut)의 소설 『자동 피아노』(*Player Piano*)는 그 시대의 징후를 보여준다. 보니거트는 그 소설에서 재화는 흘러넘치지만, 로봇과 소수의 관리자만 있으면 족하기 때문에 일자리는 지극히 희소한 상상 속의 미래사회를 묘사하고 있다. 첨단기술 경제가 우리의 필요를 충족시킬 수는 있으나 일하고자 하는 우리의 욕구를 채워줄 수는 없으리라는 공포감이 극적인 현실로 가시화될 수도 있다. 대부분의 논쟁들도 바로 이 문제를 둘러싸고 벌어지고 있다.

전통적인 제조업 일자리들이 사라지고 있다는 사실에는 이론의 여지가 없다. 문제는 새로운 종류의 고용이 그렇게 사라진 일자리들을 벌충할 수 있느냐 하는 것이다. 원칙적으로, 새로운 일자리들은 전통적인 산업경제 내에서 창출될 수도 있고, '새로운' 서비스 부문에서 생겨날 수도 있다. 전자의 경우, 첨단기술과 복잡한 생산조직은 관리자와 경영자, 기술자, 전문가, 사무 노동자 등을 더 많이 필요로 할 수 있다. 후자의 경우에는, 수요가 서비스 쪽으로 이동할 수 있고, 그렇게 되면 비산업 부문에서 고용이 성장하게 될 것이다.

경제학자들은 흔히 엥겔의 법칙(Engel's law)을 전제하고 분석을 진행하곤 한다. 국가들이 부유해질수록 소비는 기초 생필품에서 여가와 서비스 같은 '사치품'으로 옮겨가리라는 것이다(Fisher, 1935; Clark, 1940).

그러나 엥겔의 법칙이 줄어든 고용을 벌충할 만큼 고용을 성장시킬 수 있을지 여부는 확실치 않다. 일각에서는 소득 탄력성이라는 가정에 의문을 제기한다(Kuznets, 1957; Fuchs, 1968). 그럼에도 불구하고, 경제학자들은 일반적으로 이 문제를 다시 이론화하는 모험에 뛰어들기를 주저한다. 일반이론이 이렇게 공백 상태에 놓인 가운데, 보몰(Baumol, 1965)의 모델이 대부분의 가설들에서 초점으로 등장한다.

보몰의 모델은 대체로 엥겔의 법칙의 비관주의적 판형이라고 할 수 있다. 그의 모델은 제조업은 생산성이 높기 때문에 그만큼 인력을 방출하기 마련이라는 전제에서 출발한다. 그렇지만 서비스 부문은 생산성 증가 속도가 느리기 때문에 서비스 일자리의 성장에 의해 제조업에서 방출된 인력을 흡수할 수 있는 능력이 제한적일 수 있다. 서비스의 임금이 고도의 생산성을 자랑하는 제조업의 임금을 따라잡는 경향이 있기 때문에, 그 결과 '비용질병'(cost-disease)이 발생하게 된다. 즉 서비스 부문의 노동은 자신의 가격을 시장가격보다 높게 매기는 경향을 보이기 마련이라는 것이다.

첨단기술의 제조업이 출현하면서, 일자리 없는 성장의 전망이 현실적인 의미를 띠어가고 있다(Soete and Freeman, 1985). 블루스톤과 해리슨은 미국의 고용전망을 인용하면서, 1982년에서 1990년 사이에 컴퓨터 프로그래머 일자리들이 12만 개 가까이 증가할 것이라고 예측한다. 그러므로 남아 있는 유일한 희망은 서비스 일자리들뿐이라는 것이다.

이러한 낙관주의에 한 가지 근거를 제공하는 것은 보몰의 모델이 안고 있는 경험적인 약점이다. 예를 들어 포메레네와 슈나이더는 국가간 비교자료에 기초하여 보몰의 모델이 유럽의 국가들에 대해서는 제대로 들어맞지 않는다고 결론짓는다(Pomerehne and Schneider, 1980). 좀더 중요한 점은 보몰의 가정이 완화될 수도 있다는 것이다. 한 가지 예를 들면, 소비자들이 충분히 부유해져서 '터무니없이 비싼' 서비스들을 흔쾌히 구매할 수도 있지 않느냐는 것이다. 우리는 이것을 '여피 효과'(Yuppie-effect)*라고 부를 수도 있고, 아니면 허쉬(Fred Hirsh)의 용법에 따라 지위재(positional goods)* 소비성향이라고 부를 수도 있을 것이다.

뿐만 아니라, 보몰 자신도 인정하고 있듯이, 정부가 나서서 서비스에 대해 보조금을 지급하거나 직접 서비스를 생산함으로써 이 생산성과 임금의 격차를 상쇄할 수도 있다. 이런 의미에서, 비용질병 문제는 정치를 통해서 그 해법을 찾게 된다. 물론 세 번째는 임금이 보몰이 예측한대로 움직이지 않을 가능성이 있다는 점이다. 예를 들어 서비스 부문의 노동자들이 제조업보다 낮은 임금 인상률을 기꺼이 감내할 수 있는 가능성도 배제할 수 없다.

고용성장 문제를 둘러싼 정치적 논쟁에서는 임금문제가 핵심적인 논제로 떠오르기 마련이다. 유럽의 논평가들과 정치가들, 심지어는 일부 경제학자들조차 지난 10년 간 미국이 타의 추종을 불허하는 고용성과를 보여준 까닭은 미국의 임금 유연성이 높기 때문이라고 주장한다. 유럽에서는 노동조합의 존재와 노동시장의 경직성 때문에 서비스 부문의 노동비용이 과도할 정도로 높다는 것이다. 프리츠 샤프(Fritz Sharpf, 1985)는 최근의 연구에서 보몰 모델의 임금 차원과 정치 차원을 한데 결합함으로써 유럽의 고용 부진을 설명하려고 한다. 그는 임금이 높은 국가의 경우, 정부가 공공부문의 고용을 창출하여 고용을 보충하려고 해도 그 재정적 한계 때문에 그럴 수 있는 정부의 능력이 제한된다고 주장한다. 구체적인 예로서 독일의 경우, 높은 노동비용과 이미 과부하 상태에 있는 이전국가(transfer-state)의 두 가지 요인이 중첩되어 있어서 공공부문에서든 민간부문에서든 서비스 고용이 제대로 성장하지 못한다고 샤프는 지적한다.

보몰의 모델이 안고 있는 근본적인 문제는 한계가 많은 그 가정에 있는 것이 아니라, 그것이 생산성에 관한 의심스러운 정의에 기대고 있다는 데 있다. 국민계정체계 내에서, 서비스 노동의 생산성은 확인하기 어렵기로 악명이 높다. 공공 서비스를 대상으로 할 경우, 그것은 아예 불가능하다. 프레드 블록(Fred Block, 1985)은 중농주의자들의 시대에 공업이 수행한 역할을 오늘날에는 서비스가 수행하고 있다고 주장하는 바, 이 때 그가 지적하고자 한 것이 바로 이런 문제점이다. 금속판을 가공하고 있는 금속 노동자의 생산성은 파악하기가 어렵지 않다. 그러나 우리는 직관적으로 주간보호 종사자가 다른 사람들의 생산성에 빌붙어 살아간다고 생각한다.

서비스 고용이 성장하기 어려운 이유를 설명하는 또 다른 논거는 각 가구들이 집집마다 물질적 재화를 갖추고 있어서 서비스를 자체 조달하는 것이 가능해지기 때문이라고 보는 논리이다.(Gershuny, 1978; 1983). 비디오라든가, 조리기구, 전자 오븐 등, 이런저런 물질적 대체수단들을 활용할 수 있기 때문에 여가라든가 대인 서비스를 구매하려 들지 않는다는 것이다.

좀더 최근에 나온 거셔니의 연구에서는 서비스의 고용 전망이 조금은 덜 암울한 편이다(Gershuny, 1986; 1988). 보몰의 모델을 지적하면서, 서비스의 자체 조달은 대인 서비스의 일자리 성장을 계속 가로막을테지만, 임금보다는 전문기술이나 전문지식이 더 중요한 의미를 갖는 경영 서비스나 생산자 서비스는 그렇지 않으리라는 것이다. 나아가서 그는 각 가정들이 번거로운 집안의 잡일들을 하기 싫어하기 때문에 쇼핑 같은 영역에서는 서비스의 하부구조에 대한 수요가 강력하게 창출될 것이라고 예측한다(Gershuny, 1988).

거셔니의 결론이 정당하든 그렇지 않든, 그의 분석은 서비스를 분화되지 않은 한 덩어리로 파악해서는 안된다고 하는 널리 알려져 있는 주장을 확증해준다. 이 점은 우리가 서비스 연구의 역사를 잠깐 돌아보기만 해도 분명해진다. 서비스 그 자체에는 새롭다거나 혁명적이라고 할 만한 것이 아무것도 없다. 퍽스(Fuchs, 1968)나 벨(1973), 징겔만(Singelmann, 1974) 등이 주목하고 있듯이, (가사노동, 구두수선, 바텐더 같은) 많은 서비스들은 산업사회 이전에 생겨난 것들이다. 물론 산업화와 나란히 등장한 서비스들도 있다(운수, 설비, 도매). 그리고 또 다른 서비스들은 대량생산과 대량소비의 '포드주의'(Fordism)*와 더불어 폭발적으로 증가하였다(소매, 마케팅, 소비자 금융, 광고 등).

이미 100년 전부터 서비스 고용이 두드러지게 많은 비중을 차지한 국가들도 없지 않다. 1870년대에 이미 오스트레일리아와 네덜란드, 영국 같은 나라에서는 서비스 고용이 전체 일자리의 3분의 1 이상을 차지하였다(Maddison, 1982). 따라서 포스트 산업화 이론이 규명해야 할 것은 서비스 고용의 성장 그 자체가 아니라 그 형태의 새로움이다.

장기 추세를 엿볼 수 있는 고용관련 자료들은 거의 한결같이 전통적인 서비스(운수, 설비, 소매 등)의 성장은 정체를 면치 못하고 있으며, 새로운 활력은 사회 서비스(건강, 교육, 복지 등)와 대인 서비스의 일부 영역(예컨대 여가, 외식업 등), 그리고 생산자 서비스(경영 서비스, 금융, 보험, 부동산 등)에서 집중적으로 나오고 있다는 것을 보여준다.

포스트 산업적 서비스에 관한 이론들은 흔히 이러한 서비스들의 원동력이 제조업 경제의 기능이나 요건, 조직 등으로부터 완전히 분리되어 있다고 암시하곤 한다. 즉 이 서비스들은 독자적인 생명력을 가지고 성장해간다는 것이다. 이같은 잘못된 개념화는 외견상 서비스가 공업을 직접적으로 대체하고 있는 것처럼 보이는 데서 비롯되는 것일 수 있다. 미국의 경우, 1950년에는 공업이 고용의 50퍼센트를 설명했지만, 오늘날에는 겨우 20퍼센트를 설명할 뿐이다. 한때 공업이 농업을 밀어내고 그 자리를 차지했던 것과 똑같이, 오늘날에는 서비스가 공업을 밀어내고 그 자리에 들어서고 있다. 이와 비슷한 이야기는 다른 많은 나라들에 대해서도 똑같이 말할 수 있을 것이다.

그러나 이 이야기를 해석하는 시각은 여러 가지가 있을 수 있다. 코헨과 자이스만은 포스트 산업적 서비스들을 물질적 생산과 분리된 것으로 간주하는 시각의 오류에 대해 설득력 있는 반증을 제시하고 있다(Cohen and Zysman, 1987). 많은 서비스들, 아니 어쩌면 대부분의 서비스들은 최종 물질재의 제조 과정에 중간재의 형태로 진입하곤 한다. 그리고 서비스가 최종재로 생산되는 경우에도 그 서비스의 논리는 사회와 경제의 조직으로부터 분리될 수 없다. 사회 서비스는 산업사회가 창출하는 임금 소득자의 욕구라든가 가족 및 가정의 재생산 방식의 변화에 조응한다. 많은 대인 서비스들은 우리가 물질재를 소비하는 방식들에 조응하여 발전하는 것이다.

서비스 활동의 분류

과거에 서비스 경제는 보통 농업과 공업을 설명하고 난 뒤에 남아 있는 잔여적인 경제로 정의되곤 하였다. 안타깝게도 우리 앞에는 아직도 서비스가 무엇인지에 관한 어떤 일관된 정의가 존재하지 않는다. 경우에 따라 서비스는 그 생산물이 실체를 갖고 있지 않다는 성격에 의해 정의되기도 하고, 생산물의 교환이 사람과 사람 사이에서 일어난다는 특징에 의해 정의되기도 한다. 서비스와 물리적 재화를 어떻게 구분할 것인가 하는 문제는 우리가 경제부문에 초점을 맞추느냐(제조업 부문 대 서비스 부문), 아니면 직무나 직업에 착안하느냐(조립 노동자냐 광고 컨설턴트냐)에 따라 그 해답이 달라질 것이다. 분명한 것은 전통적인 산업 현장에도 서비스 직업들은 적지 않이 존재한다는 것이다.

서비스를 정의하는 데 따르는 문제를 우회하기 위해, 대부분의 연구들은 정의보다는 분류를 제시한다. 서비스 산업을 분류하는 데 있어 가장 유용한 방법은 징겔만(Singelmann, 1974; 1978)이 혼자서 개발하기도 하고, 브라우닝과 함께(Browning and Singelmann, 1975) 개발하기도 한 분류법에 약간의 수정을 가하여 활용하는 방법이다. 이들은 채취산업과 가공산업을 제외하고, 서비스를 유통 서비스, 생산자 서비스, 사회 서비스, 대인 서비스로 대별한다.

우리는 여기서 포스트 산업적 서비스의 팽창에 초점을 맞추고 있으므로, 징겔만의 분류법을 좀더 정교화할 필요가 있다. 가령, 소매점 고용이 방대하게 남아 있고, 또 심지어는 계속 성장할 수도 있지만, 그러한 소매점 고용에서 포스트 산업적인 그 무엇을 찾아보기는 어렵다. 이 장에서의 '산업' 분류를 위해 우리는 생산과 소비, 인적 재생산의 새로운 관계들과 가장 긴밀하게 결합되어 있는 활동들을 포스트 산업적 활동으로 분류하는 접근법을 취하고자 한다. 프랑스 조절학파(regulation school)*의 어법을 빌려 말하면, 우리가 관심을 두고 있는 것은 '포드주의'를 넘어선 현상들이다.

그렇다면 포스트 산업적 활동이란 무엇을 말하는가? 불행하게도, 이 질문은 정확한 답변이 없는 질문이다. 이 분야의 이론가들은 일반적으로 정보와 과학기술의 조작과 처리가 지배적인 활동을 포스트 산업적 활동이라고 규정한다(Bell, 1973). 이러한 정의도 우리가 직업 분석에 눈길을 돌릴 때는 좋은 출발점이 된다. 그러나 '산업' 분석을 위해서는 서비스의 소비와 연계된 기준을 필요로 한다.

서비스 산업부문의 수준에 초점을 맞출 경우, 우리는 다음과 같은 세 가지 분야의 진전된 양식들에 주로 서비스를 공급하는 활동들을 집중 조명하고자 한다. 1) 산업 생산(생산자 서비스), 2) 사회적 재생산(사회 서비스), 3) 소비와 여가(대인 서비스). 그러나 실제로 그 어떤 단일한 활동을 놓고 그것이 '새로운' 것인지 어떤지를 규명하는 것은 아예 불가능하다─그것들의 경제적 의미가 부각되고 있다는 점을 제외하고는 하늘 아래 새로운 것은 없기 때문이다. 그러므로 여기서 제시되는 경험적인 분석에 대해서는 발견적인 가치 그 이상을 기대해선 안 된다.

이어질 분석에서, 우리는 이러한 세 가지 포스트 산업적 서비스 산업을 전통적인 산업사회와 관련된 산업(광업, 제조업, 건축, 운수 등)으로부터 구별함과 동시에, 어떤 의미에서는 시대를 초월하여 존재하는 산업(공공

행정, 유통, 통신 등)으로부터도 구별할 것이다.

직업 분석을 병행하지 않은 채 순전히 산업 수준에만 초점을 맞추어 분석을 진행할 경우, 진실을 호도하기 쉽다는 것은 말할 필요도 없다. 경우에 따라서는 제조업도 과학적 지식을 갖춘 전문 인력이 생산 과정을 주도한다는 의미에서 압도적으로 포스트 산업적일 수 있다. 그런가 하면, 병원은 상당한 규모의 미숙련 잡역 노동에 의해 운영될 수 있다.

유용한 직업 분류법을 발전시키는 작업은 그 나름대로 어려움이 따른다. 현재의 연구에서 우리는 주로 전통적인 산업세계에 속하는 직업들(숙련 및 미숙련 생산 노동자, 장인 노동자, 사무 및 판매 요원, 관리자, 경영자)과 포스트 산업주의의 전형을 보여주는 직업들(전문직과 준전문직, 과학자, 기술자, 뿐만 아니라 일반적으로 자격 요건 없이 여가 서비스 생산에 종사하는 서비스 노동자)로 단순하게 대별하고자 한다.

독일과 스웨덴, 미국을 비교 연구하는 방법에는 어떤 의미에서 표집상의 편의(bias)가 있다. 우리는 이 세 나라들이 집합적이고 구조적인 고용 추세에서 서로 분기화 현상을 보이고 있다는 사실을 먼저 알고 나서 그 나라들을 표본으로 선정하였기 때문이다. 그렇지만, 우리가 주목해야 할 더 중요한 사실은 이들 세 나라가 국가간의 편차를 아주 잘 대표한다는 점이다. 이런 점에서 범위를 확대하여 일반화를 시도한다고 해도 타당성을 잃지 않을 것으로 믿는다.

서비스 고용성장의 세 가지 궤적

지난 20년 동안 선진경제들은 근본적인 변화를 경험하였다. 신기술이 생산에 혁명을 불러일으켰으며, 제조업의 비중이 현격히 줄어들었고, 서비스가 팽창하였다. 가구들은 풍요를 누리게 되었고, 복지국가는 성숙의 시기를 맞았다. 이 시기는 또한 교육혁명의 시기일 뿐만 아니라 전통적인 가족 역할로부터 여성이 해방을 맞은 시기이기도 하다. 그리고 마지막으로, 이 시기는 국내 산업의 대대적인 합리화와 구조조정, 국제분업의 결정적인 재편 등에 따라 금세기 최대의 경제적 격변이 진행된 시기였다. 전통적으로 우리 경제의 중핵으로 간주되어온 많은 산업들이 소멸해가고 있거나 타 지역으로 이전해가고 있다.

전반적인 고용추세를 살펴보면, 국가들마다 현저한 다양성을 보여준다. 1960년에서 1985년의 어간(於間)에, 각국의 노동력이 미국에서는 거의 5000만 명이, 스웨덴에서는 약 20퍼센트가 증가하였다. 반면, 독일에서는 노동력의 규모가 대폭 감소했다. 이러한 3개국의 차이를 살펴보는 것으로, 국제적인 발전의 전체상을 충분히 요약할 수 있다.

노동력의 증대는 인구 증가의 효과일 수도 있다. 그렇지만, 우리가 인구증가 요인 대신에 고용참가율(16~65세의 남녀 인구)을 비교해 보아도 결론은 마찬가지이다. 위에서 언급한 기간 동안에, 미국의 참가율은 66퍼센트에서 75퍼센트로 증가하였지만, 독일은 70퍼센트에서 66퍼센트로 떨어졌다. 그런가 하면, 스웨덴은 74퍼센트에서 81퍼센트로 도약하여 세계 신기록을 기록하였다.

노동시장 참가의 성별 차이에 주목하면, 국가간의 차이가 좀더 확연하게 드러난다. 남성의 참가는 조기퇴직과 수학기간의 장기화로 인해 거의 모든 나라에서 감소하고 있지만, 앞서 살펴본대로, 독일의 경우에는 그 감소폭이 예외적일 정도로 극적이다. 여성고용의 성장은 미국과 스웨덴에서는 공히 괄목할 만한 수준이지만, 독일에서는 무시할 수 있는 정도이다.

사람의 수를 기준으로 할 때는 고용이 증가하더라도, 실제로 투입된 노동의 양을 기준으로 하면 고용이 감소할 수도 있다. 인상적인 고용성장이 대부분 시간제 노동이 늘어난 데 힘입은 것일 수 있기 때문이다. 그렇지만 노동시간을 기준으로 측정해 보더라도, 이들 3개국의 고용성과를 비교한 결과는 거의 변하지 않는다. 독일의 경우에는 노동의 양이 현저히 감소하고 있음에도 불구하고(1960~80년의 어간에 17퍼센트나 감소하였다), 그와 나란히 일자리의 감소가 진행되고 있다. 스웨덴에서는 노동시간의 실질적인 감소가 아예 없었다. 미국의 경우에는 전반적으로 24퍼센트가 증가한 것으로 나타난다(OECD, 1983; *Bureau of the Census*, 1986, pp. 295 and 322).

중요한 문제는 시간제 노동이 각국의 고용성과가 갖는 의미를 훼손하는가 여부이다. 1973년에서 1981년의 어간을 대상으로 고용의 순증가분 전체 중에서 시간제 일자리가 차지하는 비율을 계산해보면, 우리가 앞에서 대조시켜 얻은 결과를 거울에 비춘 것 같은 반대의 결과(mirror image)가 나타난다. 독일의 경우에는 그 비율이 꽉 찬 165퍼센이고, 스웨덴은 105퍼센트인 데 비해, 미국에서는 고작 17퍼센트에 불과하다. 이러한 결과는 다음과 같은 의미를 갖는다. 첫째, 미국의 눈부신 고용성과는 결코 시간제 노동 덕분으로 치부할 수 없다는 것이다. 둘째, 스웨덴, 그리고 특히 독일의 경우에는 시간제 일자리들이 새로운 일자리의 대부분을 차지할 뿐만 아니라, 나아가서는 전일제 일자리들을 대체하고 있다는 점이다. 예상할 수 있는 바와 같이, 시간제 고용 부분은 여성의 고용과 밀접한 관련을 갖는다. 스웨덴에서는 전체 여성의 거의 절반이 시간제 일자리에서 일한다(OECD, 1983; and *Bureau of the Census*, 1986.에 기초하여 계산한 결과임). 그러나 이들 3개국의 고용 궤적이 진정한 분기화 현상을 보이는 지점은 고용의 구조화 양상에 있다. 〈표 8-1〉은 산업부문 별 연평균 고용성장(혹은 감소) 비율에 관한 비교 자료를 보여주고 있다. 여기서는 전통적인 '산업적' 활동, 역사적으로 '중립적인' 활동, 그리고 포스트 산업적 활동으로 대별하는 대략적인 분류법을 활용하기로 한다.

| 표 8-1 | 전통적 산업 및 포스트 산업적 산업에서의 고용성장(연평균 성장률 %)

고 용		독일 1961-84	스웨덴 1964-84	미국 1960-84
산업적				
	농업	−2.6	−2.7	−1.5
	제조업ᵃ	−0.6	−0.7	1.0
중립적				
	유통ᵇ	0.0	0.1	2.0
	정부ᶜ	3.8	3.0	0.9
	대인 서비스	0.0	−0.1	2.3
포스트 산업적				
	생산자 서비스ᵈ	4.2	5.0	7.9
	건강, 교육, 복지	4.8	8.6	6.2
	'재미' 서비스ᵉ	1.1	1.6	7.2
포스트 산업 고용 총계		3.5	6.7	6.7
전체 고용 총계		−0.1	0.8	2.4

a. 일체의 채취 및 가공산업을 포함함.
b. 소매와 도매, 운수, 통신을 포함함.
c. 공공행정 및 비복지 관련 정부활동(군대, 치안, 공중위생 등)을 포함함.
d. 경영 서비스, 금융, 보험, 부동산을 포함함.
e. 레크레이션과 여가, 외식, 주점, 숙박을 포함함.
출처 : 위의 자료는 엘프링(Thomas Elfring)이 호의에 의해 제공해준 자료임. 그의 박사학위 논문,
    Service Employment in Advanced Economies, Rijksuniversitet Groeningen, February,
    1988.도 함께 보라.

〈표 8-1〉은 각 국가마다 특유한 이런저런 편향성들이 많다는 것을 드러내준다. 이러한 편향성들은 또 다른 요인들에 기인하는 것이지만, 이에 대해서는 앞으로 추가적으로 분석하게 될 것이다. 그러한 편향성은 첫째, 독일에서 전체적인 일자리 감소는 탈산업화(de-industrialization)에만 그 원인이 있는 것은 아니라는 점이다. 스웨덴은 농업과 제조업에서 똑같

은 감소를 경험하였다. 이 두 체제는 역사적으로 '중립적'인 산업들과 관련하여 형편이 비슷한 처지에 있다. 독일은 생산자 서비스든 사회 서비스든 '재미'(fun) 서비스든, '포스트 산업적' 고용의 성장이 완만하다는 데 그 특징이 있다. 독일에서 전통적인 경제는 쇠퇴하고 있지만, 새로운 경제도 아직은 좀처럼 출현하지 않고 있다.

이 점은 스웨덴이나 미국에 대해서는 해당되지 않는다. 그건 그렇지만 이 두 나라는 또 서로 완전히 다른 궤적을 보여준다. 스웨덴에서는 포스트 산업주의가 복지국가 편향성을 보여준다면, 미국에서는 경영 서비스와 '재미' 서비스가 나란히 팽창하고 있다.

특히 미국을 놓고 볼 때, 여기에 제시된 자료는 널리 알려진 두 가지 고정관념이 사실과 부합하지 않는다는 것을 말해준다. 첫째, 전통적인 제조업은 감소하고 있지 않다 — 적어도 그 절대 수에 있어서는 그러하다. 둘째, 미국의 고용 창출 기제가 그저 장래성 없고 저급한 '잡직들'(junk jobs)만을 양산하고 있는 데 불과하다는 신화는 현실과 부합하지 않는다. 실제로 미국에서 성장 동력이 가장 강력한 분야는 하나같이 고도의 전문성을 갖춘 생산자 서비스와 건강보호 분야이다. 미국은 복지 서비스와 관련해서도 독일의 성과를 능가한다.

우리의 분석은 상당히 장기간에 걸친 자료를 그 대상으로 하고 있다. 만일 우리가 마지막 10년으로 기간을 한정하여 살펴보았다면, 포스트 산업적 요소가 훨씬 더 뚜렷하게 부각되었을 것이다. 예를 들어 미국의 경우, 1960년대에는 주로 교육과 유통, 정부행정 등에서 고용이 빠른 성장을 보였지만, 1970년대에 들어서는 주로 생산자 서비스와 건강, '재미' 서비스에서 급성장을 이루었다. 연구 기간의 차원은 종종 연구의 결론에도 결정적인 영향을 미치곤 한다. 우리가 꽤나 호의적인 (장기적인) 그림을 묘사하고 있는 미국을 놓고 블루스톤과 해리슨(Bluestone and

Harrison, 1986)이 정반대로 '잡직들'만이 지배적으로 성장하는 극히 비관적인 시나리오를 제시하고 있는 이유도 바로 여기에 있는지 모른다. 이들이 분석 대상으로 삼은 자료는 레이건의 시대로 한정되어 있다.

직업별 고용성장 동향

포스트 산업사회의 직업구성에 관한 우리의 첫 번째 조감도는 단지 대략적인 범주들만을 제시하고 있을 뿐이다. 〈표 8-2〉에서 우리는 종래의 산업사회에 대응하는 직업과 포스트 산업사회에 동반하는 직업을 구분하고 있다. 양쪽 모두에 고급 일자리(전자에서는 관리자/경영자, 후자에서는 전문직/기술직 노동자)와 저급 일자리(전자에서는 사무직, 생산 노동자, 후자에서는 일반 서비스 노동자)가 동시에 존재한다. 세 나라 모두에서, '포스트 산업적' 직업들이 성장 구도를 지배하고 있다. 독일에서는 전문직 일자리들이 좀더 완만하게 성장하는 편이며, 일상적인 서비스 일자리들은 전혀 성장하지 않고 있다. 미국은 흥미를 끈다. 왜냐하면 전통적인 산업사회에 속하는 '좋은' 일자리(관리직)와 '나쁜' 일자리(사무직)가 동시에 강력하게 성장하고 있으며, 이러한 현상은 포스트 산업적 직업들에서도 똑같이 일어나고 있기 때문이다.

앞서 살펴본 산업별 자료와 이제의 직업별 자료를 종합해서 검토해보면, 서로 구분되는 세 가지 궤적의 윤곽이 떠오른다. 독일은 전반적인 정체현상과 완만한 서비스 성장을 보여준다. 스웨덴은 전문직화된 사회복지 고용에 압도적으로 편향되어 있다. 그리고 미국에서는 몇 가지 추세가 경합하고 있다. 첫째, 종래의 산업경제가 여전히 지속적인 활력을 유지하고 있다. 둘째, 전문직, 특히 경영 관련 서비스를 향한 강력한 흐름이 형성되고 있다. 세 번째는 자격을 요하지 않는 일자리들이 격증하고 있는

| 표 8-2 | 직업집단의 성장 동향(연평균 성장률 %)

직업	독일 1961-82	스웨덴 1965-84	미국 1960-84
산업사회			
관리자와 경영자	1.3	2.5	5.5
사무직 및 판매 노동자	1.7	1.4	4.2
생산 노동자	−0.8	−1.2	0.5
포스트 산업사회			
전문직과 기술직	4.2	5.5	5.1
서비스 노동자	0.2	2.4	4.7

출처 : 독일에 대해서는 IAB: *Beigrag AB 2.1*; 스웨덴에 대해서는 1965년과 1984년의 *AKU* raw tables; 미국에 대해서는 Department of Labor, *Supplement to Employment and Earnings*(January, 1985).

가운데, 특히 '재미' 서비스의 성장이 두드러진다.

이 지점에 이르러, 주목할 만한 세 가지 질문이 등장한다. 1) 독일의 포스트 산업주의가 그처럼 완만한 이유는 무엇인가? 2) 고용성장을 구조화하는 과정에서 정부가 수행하는 역할은 무엇인가? 3) 미국에서 목격되는 관리직 편향성을 설명하는 요인은 무엇인가?

독일 서비스 고용의 '격차'

독일에서 근대 서비스 경제를 향한 접근이 완만한 현상은 통계적인 허상일 뿐 실상은 그렇지 않을는지도 모른다. 서비스들이 독립된 부문으로 외부화되지 않고 전통적인 산업부문 내의 사업장에 내부화되어 있을 수도 있기 때문이다. 만일 그렇다고 한다면, 독일의 포스트 산업화는 말하자면, 단순히 공장의 닫힌 문 안에서 진행되고 있는 셈일 것이다. 그러나 실상이 그러하다고 믿을 만한 이유는 어디에도 없다. 일차 부문과 이차 부문에 종사하는 서비스 노동자들의 비율이 세 나라에서 거의 비슷하게 나타나기 때문이다. 독일에서는 그것이 30퍼센트이고, 스웨덴에서는 29 퍼센트, 미국의 경우는 33퍼센트이다(OECD, 1984b).

정부의 역할

우리의 두 번째 질문은 고용성장을 구조화하는 과정에서 정부가 수행하는 역할과 관련된다. 노동시장에서 고령 노동자들을 청소하는 데서 정부가 중요한 역할을 수행한다는 것은 이미 살펴본 대로이다. 여기서 중요한 문제는 포스트 산업화의 구성 요소로서 건강과 교육, 복지 분야의 고용을 창출하는 과정에서 정부가 어떤 역할을 수행하는가 하는 것이다. 정부의 이런 역할은 특히 여성의 고용과 관련하여 지대한 중요성을 갖는다. 레인은 이 분야의 선구적인 연구에서 여성이 고용에 진입하는 경로로서 복지 서비스가 매우 중요하다는 점을 국제 비교를 통해 입증한 바 있다 (Rein, 1985).

〈표 8-3〉은 레인의 연구 결과대로 정부의 역할이 나라마다 얼마나 크게 다른지를 보여준다. 미국에서는 정부의 역할이 최선의 경우라도 미미한 정도이며, 스웨덴에서는 압도적이고, 독일은 양자의 중간 어디 쯤에 속한다. 말하자면, 미국에서는 포스트 산업화와 여성의 고용이 주로 시장 안에서 일어난다. 스웨덴에서는 그것이 복지국가 안에서 일어난다. 그리고 독일에서는 시장도 국가도 새로운 고용의 발전을 주도할 수 있는 능력이 없는 것으로 보인다.

언뜻 보면, 독일 정부가 여성고용의 성장에 엄청난 기여를 한 것으로 보인다. 그렇지만 이렇게 높은 비율(149퍼센트)은 정부가 상쇄하고 있기 때문에 나타난 것이다. 만일 정부에 의한 그러한 상쇄가 없었더라면 독일의 여성고용은 지금보다 훨씬 현격하게 하락하는 사태를 면치 못하였을

| 표 8-3 | 고용성장에 미치는 정부의 영향(%)

	독일		스웨덴		미국	
	1961	*1983*	*1965*	*1985*	*1962*	*1985*
총고용 대비 정부고용 비율	8.0	16.1	18.2	33.0	17.2	15.8
여성고용 중 정부고용 비중	7.2	19.8	29.8	55.2	15.5	17.7
공적 고용 중 여성 비중	39.1	39.4	52.2	67.1	35.6	46.6
	1961-83		*1965-85*		*1962-85*	
전체 여성고용 순증분 중 정부고용 비중	149		106		20	
전체 서비스고용 순증분 중 정부고용 비중	65		82		23	

출처 : WEEP data files; and *IAB; Beitrag AB 2.1*

것이다.

지난 20년에 걸쳐 정부와 서비스의 관계는 여성의 고용 기회에 결정적인 영향을 미쳤다. 그러나 그 관계는 국가에 따라 달랐다. 한쪽 극단을 차지하는 스웨덴에서는 공공부문의 사회복지 서비스가 거의 전부를 차지한다. 과연, 스웨덴에서는 건강, 교육, 복지 분야에서 일어난 전체 고용성장의 87퍼센트를 여성이 설명한다! 그 결과 스웨덴에서는 복지국가의 여성화라는 독특한 현상이 출현하였다.

독일에서 그 관계를 살펴보면, 포스트 산업화의 사회복지 요소가 거의 성장하지 않았으며, 그에 따라 복지국가가 여성 노동자를 흡수한 정도 역시 미미한 수준에 머물고 있다. 여기에 민간부문에서까지 여성의 일자리가 감소하는 바람에, 대상 기간 전반에 걸쳐 여성의 고용참가율은 정체 상태를 면치 못하고 있다. 독일 국가는 여전히 남성의 독무대로 남아 있으며, 여성은 가정 안을 맴돌고 있다.

미국에서 그 관계를 검토해보면, 여성의 고용에 대해서나 포스트 산업화의 발전에 대해서나 정부는 소극적인 역할에 머물고 있다. 미국의 실례는 시장 또한 여성의 고용을 촉진할 수 있다는 것을 시사한다. 스웨덴의 경우와 달리, 미국의 여성들은 훨씬 광범한 메뉴들 중에서 취업의 적소(適所)를 찾아 진출하였다. 건강과 사회 서비스 일자리들 말고도, 경영 서비스는 미국에서 여성의 고용진입이 가장 빠르게 성장한 부문이다.

새로운 관리자 혁명

이제 마지막으로 세 번째 질문을 검토할 차례가 되었다. 즉 미국에서 특이하게 목격되는 관리직 편향성을 설명하는 요인은 무엇인가? 미국 경제가 '과잉 관리되는' 현상(관리직 과잉 현상, overmanaged)에 주목한 연구들은 적지 않다(Melman, 1951; Chandler and Deams, 1980; Bowles and Gintis, 1986; Black and Myles, 1986). 다른 나라들에서는 기업의 관리직 성장이 정체 상태에 있는 것으로 보이건만, 미국에서만은 그러한 성장 추세가 꺾일 줄 모른 채 계속되고 있다. 이러한 현상을 이해하기 위해 많은 설명들이 시도되었다. 그러한 설명들은 파킨슨의 법칙과 기술의 강제를 강조하는 설명에서부터 노동력에 대한 통제의 필요성을 강조하는 마르크스주의의 설명에 이르기까지 다양하다. 이 모든 이론들이 공통적으로 안고 있는 문제점은 관료제와 기술, 그리고 계급투쟁은 미국에서 적용되는 것과 똑같이 다른 선진경제들에도 적용되어야만 한다는 점이다.

한 가지 대안적인 설명은 순전히 어디까지를 관리직으로 보느냐 하는 분류의 문제로 보는 설명이다. 이 설명에 따르면, 미국인들은 저급한 감독자들에게까지 관리직이라는 직함을 부여하는 독특한 성향을 갖고 있다고 한다. 이것이 사실이라 하더라도, 우리는 이러한 허위적 사실을 배제한 상태에서 자료를 제시하려고 노력하였다. 우리는 이런 설명 대신에 또 다른 대안적인 가설을 제안하고자 한다.

우리의 가설은 유럽의 경제들에 공통적으로 존재하는 세 가지 특징이 유독 미국에서만은 존재하지 않는다는 사실을 그 출발점으로 삼는다. 첫째, 미국은 복지국가의 발전 수준이 낮으며, 그 결과 단체교섭에서나 고용주의 의무에서나 부가급여들이 중요한 역할을 하게 된다. 이에 따라 관리자들에 대한 수요가 많아진다. 둘째, 노사관계가 전투적인 경향을 보인다. '신조합주의'가 작동하는 국가에서는 노동조합이 일반 조합원을 규율하는 역할을 수행하지만, 미국의 노동조합에 대해서는 이런 역할을 기대할 수 없다. 따라서 미국의 기업은 감독 역을 맡는 많은 관리자들의 도움을 받아 노동자를 통제하지 않으면 안 된다. 그리고 셋째, 미국의 노동시장은 거대하고 복잡하며, 그럼에도 노동거래(labor exchange)* 제도만이 아니라 노동자 훈련 제도 역시 결여하고 있다. 그러므로 기업들은 인재 스카우트, 교육자, 대규모의 인사 부서 등을 필요로 한다.

'복지국가'의 공백으로 인해 미국의 기업들이 필요로 하는 관리 인력은 내부화될 수도 있지만, 서비스 부문에서 구매될 수도 있다. 우리는 이 후자의 경우에 대해 경영 서비스라는 이름으로 불러왔다. 만일 우리의 가설이 맞는다면, 우리는 하나의 직업으로서의 관리 노동과 하나의 산업으로서의 경영 서비스가 왜 미국에서 동시에 그토록 폭발적으로 증가하고 있는지 그 이유에 대한 설명을 확보할 수 있게 된다. 우리는 바로 이 동일한 가설에 의해, 복지국가주의와 '신조합주의'가 고도로 발달한 스웨덴의 체계는 아무래도 관리자들을 거의 필요로 하지 않을 것이라고 예측할 수 있을 것이다.

포스트 산업화의 구조

우리가 지금까지 검토해온 고용동향의 구조적 결과는 어떠한가? 이 질문에 답하기 위해 우리는 전통적인 산업적 활동과 포스트 산업적 활동이라는 대략적인 분류법에 기초하여 계속해서 '산업'과 직업 양자 모두를 검토해나갈 것이다.

산업부문에 따른 포스트 산업화의 구조

⟨표 8-4⟩에서 우리는 세 가지의 특징적인 산업부문 별 고용구조를 확인할 수 있다. 여기서도 독일은 포스트 산업화의 발전이 가장 저조하며, 특히 사회 서비스 관련 활동과 관련해서는 더욱 그러하다. 독일은 여전히 전통적 산업노동이 지배하는 경제이며, 놀랍게도 25년 전의 스웨덴이나 미국에 비해서도 더 '산업적'인 상태에 있다.

독일의 경우, 전반적인 고용은 감소했지만, 전체 고용 대비 제조업 고용의 비중은 1960년 이래 일정한 수준을 유지하고 있다. 따라서 '포스트 산업사회'를 향한 독일의 전진은 새로운 종류의 일자리를 창출하기보다는 대량실업을 향해 가고 있는 것으로 보인다. 증가하는 '잉여 인구'는 연금 생활자나 학생으로서 복지국가에 의해 흡수되든가, 아니면 가정주부로서 가족에 의해 흡수되고 있다. 미국과 스웨덴은 똑같이 탈산업화되어 있지만, 탈산업화의 양상에서는 두 나라가 궤를 달리한다. 스웨덴의 포스트 산업화는 복지국가라는 건축물 안에서 진행되고 있다. 스웨덴인들은 건강보호, 교육, 주간보호의 대량 소비자들이지만, 음식과 와인, '재미'의 대량 소비자는 아니다. 미국의 포스트 산업화 양상은 일차적으로 경영 중심적이다. 사회 서비스 차원에서도 미국은 독일에 비해 놀라울 정도로 더 강력하다. 그리고 미국은 대체로 '재미' 지향적이다.

| 표 8-4 | 1980년대 중반의 고용구조: 산업부문별 노동력의 비율(%)

산업 분류	독일 1984	스웨덴 1985	미국 1984
전통산업적 활동			
공업	41.8	28.8	25.1
농업	5.1	4.9	3.1
소계	46.9	33.7	28.2
중립적 활동			
유통	17.6	18.8	21.4
정부	10.0	7.1	8.0
대인 서비스	3.3	1.7	2.9
소계	30.9	27.6	32.3
포스트 산업적 활동			
건강, 교육, 사회서비스	11.5	25.3	17.9
생산자 서비스	6.7	6.4	12.3
'재미' 서비스	4.1	3.9	7.9
소계	21.3	35.6	38.1

여기에 제시된 수치들은 주변적인 활동들(특히 가사 서비스)을 생략하였기 때문에 합계가 100이 되지 않는다.
출처 : SSIB date files.

국가간의 기본적인 차이를 요약하면, 다음과 같이 정리할 수 있다. 우선 독일의 전통 산업 중심성은 다른 나라의 그것에 비해 거의 두 배나 된다. 스웨덴의 사회복지 편향성도 마찬가지로 나머지 두 나라의 두 배에 육박한다. 그리고 미국의 경우, 생산자 서비스와 '재미' 서비스가 다른 두 나라에 비해 두 배에 달한다.

직업에 따른 포스트 산업화의 구조

직업구조를 분석하는 데 적용되는 우리의 접근법은 앞서 산업부문을 분석한 방법과 조금 달라진다. 〈표 8-5〉는 선별한 직업군이 경제에서 차지하는 상대적인 규모를 제시하고 있다. 다음으로, 〈표 8-6〉에서는 서로 다른 산업부문들에서 지식 과학적 노동과 관리적 노동이 어느 정도나 지배하고 있는지를 평가한 것이다. 이러한 목적을 위해 우리는 관리 경영직과 전문직 및 기술직을 한데 결합하여 'MPT 스코어'를 계산하고 있다. 이렇게 분석한 결과, 직업구조와 산업구조 사이에 밀접한 대응관계가 있는 것으로 나타난다. 독일의 경우, 전통 산업적인 블루칼라 노동자들이 계속해서 지배적인 위상을 차지하고 있다. 사회복지 직업과 기타 서비스 노동자 일자리는 모두 몹시 저조한 발전 수준을 보이고 있다. 우리가 예견한 바대로, 스웨덴은 가장 '관리되지 않는' 경제, 즉 '관리직'이 가장 적은 경제이다. 대신에 스웨덴은 포스트 산업적 직업들이 지배하고 있으며, 그런 직업들 중에서도 복지국가주의와 강한 관련이 있으면서 전문성이 매우 높은 직업들이 많다. 사회복지 직업군을 제외한 나머지 서비스 일자리들의 발전 수준은 저조하다. 미국의 경우, 〈표 8-5〉는 관리직 과잉 현상을 재확인시켜 준다. '포스트 산업적' 직업군에서는 '잡직' 일자리들(청소 노동자, 웨이터, 주방 노동자 등)과 기타 대인 서비스 일자리들이 예외적이리만치 큰 비중을 차지한다.

〈표 8-6〉으로 눈길을 돌려보면, 관리직-전문직-기술직(MPT)의 영향력은 포스트 산업적인 산업부문에서 상당히 높다는 것을 알 수 있다. 이러한 결과는 이미 우리가 예측한 그대로이다. 그러나 국가간의 확연한 차이에 대해서도 주목할 필요가 있다. 경제 전체를 놓고 볼 때, 독일은 맨 꼴찌 주자이며, 스웨덴은 선두주자이다. 미국은 전문직이 가장 적은 포스

트 산업경제이다.

| 표 8-5 | 선별된 직업군의 상대적 규모(%)

직업	독일 1985	스웨덴 1984	미국 1986
관리자	5.7	2.4	11.5
전문가, 기술자(간호사, 교사 제외)	9.8	13.4	9.7
간호사, 사회복지사, 교사	7.0	21.9	9.6
'잡직' : 요식업, 청소, 웨이터	5.0	4.4	7.8
기타 서비스 부문 노동자[a]	3.8	3.8	15.7
산업 생산 노동자	43.9	29.4	30.5

a. 가사도우미는 제외.
비교가 가능토록 하기 위해 각국의 직업 명칭에 ISCO 기반 분류체계를 수정하여 적용하였다. 이 표에는
많은 직업군(가령 농민, 사무직 노동자, 운수 노동자 등)을 제외했는데, 그 까닭은 이 직업군들이 현재의
분석에서는 주변적인 역할밖에 하지 않기 때문이다.

| 표 8-6 | 선별한 산업부문에서 관리직, 전문직, 기술직 노동자의 중심성. 1980년대

관리자/전문가/기술자의 합계비율	독일	스웨덴	미국
공업	12.0	17.0	14.0
유통	8.0	8.0	14.0
사회 서비스	59.0	62.0	39.0
경영 서비스	44.0	44.0	31.0
'재미' 서비스	N.A.	18.0	11.0
경제 전체	20.2	30.1	28.0

출처 : 독일에 대해서는 *Berufsausbildung und Arbeitsbedingungen der Erwerbstatigen. Fachserie*
1, 1985. 스웨덴에 대해서는 AKU raw tables for 1984. 미국에 대해서는 Department of Labor,
Employment and Earnings(January, 1987). 그러나 공업부문에서 서비스 노동자 항목은 OECD
의 정의에 근거하며, 그 출처는 OECD, *Employment Outlook*(1984)임에 유의할 필요가 있다.

세 가지 포스트 산업경제와 사회 계층화

포스트 산업화를 연구한 초기의 문헌들은 노동의 미래를 양질의 고급

일자리들이 늘어나는 것으로 묘사하곤 하였다. 예컨대, 다니엘 벨은 과학적 노동과 정보처리 노동, 그리고 분석 노동이 지배하는 시나리오에 초점을 맞추었다(Bell, 1973). 반면, 많은 연구자들은 서비스 고용의 동향이 탈숙련화(de-skilling)와 프롤레타리아화라는 브레이버만의 명제와 일치한다고 주장한다(Braverman, 1974). 커트너(Kuttner, 1983)를 비롯하여, 블루스톤과 해리슨(Bluestone and Harrison, 1986)도 대부분의 새로운 일자리들이 저임금에 저숙련, 저급직들이라고 주장한다. 탈산업화는 동시에 전통적으로 높은 임금과 숙련 수준이 높은 많은 일자리들을 퇴출시키기 때문에, 그 결과 새로운 계급 양극화가 나타난다는 것이다. 중간계급은 쪼그라들고 있는 가운데, 수적으로 소수인 새로운 전문관리직 엘리트와 수적으로 대규모인 '맥도널드' 노동자들(MacDonalds workers)*이 마주하고 있는 형국이 등장한다는 것이다.

중간계급 몰락의 명제에 대한 반론도 없지 않다. 예를 들어 로렌스는 사실 관계는 맞을지도 모른다고 보면서도, 그 이유는 주로 대규모의 베이비 붐 세대가 일시적으로 노동시장에 범람했기 때문이라고 주장한다(Lawrence, 1985). 마일즈 등은 최근에 캐나다 자료를 대상으로 이 명제에 대한 검증을 실시하고, 중간계급은 축소되고 있는 게 아니라 팽창하고 있다고 주장한다(Myles et al., 1988). 이러한 주장은 포스트 산업사회에 관한 벨의 장밋빛 청사진과 일치한다.

이 문제에 대한 비교 분석은 아직 시작 단계에도 이르지 못한 상태이다. 우리 앞에 있는 것은 기본적으로 단일 사례에 기초한 이론적 일반화뿐이다. 또한 '중간계급 몰락' 현상에 관한 거의 모든 연구들은 소득 자료에 근거하고 있다. 이 장에서 우리는 특히 일자리들의 전반적인 질(質)에 초점을 맞추어 고용 자료를 바탕으로 포스트 산업적 계층화를 검토하는 접근법을 취하고자 한다. 그러므로 우리는 직업에 분석의 초점을 맞춘다.

포스트 산업적 고용의 질적 구조

우리는 앞서의 세 가지 고용궤적들 각각에 저마다 포스트 산업적 일자
리들 가운데 '좋은' 일자리와 '나쁜' 일자리들이 혼재하고 있다는 것을
확인할 수 있다. 좋은 일자리들에는 관리직, 전문직, 과학직, 기술직 직
업들이 포함된다 — 내용상 고도의 인적 자본을 지닌 사람들이 이 범주에
속한다. 이에 비해, 나쁜 일자리들은 잡스럽고 일상적인 일자리들을 포
함한다.

| 표 8-7 | 포스트 산업적 직업의 질적 구성

직 업	독일	스웨덴	미국
전문가, 교사, 기술자 ('좋은' 일자리)	14.6	21.0	16.5
사회 · 건강 · 대인 서비스 노동자 ('중간' 일자리)	6.0	11.3	18.5
요식업, 청소, 숙박업 노동자 ('나쁜' 일자리)	5.0	4.4	7.8
좋은 대 중간의 상대비	2.4 : 1	1.9 : 1	0.9 : 1
좋은 대 나쁜의 상대비	2.9 : 1	4.8 : 1	2.1 : 1

출처 : 독일에 대해서는 Mikrocensus for 1985, from IAB, *Beruf und Ausbildung.* 스웨덴에 대해서는
1980 Census. 미국에 대해서는 Department of Labor, *Employment and Earnings*(january,
1987)(data for 1985).

〈표 8-7〉은 1980년대를 기준으로 좋은 일자리와 나쁜 일자리의 직업분
포를 보여주고 있다. 여기서는 전문직-기술직 노동자와 중간집단인 서비
스 노동자들, 그리고 요식업과 청소업, 숙박업 노동자들을 비교하고 있
다. 중간 범주에는 비전문직인 건강 및 사회부문 노동자들(가령 간호 보

조원들)과 대인 서비스 노동자들(가령 미용사, 경비원, 사진사 등)로 구성된다. 가사도우미는 아예 생략했다.

〈표 8-7〉은 뚜렷이 구분되는 세 가지 질적 구성체가 존재한다는 사실을 드러내준다. 독일의 구성체는 중간과 상위 범주에 집중되어 있다. 스웨덴의 경우는 포스트 산업사회의 좋은 직업들이 두드러지게 많다. 그리고 미국의 구성체는 중간과 하위 범주가 중심을 이루긴 하되, 좋은 일자리들에서도 주목할 만한 성과를 기록하고 있다.

이 자료들은 너무나 대략적이어서 '중간계급 몰락' 논쟁을 규명하기 위한 경험적 근거로 활용하기는 어려울지 모른다. 그러나 이 자료들은 국가간의 편차가 무시할 수 없을 정도로 크며, 미국의 경험을 토대로 한 일반화는 근거가 취약하다는 점을 시사한다. 설사 미국의 대규모 '잡직' 요소들이 프롤레타리아화의 명제를 지지한다고 하더라도, 다른 요인들은 정반대의 방향을 가리키고 있다. 첫째, 장기적으로 볼 때 미국의 경우 전문직 일자리들이 나쁜 일자리들에 비해 빠르게 성장하고 있다. 둘째, 중간 범주의 서비스 일자리들이 하위 범주의 일자리들에 비해 훨씬 더 큰 비중을 차지한다. 그리고 마지막으로, 스웨덴의 경험은 포스트 산업화가 매우 강한 전문직 편향성을 띨 수 있다는 것을 보여준다.

포스트 산업사회의 계층화를 판단하는 과제와 관련하여 정말로 중요한 문제는 좋은 일자리와 나쁜 일자리가 어떻게 충원되느냐 하는 것이다. 이 문제는 일자리 획득의 과정이 얼마나 개방적이고 능력주의적이며, 민주적이냐와 관련된다.

이 문제에 대해 우리는 한계가 없지 않지만 결정적으로 중요한 의미를 갖는 개방성의 측면에 초점을 맞추는 접근법을 취하고자 한다. 그러니까 노동시장에서 전통적으로 불리한 위치에 있는 집단들이 다양한 포스트 산업적 일자리들에 진입할 수 있는 상대적인 기회에 초점을 맞추겠다는 것이다. 여기서 우리는 세 국가 모두에 대해서는 여성에 초점을 맞추고, 미국의 경우에는 여성에다가 흑인과 히스패닉을 추가하여 검토할 것이다.

세 가지 포스트 산업체제와 직업이동

직업 분절화에 관한 문헌들은 방대하지만 여기서 그것들을 검토할 수는 없다. 여기서 핵심적인 문제는 말할 필요도 없이 불리한 집단들이 매력적인 일자리들에 진입할 수 있는 기회가 개선되었는지, 아니면 일자리의 분절화가 여전히 지속되고 있는지 여부이다.

개략적으로 볼 때, 연구 문헌들은 일자리 분절화 주장을 뒷받침하는 근거를 발견하고 있다(Hakim, 1979; Rosenfeld, 1980; Cromton, 1986; Goldin, 1987; Jacobs and Breiger, 근간). 그리고 예를 들어 공식적인 일자리 정의의 측면에서 남녀평등이 존재하는 것처럼 보이는 경우에도, 특정 기업 수준에 초점을 맞춘 미시 수준의 연구들은 유사한 직업명칭의 배후에 내부경력의 강력한 분절화가 숨겨져 있다는 것을 시사한다(Bielby and Baron, 1986). 우리의 분석은 시야를 넓혀 포스트 산업적 일자리들에 진입하는 사람들에 초점을 맞추게 될 것이다. 따라서 우리의 연구 결과는 다른 논자들의 연구 결과와 직접적으로 비교하기에는 어느 정도 무리가 따른다.

직업의 분절화를 연구하는 방법은 다양하다. 우리는 먼저 선별한 매력적인 직업과 매력적이지 않은 직업들에서 여성과 흑인, 히스패닉이 과잉 대표되거나 과소 대표되는 정도에서 어떤 변화가 일어났는지를 시계열적으로 추적하게 될 것이다. 성별 분절화를 좀더 분명히 확인하기 위해 전문-기술직 직업군에서 교사와 간호사를 별도로 분류하고자 한다. 왜냐하면 이 두 직업은 전통적으로 여성 게토의 전형을 이루기 때문이다.

이어질 우리의 분석은 여성과 인종적 소수집단이 일자리의 분포에서 어떤 상황에 놓여 있는지를 평가할 것이다. 이 경우, 우리는 특히 여성과 흑인, 혹은 히스패닉이 전통적인 (백인) 남성의 고용 적소(가령 관리직과 중역 자리)에 침투해 들어가는 데 성공을 거둔 정도와, 이들이 매력적이지 않은 직업이나 전통적인 여성 직업에 집중적으로 묶여 있는 정도에 주목하게 될 것이다.

| 표 8-8 | 전통적 직업과 포스트 산업적 직업에서 여성의 과잉 혹은 과소 대표 정도. 1960~85년(비율 점수)

직업	독일		스웨덴		미국	
	1961	1985	1965	1984	1960	1986
산업경제						
관리자	− 22	− 21	− 24	− 26	− 19	− 8
사무직 노동자	+ 23	+ 25	+ 28	+ 20	+ 24	+ 33
공업 노동자	− 16	− 31	− 18	− 28	− 11	− 24
포스트 산업경제						
전문직과 기술직 노동자[a]	− 18	− 12	− 23	− 20	− 14	− 6
간호사와 교사	+ 29	+ 29	+ 40	+ 34	+ 46	+ 36
비전문직 서비스 노동자	+ 23	+ 37	+ 37	+ 28	+ 6	+ 7
'잡직' 노동자	+ 49	+ 48	+ 42	+ 21	+ 38	+ 13

a. 간호사와 대학교수 외의 교사는 이 범주에서 제외함.
출처 : 독일에 대해서는 *Berufsausbildung und Arbeitsbedingungen der Erwerbstatigen, Fachserie 1*, 1985. 스웨덴에 대해서는 *AKU* raw tables for 1984. 미국에 대해서는 Department of Labor, *Employment and Earnings* (January, 1987).

〈표 8-8〉은 선정된 직업 내부에서 여성의 과잉대표 내지 과소대표의 정도를 나타내는 지수들을 제시하고 있다. 마이너스 부호는 과소대표를 의미한다. 여기에 제시된 지수들은 남녀가 균등한 정도를 넘어서거나 밑도는 편차점들(deviation points)의 수를 측정한 것으로, 고용에서 여성이 차지하는 상대적인 비율을 감안하여 보정한 수치들이다. 약간의 예외

가 없지 않지만, 성별 직업 분절화는 쇠퇴하는 추세에 있다. 여성들은 특권적인 '남성' 일자리들, 가령 관리직과 전문직에 진입하는 데 꽤나 성공하고 있다. 여성 게토 일자리들에서의 과잉대표는 줄어들고 있으며, '잡직' 안에서 여성의 과잉대표 현상도 마찬가지로 감소하고 있다.

한 가지 매우 극적인 추세는 여성들이 공업 노동자 일자리들로부터 대거 이탈하고 있다는 점이다. 이러한 추세는 두 가지로 해석할 수 있다. 1) 탈산업화가 섬유산업 같은 종래의 '여성적' 산업들에서 특히 현저하였다. 2) 여성들은 연공서열이 낮고 일자리 헌신도 떨어지기 때문에, 산업 고용조정의 예봉이 여성들에게 집중적으로 떨어졌을 수 있다. 진상이야 어떠하든, 그 결과는 여성들이 포스트 산업부문에서 발견될 가능성이 훨씬 더 높아지고 있다는 것이다.

탈분절화의 추세는 독일에서 가장 약하게 나타나고 있다. 전문직의 범주에서만 여성들이 의미있는 진출에 성공하였기 때문이다. 독일의 여성들은 예외적이리만치 '잡직' 범주에서 과잉 대표되고 있다. 이에 비해, 스웨덴의 여성들은 의미있는 정도의 직업 상승을 경험하였지만, 동시에 분절화되고 있다. 이들은 관리직에 진입하는 데 실패하였으며, 사회복지 직렬 중 보조적인 전문직에 집중되는 경향이 확연하다. 스웨덴은 다른 두 국가에 비해 성적 편향성이 좀더 강한 것으로 보인다. 성적 탈분절화는 미국에서 가장 강력하다. 미국의 여성들은 관리직과 전문직 일자리 진출에서 거보를 내디뎠으며, '잡직' 범주에서의 여성 편향성도 급격히 약화되고 있다. 그렇지만 이러한 상대적인 개선은 사무직 노동에서의 과잉대표 현상이 현저히 증가함으로써 상쇄되고 만다.

어떤 의미에서 고용과 관련하여 인종적 · 민족적 소수집단이 처해 있는 운명은 포스트 산업화의 평등주의를 검증하는 데서 결정적인 의미를 갖는다. 유럽에서는 외국인 노동자가, 미국에서는 소수집단이 노동시장의 밑바닥을 채우고 있다는 것은 이미 상식이 되어 있다. 사실 소수집단의 고용함정(job entrapment)과 관련해서는 두 가지 가능한 시나리오가 존재한다. 하나는 이들이 구래의 쾌적하지 않은 산업적 일자리들을 채울 수 있으며, 따라서 그들은 포스트 산업경제로의 접근이 봉쇄될 수 있다는 시나리오다. 다른 하나의 시나리오는 이들이 노동 예비군을 형성하여 포스트 산업사회의 '잡직'을 채울 수 있다는 것이다.

스웨덴과 독일의 외국인 노동자에 관한 상세 자료는 입수할 수 없다. 따라서 우리는 미국의 흑인과 히스패닉의 운명을 살펴보는 것으로 연구 범위를 한정할 수밖에 없다. 이 두 집단에 대한 분석도 초기 시기의 자료가 없는 관계로 1970년의 시점부터 시작해야 한다. 앞서 제시한 분석표들과 비교가 가능하도록 지수 측정치를 만들기 위해, 흑인과 히스패닉에 대한 지수에는 노동력 중 이 두 집단의 비중을 여성과 비교하여 조정한 가중치를 부여하였다.

〈표 8-9〉는 소수집단의 예비군 명제와 관련하여 혼란스런 그림을 보여준다. 흑인과 히스패닉은 전통적인 산업 노동자 일자리와 포스트 산업적 '잡직'에서 동시에 크게 과잉 대표되고 있다. '잡직' 일자리의 과잉대표 현상은 흑인과 여성의 경우에는 감소하고 있지만, 히스패닉의 경우에는 그것이 증가하고 있다는 사실에 주목할 필요가 있다. 히스패닉 인구층은 '재미' 산업의 저임금 일자리를 채우는 새로운 노동 예비군을 형성해가고 있는 것으로 보인다.

흑인들의 경우, 전통적인 산업부문에서든 포스트 산업부문에서든 공히 밑바닥 수준을 차지하는 명확한 분절화에 노출되어 있지만, 그럼에도 불구하고 흑인들은 주목할 만한 정도로 직업의 탈분절화를 경험하고 있다. 흑인들은 가장 매력적인 직업들, 예컨대 관리직과 중역 일자리들이나 포스트 산업적 전문직들, 그리고 더 결정적으로는 '복지 준전문직' 등에 상당한 규모로 진입하고 있다. 이들이 좋은 일자리들에서 과소 대표되는 정도는 줄어들고 있으며, '잡직'에서 과잉 대표되는 현상도 감소하고 있다. 흑인들의 직업상승을 위한 주요 통로들은 사회 서비스와 여타 (비잡직) 서비스 일자리들이다.

| 표 8-9 | 미국에서 흑인과 히스패닉의 과잉 및 과소 대표의 정도 (비율 점수)

직업	흑인		히스패닉	
	1970	1986	1970	1986
관리자	−27	−21	−17	−19
사무직 노동자	−10	+ 1	− 8	+ 5
공업 노동자	+17	+15	+21	+21
전문직과 기술직 노동자[a]	−20	−14	−15	−19
간호사와 교사	− 3	+12	−18	−18
비전문직 서비스 노동자	+10	+20	+ 1	+11
'잡직' 노동자	+31	+28	+15	+24

흑인과 히스패닉에 관한 자료는 노동시장에서 점하는 그들의 상대적인 비중을 고려하여 가중치를 부여하였다. 여성에 대해 그들의 비중을 보정함으로써 여성과 흑인, 히스패닉을 비교하기에 충분한 지수를 구하려고 하였다. 부여한 가중치는 다음과 같다. 흑인(1970) 3.4, 흑인(1986) 4.5, 히스패닉(1970) 8.6, 히스패닉(1986) 6.7.
출처 : 독일에 대해서는 *Berufsausbildung und Arbeitsbedingungen der Erwerbstatigen, Fachserie 1*, 1985. 스웨덴에 대해서는 *AKU* raw tables for 1984. 미국에 대해서는 Department of Labor, *Employment and Earnings* (January, 1987).

히스패닉 집단은 형편이 썩 좋지 않다. 이들이 '잡직'의 범주 안에 갇혀 있는 현상이 증가하고 있다. 매력이 있는 관리직, 중역직, 전문직 일자리들을 획득할 수 있는 능력은 현저히 떨어지고 있다. 히스패닉이 직업상승을 경험할 수 있는 경로는 사무직과 비복지 서비스 직업들이다.

그럼에도 불구하고, 시간은 흑인과 히스패닉, 그리고 특히 여성의 편이다. 장기적인 성장률을 검토해보면, 좋은 일자리를 획득하기 위한 경주에서 여성이 흑인과 히스패닉을 제치고 있지만, 이 세 집단이 모두 남성 일반에 비해 훨씬 더 빠르게 일자리 획득에 성공하고 있다는 것을 알 수 있다. 관리직 진출의 연간 성장률은 흑인과 히스패닉의 경우에는 17퍼센트이고, 여성의 경우에는 18퍼센트이지만, 남성은 고작 3퍼센트에 그치고 있다. 전문직 일자리들로 눈길을 돌려 그에 대응하는 비율을 보면, 흑인은 8퍼센트, 히스패닉은 9퍼센트, 여성은 13퍼센트인 데 비해, 남성은 겨우 2.5퍼센트에 불과하다.

이제 마지막으로 다음의 두 가지 쟁점에 초점을 맞추어 포스트 산업사회의 계층화에 대해 살펴볼 것이다. 첫째, 여성이 직업구조에 존재하는 전통적인 성 장벽을 어느 정도나 극복하고 있느냐 하는 점이다. 둘째, 각 집단이 질 좋은 일자리와 질 나쁜 일자리들에 어떻게 배치되고 있느냐 하는 점이다. 〈표 8-10〉이 제시된 자료들은 '여성' 일자리와 '남성' 일자리에서 여성이 차지하는 비율이 3개국에서 어떤 변화를 보이고 있는지를 보여주고 있다. 〈표 8-10〉은 이중의 메시지를 전해준다. 일단 여성들은 여성 일자리들(사무직, 간호직, 교직)에 점점 더 집중되어가고 있지만, 동시에 전래의 남성 직업들에서도 기반을 닦아가고 있다.

| 표 8-10 | 전형적인 '남성' 및 '여성' 일자리들에서의 여성 노동자 분포(%)

여성 노동자	독일		스웨덴		미국	
	1961	1985	1965	1984	1960	1986
선별된 '여성' 일자리들						
사무직 노동자	24	28	37	30	38	38
간호사와 교사	4	8	13	25	9	12
총계	28	36	50	55	47	50
선별된 '남성' 일자리들						
관리자	1.0	4.0	0.7	1.1	3.7	9.6
전문직, 기술직[a]	2.5	6.7	3.2	7.8	4.4	8.5
총계	3.5	10.7	3.9	8.9	8.1	18.1

a 간호사와 교사는 이 범주에서 제외함.
출처 : 독일에 대해서는 *Berufsausbildung und Arbeitsbedingungen der Erwerbstatigen, Fachserie 1*, 1985. 스웨덴에 대해서는 *AKU* raw tables for 1984. 미국에 대해서는 Department of Labor, *Employment and Earnings* (January, 1987).

여기서도 다시 한번 스웨덴은 3개 국 중 성별 분절화가 가장 두드러진다. 여성의 절반 이상이 전형적인 '여성' 일자리들에 갇혀 있는 반면, 극소수의 여성만이 남성 지배의 성역에 침투하고 있다. 스웨덴의 포스트 산업화는 성별 분절화 문제를 심화시키고 있을 따름이다. 이와는 대조적으로, 독일의 경우 분절화는 약화되고 있는지 모르지만, 여성들이 예외적일 만큼 가장 밑바닥에 있는 대인 서비스와 '잡직' 서비스에 집중되고 있다는 사실을 기억하지 않으면 안 된다. 그리고 다시 한번 미국은 스스로 성별 분절화를 약화시킬 수 있는 능력이 있음을 입증하고 있다. '여성' 일자리들로의 집중화 현상이 소폭 증가하고 있지만, 여성들은 전통적인 '남성' 일자리들에도 마찬가지로 진출하고 있다. 특권적인 '남성' 직업들에서 여성이 차지하는 비중은 기본적으로 독일과 스웨덴의 두 배에 달한다.

이제 〈표 8-11〉과 〈표 8-12〉에서 좋은 일자리와 나쁜 일자리의 집단간 분포를 비교해보는 것으로 우리의 분석을 마무리하고자 한다. 원한다면, 이 표들은 노동시장 집단들 내부의 계급 구조화를 보여주는 대략적인 지표로 독해할 수도 있을 것이다. 지금까지 해온 관행을 따라 우리는 전통적인 직업과 포스트 산업적 직업들을 비교할 것이다. 지면 관계상, 미국에 관한 자료는 〈표 8-12〉에서 따로 제시하기로 한다.

이 자료들은 지난 수십 년 간 광범한 직업 상승이동이 진행되었다는 데 의심의 여지가 없다는 것을 확인시켜준다. 전통적인 산업경제에서 사무직 노동자에 대한 관리직 노동자의 비율이 크게 증가하였다. 이 비율은 특히 독일에서 크게 증가하였으며, 독일과 스웨덴에서 여성만을 한정하여 보아도 이 비율은 크게 증가하였다. 물론 여기서 우리는 여성의 공업 노동자 취업이 현격히 감소하였다는 사실을 상기하지 않으면 안 된다. 스웨덴의 모습이 그다지 인상적이지 못한 까닭은 육체 노동자 내지 사무직 노동자가 감소한 것보다는 관리직 간부가 소폭 증가 내지 정체하고 있는 현상과 관련이 있다. 포스트 산업경제가 '좋은' 일자리와 '나쁜' 일자리를 좀더 균등하게 분포시키고 있지만, 그러한 진전의 혜택은 여성에게 불리하게 작용하고 있다. 독일과 스웨덴 양국 모두에서 '잡직' 일자리에 대한 전문직 일자리의 비율이 더 나빠졌다.

| 표 8-11 | 독일과 스웨덴의 남녀간 좋은 직업과 나쁜 직업의 상대 비율

	독일				스웨덴			
	남성		여성		남성		여성	
	1960	1985	1960	1985	1965	1984	1965	1984
사무 및 공업노동자 대 관리자	17:1	7:1	44:1	7:1	30:1	18:1	99:1	40:1
전문직 일자리 대 '잡직' 일자리	10:1	17:1	1:3	1:1	5:1	5:1	1:4	1:1

a. 간호사와 대학교수 외의 교사는 이 범주에서 제외함.
출처 : 독일에 대해서는 *Berufsausbildung und Arbeitsbedingungen der Erwerbstatigen, Fachserie 1*, 1985. 스웨덴에 대해서는 *AKU* raw tables for 1984. 미국에 대해서는 Department of Labor, *Employment and Earnings* (January, 1987).

| 표 8-12 | 미국의 남성, 여성, 흑인, 히스패닉에서 좋은 직업과 나쁜 직업의 상대 비율

	남성 전체		여성 전체		흑인		히스패닉	
	1960	1986	1960	1986	1970	1986	1970	1986
사무 및 공업노동자에 대한 관리자의 비율	22.1	20.5	5.5	12.5	4.8	6.6	7.7	7.6
'잡직'에 대한 전문직 일자리의 비율	565	242	55	126	37	74	63	66

출처 : 독일에 대해서는 *Berufsausbildung und Arbeitsbedingungen der Erwerbstatigen, Fachserie 1*, 1985. 스웨덴에 대해서는 *AKU* raw tables for 1984. 미국에 대해서는 Department of Labor, *Employment and Earnings* (January, 1987).

〈표 8-12〉에서 보는 것처럼, 미국의 경우에도 이야기가 꽤나 유사하다. 미국의 관리직 범주가 유럽의 그것에 비해 부풀려져 있을 수 있다는 문제를 논외로 한다면, 전반적인 추세는 직업상승이 진행되고 있음을 보여준다. 관리자와 노동자를 대조해본 결과, 여성의 지위가 크게 향상되었

다. 흑인과 히스패닉의 경우에는 그러한 향상의 폭이 여성에 비해 좀 떨어지는 편이다. 전문직 대 '잡직'의 비율에 대해서도 마찬가지로 말할 수 있다. 미국의 노동시장에 의미있는 '민주화'의 바람이 불고 있다는 사실은 비단 소수 인종집단이 직업상승을 경험하고 있다는 사실만이 아니라 남성의 전통적인 일자리 특권이 급격히 약화되고 있는 현상을 보아도 알 수 있다.

이로써 우리는 포스트 산업사회로 가는 도정에 있는 3개 국가의 고용 성장과 구조, 그리고 그 계층화의 양상들을 보여주는 산더미 같은 자료들로부터 힘들게 빠져나왔다. 이제 좀더 일반적인 분석적 결론을 이끌어내기에 앞서, 간략하나마 주된 연구 결과를 요약하는 것도 가치있는 일이다.

우리는 지금 포스트 산업적 고용의 세 가지 분기화된 경로를 목도하고 있다. 각 국가는 그 자신의 독자적인 발전 동학(dynamic)에 둥지를 틀고 있다. 말할 필요도 없이, 일정한 유사점이 발견된다. 산업적 고용이 그 지배력을 상실해가고 있으며, 유통 서비스는 일반적으로 정체를 면치 못하고 있다. 여성의 고용기회는 개선되었다. 그렇지만, 분기화가 이러한 수렴화의 빛을 가리고 있다.

아무래도 독일의 궤적이 제일 특이하다. 서비스와 포스트 산업적 직업들이 다른 국가들에서만큼 붐을 이루지 않고 있다. 오히려 고용 자체가 감소하고 있다. 그래서 독일은 상대적으로 발전이 저조한 공사(公私) 서비스 부문을 대동한 채 대체로 전통적인 산업사회를 벗어나지 못하고 있다. 다른 국가들과 같은 직업구조의 상승 이동도, 전문직화도 진전되지 않고 있다.

사회 계층화의 관점에서 볼 때, 그 결과는 복합적이다. 포스트 산업화를 향한 진전이 저지되고 있다는 것은 또한 독일에서는 새로운 '잡직들'

이 거의 성장하지 않고 있다는 것을 의미한다. 이로 인해 그나마 직업구조의 양극화 내지 이중구조화가 덜 진행되고 있다. 한편, 현존하는 구조 안에서 일자리의 분포를 살펴보면 성별 분절화가 꽤나 강하다. 다른 나라와 비교해서 말하면, 독일의 여성 진출은 그다지 양호하지 못하다. 노동시장의 전반적인 정체 현상에 따라, 여성들은 공공부문에서 소폭 증가한 것을 빼면 제대로 성장할 능력을 보여주지 못했다. 독일은 풍부한 일자리들을 성별로 좀더 공평하게 재분배하는 능력도 발휘하지 못했다. 사회 서비스가 별로 성장하지 못한 사정과 맞물려, 독일은 결정적인 남존여비(男尊女卑)의 국가로 머물러 있다. 독일의 여성들은 '잡직' 일자리에서 다른 나라의 여성들이 대표되는 정도에 비해 두 세배나 더 많이 과잉 대표되고 있다.

이제 독일의 궤적을 종합적으로 진단해보자. 독일은 압도적으로 산업경제로 남아 있을 것으로되, 생산에 종사하는 사람들의 수는 줄어들고, 고용에서 배제되어 복지국가에 의존하는 가정주부와 청년, 노인 등의 인구층은 계속 증가하게 될 것이다. 독일은 커트 보네거트가 묘사한 노동 없는 세계를 닮아가고 있다.

스웨덴에서는 포스트 산업화가 사회복지 서비스와 보조를 맞추어 진행되고 있다. 경제성장의 둔화에도 불구하고, 복지국가는 비상할 정도로 역동적이다. 그러나 스웨덴의 복지국가는 몹시 일면적이고 여성 중심적인 편향성을 보인다. 공공부문이 새로운 일자리의 80퍼센트를 설명하는데, 그 가운데 75퍼센트가 여성이다. 이에 비해, 복지국가 서비스는 특히 대인 서비스와 '재미' 서비스의 영역에서 민간부문의 서비스를 주변화시켰다.

그 결과, 스웨덴은 고도의 전문직주의와 극소수의 '잡직'을 대동한 경제가 되었다. 그러나 여기서도 다시 한번, 이 나라의 전문직주의는 건강과 사회, 교육 현장에서 대체로 준전문적인 일자리들이 상대적으로 많은 비중을 차지하는 그런 전문직주의이다. 이제까지의 관행적인 기준을 따를 때, 스웨덴의 여성들은 고용 면에서 발군의 능력을 보여주었지만, 지극히 확연한 부문별·직업별 분절화를 그 대가로 치르고 있다. 사실상, 스웨덴의 고용구조는 이중의 경제를 향해 전진하고 있다. 하나는 압도적으로 남성적인 민간부문이고, 다른 하나는 여성 지배적인 공공부문이다.

미국의 궤적은 '고삐 풀린' 시장의 산물인 것처럼 보인다. 전반적인 일자리 팽창은 인상적이다. 심지어 전통적인 경제부문에서도 그러하다. 여기서 첫 번째의 중요한 결론이 모습을 드러낸다. 즉, 포스트 산업적 성장은 전통적인 경제에서의 성장과 나란히 보조를 맞추어 꽤나 사이좋게 진행될 수 있다는 것이다. 미국은 또한 매우 폭넓은 전선에 걸쳐서 일자리 팽창을 달성한 국가이기도 하다. 미국의 사례는 사회 서비스가 공적인 공여 없이도 팽창할 수 있다는 것을 보여준다. 게다가 일자리 팽창의 역동성 역시 대부분의 논자들이 생각하는 것보다 훨씬 더 양호하다. 즉, 미국의 '일자리 창출 기제'에서 좋은 일자리의 증대 속도가 나쁜 일자리의 그것을 확실히 앞지른 것이다.

그럼에도 불구하고, 미국의 궤적은 그 나름의 편향적인 발전을 은폐하고 있다. 그것은 압도적으로 경영 편향적임과 동시에 '재미' 서비스 편향적이어서 좋은 일자리와 나쁜 일자리가 동시에 엄청난 규모로 존재하는 이중성을 낳고 있다. 좋은 일자리들은 대부분 관리직이며, '잡직' 일자리 부문도 그 규모가 방대하다.

이 둘을 결합한 미국의 계층화 체계는 견고한 상층부와 거대하지만 위태로운 하층부로 구성되는 이중구조의 모습을 띤다. 그리하여 적어도 외견상으로는 전통적인 산업사회의 일자리 분포를 특징짓고 있던 이중구조를 닮아 있다. 여성과 흑인은 '잡직' 일자리들에 갇혀 있고, 관리직과 전문직 자리들은 백인 남성이 독점하고 있는 것이다. 그러나 미국직 포스트 산업화 궤적의 놀라운 대목이 바로 여기에 있다.

여성과 흑인, 히스패닉이 의연히 별로 선망되지 않는 일자리들에서 크게 과잉 대표되고 있는 것은 사실이다. 그러나 이러한 과잉대표 현상이 점진적으로 — 경우에 따라서는 극적으로 해체되고 있는 것 또한 사실이다. 여성들은 특히 성공적이었으며, 따라서 오늘의 시점에서는 관리직과 전문직 직업들에서 여성의 과소대표 현상도 거의 발견되지 않는다 — 물론 실상을 아주 상세히 들여다보면, 이런 직업들 내부에서 여성들은 압도적으로 선망도는 떨어지고 '여성성'은 더 강한 일자리들에 집중 배치되고 있는 모습을 발견할 수 있다는 것은 말할 필요도 없다. 소수집단, 특히 흑인의 입장에서 미국의 궤적은 그리 불리하지만은 않다. 흑인과 히스패닉이 좋은 일자리 진출에 성공한 데 따른 성장 추세는 매우 양호한 편이다. 오늘의 시점에서, '잡직' 일자리에서 흑인과 히스패닉의 과잉대표 정도는 1960년대에 독일과 스웨덴의 여성들이 그러했던 것보다 더 높지는 않다.

한편, 증거들은 미국식 '시장모델'의 포스트 산업화도 고용분배에서 평등주의적일 수 있다는 것을 시사한다. 즉, 좋은 일자리와 '잡직' 일자리가 모두 좀더 민주적으로 분배되고 있는 것이다. '좋은 일자리'로 소폭 이동한 현상에도 불구하고, 히스패닉은 점점 여성과 흑인들이 떠나고 남은 쾌적하지 않은 일자리들을 채워가고 있다.

포스트 산업화의 성과 면에서 나타나는 국가간의 차이를 전적으로 경제적이거나 기술적인 힘에 기인한다고 보는 것은 그럴듯해 보이지 않는다. 우리의 3개 국가들은 경제발전이나 국부의 수준, 경제와 가정에서의 첨단 기술의 적용 등과 관련하여 서로 다르기보다는 오히려 유사한 쪽에 속한다.

이러한 궤적의 차이에 대해 부분적인 설명을 제공할 수 있는 요인은 국제적 위상의 차이이다. 스웨덴, 그리고 특히 독일은 일부 노동집약적 서비스를 예외적일 만큼 방대한 규모로 외국으로부터 수입하는 국가들이다. 독일 사람과 스웨덴 사람은 아무래도 국내여행보다는 해외 여행을 선호하는 쪽이 더 많은 것 같은데, 이것이 '재미' 산업의 규모에 부정적인 영향을 미치고 있다. 독일에 대해서는 전통적인 산업이 지배적이라는 특성을 아울러 고려하지 않으면 안 된다. 비교 차원에서 보더라도, 정선되고 기술적으로 고도화된 독일의 제조업은 세계시장에서 의연히 발군의 경쟁력을 자랑하고 있다.

이런 설명들은 각국 특유의 구조적 특성을 부각시키는 사후적 설명들이며, 그러한 특성들은 고용동향과 유의미한 관계를 가질 수도 있다. 그러나 이런 설명들은 분명 일반적인 비교론적 설명으로는 충분하다고 하기 어렵다.

보몰의 모델은 그러한 일반 이론의 하나이다. 이 명제의 근본을 이루는 논거는 임금이 너무 높을 경우 서비스는 성장할 수 없다는 것이다. 이 논거는 나름대로 상당한 즉각적인 설득력을 갖고 있다. 미국의 일자리 팽창은 민간 서비스 경제에서 임금구조가 좀더 유연하다든가 노동조합 조직률이 지극히 낮은 사정 등과 모종의 관련이 있을 수 있다. 독일, 그리고 특히 스웨덴은 노동조합이 경제에 깊숙이 개입하는 것으로 유명하다. 사실 말이지만, 연대의 원리를 앞세우는 스웨덴의 임금교섭 체계는 저임금에 기초한 서비스 일자리의 성장을 가로막고 있을 수 있다.

그러나 이런 방식으로 정식화된 보몰 모델은 몇 가지 난관에 봉착한다. 우선 미국의 경험을 들어 논의를 시작하면, 새로운 일자리들 중 일정 한계 부분 이상을 저임금에 의해 생겨났다고 하는 설명은 성립될 수 없다. 보수적으로 추정하더라도 저임금에 의해 생겨난 일자리의 증가분은 '잡직' 일자리의 8퍼센트 정도로 추정된다. 다른 대인 서비스 일자리들을 포함시켜 좀더 관대하게 추정할 경우에는 그 규모가 어쩌면 최대 17퍼센트로 늘어날 것이다. 이것을 추정하는 좀더 우월한 접근법은 산업 소분류를 이용하여 임금비용의 고용 탄력성을 시계열적으로 계산해내는 방법이다. 미국의 경우, 사실 1951년에서 1984년의 어간을 놓고 볼 때, 고용성장이 설사 낮은 상대임금에 의존한 결과라고 하더라도 그것은 어디까지나 '잡직' 일자리들에서만 그런 것일 뿐이라는 것을 알 수 있다. 보몰 모델은 분명 생산자 서비스와 건강 서비스가 방대한 규모로 성장한 사실을 설명하지 못한다.

독일과 스웨덴을 비교해보면, 보몰 모델은 또 다른 난관에 부딪친다. 전체 '포스트 산업적' 고용성장의 측면에서 볼 때, 스웨덴은 매년 6.7퍼센트씩 성장하여 미국에 필적하고, 이는 독일 비율의 두 배에 달한다. 스웨덴에서 전문직과 사회복지 일자리들이 폭증한 것은 저임금의 결과가 아니라 오히려 높은 세금의 결과이다.

중요한 점은 포스트 산업적 일자리들 가운데 가장 많은 부분조차도 가격 탄력성이 크지 않은 수요에 부응하여 생겨난 것일 수 있다는 점이다. 엔지니어링이나 디자인, 경영 컨설팅, 재무 관리, 법률 자문 따위의 경영 서비스들에 대한 수요는 그 숙련이 특화되어 있는 것이라는 사실에 기인한다. 전문직과 준전문직 사회 서비스들의 대부분에 대해서도 마찬가지로 말할 수 있다.

바꾸어 말하면, 우리는 대부분의 이론들이 상정하고 있는 것보다 더 복잡한 문제들을 설명하지 않으면 안 된다. 우리의 복지국가 유형론이 결정적인 의미를 갖게 되는 소이(所以)가 바로 여기에 있다.

제3부

결 론

제9장
복지국가 체제와 포스트 산업사회의 구조

우리는 이제까지 당대의 복지국가들이 어떻게 서로 구분되는 세 가지 체제 유형들로 군집화되는지를 살펴보았다. 또한 우리는 서로 다른 국가들의 노동시장이 사회정책의 제도적 틀 속에 어떻게 배태되어 있느냐에 따라 그 노동시장 논리의 상당 부분이 달라진다는 점도 실증해 왔다. 우리의 연구는 분명 산업화된 근대 자본주의 사회의 많은 정책 영역들과 제도적 측면들을 논의에서 배제하였다. 그렇지만 사회 계층화라든가 사회권('자유'라고 해도 좋다), 자원의 배분, 노동생활, 그리고 고용의 발전 등과 같은 핵심 쟁점들과 관련된 경험적 증거들은 복지 자본주의의 세 가지 모델이 진화하고 있다고 결론을 짓기에 확실히 부족함이 없어 보인다.

결론을 논의하는 이 장에서 우리는 앞서 제시한 증거들을 다시 검토하는 작업을 통해 독자들의 인내심을 시험하지는 않을 것이다. 다만, 여기서는 복지국가 체제와 고용체제가 상호 조응관계에 있으며, 복지국가는 고용구조가 어떻게 진전될 것인가에 대해, 그리고 그 결과로서 새로운 사회적 갈등의 축이 어떻게 형성될 것인가에 대해 인과적으로 직접적인 영향을 미친다는 주장에 우리의 논의를 집중하고자 한다. 이를 위해 우리는 일단 이 책에서 강조해온 핵심 명제로 다시 되돌아가고자 한다. 말하자면, 당대의 복지국가는 단순히 산업발전의 수동적인 부산물인 것만은 아니라는 것이다. 복지국가는 그 제도화를 통해 우리의 미래상을 결정적으로 모양짓는 강력한 사회적 메카니즘으로 부상하고 있다. 그러므로 우리는 복지국가 체제들의 특성이 '포스트 산업적' 발전의 분기화 현상을 어느 정도나 설명해줄 수 있을 것인지에 탐구의 초점을 맞출 것이다.

우리의 논거가 그 방향에 있어 사회과학의 유력한 이론적 패러다임들과 궤를 달리한다는 것은 언급할 필요도 없을 것이다. 마르크스주의냐 발전론적 근대화 학파냐를 불문하고, 그들은 예외없이 주로 경제적인 힘이 사회변동을 추동한다는 발상에서 출발한다. 정통 마르크스주의는 물론 많은 수정주의적 마르크스주의조차도 국가를 자본주의적 생산이라는 엔진에 곁다리로 붙어 있는 상부구조로 파악할 뿐 그 이상으로 보지는 않는다. 근대화 이론은 흔히 근대의 산업혁명이 국가개입으로부터 자율적으로 진행되었으며, 나아가 오히려 국가개입의 부재를 전제로 진행되었다는 자유주의의 신화에 사로잡혀 있다. 근대화 이론에서 사회변동을 이끄는 추동력은 기술이다.

우리가 물려받은 이론적 유산들은 국가가 주로 전쟁을 수행하고 치안을 유지하는 능력을 통해 그 가시적인 모습을 드러냈던 시대에 출현하였다. 이 시대는 또한 사회경제적 진보와 자유, 그리고 근대성이 출현하는 것과 때를 맞추어 절대주의적이고 개입주의적이며 권위주의적인 국가는 해체의 길을 걷고 있던 시대이기도 하였다. 이런 점에서, 우리의 학계를 선도하는 이론적 패러다임들이 경제발전의 과정을 분석하면서 국가의 역할에 거의 눈길을 던지지 않은 것도 딴은 충분히 이해할 만한 일이다.

우리의 시대는 우리의 경제와 사회에서 혁명까지는 아닐망정 근본적인 재편이 진행 중에 있다는 데 대해 거의 보편적인 합의가 이루어져 있는 시대이다. 그럼에도 불구하고, 그러한 현상에 대한 분석이 이루어지기는 커녕, '포스트 모더니즘'이니 '탈물질주의'니 '포스트 포드주의'니 '포스트 산업적'이니 하는 따위의 신조어들만 쏟아져나오고 있다. 물론 이런 신조어들에는 지금 우리가 그 실체에 대한 이해의 작업을 끝마친 하나의 사회질서에서 벗어나 아직은 그저 어렴풋이밖에는 그 윤곽을 알아볼 수 없는 또 다른 사회질서 속으로 진입하고 있다는 인식들이 반영되어 있다. 우리의 분석이 목하 위험을 무릅쓰고 뛰어들고자 하는 곳이 바로 이 지뢰밭이다. 필자는 주제넘게 미래상에 관한 이론을 제출하겠다고 나설 생각은 없다. 필자의 유일한 야심은, 우리가 앞선 장들에서 경험적으로 개관한 바 있는 동향들을 포착하는 것과 함께, 어찌하여 지금 우리가 고용과 사회 계층화의 면에서 서로 분기화된 궤적을 향해 나아가고 있고, 그리하여 결국에는 새로운 갈등 시나리오를 향해 나아가고 있는지 그 이유를 설명하는 데 있어 복지국가 체제 유형론이 유용한 출발점을 제공해준다는 것을 시사하고자 하는 것일 따름이다.

스웨덴과 독일, 그리고 미국의 '포스트 산업적' 고용을 비교 연구하는 전략은 복지국가 체제의 영향력을 확인하는 데 있어 특별히 효과적인 접근법이다. 이 세 나라는 각기 사회주의, 보수주의, 자유주의 체제 유형의 전형을 보여주는 '이념형적' 국가들이기 때문이다.

복지국가와 포스트 산업적 고용

먼저 세 가지 고용궤적의 윤곽을 간단히 상기해 보자. 스웨덴은 사회복지가 주도하는 포스트 산업적 고용구조를 산출하고 있다. 미국은 경영 서비스와 '재미' 서비스의 이중구조이며, 전자에는 대체로 좋은 일자리들이, 후자에는 나쁜 일자리들이 많다. 독일에서는 '포스트 산업적' 변화를 향한 도정에서 이렇다 할 만한 진전이 일어나지 않고 있다.

스웨덴을 설명하기 위해서는 보몰의 모델을 적용하는 것만으로는 부족하고, 거기에 스웨덴 복지국가에 대해 우리가 알고 있는 지식을 덧붙일 필요가 있다. 앞서 지적한 바 있듯이, 스웨덴은 지난 수십 년간 연대임금정책(solidarity-wage policy)*을 강력하게 적용해 왔다. 이로 인해 지하경제의 경우를 제외하고 '잡직' 일자리들의 성장에 막대한 지장이 초래되었을 것으로 생각된다. 만일 복지국가가 상호 결합된 다음의 세 가지 원리들에 헌신하지 않았더라면, 스웨덴의 탈산업화는 꽤나 저조한 경제성장률과 맞물려 심각한 고용문제를 야기하였을 것이다. 그 세 가지 원리란 다음과 같다. 1) 사회 서비스와 건강 서비스, 그리고 교육 서비스의 개선과 팽창, 2) 고용참가의 극대화, 특히 여성의 경우, 그리고 3) 지속적인 완전고용. 이 세 가지 원리들은 사회 민주주의 복지국가 모델 속에 하나로 통합되어 있다.

스웨덴의 공공부문에서는 여성고용과 사회 서비스 고용이 동시에 성장하고 있다. 이는 일을 하고자 하는 여성들의 요구에 부응하려는 필사적인 노력임과 동시에 완전고용을 유지해야 한다는 의무감의 발로로 여겨질 수도 있다. 그러나 이는 진실이 아닐 수도 있다. 왜냐하면 복지국가 서비스의 팽창이 시작된 것은 1960년대 중반, 그러니까 실업의 공포가 수면 위로 떠오른 시기보다 훨씬 앞선 시기의 일이었기 때문이다. 그럼에도 불구하고, 공급과 수요의 양면 모두에서 스웨덴 복지국가의 논리는 여성 편향적인 서비스의 폭증을 산출하지 않을 수 없게 되어 있다. 공급 측면에서, 복지국가는 여성이 일을 하기 위한 전제가 됨과 동시에 그 여성에게 일자리를 제공해주는 주간보호와 같은 서비스들을 공급한다. 또한 복지국가는 일하는 어머니들에게 유연한 노동시간과 시간제 노동의 기회를 제공한다. 게다가 복지국가의 이전지출(특히 연금)과 조세는 여성으로 하여금 일을 선택하도록 유도하는 거부할 수 없는 유인책을 제공한다. 시간제 일자리만으로도 소득비례 연금의 수급 요건을 충족시키기에 부족함이 없는 것이다. 그런가 하면 가구들마다 높은 한계세율을 부담해야만 한다는 것은 결국 높은 생활수준을 유지하기 위해 맞벌이에 나서지 않으면 안 된다는 것을 의미한다.

수요 측면에서도, 스웨덴 복지국가는 거의 필연적으로 우리가 확인한 바 있는 특유의 포스트 산업적 결과를 산출하게끔 되어 있다. 앞서 지적한 바 있듯이, 스웨덴 복지국가의 미래는 중간계급의 지지 여부에 달려 있으며, 이 중간계급의 지지는 다시 서비스의 질과 양을 동시에 확충하고 개선하는 것을 전제로 한다. 뿐만 아니라 스웨덴 복지국가의 재정적 토대는 조세기반의 극대화 정도에 달려 있으며, 이는 일을 하는 사람들은 가능하면 많아야만 하고 급여에 의존하는 사람들은 가능한 한 적어야만 한다는 것을 의미한다. 이런 관계를 감안할 때, 스웨덴이 유럽에서 선호되는 조기퇴직이라는 선택지에 호소할 수 없다는 것은 분명하다. 그 대신에, 우리가 살펴본 바 있듯이, 스웨덴이 경제의 심각한 불균형이나 공공부채의 악화 같은 위험을 무릅쓰고서라도 고용기회의 최적화에 나서리라는 것은 불문가지이다.

그러나 복지국가가 서비스 고용의 성장에 보조금을 지급한다 하더라도 비용질병의 문제를 피해갈 수는 없다. 공적 고용을 전체 고용의 30퍼센트 이상으로 확대하는 것은 설사 그 대부분이 시간제 노동이라 하더라도 조세상한 제도(tax ceiling)에 부딪쳐 진퇴양난에 빠지고 말 것이다. 그러므로 스웨덴 정부는 임금억제에 의존하지 않을 수 없게 된다. 그런데 이미 살펴본 바와 같이 스웨덴 모델의 아킬레스 건은 바로 여기에 있다.

독일에서도 역시 (매우 높은 고정 노동비용을 동반하는) 임금정책이 저임금의 '잡직' 일자리 궤적을 가로막고 있다. 그러나 독일 복지국가는 제도적인 차원에서 스스로 고용을 흡수하는 고용 창출자로 행동할 준비가 되어 있지 않다. 오히려, 독일 복지국가는 노동공급 감축을 향한 강력한 편향성을 보여준다. 공급 측면에서, 독일 복지국가는 전통주의적이고 보수주의적인 가톨릭이 내세우는 보충성의 원리에 기초하여 구축된 복지국가이다. 이는 여성과 (건강을 제외한) 사회 서비스가 가족의 울타리 안에 머물게 된다는 것을 의미한다. 그러므로 독일 복지국가는 여성들에게 고용기회를 제공한다거나, 궁극적으로 여성에게 일자리 시장을 공급하는 따위의 서비스를 제공하기를 몹시 주저한다. 반면에 그것은 '소득이 있는' 사람들을 대상으로 한 소득유지에는 나름대로 강력한 헌신을 보여주는 복지국가이기도 하다. 그렇지만, 독일의 수급 조건은 비교적 엄격하며, 급여를 수급하기 위해서는 장기간의 노동경력을 전제로 한다. 이는 많은 여성들에게 불리하게 작용한다. 게다가 사양산업에 종사하는 고령 남성 노동자들은 탈산업화와 침체된 노동시장에 대응할 수 있는 주요 대안이자 경우에 따라서는 거의 유일한 대안으로서 조기퇴직을 활용할 수 있을 것이다.

그런가 하면, 수요 측면에서도 공공 서비스를 확충하려는 의지를 거의 찾아볼 수 없다. 그러나 설사 (1960년대 말과 1970년대 초 사회민주당의 짧은 집권기에 실제로 시도되었던 것처럼) 적극적 고용정책이 도입된다 하더라도, 공적 고용이 성장할 수 있는 여지는 제한적인 수준을 넘어서기 어렵다. 무엇보다 우선 지나칠 정도로 과중한 이전지출의 부담이 추가적인 세수증대를 제약하기 때문이다(Sharpf, 1985). 그뿐 아니라 독일 당국이 추구하는 시종여일 엄격한 재정·통화정책 체제는 공공부문에서만이 아니라 민간부문에서도 일자리가 팽창하는 것을 가로막는다(Bruno and Sachs, 1985; Blanchard *et al.*, 1986).

그러므로 독일 체제가 손에 쥔 카드 패는 처음부터 서비스 고용의 성장을 가로막을 준비를 갖추고 있는 잘못 된 패인 셈이다. 그렇지만 이것이 노동감축에 대해서는 유리하게 작용한다. 그리고 스웨덴의 체제가 고용 참가의 극대화에 의존하고 있는 데 반해, 독일 체제는 점증하는 연금 수령자와 비경제활동 인구를 부양하는 데 필요한 재원 조달을 위해 생산성 높은 산업경제에 기대지 않으면 안 된다. 독일 궤적의 아킬레스 건은 바로 이러한 경제적 '잉여' 인구에서 비롯되는 임박한 비용의 위기이다.

미국에는 많은 일반적인 조건들이 존재하며, 이는 노동의 총공급과 총수요에 영향을 미칠 것이 분명하다. 첫째, 주로 1960년대와 1980년대에 경제정책이 비상할 정도로 팽창적이었다는 점이다. 둘째, 미국은 국내시장이 훨씬 강력하게 보호되고 있었고, 따라서 최근에 들어서야 비로소 심각한 대외 경쟁력의 문제를 우려하기 시작했다. 셋째, 미국의 인구학은 공급과 수요 양면 모두에 영향을 미치고 있다. 공급에 대해서는 주로 실질적인 인구성장을 통해서, 수요 면에서는 비교적 느리긴 하지만 급속하게 진행 중인 인구 고령화를 통해서 영향을 미친다. 이러한 요인들이 총 고용의 증대에 영향을 미치겠지만, 그런 요인들이 미국의 궤적에 특유한 구조적 특징들을 설명해줄 가능성은 많지 않다.

복지국가를 설명 요인으로 내세우는 설명은 시장이 주도하는 미국의 궤적과 상충되는 것으로 보일 수도 있다. 그러나 미국적 궤적의 특징 가운데 상당 부분은 복지국가 잔여주의와 직접적으로 관련된다. 그렇지만 미국적 발전의 배후에서 작용하는 힘들을 적출해내기 위해서는 먼저 그 구성 요소들에 관한 명확한 구도를 그려볼 필요가 있다. 새로이 창출된 전체 일자리 중에서 '재미' 서비스는 불과 16퍼센트만을 설명하며, 경영 및 생산자 서비스는 23퍼센트를, 사회 및 교육 서비스는 30퍼센트를 꼬박 설명한다. 대신에 직업의 수를 헤아려보면, '잡직' 일자리들은 총증가분의 단지 12퍼센트만을 설명하는 데 비해, 전문직-기술직 일자리들의 경우에는 그것이 24퍼센트에 달한다.

보몰의 비용질병 논거는 '재미' 서비스의 대부분과 '잡직' 일자리의 전체에 아주 잘 적용될 수 있으며, 어쩌면 그 이상일지도 모른다. 이것은 블루스톤과 해리슨의 자료(1985)와 일치하는 결과이다. 그러나 앞서 지적한 바와 같이, 임금은 사회 서비스와 경영 서비스의 훨씬 더 인상적인 성과를 설명하지 못한다. 많은 사회 서비스, 그 중에서도 특히 교육은 공공부문을 그 성장의 동력으로 한다. 아이러니하게도, 공공부문의 사회복지 고용은 1960년대까지만 해도 미국이 스웨덴보다 더 많았다(Cusack and Rein, 1987).

미국의 민간부문은 사회 서비스와 생산자 서비스 산업에서 양질의 일자리들을 대규모로 창출해 왔다. 그러나 우리는 시장의 '사적인 성격'(privateness)이란 것이 도대체 무엇을 의미하는지에 대해 진지하게 검토해볼 필요가 있다. 미국의 체계에서 공(公)과 사(私)의 독특한 상호작용이 중요한 의미를 지니게 되는 까닭이 바로 여기에 있기 때문이다.

관리직과 경영 서비스 일자리들부터 살펴보자. 먼저 유럽에서는 복지국가 복합체의 일부를 구성하고 있는 것들의 상당 부분이 미국에서는 경영기업 그 자체에 내부화되어 있다는 우리의 가설을 상기할 필요가 있다. 미국의 이런 특징은 특히 인사관리와 부가급여 관리에 영향을 미친다. 미국 복지국가에는 이런 종류의 관리주의를 추동하는 두 가지 요인이 있다. 첫째, 적정 수준의 급여와 서비스가 존재하지 않는다는 것은 그것들이 곧 임금교섭의 표적이 된다는 것을 의미한다. 둘째는 미국 복지국가의 조세지출 측면으로, 이런 측면 때문에 기업들은 직접임금(direct wages)* 대신에 세금감면 혜택을 받을 수 있는 부가급여를 제공하는 쪽을 선호하게 된다. 그 결과, 미국의 기업들은 상당한 규모의 비법정 간접 임금비용을 감당하게 된다.

그리하여, 유럽에서라면 복지국가 종사자가 되었을 사람들의 상당 부분이 미국에서는 관리자가 되거나 경영 서비스에 종사하는 고용 결과를 산출하고 있는 것이 틀림없다. 예를 들면, 미국에서는 인력공급 서비스에 고용되어 있는 사람들이 100만 명을 상회한다. 이것 하나만으로도 가히 생산자 서비스 고용 전체의 8퍼센트에 달한다. 스웨덴에서는 이런 집단의 규모가 훨씬 작고, 그들의 대부분도 정부의 노동시장청에 고용되어 있다.

건강보호나 교육의 영역, 혹은 또 다른 영역이든 상관없이 민간부문에서 이루어진 사회 서비스 고용의 대부분에 대해서도 이와 비슷한 논리가 그대로 적용된다. 조세구조 그 자체가 (그 상당 부분이 민간 보험체계를 통해 제공되는) 직접 보조금과 결합하여 대규모 서비스 체계를 창출함과 동시에, 따라서 또한 고용보조 정책(employment subsidization)이 되고 있는 것이다.

여성과 흑인들의 고용이 유의미한 수준으로 개선된 현상이야말로 어쩌면 미국 복지국가 특유의 역할을 가장 잘 확인시켜주는 대목일 것이다. 스웨덴 복지국가와 같은 제도적 복지국가는 기회평등과 고용보장을 공급하는 것을 자신의 의무로 자처하지만, 미국의 체계는 본질적으로 그렇게 고상한 이념들을 시장이 나서서 실현하도록 유도하는 편을 선호한다. 그리하여 등장한 것이 차별수정조치(Affirmative Action)*와 '기회평등법' (Equal Opportunity Act)이다. 이런 조치들은 교육제도와 고용시장을 통해 소수집단의 기회를 개선하기 위해 애쓰고 있다.

우리의 연구 결과는 기회평등법 식의 접근법이 꽤나 잘 작동하고 있다는 것을 시사한다. 물론 공식적으로 이 제도는 정부와 계약을 맺은 기업이나 단체에만 적용된다. 미국에서 군수품 계약이 양산되고 있는 사정을 감안할 때, 이러한 계약은 그 건 수가 제법 클테지만, 아무래도 우리가 목도하는 바의 고용추세를 설명할 수 있을 만큼 그렇게 크지는 않을 것이다. 그러므로 우리는 그 이유가 이미지 개선을 위해선지, 아니면 그것이 이윤 창출에 도움이 되는 것으로 판명되었기 때문인지는 알 수 없는 노릇이나, 다른 기업들 역시 차별수정조치를 도입했다고 미루어 짐작할 수 있을 것이다.

요약하자면, 미국식 '시장 모델'의 평등주의적 결과를 해석할 때는 신중에 신중을 기하지 않으면 안 된다. 가령 '잡직' 일자리 부문에서처럼 정부가 최소한으로 개입하는 영역에서는 그 결과가 특별히 매력적일 것도 없다. 차별수정조치나 기회평등조치에서처럼 정부가 최대한으로 개입하는 영역에서는 평등주의를 향해 전진하는 기세가 주목할 만하다.

포스트 산업사회에서의 계층화와 갈등

사회 계층화를 연구한다는 것은 잠재적인 갈등구조를 명확히 해명한다는 것을 의미한다. 포스트 산업화 이론가들의 제1세대는 미래에 나타날 수 있는 두 가지 시나리오를 둘러싸고 갑론을박을 벌였다. 하나는 전반적인 탈숙련화와 프롤레타리아화이다. 다른 하나는 밑바닥에 있는 잡역 노동이 축소됨과 동시에 전문직으로의 직업상승이 전개되는 과정이다. 어느 쪽의 시나리오를 주장하든, 제1세대 논자들은 한 가지 방향으로의 수렴화가 전개된다고 믿었다.

포스트 산업적 고용의 계층화 측면에 대한 우리의 접근법은 잠정적인 것에 불과하다. 그렇지만 우리의 분석 결과는 세 가지의 독자적인 계층화 양상이 출현하고 있으며, 그 각각은 질적으로 서로 다른 갈등구조를 산출할 개연성이 높다는 것을 시사한다.

일견하면, 전문직화의 정도가 뚜렷함과 동시에 나쁜 일자리들이 감소하고 있는 스웨덴은 제1세대의 시나리오 중 낙관론적 시나리오를 확증해 주는 것처럼 보인다. 그러나 좀더 깊이 파고들어가면, 이 체계는 공공 대 민간 부문의 축을 중심으로 성별 분절화 현상이 심각한 수준이다. 물론 이러한 성별 게토화가 반드시 갈등의 축을 창출하도록 미리부터 예정되어 있는 것은 아니다. 그러나 우리가 이 체계의 아킬레스 건을 상기한다면, 남녀 사이에, 그리고 공사 부문 간에 갈등이 발생할 개연성이 높다.

복지국가 고용을 유지하고 확대하고자 할 경우, 정부로서는 공적 피용자들에 대해 임금억제를 요구하지 않을 수 없다. 스웨덴의 중앙집중적인 연대임금 정책은 그러한 임금억제가 경제 전체로 확산될 수밖에 없다는 것을 의미한다. 그러나 이것은 불가능한 것으로 드러나고 있으며, 그 결과 스웨덴의 노동시장에서 (대규모 파업을 포함한) 가장 심각하게 일어난 갈등은 1980년대 내내 공공부문 노동조합과 민간부문 노동조합 간의 갈등이었다. 이런 의미에서 우리는 민간부문의 (주로) 남성 노동자와 복지국가의 (주로) 여성 노동자 사이에 전쟁이 벌어지는 상황을 어렵지 않게 상상할 수 있을 것이다. 만에 하나 이것이 있을 수 있는 결과라고 한다면, 스웨덴의 사회 민주주의는 혼인의 유대가 경제전쟁의 폭풍우를 뚫고나갈 수 있을 만큼 충분히 끈끈하기를 바라는 외에 달리 뾰족한 수가 없게 된다.

독일의 포스트 산업주의는 일자리 없는 성장을 특징으로 한다. 여기서는 일자리 계급 사이나 고용부문 사이에 새로운 차원의 계층화가 창출되기보다는, 앞으로 나타날 개연성이 가장 큰 분단선은 일종의 '내부자-외부자' 현상인 것으로 보인다. 경제학 문헌들에서 내부자-외부자 문제는 일자리가 있는 내부자들이 외부자들을 위한 일자리 확대는 외면한 채 자신들의 임금 극대화를 추구할 목적에서 전적으로 자신들만을 위해 단체교섭에 임하는 상황으로 정의된다. 이러한 정의를 약간 확대 해석하면, 이 갈등의 축은 독일의 궤적에 가장 잘 들어맞는 것으로 보인다. 기업과 노동조합, 그리고 정부 사이의 암묵적인 협약의 일환이지만, 탈산업화에 대한 독일의 대응 전략은 퇴직과 실업 프로그램을 통해, 그리고 외국인 노동자의 본국 송출을 통해 인력을 감축하는 것이다. 이러한 전략은 물론 노동력의 상당한 슬림화와 생산성 향상을 가져왔다. 설상가상으로 여성의 노동공급을 자극할 만한 이렇다 할 유인수단도 없는 까닭에, 감소하되 고도로 생산적인 노동력이 증가하되 비생산적인 외부자 인구를 부양하고 있는 형국이 나타나고 있다. 독일의 경우, 비경제활동인구가 60퍼센트에 이르고, 스웨덴은 그것이 고작 49퍼센트이다. 이러한 차이는 스웨덴보다 독일에 고령 인구가 더 많기 때문이 아니다.

가정주부를 부양하기 위해서는 남성 소득자들은 높은 실수령 임금에 의존하지 않으면 안 된다. 복지국가 수혜자들을 부양하려면, 피용자들은 과중한 세금을 납부해야만 할 것이다. 갈등의 축을 산출할 개연성이 가장 큰 지점이 바로 여기에 있다. 내부자-외부자 문제의 한 측면은 일자리로의 진입이 외부자들에게는 차단되어 있다는 데 있다. 반 파레이스가 시사하는 바와 같이(van Parijs, 1987), 일자리가 희소상품이 될 때 그 일자리는 자산의 성격을 띠게 되고, 그렇게 되면 가진 것이 아무 것도 없는 무산자들은 그로부터 상대적인 박탈감을 느끼기 마련이다.

내부자-외부자 축의 또 다른 측면은 잠재적인 폭발력이 좀더 강하다. 감소하고 있는 경제활동 인구가 팽창하고 있는 잉여인구의 비용을 떠안지 않을 수 없는 형국이 조성될 경우, 조세에 대한 반발이 고조될 개연성이 있다. 사회의 생산적인 분절로부터 비생산적인 분절로의 사회적 이전 지출이 아주 확연하게 일어날 때는 특히 그럴 개연성이 높다. 이에 못지 않은 또 하나의 개연성은 외국인 노동자를 상대로 적대적이고 차별적인 행동이 분출할 수 있는 상황이다. 외국인 노동자들은 여차하면 초대받지 않은 복지 날치기범 내지 일자리 도둑으로 몰리게 될 것이다. 그러므로, 독일의 궤적은 양면적인 갈등의 위험성을 내포하고 있다. 이 경우, 계급들은 일자리를 보유한 내부자냐 아니면 외부자냐의 차원에서 정의될 것이다.

마지막으로 미국에서는 포스트 산업적 갈등의 축을 식별하기가 썩 쉽지만은 않다. 여기서도 확실히 독특한 일자리 이중구조를 축으로 서비스 경제의 양극화가 진행되고 있다. 노동의 질만이 아니라 임금과 급여 역시 다른 나라들에 비해 훨씬 더 불평등하다. 만일 1980년대의 '잡직' 일자리 편향성이 장기적인 추세로 정착된다고 한다면, 그 결과 말 그대로의 프롤레타리아화 효과가 고개를 쳐들 수도 있다. 미국형 서비스 경제의 밑바닥을 이루는 일자리들은 임금이 빈곤선에 가까우며, 부가급여도 거의 없다.

요컨대 결국 문제가 되는 것은 고용구조상의 배분 메카니즘이다. 확실히 소수집단은 계속해서 하층 직업들에서 과잉 대표되고 있다. 그렇지만, 이런 추세에 급속한 변화가 일어나고 있으며, 일자리 분포가 성별에 따라서는 물론 인종들 사이에서도 좀더 평등해지고 있다는 것은 의심의 여지가 없다. 어느 정도 제한적인 경험적 증거들에 근거할 때, 우리는 사실상 완전히 다른 세 가지 결과들을 상정할 수 있다. 첫 번째는 히스패닉, 그리고 어쩌면 최근에 이주해온 다른 이민자층이 노동시장의 탐탁치 않은 일자리 쪽을 집중적으로 채우면서 포스트 산업적 프롤레타리아가 되어가는 결과이다. 이런 경우에 우리는 본질적으로 인종에 따른 이중구조를 예상할 수 있을 것이다. 그러나 이 시나리오는 그다지 신뢰할 만한 것이 못된다. 흑인들이 표준 이하의 일자리들에 갇힌 채 헤어나오지 못하고 있다는 것은 부인할 수 없는 사실이지만, 다른 한편으로 그들이 상당한 직업상승을 경험하고 있다는 것 또한 분명한 사실이기 때문이다.

좀더 현실성이 있는 두 번째의 시나리오는 성이나 인종간에는 계급차이가 줄어들지만 그 각각의 내부에서 그 차이가 격화되는 상황이다. 전통적인 산업경제에서 미국의 이중구조는 확실히 성과 인종에 따른 분절화와 상당 부분 일치했다. 그러나 흑인이면서 동시에 여성이고, 또한 동시에 표준 이하의 일자리들에 갇혀 있는 3중고의 상황은 점차 역전되고 있다. 여성과 흑인들이 지배적인 계급구조에 좀더 많이 통합되어감에 따라, 계급차이는 다양한 소수집단들 내부에서 좀더 첨예하게 결정화될 개연성이 있다. 일부 여성이 여피족이 되고, 일부 흑인들이 부르조아가 되어감에 따라, 그 뒤에 남겨진 여성과 흑인들은 상대적 박탈감을 좀더 통렬하게 맛보게 될 것이다.

세 번째의 가능성은 미국형 포스트 산업사회의 미래상 중에서도 확실히 가장 낙관적인 시나리오이다. 첫 번째와 두 번째의 시나리오에서 우리는 대체로 문제의 '잡직' 일자리 부문이 일단 한번 진입하면 다시는 빠져나오기 어려운 막다른 일자리 게토라고 가정하고 있다. 그러나 만일 그런 가정 대신에 미국형 서비스 경제의 방대한 하층 부분이 대체로 청년이나 최근의 이민자층을 위한 디딤돌 내지 중간역이었다고 한다면, 우리의 결론은 달라져야 할 것이다. 이러한 가설을 검증하려면, 나쁜 일자리에 남아 있거나 거기서 탈출하는 사람들의 비율을 확인할 수 있도록 상세한 고용경력을 보여주는 미시 자료가 필요하다. 그럼에도 불구하고, 요식업 서비스 일자리에 종사하는 노동자 전체의 25퍼센트가 16세에서 20세 사이의 연령층이라 사실은 시사적이다(Bureau of Labor Statistics, 1987; table D 20).

우리가 지금까지 진행해온 연구를 마무리하면서 이 자리에서 최종적인 결론을 내리는 것은 아무래도 가당치 않다. 다만, 스웨덴과 독일, 그리고 미국은 서로 구분되는 세 가지 '포스트 산업적' 복지 자본주의 모델을 향해 전진하고 있는 중이라고 정리하는 정도라면 무방할 것 같다. 우리가 여기서 개략적으로 훑어본 갈등의 시나리오들이 결정화되어 좀처럼 변하지 않는 구조적 특성으로 정착될 수도 있을 것이다. 그러나 목하, 이 나라들이 걸어가고 있는 것으로 보이는 경로를 근본적으로 뒤흔들어버릴 사건들이나 변화들이 일어나지 않으리라는 보장은 그 어디에도 없다.

　이 연구는 만물이 격동하는 시기에 이루어졌으며, 따라서 그 결론도 미결 상태로 남아 있다. 그러므로 필자의 이 책이 크건 작건 미래를 예측하는 데 실패한 시도로 간주되지 않기만을 바랄 따름이다. 이 책의 목적은 다가올 미래에 대한 이론화를 시도하자는 것이 아니라, 당대의 변화를 효과적으로 분석할 수 있는 한 가지 방안을 제안하자는 것이었다.

저자 소개와 이 책의 위상

『복지 자본주의의 세 가지 세계』로 번역되는 이 책의 저자 고스타 에스 핑앤더슨은 1947년 덴마크에서 태어났다. 덴마크 코펜하겐 대학에서 학 사와 석사를 하였으며, 미국의 위스콘신 대학에서 사회학 박사학위를 취 득하였다(1978). 이후 하버드 대학교 정치학과 교수(1978~86), 이탈리 아의 유럽대학 교수(1986~93)와 토리노 대학 교수(1993~2000) 등을 역 임하고, 2001년 이후에는 스페인의 폼페우 파브라(Pompeu Fabra) 대학 에서 사회학 전공 교수로 재직 중이다.

에스핑앤더슨은 노동운동과 사회 계층화와 불평등, 사회 민주주의, 복 지국가에 대한 역사적 연구 등을 주제로 연구 경력을 시작하였다. 그의 박사학위 논문(Social Class, Social Democracy and State Policy, Nyt Pra Samfundsvidenskaberne, 1980)은 덴마크와 스웨덴을 대상으로 사 회 민주주의 전략을 정치사적으로 비교 연구한 논문이며, 1985년에는 이 학위논문의 분석 대상에 노르웨이를 포함시켜 *Politics against Markets* (Princeton University Press)를 출간하였다. 박사학위 논문과 1985년의 저작에서 그의 관심은 북유럽의 사회 민주주의 국가들을 대상으로 보편 주의적인 복지국가의 형성 요인과 그 발전 과정을 비교 분석하는 것이었 다.

그 이후 에스핑앤더슨은 북유럽을 넘어 대륙 유럽과 앵글로 색슨 국가 들로 연구 관심과 분석의 시야를 확대하였다. 이러한 복지국가 비교의 과정에서 그는 권력자원 이론의 선구자인 스톡홀름 대학의 코르피 교수(Walter Korpi)와 공동으로 복지국가의 형성 요인과 그 발전을 둘러싼 연구와 논쟁에 가담하기도 하였다. 1980년대 중반 코르피와 함께 쓴 논문 "Social Policy as Class Politics in Postwar Capitalism", J. Goldthorpe (ed.), *Order and Conflict in Contemporary Capitalism*, Clarendon Press, 1984., 그리고 "Power and Distributional Regimes", *Politics & Society*, Vol. 14, 1985. 등이 바로 이런 그의 연구 관심에서 나온 논문들이다. 이 시기부터 그는 선진 복지국가 전반으로 비교 연구의 대상을 확대하면서 복지국가 유형론의 이론화를 모색하기 시작하였다.

이번에 우리 말로 소개되는 『복지 자본주의의 세 가지 세계』는 에스핑앤더슨이 1990년에 그간의 복지국가 비교 연구의 성과들을 종합·정리하여 출간한 *The Three Worlds of Welfare Capitalism*(Polity Press)을 우리 말로 옮긴 것이다. 이 저작으로 일약 세계적인 명성을 획득한 에스핑앤더슨은 이후 세계화, 포스트 산업화, 고령화, 노동시장과 가족의 구조적 변화 등 복지국가 체제를 둘러싼 환경 변화에 초점을 맞추어 복지국가 체제의 발전 궤적을 추적하는 연구를 계속하였다. 그의 편저인 *Welfare State in Transition : National Adaptations in Global Economies*(SAGE Publications, 1996), 그리고 1999년에 출간한 *Social Foundations of Post-industrial Economies*(박시종 옮김, 『복지 체제의 위기와 대응 : 포스트 산업경제의 사회적 토대』, 성균관대학교 출판부, 2006) 등이 바로 이러한 방향에서 시도된 그의 연구 결과들이다. 나아가 그는 2000년에 레기니(M. Regini)와 공동으로 특히 노동시장의 탈규제와 그 정책의 유효성에 초점을 맞춘 편저, *Why Deregulate Labour Markets?*(Oxford University Press, 2000)를 발간하였다.

『복지 자본주의의 세 가지 세계』는 복지국가 비교 연구 분야, 혹은 사회(복지)정책 내지 공공정책 분야 등에서 획기적인 전기를 이룬 저작으로 평가된다. 이 책의 주제는 크게 보면 복지국가 비교 연구이지만, 이 분야에 그치지 않고 이 책은 노동시장론, 사회복지정책론, 비교 정치(경제)학, 공공정책론, 여성학, 사회적 시민권 이론 등의 광범한 분야에 걸쳐 폭넓게 인용되고 있다. 이 책이 이렇게 사회과학 전반을 망라할 정도로 광범하게 논의의 대상으로 떠오른 것은 저자의 새로운 시각과 탁월한 분석 능력, 그리고 방법론적 정교함이 돋보이는 데서 그 배경을 찾아볼 수 있다. 유형론이 빠지기 쉬운 정태적이고 횡단적인 분석의 한계를 뛰어넘어 동태적이고 종단적인 접근을 시도한 역사 분석의 치밀함이나, 국제적 비교 연구와 사례 분석을 결합시킨 뛰어난 방법론적 역량, 그리고 위기 수렴론에 맞서 복지국가 체제의 분기화와 그 구체적 표현 양상으로서 '세 가지 세계'의 존재와 그 동태를 드러내는 논증의 설득력 등이 타의 추종을 불허하고 있는 것이다. 이런 점에서 이 책은 20세기 마지막을 장식하면서 새로운 세기를 즈음하여 사회과학 전반에서 하나의 이정표를 제시했다고 해도 과언이 아닐 것이다.

이제 『복지 자본주의의 세 가지 세계』를 이해하기 위한 배경 지식으로서 복지국가의 제도적 기초와 사회경제적 환경 변화, 그리고 복지국가의 발달을 설명하는 이론적 논의들의 전개 과정을 간략히 더듬어볼 것이다. 그리고 마지막으로 이 책의 기본적인 논거에 대해 가해지는 몇 가지 비판과 에스핑앤더슨의 대응을 논의하기로 한다.

복지국가 발전의 제도적 기초들

복지국가는 그 자체 사회경제적 관계나 현상들과 무관하게 존재할 수 없다. 복지국가는 그것을 둘러싸고 있는 다양한 형태의 제도적 토대들 위에 구축되어 있는 것으로, 그러한 제도적 기초들의 구조화 및 변동의 양상과 부단하게 상호작용하면서 변화를 거듭하는 동적 균형 상태에 있는 존재로 이해해야 할 것이다. 따라서 복지국가와 그것을 둘러싼 쟁점을 이해하기 위해서는 먼저 복지국가를 떠받치고 있는 제도적 기초들에 대해 간략히 살펴볼 필요가 있다.

전후에 본격화된 복지국가는 기본적으로 자본주의 축적체제로서 포드주의와 제도적 정합성을 갖고 출범하였다. 포드주의는 대규모 일관조립 생산라인을 기술적 토대로 하면서 거기에 노동과정의 과학적 분석과 표준화를 중핵으로 하는 과학적 관리(scientific management)를 결합시킨 생산방식이다. 그에 따라 포드주의 생산방식에서는 노동의 단순 반복화와 파편화, 분절화가 전개되며, 그 결과 대량생산 기술과 결합한 대규모의 미숙련 내지 반숙련 노동자들은 그 물질적 존재의 동질성을 토대로 강력한 노동조합을 조직하여 독점자본에 대항하는 대립적 노사관계를 형성하게 된다. 노동자들은 강력한 노동운동을 매개로 높은 임금을 확보함으로써 대량생산 체제에서 쏟아져 나오는 표준화된 제품을 대량으로 소비할 수 있는 구매력을 향유함으로써 전후 복지국가 발전의 물질적 토대로서 경제성장을 추동하게 된다. 이처럼 대규모의 동질적인 노동력과 강력한 노동세력의 존재, 그리고 표준화된 소품종의 대량생산과 대량소비가 결합하여 경제성장을 추동한 포드주의는 전후 복지국가가 태동하고 발전하는 데 있어 결정적인 역할을 수행하였다.

축적체제로서의 포드주의는 숙련 수준이 높지 않은 노동력을 대규모로 고용하는 것을 가능케 함으로써 완전고용 노동시장이 성립할 수 있는 기반을 마련해주었다. 그리고 이러한 완전고용 노동시장은 보편적 민주주의가 성장할 수 있는 조건으로 작용함으로써 사회적 시민권의 확장을 자극하였을 뿐만 아니라, 그 자체 사회적 위험을 보호할 수 있는 제1차 방어선의 의미를 갖는다(R. Mishra, 1999, 『세계화와 복지국가의 위기 : 지구적 사회정책을 향하여』, 성균관대학교 출판부). 전후의 베버리지 사회보장 체계가 보편적인 사회보장을 약속할 수 있었던 것도 완전고용 노동시장이 형성되었기에 가능한 일이었다. 완전고용 하의 일자리는 노동자들에게 일차적인 소득으로서 임금을 보장해주고, 이 임금의 일부는 다시 조세와 사회보장 기여금의 형태로 사회보장 프로그램을 위한 물적 재원이 되었던 것이다. 물론 이 때의 완전고용은 표준적인 전일제 남성 노동자를 대상으로 하는 것이며, 임금 또한 가부장으로서 남성 노동자가 가족의 재생산을 위한 비용의 명목으로 가족을 대표하여 수급하는 가족임금을 의미한다.

복지국가의 태동과 발전을 떠받친 또 하나의 핵심적인 제도적 기초이자 경제의 조직화 원리는 케인즈주의에 기초한 거시경제관리이다. 케인즈주의는 '공급이 스스로 수요를 창출한다.'는 세이의 법칙(Say's law)과 달리 국가에 의한 인위적인 경제개입을 통해 유효수요를 창출하고, 이를 통해 공급을 활성화함으로써 실업을 극복하고 경제성장을 견인하고자 하는 수요측 경제학을 말한다. 이처럼 케인즈주의는 국가에 의한 경제와 시장개입을 허용함으로써 시장에 의한 일차분배를 수정하는 재분배를 가능케 하고, 나아가 국가가 복지 프로그램을 확충할 수 있는 이론적 근거를 제공해주었다. 케인즈주의의 총수요관리 정책은 미국의 뉴딜정책을 통한 대공황의 극복에 의해 그 현실적 유효성을 입증하였을 뿐만 아니라, 전후

국가가 자율적인 재정통화 정책을 통해 거시경제를 관리하는 가운데 국가복지의 외연과 내포를 확장해갈 수 있는 이론적 근거를 제공해주었다. 물론 케인즈주의에 의한 인위적인 경기부양과 유효수요의 진작을 위한 임금보장은 인플레이션의 위험을 상시화하여 임금압박을 심화하는 문제를 안고 있기도 하다.

뿐만 아니라 전후 복지국가는 노동계급과 자본가 계급의 계급타협의 산물이기도 하다. 자본주의는 기본적으로 자본과 노동의 임노동관계를 전제로 하며, 이 계급관계는 화해할 수 없는 적대관계를 특징으로 한다. 따라서 자본주의 생산관계는 언제나 노동과 자본 간의 첨예한 투쟁으로 점철될 위험을 안고 있다. 전후 자본주의는 대공황의 위기를 극복하면서 안정적이고 지속적인 자본축적과 경제성장을 위해서는 자본과 노동의 계급타협이 절실하다는 것을 깨닫게 되었으며, 이에 따라 국가의 중재적 위상을 매개로 신조합주의라는 삼자협력주의 또는 화해적 정치구조를 성립하게 되었다. 국가와 자본, 노동의 이익중재 제도로서 출범한 신조합주의는 경제성장을 추동하는 핵심적인 갈등관리 체제로서 국가에게는 지배의 정당성을, 자본에게는 경영전권과 이윤을, 그리고 노동에게는 높은 임금과 복지를 제공해주는 포지티브 섬의 제도적 틀로 정착하게 되었다.

끝으로 전후의 복지국가는 동반자적 혼인관계에 의해 성립되었다는 이데올로기적 외피 아래 가부장적이고 성적 분절화가 뚜렷한 핵가족을 그 미시적 토대로서 태동하였다. 핵가족에서 가장은 완전고용 노동시장에 진출함으로써 가족의 물질적·정신적 재생산을 위한 가족임금의 유일한 수급자이자 이 가족임금의 일부에 의해 가족 전체의 사회보장 수급권을 대표적으로 확보하는 존재로 설정된다. 핵가족은 표준적인 전일제 노동자로서 포드주의 생산체제에 진입하여 가족임금을 수령하는 가부장으로서의 남성과 가사 및 육아 서비스를 무급으로 제공하는 가정주부로서의 여성이라는 차별적인 성분업을 핵심적인 특징으로 한다. 복지국가는 이러한 가부장적 핵가족을 이데올로기적으로뿐만 아니라 실천적으로도 재생산하는 메카니즘으로 작용함으로써 페미니스트들로부터 가부장적이라는 비판을 받게 된다.

복지국가 위기론의 등장

이러한 제도적 기초들 위에 구축되어 1950년대와 1960년대를 거치면서 확장 일로를 걷던 복지국가는 그러나 1960년대 후반에서 1970년대 초반에 접어들면서 자본주의 축적체제의 동요와 함께 위기의 조짐을 보이기 시작한다. 1970년대의 두 차례에 걸친 석유위기에 의해 가속화된 경제침체는 실업과 물가가 반대 방향으로 움직인다는 필립스 곡선의 타당성을 역사상 처음으로 무너뜨렸고, 실업과 물가가 동시에 폭증하는 스태그플레이션이 전개되기 시작하였다. 그러잖아도 좌파 논객들은 복지국가가 노동계급에게 진정한 복지를 제공하는 대신 노동계급의 저항을 사전봉쇄하는 예방주사라거나 노동계급의 저항 의지를 약화시키는 해독제, 또는 노동계급의 현실적 고통을 임시 미봉으로 완화시켜주는 진통제에 불과하다는 등으로 비판해온 터였다. 여기에 더하여 신보수주의와 신자유주의 이데올로기로 무장한 신우파들은 국가의 경제개입에 따른 복지국가가 경제성장을 저해하는 주범이라고 몰아치기 시작했다. 국가는 이제더 이상 자유로운 시장의 청소 메카니즘을 교란해서는 안 되며, 복지 또한 노동유인을 저해하지 않는 최소한의 범위에 국한해야 한다는 최소주의 국가를 옹호하고 나선 것이다.

이러한 이론적·정치적 공세에 현실적 근거를 부여한 것은 경제성장의 둔화와 그에 따른 복지국가의 재정압박이었다. 인구학적 고령화에 따라 복지 수급자들의 규모가 급증하고, 세계화에 수반하여 경쟁압력이 강화되었으며, 산업은 전통적인 제조업을 밀어내고 생산성이 떨어지는 서비스 경제가 지배적인 범주로 등장하였다. 물론 복지국가 그 자체도 사회보장 제도들의 역사적 성숙과 더불어 수급자가 급증함으로써 재정압박이 점점 가중되었다. 복지국가를 둘러싼 이러한 환경 변화를 두고 복지국가 이론가들은 대체로 정도의 차이나 시간의 차이는 있을망정 선진 복지국가들이 예외 없이 위기로 수렴할 것이라고 주장하였다. 위기 수렴론이라고 요약할 수 있는 이러한 위기론들에 맞서 에스핑앤더슨은 복지국가 위기론이 가정하는 위기 수렴론은 현실적으로 설득력이 없다고 보고, 각 복지국가들이 초기에 형성될 때부터 그 역사적 경험이나 계급구조 등에 따라 서로 질적으로 구분되는 궤적을 그리며 발전해간다는 실천적 진단과 새로운 이론 전개를 시도한다.

복지국가의 발달을 설명하는 이론들

에스핑앤더슨의 논거를 살펴보기에 앞서 우선 복지국가를 연구하는 학자들이 주로 관심을 갖는 질문을 떠올려볼 필요가 있다. 아마도 복지국가 연구를 이끌어온 많은 질문 가운데 가장 핵심적인 것은 일차적으로 복지국가는 왜, 그리고 어떻게 발전하는가 하는 질문일 것이다. 그리하여 많은 국가들 가운데 어떤 국가는 복지국가가 되고, 어떤 국가는 복지국가가 되지 못하는지, 그리고 왜 어떤 복지국가는 다른 나라에 비해 더 복지가 발전하는지 그 이유를 따져 묻고 설명하려는 이론들이 등장하게 된 것이다. 복지국가의 태동과 발전을 설명하는 이론들을 아래에서 간략히 정리해보자.

　먼저 1950년대 영국 사회정책학의 통설로 적용되었던 사회양심 이론으로, 이 이론은 사회복지의 발달을 어떤 인구집단(주로 중상류층)의 집단적인 사회양심이 복지국가를 발전시킨 주요 요인이라고 설명한다. 인간은 기본적으로 이타주의적이며, 그렇기 때문에 타인의 불행을 자신의 불행으로 인식하고, 불행과 비운에 처한 인간에게 자발적으로 도움을 주고자 하는 이타주의적 본능이 사회복지라는 정책으로 전환됨으로써 복지국가가 발전한다고 보는 것이다. 그러나 이 양심이론에 대해서는 가족을 포함하여 친척이나 친구, 이웃 등에 대해서는 이타주의 본능이 발현될 수 있지만, 불특정 다수의 계층에게 이타주의에 의해 도움을 제공한다는 것은 성립하기 어렵다는 지적이 있다. 또한 실제로도 많은 중산층이 복지의 확대에 무조건적인 지지를 보내기는커녕 반대에 앞장서고 있다는 현실과도 이 이론은 모순된다. 결국 한 사회 전체, 혹은 한 국가 단위의 복지 발전을 설명함에 있어 이타주의에 기초하여 설명하는 것은 곤란하다는 지적인 것이다.

　다음으로 보나파르티즘 내지 음모이론은 사회복지의 발달이 인도주의적 이타심이나 사회적 양심의 발현이라기보다는 기존 지배질서의 안정과 유지를 위한 사회통제에 그 목적이 있다고 파악한다. 한 사회의 지배계층이 기존의 사회질서가 위협받고 있다고 느끼는 때에 사회변화를 통해 위기를 전환하는 과정에서 사회복지정책이 발전한다고 주장하는 것이다. 따라서 지배계층이 사회적 위기가 진정되고 지배질서가 공고화되었다고 판단할 경우에는 다시 사회복지가 후퇴할 수도 있다고 본다. 비스마르크 시대의 독일이나 폰 타페 치하의 오스트리아, 박정희 시대의 한국이 이러한 보나파르티즘에 의한 복지국가 발전의 사례로 간주될 수 있다. 그러나 이 이론은 지배질서가 안정된 이후에도 계속 복지 수준이 발전하는 경우,

그 이유를 설명하지 못하는 한계를 갖는다.

　T. H. 마샬의 사회적 시민권 이론은 이론이라기보다는 영국의 복지국가 발달을 역사적으로 추적·분석한 결과로 제시된 경험적 결론으로, 18세기에는 자유권(civil right)이, 19세기에는 정치권(political right)이, 20세기에는 사회권(social right)이 발달함으로써 사회적 시민권(social citizenship)이 누적적으로 완성되어간 것으로 파악한다. 즉 사회적 시민권은 자유권과 정치권을 전제로 하여 그 위에 누적적으로 사회권이 발달하게 되었다는 것이다. 마샬의 사회적 시민권 이론은 근대 자본주의 국가의 불평등한 계급구조와 평등주의적인 시민권 이념이 양립할 수 있다는 것을 보여준다. 그러나 영국을 제외한 다른 복지국가들이 과연 계약의 자유와 정치적 민주주의를 전제로 하여 사회권이 발달하였는지는 의문이며, 또한 사회적 시민권의 세 가지 요소가 거의 동시적으로 발전한 국가들의 현실과도 맞지 않는다는 비판에 노출되어 있다.

　엘리트 이론은 사회복지정책이 특정 소수집단이나 특정 개인의 탁월한 능력에 의해 발달한다고 주장한다. 이 이론은 사회의 권력이 다수 대중을 배제한 채 소수 엘리트에 의해 장악되어 있으며, 이들 소수 엘리트들이 자신의 이익이나 권력을 유지하기 위해 정권을 장악하고 대중을 통제하는 수단으로 복지를 발전시키는 것으로 파악한다. 이 이론은 복지를 실질적으로 요구하고 주도적으로 쟁취한 사회세력, 이를테면 노동운동의 존재를 과소평가하는 문제가 있다.

　또 하나의 복지국가 설명 이론은 확산이론(diffusion theory) 또는 전파이론이라고 불리는 것으로, 한 나라에서 사회복지 정책이 발달하게 되는 주된 이유를 선진 복지국가의 경험에 있다고 보고, 이런 점에서 사회복지정책의 확대 과정은 국제적 모방 과정이라고 주장한다. 이 이론은 각국의 복지국가들이 시간적인 선후는 있지만, 복지 후진국들이 동형화 과정(isomorphism)을 통해 거의 유사한 상태로 발전해간다는 수렴 현상을 예견한다. 그러나 많은 복지국가 비교 연구들은 선진 복지국가들 사이에도 발달 수준이나 그 성격에 있어서 많은 질적인 차이가 있다고 주장한다.

월렌스키를 중심으로 하는 산업화 이론의 핵심 아이디어는 산업화의 진전에 따라 다양한 사회문제가 발생하지만 산업화 그 자체가 경제발전을 통해 사회문제를 해결할 수 있는 자원을 대량으로 창출하기 때문에 사회복지가 발달한다고 주장한다. 다시 말해 산업화 이론은 산업화된 사회에서 발생하는 사회문제 해결의 '욕구'에 대응하여 산업화와 경제발전에 의해 대규모로 증가한 '자원'에 의해 사회문제가 해결되고 사회복지가 발전한다고 기능주의적으로 파악하는 것이다. 더욱이 산업화로 인해 발생한 사회문제들은 전통적인 복지 공급원으로서 가족이나 교회, 공동체 등에 의해서는 해결될 수 없고, 국가의 대규모 개입에 의해 사회문제가 해결될 수밖에 없으므로 국가에 의한 사회복지가 발달한다고 주장한다. 이이론은 각국이 일정한 경제발전 수준에 도달하게 되면, 대략 유사한 수준의 복지국가를 창출한다는 수렴론을 가정하고 있지만, 경제발전 수준이 유사한 선진 복지국가들 사이에 또 다시 복지 발전 면에서 다양한 차이가 나타나는 이유를 설명하기 어렵다.

그런가 하면, 자본주의의 생산관계에 대한 분석으로부터 복지국가의 발전을 설명하려는 이론들도 등장하였다. 가령 정통 마르크스주의에 입각한 도구주의적인 관점에서는 국가의 역할을 독점자본의 이익을 관철하기 위한 도구 내지 수단으로 이해한다. 따라서 국가가 복지를 확대하는 경우에도 그것은 어디까지나 자본가 계급의 이익을 실현하기 위한 것이지 노동계급의 복지를 보장하는 데에 목적이 있는 것은 아니라는 것이다. 그런가 하면 풀란차스(N. Poulantzas) 등의 구조주의적 관점에서는 국가를 자본가 계급의 이익 실현을 위한 단순한 도구로 보지 않고, 국가는 지배계급으로부터 상대적인 자율성을 갖고 있는 것으로 파악한다. 국가는 자본가 계급의 분파들로부터 상대적 자율성을 향유할 때 비로소 총자본으로서 자본가 계급 전체의 이익에 효과적으로 복무할 수 있다고 주장하는 것이다. 결국 자본주의 이론에서는 국가가 복지를 확대하는 경우, 그것은 노동계급의 복지를 보장하는 것이 아니라 궁극적으로는 자본가 계급의 이익에 복무할 수밖에 없다고 주장한다. 그러나 자본주의 이론은 자본가 계급의 이익을 침해하면서까지 국가가 사회복지의 확대에 적극적인 현실을 설명하지 못한다.

가장 최근 들어 발달한 복지국가 이론은 권력자원 이론이다. 이 관점은 복지국가란 결국 복지를 쟁취하기 위해 투쟁한 노동계급의 투쟁의 결실로서 출현한 것으로 파악한다. 즉 노동계급이 개별적으로는 인적 자본 외에 이렇다 할 권력자원이 없지만, 노동계급이 노동조합을 통해 조직화하고, 사회 민주주의 정당을 통해 정치권력을 장악하는 경우 그 결과로서 사회복지가 발달한다고 보는 것이다. 이 이론은 미국과 스웨덴이 경제발전 수준은 비슷하면서도 두 나라의 복지 수준에 현격한 차이가 발생하는 것은 스웨덴의 노동계급이 강고한 조직력과 사회 민주당의 지원 아래 복지를 쟁취한 결과라고 이해한다. 이 이론은 노동계급이 초기에 사회보험의 도입에 반대했다는 현실과 모순되는 문제점과 함께, 스웨덴과 같이 좌파 정당과 노동계급이 강력하지 않은 국가들에서 사회복지가 발달하는 이유를 설명하지 못하는 한계를 갖는다.

권력자원 이론이 지나치게 노동계급과 좌파 정당의 이데올로기에 초점을 맞추는 데 비해 국가의 관료들이 복지를 발전시켜야 하는 고유한 이해관계를 갖는다고 파악하는 국가중심 이론도 있다. 이 이론은 국가가 다양한 이익집단들의 요구를 중재자적 입장에서 수용하고 그에 따라 복지국가가 발전한다고 보는 이익집단 이론과 달리, 국가를 구성하는 관료집단의 적극적인 역할에 초점을 맞추어 복지의 발달을 설명한다. 그러나 국가 관료들이 과연 중립적인 입장에서 복지를 발전시킨다는 논리가 현실과 부합하느냐의 문제가 남는다. 일반적으로 국가 관료는 고유한 이해관계가 없지 않지만, 다양한 사회세력들의 요구에 피동적일 수밖에 없다고 본다면, 국가중심 이론은 복지의 확대를 요구한 사회계층의 노력을 소홀히 취급할 위험이 있다.

이상에서 살펴본 바와 같이, 왜 어떤 국가는 복지국가로 발전하고, 어떤 국가는 그렇지 못한지를 설명하는 이론들은 아주 많다. 그러나 이 이론들은 대체로 복지국가란 무엇인가 하는 복지국가의 정의 문제에 대해 단순하게 접근하는 경향이 있다. 이들 이론들은 대체로 사회보장 지출이 전체 예산 혹은 국민소득에서 차지하는 비중이 얼마나 되는가, 그러니까 사회보장 지출이라는 양적 지표를 기준으로 어느 나라가 '더 많고' '더 적은지'를 기준으로 국가들을 분류하고, 그 비중이 일정 수준을 넘어서는 국가들은 복지국가이고, 그렇지 못한 국가들은 복지국가가 아니거나 복지국가를 향해 발전해가는 도정에 있는 것으로 규정하는 경향이 있다. 상기한 이론들은 대체로 이와 같이 단선적이고 선형적인 배열을 기본으로 하고, 그 위에 그렇다면 복지국가로 분류되는 국가들은 서로 어느 정도나 발전 수준에 차이가 있는가를 이론적으로 파악하려는 시도를 하곤 한다. 즉 왜 선진 복지국가들 사이에도 복지국가의 발전 수준에 차이를 보이는가? 사회보장 노력, 즉 복지국가 발전의 수준에 차이를 만들어내는 요인은 무엇인가? 경제발전 수준에 따른 차이인가? 아니면 정치적 요인의 차이에서 빚어지는가? 그것도 아니라면 근대화의 수준이 다른 데 기인하는가? 이런 질문들이 기존의 복지국가 비교 연구를 이끌어온 중요한 질문들인 것이다. 바로 이런 질문들에 대한 답변을 모색하는 과정에서 산업화

이론, 보나파르티즘, 사회적 양심이론, 권력자원 이론, 자본주의 이론 등의 복지국가 발달 이론들이 등장하게 되었던 것이다. 따라서 이들 이론들은 대체로 복지국가를 양적 지표에 의해 정의하고, 복지국가의 경험적 현실을 그 기준으로 환원시켜 복지국가의 발전과 수준의 차이를 설명하고자 하는 시도들이라고 할 수 있다. 이렇게 일정한 양적 지표를 기준으로 복지국가를 설명하고자 하기 때문에, 이들 이론들은 대략 복지국가들이 하나의 방향을 향해 수렴해갈 것으로 가정한다.

그러나 에스핑앤더슨은 기존의 복지국가 비교 연구들이 하나같이 모든 복지국가들이 질적으로는 동일하고 양적으로만 구분되는 것으로 가정하고 있는 데 대해 의문을 제기한다. 과연 복지국가는 모두 질적으로 같은 것인가? 모두 질적으로 동일한 속성을 지니면서 양적으로만 구분되는 실체인가? 아니면, 질적으로나 양적으로 서로 구분되는 다양한 성격을 갖는 존재들인가? 한마디로 말해, 복지국가의 발전은 수렴화하는가 (convergence), 분기화하는가(divergence)? 에스핑앤더슨은 기존의 복지국가 비교 연구들이 권력자원이나 사회지출 같은 양적 지표를 설정하고 그 지표를 기준으로 어떤 국가가 '더 많고' '더 적은지'를 묻는 단선적이고 선형적인 접근을 하는 것은 문제가 있다고 본다. 복지국가는 그 역사적 형성 과정에서 어떤 세력이 주도적인 역할을 했는지, 그리고 그 이후의 발전에서도 노동계급의 권력만이 중요한 것이 아니라 좌우 정당의 구조, 계급연합의 구조 등이 중요한 영향을 미친다는 이론적 통찰로부터 시작한다. 따라서 노동계급의 권력자원이 많으냐 적으냐에 따라 복지 발전을 설명하는 단일 차원적 접근 대신에, 복지국가의 역사적 형성 요인, 계급연합의 구조, 복지국가의 성격 등이 상호작용하면서 복지국가의 다양한 발전을 규정한다고 보는 것이다. 이런 점에서 에스핑앤더슨은 '하나의 세계'로 수렴한다는 기존의 복지국가 이론들의 주장에 맞서 복지국가들이 '세 가지 세계'로 군집화한다는 분기화를 내세우며, 이러한 그의 '세 가지 세계' 이론은 결국 사회 민주주의 복지국가 전략의 유효성을 입증하고 옹호하기 위한 이론적 장치인 것으로 여겨진다.

『복지 자본주의의 세 가지 세계』의 의의

이 책이 갖는 가장 커다란 의의는 앞서 언급한 바와 같이 사회 민주주의 복지국가 전략의 실천적 유효성을 이론적으로 뒷받침하고 있는 데서 찾아볼 수 있을 것이다. 그 동안 미쉬라(R. Mishra)와 같은 세계화론자들은 거의 예외 없이 복지국가가 완전고용 노동시장의 붕괴와 그에 따른 노동의 유연화, 사회적 덤핑, '밑바닥을 향한 질주' 등을 지적하면서 복지국가가 앞서거니 뒤서거니 위기의 방향으로 수렴하고 있다고 주장해 왔다. 이런 위기 수렴론이 옳다면 현재까지 사회 민주주의적 복지국가주의를 추구해온 북유럽의 복지국가들도 결국은 위기의 방향으로 수렴해갈 것이라는 실천적 전망이 유력하게 성립하게 될 것이다. 이런 이론적 과제에 직면하여 에스핑앤더슨은 복지국가들이 하나의 방향으로 수렴하는 것이 아니며, 복지국가 발달의 초기에 어떤 세력이, 어떤 이데올로기에 의해, 어떤 정치경제 체제로 출범하였느냐에 따라, 그리고 그 이후 좌파 정당과 우파 정당의 계급연합 구조가 어떤 패턴으로 진행되었느냐에 따라 복지국가의 발달 궤적은 질적으로 서로 구분되는 다양한 복지체제로 군집화하며, 따라서 설사 복지국가에 변화가 일어난다 하더라도 그것은 그 체제의 발전 경로에서 크게 이탈하지 않는, 즉 경로의존적인 방식으로 일어난다고 하는 경험적 연구 결과를 내놓게 된 것이다.

이렇듯 단선적이고 수렴론적인 복지국가 위기론에 맞서 복지국가 체제의 다양성을 경험적으로 논증하는 에스핑앤더슨의 접근 방식은 복지국가들이 세 가지 서로 다른 정치경제학에 기반을 두고 발전하였다는 그의 이론적 파악에 못지않게 제도의 고착효과를 강조하는 신제도주의의 이론적 관점으로부터 많은 영향을 받은 결과로 이해된다. 신제도주의는 일단 역사 속에 형성되어 발전해온 제도가 갖는 현실 구속력을 강조할 뿐만 아니라 제도 자체가 광범한 이해관계 집단을 창출함으로써 제도 자체의 변화를 일정한 방향으로 구속한다는 논거를 제시한다. 이른바 변화의 경로 의존성을 강조하는 것이다.

이러한 신제도주의의 관점뿐만 아니라 에스핑앤더슨은 권력자원 이론이 노동계급 동원만을 강조하는 데 비해 계급연합의 구조가 복지국가의 초기 형성 과정과 그 이후의 발전에도 중요한 영향을 미친다는 점을 강조한다. 그는 이러한 맥락에서 스웨덴의 적록동맹이나 유럽대륙의 절대주의와 국가주의 전통이 이후 복지국가의 성격을 규정하였다는 점을 일례로 든다. 이와 같이 신제도주의와 계급연합의 시각에 기초하여 그는 서구의 선진 복지국가 18개 국가를 분석한 결과, 자유주의 정치경제학을 이론적 자양분으로 하여 성장한 영미 중심의 자유주의 복지체제와 절대주의와 가톨릭주의, 국가주의 전통이 강한 보수주의 정치경제학을 토대로 하는 대륙 유럽의 보수주의 복지국가 체제, 사회 민주주의 정치경제학에 바탕을 둔 스칸디나비아의 사회 민주주의 체제라는 '세 가지 세계'를 확인해내고, 이들 각 복지체제들이 저마다 고유한 논리에 기초하여 서로 질적으로 구분되는 발전 궤적을 따라 경로 의존적으로 진화해간다고 결론짓는다.

이러한 경험적 분석을 위해 에스핑앤더슨은 기존의 복지국가 비교 연구들이 하나같이 사회지출이나 권력자원의 규모가 많고 적음을 기준으로 단일 차원의 척도를 구성하고 그 척도상에 복지국가들을 일원적으로 배치하는 선형적인 시각을 취하고 있음을 지적하는 데서 더 나아가 복지국가 자체를 새롭게 정의하고자 시도한다. 그가 복지국가에 관한 새로운 정의를 내리기 위해 동원하는 개념은 탈상품화와 사회 계층화 개념이다. 사회적 시민권 개념에 기초하는 탈상품화는 어떤 사회가 구성원으로 하여금 시장에 의존하지 않고도 기본적인 복지를 충족하도록 해줄 수 있는 정도를 의미하며, 사회 계층화는 복지국가가 평등화를 추구하는 경우에도 복지국가의 역사적 형성과 정치경제, 계급연합의 구조 등에 따라 그 결과는 다양한 방식으로 나타날 수 있음을 포착하고자 하는 개념이다. 복지국가는 불평등의 체계를 완화하고 평등화를 강화하는 것만이 아니라, 복지국가 체제의 성격에 따라 계층화의 결과와 양상이 달라진다는 에스핑앤더슨의 복지국가 개념화는 복지국가를 종속변수가 아닌 독립변수로 취급한다는 것을 의미한다. 복지국가는 집권 정당의 이데올로기적 성격이나 좌파 권력의 강도 등에 부수적인 종속변수인 것만이 아니라, 그 자체 적극적으로 계층화를 틀 지우며, 노동시장과 고용체제 등 다른 분야에 영향을 끼치는 독립변수로서의 위상을 갖는다는 것이다.

이 책은 이와 같이 새로운 이론적 통찰과 경험적 분석을 시도했다는 의의만이 아니라 방법론적인 면에서도 중요한 의의를 갖는다. 앞서 언급한 바와 같이, 에스핑앤더슨은 하나의 제도로서 복지국가가 성숙하였다는 현실적 진단 아래 복지 프로그램 그 자체가 정치적 피드백 효과를 낳으며, 그것이 이후의 발전 방향을 일정하게 틀 지운다는 신제도주의 시각을 분석의 자원으로 활용한다. 대다수의 복지국가 수렴론과 달리, 복지국가가 서로 구분되는 정치경제학에 기초하고 있을 뿐만 아니라, 그 형성의 초기에 어떤 세력과 이데올로기가 주도적인 역할을 했느냐에 따라 그 이후의 발전이 달라진다는 복지국가의 분기화 현상에 주목하는 것이다. 역사적으로 형성된 제도는 그 자체 정치를 낳고, 그러한 제도가 개혁의 방향과 정도를 제한하는 고착효과를 가짐으로써 경로 의존적인 발전을 초래하며, 이 때문에 고용구조나 복지체제가 '하나의 세계'로 수렴하는 것이 아니라 '세 가지 세계'로 군집화한다고 설명하는 것이다.

이러한 신제도주의의 시각에 특정 계급의 헤게모니보다 다른 계급과의 연합관계가 어떠하냐가 더 중요하다는 계급연합론의 시각을 결합한다. 가령 복지국가 형성의 초기 시기에는 농민계급과 노동자계급의 관계가 어떻게 형성되느냐에 따라, 최근의 복지국가는 노동계급과 신중간계급이 어떠한 정치연합을 형성하느냐에 따라 그 발전의 궤적이 달라진다는 것을 강조하는 것이다. 이러한 가설을 입증하는 전략으로서 에스핑앤더슨은 역사구조적 접근, 그러니까 가톨릭주의나 권위주의, 혹은 국가주의 전통이라든가 조합주의의 전통 등이 이후 복지체제의 발전에 중요한 영향을 미쳤다는 사실을 종단적인 연구에 의해 입증해간다. 이러한 그의 새로운 시도는 그간의 복지국가 비교 연구들이 대부분 횡단적인 연구에 그침으로써 장기간의 변화를 포착하지 못하는 정태적인 연구에 그치고 있다는 비판적 성찰에서 비롯된다.

이러한 에스핑앤더슨의 접근법과 연구 전략은 이 책의 구성에서도 그대로 드러난다. 먼저 제1장에서는 세 가지 정치경제학에 관한 예비적인 고찰을 전개하며, 제2장에서는 탈상품화, 제3장에서는 계층화를 분석하면서 각각의 계기로부터 세 가지 체제가 군집화한다는 것을 이론적으로 예측하고 경험적으로 확인한다. 이어서 제4장에서는 연금제도라는 특정 제도의 공사 혼합체 구조에 한정하여 다시 한번 세 가지 체제를 대조시켜 분석한다. 그리고 이러한 역사구조적 분석의 성과를 전제로 하여 제5장에서는 계량분석에 의해 세 가지 체제와 그것을 주도한 정치요인 간의 대응관계를 검증한다.

이러한 실증 분석을 바탕으로 제2부에서는 각각의 복지국가 체제가 그것에 상응하는 독자적인 노동시장 체제를 낳는다는 것을 밝혀낸다. 이런 점에서 보면 에스핑앤더슨의 복지국가 체제론은 복지국가들에 대한 정태적인 유형론에 그치는 것으로 보기 어렵다. 제2부에서 에스핑앤더슨은 복지국가 체제론을 포스트 산업화에 수반하는 환경 변화의 문제와 교차시키면서 동태적인 고찰을 전개하고 있기 때문이다. 제6장과 제7장에서는 전후 자본주의의 전개와 그에 대응한 제도적 적응 전략을 검토하면서 세 가지 복지국가 체제 각각에 대응하는 노동시장 체제가 어떻게 형성되었는가를 밝혀낸다. 그리고 제8장과 제9장에서는 각각의 노동시장 체제가 포스트 산업화라는 새로운 정치경제의 환경 하에서 어떤 방식과 전략으로 대응하고 있으며, 궁극적으로 어떠한 갈등 구조를 만들어낼 것인가를 예측하는 것으로 이 책의 결론에 갈음한다.

『복지 자본주의의 세 가지 세계』에 대한 비판과 대응

1) 페미니즘으로부터의 비판

복지국가에 관한 페미니스트들의 비판은 권력자원론과 나란히 등장하여 1990년대 복지국가론의 전개에서 중요한 한 축을 이루었다. 페미니즘은 주로 복지국가가 여성의 무급 가사노동과 서비스에 의해 재생산되며, 그런 점에서 복지국가는 남성 중심적이고 가부장적이라는 점에 비판의 초점을 맞춘다. 이러한 맥락의 연장선상에서 페미니스트들은 『복지 자본주의의 세 가지 세계』 역시 가부장적이고 남성 중심적인 개념화에 머물고 있다는 데 비판의 초점을 맞춘다. 특히 그들은 복지국가 체제 분석의 핵심 지표인 탈상품화 개념에 비판의 초점을 맞춘다.

오코너(O'Connor, 1993: p. 513)에 따르면, 에스핑앤더슨의 탈상품화 개념은 모든 집단이 똑같이 상품화되어 있는 것은 아니라는 점을 무시하고 있다. 그리고 이 탈상품화 개념은 복지국가의 젠더 불평등의 한 요인이라는 점을 고려하지 않는다고 비판한다. 탈상품화는 이미 상품화된 남성 노동자에 대해서는 적극적인 의미를 갖지만, 제도적인 장벽에 의해 노동시장 진출의 기회가 차단되어 있어 상품화 이전 단계에 머물러 있는 여성에게는 오히려 상품화야말로 시급히 달성해야 할 당면 목표라는 것이다.

올로프(A. Orloff, 1993: pp. 318~322) 역시 탈상품화 개념이 표준적인 남성 노동자를 전제로 하여 성립하는 개념이라는 한계가 있음에 주목하고, 이 탈상품화 개념 외에 '유급노동에의 접근'과 '자율적으로 가정을 형성하고 꾸릴 수 있는 능력'이라는 두 가지 지표를 추가함으로써 복지국가에 대한 시각을 젠더에 좀더 민감하고 보다 포괄적인 것으로 만들어가야 한다고 주장한다.

루이스(J. Lewis, 1992)는 복지국가가 여성의 가족 책임을 얼마나 완화시키는가를 기준으로 새로운 복지국가 유형론을 전개할 것을 주장한다. 이런 맥락에서 루이스는 가부장제 가족을 전제로 하는 영국 등의 '강한 남성주생계원 모델'(Strong Male-Breadwinner Model)과 여성이 가족 역할을 수행하는 경우 그에 대해 정책적으로 지원하는 프랑스 등의 '수정된 남성주생계원 모델'(Modified Male-Breadwinner Model), 그리고 여성으로 하여금 가사와 일의 조화를 이룰 수 있도록 국가가 제도적으로 지원하는 스웨덴 등의 '약한 남성주생계원 모델'(Weak Male-Breadwinner Model)이라는 독자적인 유형론을 제시한다.

물론 보는 시각에 따라서 에스핑앤더슨이 여성과 가족의 문제를 전적으로 경시했다고만 하기는 어려운 점도 없지 않다. 적어도 이 책의 제8장에서는 복지국가 체제별 여성의 취업기회에 체계적인 차이가 있다는 점을 집중적으로 논의하고 있기 때문이다. 그러나 복지국가 체제 분석이 거의 전적으로 소득유지 정책에 한정되어 있고, 또 사회서비스의 공급 체제가 논의되지 않고 있는 점은 분명한 것 같다. 그리고 탈상품화 개념이 노동의 상품화를 전제로 성립하고, 따라서 여성의 가족책임과 무급 서비스 노동이 상품화 이전 단계에 묶여 있다는 점에서 에스핑앤더슨의 탈상품화 개념이 젠더의 문제를 충분히 반영하지 못한다는 것은 어느 정도 부인하기 어려울 것 같다.

과연 에스핑앤더슨은 이러한 페미니스트들의 비판을 뼈아프게 받아들인다. 그는 탈상품화 개념이 여성의 상품화 문제를 외면하고 있다는 점, 그리고 이 책의 체제 개념이 국가와 시장, 가족의 상호관계를 포착하고자 하는 의도를 갖고 있으면서도 복지국가와 가족의 관계에 대한 진지한 분석을 결여하고 있다는 점을 솔직히 인정한다(Esping-Andersen, 1999: p. 12). 이러한 반성적 성찰 아래 에스핑앤더슨은 그의 후속 저작 『복지체제의 위기와 대응 : 포스트 산업경제의 사회적 토대』(1999)에서 여성과 가족 문제에 분석의 초점을 맞추고, 여성의 가족행동과 가족의 경제적 결정이 포스트 산업화의 진전 방향에 결정적인 영향을 미친다는 전제 아래 복지체제별 탈가족주의화의 정도에 대해 분석을 가한다.

에스핑앤더슨은 가족 내지 가계는 오늘날 복지국가 활동의 미시적 기초를 이룰 뿐만 아니라, 그런 점에서 복지국가와 여성 및 가족의 행동은 상호 밀접한 관련 속에서 상호작용하는 관계에 있다는 데 착안한다. 여성의 경제적 행동과 가족의 의사결정이 복지국가의 존재 방식에도 커다란 영향을 미친다는 점에서 가족은 지극히 능동적인 행위자이기도 하다는 것이다. 여성과 가족에 대한 이러한 새로운 인식 아래 에스핑앤더슨은 복지국가 체제와 가족의 관계를 포착하기 위해 탈상품화와 나란히 새로운

'탈가족화' 개념을 설정한다(1999: p. 45). 탈가족주의란 해당 사회에서 가족의 쇠퇴를 측정하는 지표가 아니라, 그 반대로 각 개인의 가족 책임을 복지국가가 어느 정도나 완화시켜주느냐를 측정하는 개념이다. 이 경우 복지국가 체제별로 탈가족화의 정도가 다르며, 이 탈가족화의 지표에 의해 측정할 때에도 여전히 자신의 '세 가지 세계'는 유효하고 타당하다고 주장한다. 보다 구체적으로 말하면, 에스핑앤더슨은 탈가족화 변수를 산입하여 체제별 차이를 검증하고, 가족주의가 특히 농후한 이탈리아나 스페인, 포르투갈, 일본 등과 독일, 프랑스 등의 보수주의 체제를 별개의 체제로 구분해야 할 만큼 두 군집 사이에 유의미한 차이가 발견되지는 않는다고 결론을 내린다. 결국 이러한 분석 결과, 『복지 자본주의의 세 가지 세계』에서 규명한 체제 유형 그 자체에 수정을 가할 필요가 없다고 반박하는 것이다. 그럼에도 불구하고, 에스핑앤더슨은 가족과 여성의 문제에 대해 복지국가가 어떻게 대응하느냐에 따라 복지국가 체제의 장래가 결정될 수 있다고 파악한다. 어떤 체제든 표준적인 남성 노동자만을 탈상품화의 대상으로 전제하고 이들 남성주생계원의 위험구조에 대응하는 제도와 정책으로부터 탈각하지 않는 한 복지국가의 미래는 장담할 수 없다는 것이다. 이런 기준에 비추어 볼 때 에스핑앤더슨은 사회 민주주의 복지체제가 다른 체제들에 비해 비교 우위를 보여주고 있다고 보고, 사회 민주주의 복지국가주의의 강점을 설파한다.

2) '세 가지 세계' 그 이상이 존재한다는 비판

루이스와 같은 페미니스트들도 에스핑앤더슨의 체제 유형론이 젠더 문제를 도외시함으로써 불충분한 유형론이라고 비판하지만, 에스핑앤더슨의 체제 유형론에 대해 좀더 체계적인 비판을 제기한 것은 캐슬즈와 미첼이다(Castles and Mitchell, 1992: pp. 6~13). 이들이 제기하는 비판의 요지는 영국이나 오스트레일리아, 뉴질랜드와 같이 노동운동이 강력하면서도(혹은 강력했으면서도), 그로 인해 오히려 복지국가의 발전에 제동이 걸린 국가들과, 미국이나 캐나다와 같이 원래 자유주의 이데올로기에 철저했던 국가들을 에스핑앤더슨이 적절히 구별하지 않고 있다는 것이다.

오스트레일리아와 뉴질랜드의 노동운동은 자산조사를 도입함으로써 중간계층을 급여 대상에서 배제하고, 그럼으로써 평등주의를 강화하고자 하였다. 즉 자유주의 이데올로기와는 다른 맥락에서 이들 국가들은 자산조사를 중시하였던 것이다. 뿐만 아니라 이들 두 나라의 노동운동은 복지국가의 팽창에 의한 사회임금의 증대보다도 고용안정과 임금상승을 중시하였기 때문에 양국은 '임금소득자 복지국가'라는 성격을 강화하게 되었다. 즉 캐슬즈와 미첼에 따르면, 이 국가들은 노동운동의 '급진주의'로 인해 복지국가의 발전에 제동이 걸렸다는 성격을 공유하고 있으며, 그런 의미에서 에스핑앤더슨의 세 가지 유형으로는 포괄할 수 없는 복지 자본주의의 '제4의 세계'로 분류할 수 있다는 것이다.

또한 한국과 일본, 혹은 동아시아 국가들의 복지국가가 이 책의 세 가지 체제 유형에 의해 얼마나 설명될 수 있는가와 관련해서도 비판이 제기되어 왔다. 한국이나 일본은 계층화 지표를 근거로 보면 보수주의 모델에 가깝고, 탈상품화 지표를 기준으로 보면 자유주의 모델에 가까우며, 여성과 가족의 책임을 기준으로 보면 강한 가족주의의 전통을 보여준다. 게다가 이 국가들은 고용성과의 면에서는 사회 민주주의 체제에 가까운 특징을 띠고 있기도 하다(『복지 자본주의의 세 가지 세계』 일본어판의 에스핑앤더슨 서문 참조). 동아시아, 특히 한국과 일본은 공공부문이 아닌 영역에서 사회복지의 보증이 강고하고 포괄적이어서 국가복지에 대한 욕구가 적고 잔여적이라는 특징이 있다. 한국이나 일본은 가족이 사회복지 서비스의 주요 공급원이며, 일본의 경우 사회복지 서비스가 정부의 사회지출 전체의 겨우 5%를 차지하는 데 비해 스칸디나비아에서는 30%, 독일이나 프랑스에서는 10에서 15%를 차지한다(Esping-Andersen, 1996). 기업의 복지 비중도 매우 크다. 한국이나 일본과 같은 국가들에 대해 '아메리카-태평양' 모델이라고 주장하는 근거가 여기에 있다. '아메리카-태평양' 모델(Rose and Shiratori, 1986)은 복지국가의 잔여주의가 민간부문의 포괄적인 복지 역할과 결합되어 있다는 점에서 동아시아 모델이 북아메리카와 유사하다는 점을 강조한다. 이런 점에서 에스핑앤더슨의 분류는 기본적으로 선진 유럽의 복지체제들을 그 핵심 대상으로 하는 유럽 중심주의라는 비판도 받고 있다. 다시 말하면, 유럽 국가들의 범주에서 벗어나는 동아시아 모델의 독특성에 대해서는 거의 논의를 하지 않거나 하더라도 피상적인 수준에 머물고 만다는 것이다(Nakagawa, 1979; Vogel, 1979).

이런 지적들에 대해 에스핑앤더슨은 이 책의 기본적인 논지를 고수하는 가운데 적극적으로 대응한다. 저자의 입장은 요컨대 자신의 유형론이 이념형이라는 점을 상기시키는 가운데, 따라서 사례들에 따라서는 알쏭달쏭하고 모호한 사례들이 있을 수 있으며, 그런 경우 그러한 사례들에 대해서는 두 가지 체제 유형의 중간 유형에 속하는 것으로 설명하면 되는 것이지 제4의 세계, 제5의 세계로 계속해서 유형론을 복잡하게 만드는 것은 이론적인 실익이 없다고 주장한다. 가령 남부 유럽의 국가들은 큰 범주에서는 보수주의 체제 유형에 속하지만 그 안에서의 변종들에 해당한다는 식으로 파악하면 된다는 것이다. 이러한 중간적 유형을 낳은 것은 복지국가를 주도한 정치세력의 헤게모니의 교체 혹은 균형이다. 당초 막강한 영향력을 갖고 있던 오스트레일리아나 뉴질랜드의 노동운동은 특히 80년대 이후 자유주의 세력에게 헤게모니를 넘겨주었으며, 나가서는 실업과 임금격차의 증대에 의해 '임금소득자 복지국가' 라는 성격조차 상실해간다. 영국의 경우에도 대전 직후의 시점에서 비교해 보면, 사회 민주주의 체제에 가까운 위치를 차지할 것이라고 에스핑앤더슨은 강조한다. 그러나 이 책에서도 지적되고 있듯이, 영국에서도 전후의 정치과정을 통해 헤게모니의 전환이 일어났으며, 결국 이 국가들은 강력한 노동운동의 흔적을 지니고 있으면서도 자유주의 체제의 특성을 강화하게 되었다는 것이다.

3) 복지국가의 환경변화에 근거한 비판

에스핑앤더슨 자신도 인정하고 있듯이, 복지국가 체제 유형론은 변화무쌍한 현실에 대한 하나의 스냅 사진일지도 모른다. 따라서 유형론은 흔히 정태적인 분석의 도구로서는 유용할지 몰라도 복지국가를 휘감고 있는 다양한 변화 요인들과 그로부터 파생하는 현실의 복합적인 결과들을 간과하기 쉽다는 비판이 가능하다.

특히 미쉬라(Mishra, 1999)는 세계화의 충격에 초점을 맞추어 미국과 독일, 스웨덴, 일본 등을 비교 분석하면서 세계화로 인해 완전고용 노동시장이 붕괴되고 사회보장 체계에 균열이 일어나고 있는 현상을 강조한다. 그리고 신자유주의 이데올로기로 무장한 세계화는 복지국가 모델에 따라 그 정도의 차이가 없지는 않지만 대체로 복지국가의 위기를 강화하는 방향으로 수렴하는 것으로 진단한다. 이런 차원에서 보면 복지국가 체제 유형론은 복지 자본주의의 세계 전체를 관통하는 자본주의 축적의 위기와 그에 따른 복지국가의 축소 추세를 과소평가하는 위험이 있다는 것이다. 굴드(A. Gould, 1993: P. 233) 역시 스웨덴과 영국, 일본의 복지국가 변화를 비교하면서 포스트 포디즘적인 사회변화가 진행되는 가운데 스웨덴과 같은 사회 민주주의 체제를 포함하여 탈상품화의 흐름이 역전되고 '재상품화'가 진전되며, 그런 점에서 복지국가의 '일본화'가 진전되고 있다고 지적한다.

물론 에스핑앤더슨 역시 정태적인 유형론의 한계를 어느 정도 인정하는 가운데 유형론의 정태성을 극복하기 위한 분석 장치로서 이 책의 제2부에서 세 가지 복지국가 체제가 각기 어떠한 노동시장 체제를 산출하는지에 분석의 초점을 맞춘다. 그리고 이러한 분석을 바탕으로 각각의 고용 체제가 포스트 산업화 단계에서 어떠한 적응력을 보여주는가를 분석의 초점으로 삼고 있기도 하다. 나아가 1996년의 편저 *Walfare States in Transition*에서는 새로운 환경 하에서 복지국가의 가능성이라는 문제를 축으로 논의를 전개한다. 즉 포스트 산업화 및 세계화의 국면에서 세 가지 복지국가 체제가 그 제도적 특성에 기초하여 세계화에 대해 서로 다른 전략으로 대응하고 있음을 경험적으로 논증한다. 특히 에스핑앤더슨은 사회 민주주의 체제의 가능성이나 그 가능성을 이끌어내는 전략으로서 사회적 투자 전략에 대해 심도 있는 고찰을 진행한다.

또한 1999년의 『복지체제의 위기와 대응: 포스트 산업경제의 사회적 토대』에서는 탈가족주의화를 새로운 변수로 도입하고, 이 탈가족주의화 능력이 높은 사회민주주의 체제의 가능성을 다시 강조함과 동시에, 그러기 위해 한편으로는 서비스 시장의 규제완화가, 다른 한편으로는 가족의 변화에 따른 새로운 위험구조에 대처하기 위한 체제의 재편이 필요함을 강조하기도 한다(1999: pp. 170~184).

4) 수렴론과 분기론의 대립

일반적으로 복지국가 위기론을 주장하는 네오 마르크스주의나 신자유주의 진영은 복지국가 그 자체가 내부 모순 때문에, 혹은 국가의 과도한 복지개입에 의해 필연적으로 위기에 빠질 수밖에 없으며, 그러한 경향은 복지국가 체제의 내적 차이에 상관없이 공통된 경향으로서 시차를 두고 수렴하는 경향이 있다고 진단한다. 이러한 위기론이 복지국가의 재정위기에 강조점을 두느냐 복지국가의 비효율성에 초점을 맞추느냐에 상관없이 대체로 위기 수렴론의 특징을 보여준다는 것은 앞서 언급한 바 있다. 그리고 이러한 경향은 위기의 본질이 내생적 요인에 의한 것이냐 외생적 요인에 의한 것이냐에 따른 구분에도 상관없이 대체로 위기가 수렴한다는 현실적 진단을 하고 있다는 점에서 공통적이기도 하다.

이러한 수렴론에 맞서 사회 민주주의 진영의 논자들은 복지국가의 제도가 형성된 초기의 역사적 경험이나 초기의 개혁 주도 세력의 정치적 성격, 그리고 그 이후의 발전을 이끈 계급연합의 구조 등에 초점을 맞추어 복지국가가 그 형성 초기부터 서로 다른 길을 걸어왔으며, 따라서 복지국가의 변화를 추동하는 안팎의 힘에 대한 대응에 있어서도 경로 의존적인 방식으로 서로 다르게 대응하고 있다고 진단한다. 즉 위기를 야기하는 내외의 힘이 공통적일지라도 그 위기 요인에 대응하는 방식이나 대항력에 있어서는 복지국가의 성격에 따라 다양할 수 있다는 것이다. 한 마디로 복지국가 위기의 수렴론에 맞서 위기 대응의 분기론을 주장하고 나서는 것이다. 그렇다면 과연 수렴과 분기는 이론적으로 대립적일 뿐 이론 내재적인 통합의 가능성은 없는 것인가? 옮긴이는 이쯤에서 수렴론과 분기론이 이론적으로 통합이 가능하다는 논거를 제시해보고자 한다.

복지국가 위기론은 대체로 세계화와 경쟁압력의 고조에 따른 자본주의의 축적 위기가 곧 복지국가의 위기로 발현될 수밖에 없으며, 자본주의의 축적 위기는 보편적인 법칙적 현상이므로 복지국가 위기 역시 정도를 달리하면서 보편적으로 관철되어갈 것이라고 가정한다. 이에 맞서 분기론은 설사 자본주의의 축적 위기가 보편적인 법칙적 현상이라 하더라도 제도의 특수성에 의해 매개될 수밖에 없으므로 위기의 발현 형태는 국가 특수적일 수밖에 없다는 논거를 제출한다. 결국 수렴론은 보편에, 분기론은 특수에 초점을 맞추는 가운데 이론적으로나 실천적으로 대립하고 있는 것이다.

그러나 옮긴이는 보편에 초점을 맞추는 수렴론과 특수를 강조하는 분기론이 반드시 상호 대립적이지만은 않다고 생각한다. 보편은 반드시 특수를 매개로 하여 자신의 법칙성을 관철해가기 마련이다. 다시 말해 그 어떤 보편 법칙도 그 법칙이 관철되어가는 특수한 사회구성체를 매개로 하여 자신의 법칙성을 관철시켜간다는 것이다. 그렇다면 보편 속에 특수가 자리잡고 있으며, 특수 속에서 보편이 자기 자신을 관철해간다고 보아 무리가 없을 것이다. 간단히 말하면 자본주의의 보편적인 가치법칙이 세계화의 충격 같은 요인들에 의해 위기의 수렴 현상으로 자기를 관철해간다고 하더라도, 그것은 어디까지나 각국의 역사적 제도와 특수한 정치경제 체제, 그리고 역사적으로 형성된 정당의 구조와 이데올로기의 전통 등과 같은 특수성에 의해 매개되는 것으로 볼 수 있다는 것이다.

이렇게 본다면, 분기론과 수렴론은 반드시 이론적으로 대립해야 할 필연적인 이유가 있는 것이 아닐 수 있다. 분기론이나 수렴론의 입장에 선 논자들의 전략적 의도가 다르다는 것을 논외로 할 경우, 수렴은 분기를 매개로 자기를 전개하며, 분기는 수렴을 매개하는 발현태일 수 있다. 보다 구체적으로 말하면, 복지국가 위기는 각국의 제도적 맥락을 매개로 하여 다양한 방식과 양상으로 전개되며, 따라서 복지국가의 발전 궤적이 다르다거나 외적 충격에 대한 대응 전략이 다른 것은 그 자체 수렴화를 향한 경로의 다양성을 보여주는 한 측면일 뿐, 위기의 수렴화 그 자체를 부인할 필연적인 근거가 되지는 않는다는 것이다. 다시 말해, 복지국가의 환경 변화에 대응하여 복지국가의 발전과 진화가 질적으로 서로 구분되는 노선을 추구하는 특수성을 보이는 현상은 위기의 수렴화를 매개하는 현실의 다양성을 보여주는 것일 뿐 그 자체 수렴 현상을 배제하는 것으로 이론적으로 파악할 필요는 없다는 것이다.

이런 점에서 에스핑앤더슨의 복지체제 유형론은 그 자체 위기론의 폐기를 함축한다기보다는 위기의 전개 양상이 특수한 방식으로 군집화되어 발현하는 현상을 시사하는 것으로 해석될 수도 있는 것이다. 물론 이러한 옮긴이의 해석은 이 책의 저자인 에스핑앤더슨 본인의 의도와는 무관한 것이다.

2007년 3월
연구실에서 옮긴이 박 시 종 씀

옮긴이 해설 참고문헌

Cameron, D. 1978, The expansion of the public economy: a comparative analysis. *American Political Science Review*, 4.

Castles, F. G. and D. Mitchell, 1992, "Identifying Welfare State Regimes: The Links Between Politics, Instruments and Outcomes", *Governance*, Vol. 5. No. 1.

Esping-Andersen, G., 1999, *Social Foundations of Post-industrial Economies*, Oxford University Press(박시종 옮김, 2006, 『복지체제의 위기와 대응 : 포스트 산업경제의 사회적 토대』, 성균관대학교 출판부).

Gould, A., 1993, *Capitalist Welfare Systems: A Comparison of Japan, Britain, and Sweden*, Longman.

Lewis, J., 1992, "Gender and The Development of Welfare Regimes", *Journal of European Social Policy*, Vol. 2, No. 3, pp. 159~73.

Mishra, R., 1999, *Globalization and the Welfare State*, 박시종 외 옮김, 2000, 『세계화와 복지국가의 위기: 지구적 사회정책을 향하여』, 성균관대학교 출판부.

O'Connor, J. S., 1993, "Gender, Class, and Citizenship in the Comparative Analysis of Welfare State Regimes: Theoretical and Methodological Issues," in Julia S. O'Connor & Gregg M. Olsen, (eds.), 1998, *Power Resources Theory and the Welfare State: A Critical Approach*, Toronto: Toronto UP. pp. 209~28.

Orloff, A. S., 1993, "Gender and the Social Rights of Citizenship: The Comparative Analysis of Gender Relations and Welfare States," *American Sociological Review*, Vol. 58, No. 3, June, pp. 303~28, in R. E. Goodin and D. Mitchell, (eds.), 2000, The

Foundations of the Welfare State, Vol. I , pp. 61~86.

Orloff, A. S. and T. Skocpol, 1984, "Why Not Equal Protection?: Explaining the Politics of Public Social Spending in Britain, 1900-1911, and the United States, 1880s-1920", *American Sociological Review*, Vol. 49.

Pempel, T. J., 1998, *Regime Shift: Comparative Dynamics of the Japanese Political Economy*, Cornell University Press.

Schmidt, M., 1982, "The Role of the Parties in Shaping Macroeconomic Policy", in F. Castles, (ed.), *The Impact of Parties*, SAGE.

Stephens, J., 1979, *The Transition from Capitalism to Socialism.* London: Macmillan.

Wilensky, H., 1981, "Leftism, Catholicism, and Democratic Corporatism," in P. Flora and A. Heidenheimer (eds.), *The Development of Welfare States in Europe and America.* New Brunswick, NJ: Transaction Press, pp. 345~82.

➤ 개인퇴직계정(Individual Retirement Accounts, IRA)

기업연금 혜택을 받지 못하는 근로자들의 경우 노후소득을 위해서는 개인의 저축에 의존하게 되는데, 이런 경우엔 세후 소득 중에서 저축을 하고 저축에 따른 이자소득에 대해 또 세금이 부과되어 이중의 불이익을 당하게 된다. 이러한 세제상의 불평등 문제를 해결하기 위해 1974년 종업원퇴직소득보장법(ERISA)을 제정, 기업연금의 혜택을 받지 못하는 개별 근로자들이 자신의 퇴직후 소득을 위해 개인퇴직연금계정(Individual Retirement Account)을 설치할 수 있도록 하였다. 법 제정 당시에는 기업연금 미가입 근로자들에게만 가입이 허용되었지만 1981년 경제회복조세법(Economic Recovery Tax Act, ERTA)의 제정으로 가입 범위가 전근로자로 확대되어 기업연금 가입에 관계없이 70세 이하의 모든 근로자가 가입할 수 있게 되었다. 연 2,000달러 한도 내에서 개인소득의 100%까지 IRA에 퇴직금을 적립할 수 있고, 적립금에 대해서는 퇴직후 연금수급 시까지 면세 혜택이 주어진다. 그러나 기업연금 가입자로서 연봉 35,000달러 이상의 근로자에게는 면세혜택이 없다. 적립금은 IRA를 취급하는 금융기관(은행, 신용협동조합, 상호신용기금, 생명보험 등)이 신탁 운영하고, 59세 이후에 인출이 가능하다.

➤ 고르디우스의 매듭(Gordian Knot)

그리스 신화의 한 토막으로, 미다스(Midas)의 아버지 고르디우스는 프리기아의 왕이 되기 전에 농부였다. 어느날 성에 들어가려는 차에, 마차를 타고 광장에 들어오는 사람이 왕이 될 것이라는 신탁 때문에 왕이 되었다. 고르디우스는 신탁을 내린 신전에 마차를 묶어 두었다. 그러자 이 마차를 묶어놓은 매듭을 푸는 사람이 아시아의 주인이 될 것이라는 말이 전해지기 시작했다. 많은 사람들이 시도했지만 실패했다. 알렉산더 대왕도 시도했다가 실패했다. 그러자 그는 칼로 매듭을 잘라버렸다.

어찌 되었든지 그는 아시아를 재패했다.

➤ 공동결정 제도(Mittbestimmung)

독일에서 법률의 규정에 따라, 일정 형태, 일정 규모 이상의 기업에 종사하는 종업원들이 법률에 정해진 공동결정기관을 통하여 기업의 경영이나 근로조건 등에 대하여 기업 소유자와 공동으로 결정하는 법적 권리를 가지는 제도를 말한다. 공동결정 관련법으로 가중 중요한 것은 1951년에 제정된 광업부문 공동결정법, 1952년의 경영조직법, 1976년의 공동결정법 등이다. 1976년의 공동결정법에 기초한 공동결정은 운영수준과 기업수준으로 구분되며, 운영수준에서는 작업조건, 기업의 작업배치, 고용증감 정책 등의 내용에 관한 공동결정을 의미하며, 기업수준에서는 기업의 경영 전반에 관한 공동결정이 이루어진다. 이러한 공동결정은 노사 동수로 구성되는 감독위원회에 의해 이루어지며, 감독위원회는 이사회의 근로자 대표 이사 임면권, 투자 및 증자에 대한 승인, 이사회에 대한 감독권 등을 행사한다. 이러한 공동결정제도는 독일의 사회적 시장경제 모델의 핵심적인 특징을 이룬다.

➤ 과세소득계급(課稅所得階級, tax bracket)

누진세율 체계에서는 과세소득의 증가에 따라 세율이 높아지게 되는데, 이 때 동일 세율이 적용되는 과세소득의 범위를 과세소득계급이라고 한다. 일정 소득 이내의 경우에는 세율이 없고, 특정 과세소득계급 이상이 되면 최고세율이 적용된다. 인플레이션이 극심할 경우, 실질소득은 변화가 없거나 떨어져도 명목소득의 상승으로 인해 과세소득계급이 자동적으로 올라가는 현상이 벌어지기도 한다.

➤ 과학적 관리(scientific management)

근로자의 근로의욕을 높이고 생산성을 증진하는 합리적인 작업관리의 방법으로, 1911년 테일러(Frederick W. Taylor)가 개발하였기 때문에 '테일러주의'(Taylorism) 또는 '테일러 시스템'(Taylor system)이라고 한다. 과학적 관리의 기본 원칙은 공평한 1일 노동량을 표준화하는 표준작업량의 설정, 시간과 동작연구를 통한 효율적인 직무의 재설계(Jobredesign), 근로자들의 동기유발을 위한 차별적

성과급제(Piece Rate System)의 도입, 직능별 직장제도(functional foremanship)의 도입, 과학적인 작업자의 선발과 훈련제도의 도입 등을 들 수 있다. 테일러의 과학적 관리법은 생산성의 획기적인 증대를 가져왔으나 생산조직의 인간적 측면을 도외시한 채 인간을 노동하는 기계로 취급한다는 비판에 직면하여 노동자들의 반발에 부닥치기도 하였다.

➤➤ 구축효과(crowding-out effect, 驅逐效果)

정부가 재정적자 또는 재정팽창 정책을 채택하게 될 때 이자율이 상승하여 민간소비와 투자활동이 위축되는 효과를 의미한다. 1930년대 대공황에 대한 대책으로 J. M. 케인스가 주창한 재정정책은 불황기에는 재정지출을 확대하거나 국민으로부터 세금을 적게 징수하여 총수요를 일으키고, 호황기에는 재정지출을 축소하거나 세금을 많이 징수하여 총수요를 둔화시키는 정책이다. 이를 통해 경기가 지나치게 침체되거나 과열되는 것을 방지하여 경기변동의 흐름을 안정적으로 유지하고자 하는 것이다. 여기서 재정지출을 확대할 경우 재원을 마련하는 방법에 따라 효과가 달라진다. 정부가 국채를 발행하고 채권시장에 매각하여 재원을 조달하는 경우 채권시장의 공급이 확대되어 금리가 상승한다. 금리상승은 기업의 투자위축을 초래하게 되는데, 이것이 바로 구축효과이다. 금융기관 내의 자금이 풍부하고 자금이 금융기관 내에서만 유통되는 상황에서는 재정지출에 의한 금리상승은 크지 않기 때문에 구축효과도 미미하게 된다. 이 책에서 구축효과란 말은 공적 연금의 확대로 인해 민간부문의 사적 연금 시장이 그만큼 위축되는 현상을 지칭하는 의미로 사용되고 있다.

➤➤ 기업 농노제(corporate serfdom)

버트램 그로스(Bertram Gross)가 미국사회를 비판하면서 동원한 용어이다. 그에 따르면 미국사회는 정치 이데올로기로서 자유주의를 내세우지만, 실제로는 미국 자본주의 위기에 대응하여 대자본의 권력이 집중된 국가로서 파시즘의 양상을 보이고 있다고 규정한다. 이러한 미국의 현실에 대해 그는 "미소 짓는 파시즘"(Friendly Fascism)이라는 말로 표현했다. 그는 미국사회와 정치가 대기업에 의해 사유화되고 있으며, 그럼으로써 미국에서는 "기업 농노제"(corporate serfdom)가 작동하고 있다고까지 주장했다. 부시정권에 대한 파시즘 규정은 최근 미국의 진보적인 정치철학계에서 제기하는 중요한 논란의 하나이다. Bertram Gross, 1980, Friendly Fascism: The New Face of Power in America, (Boston: South End Press)를 참조하라.

➤ 남북전쟁 연금(Civil War pension)

1861년에서 1865년 사이에 미국 연방정부와 남부 11개 주 사이에 진행된 남북전쟁 당시의 북군 참가자에 대한 연금 제도를 말한다. 후에 부패와 무원칙한 급여 확대라는 문제를 드러냈다.

➤ 내부자-외부자 모델(insider-outsider model)

내부자는 독점 노동조합에 의해 보호되는 조합원 근로자를 말하며, 외부자는 새로이 일자리를 찾는 청년이나 실업자, 혹은 노동조합의 독점력에 의해 보호를 받지 못하는 비조합 근로자나 중소기업 근로자, 각종 비정규직 근로자 등을 가리킨다. 정규직 노동조합의 독점력에 따른 과도한 임금인상과 경직적인 고용보장은 내부자의 교체비용(turnover cost) 상승을 유발하고, 이 교체비용이 내부자와 외부자간 시장임금 격차를 초과하게 되면 노동수요가 감소하여 신규 채용이 위축되고, 그 결과 청년이나 실업자의 구직난이 가중된다. 이처럼 노동조합이 시장균형 이상의 임금을 설정하고, 경직적인 고용관행이 정착될 경우 기업의 고용관행은 임금이 낮고 고용조정이 용이한 비정규직으로 전환되는 현상이 나타난다.

➤ 노동거래소(Labor Exchange)

고용을 목적으로 노동자와 고용주 사이에 중개자 역할을 하는 기관들로 구성되는 노동력의 판매와 구매를 위한 시장을 말한다. 오늘날 노동거래소는 보통 노동부 산하에 있는 정부기관이다. 국가는 독점체의 이익을 위하여, 노동거래소를 통해 결정을 내림으로써 노동시장에 영향을 미친다. 노동거래소는 실업자나 청년, 전직 희망자 등에게 일자리를 제공하거나 일자리 정보를 제공하는 기능을 수행한다. 자본주의 하에서는 노동거래소가 사회의 실업을 없앨 수는 없다. 노동거래소의 중개를 고용주가 거부할 수 있기 때문이다. 이 거래소에는 뇌물수수와 인종적, 정치적 차별이 판을 치며, 노동자와 고용주가 서로 갈등관계에 있을 때 노동거래소는 통상적으로 고용주 편을 든다. 자본주의에서 사회주의로의 이행기 동안 소련에서는 노동거래소가 실업을 제거하기 위한 프롤레타리아 국가의 사업 중 중요한 수단이었다. 그것은 완전고용이 달성되어 더 이상 필요없게 된 1930년까지 소련에 존재했었다.

≫ 노동시장분절론(labor market segmentation theory)

이중노동시장론에서 말하는 1차 노동시장 내에도 다시 상층부와 하층부가 존재한다는 식으로 각급의 노동시장이 또 다른 분단선에 의해 분절되어 있다고 보는 이론적 관점이다. 일반적으로 노동시장분절론은 1차 노동시장의 상층부문과 하층부문, 2차 노동시장의 세 개의 부분으로 분절되어 있다고 본다. 상층 1차 시장은 전문·관리직으로 구성되고, 공식교육이 취업의 요건이며, 주로 중간계급으로 구성된다. 하층 1차 시장은 상층부의 특징인 공식적인 작업규칙과 직무수행 절차를 포함하고 있기는 하지만, 하위 사무직 및 숙련 기능직 업무들로 구성되며, 주로 노동계급으로 구성된다. 2차 시장은 주로 하층계급의 직업 및 특징들과 관련된다. 혹은 에드워즈는 노동과정에 대한 통제의 유형에 초점을 맞추어 2차 노동시장에서는 단순통제가, 종속 1차 노동시장에서는 주로 기술적 통제가, 독립 1차 노동시장에서는 관료제적 통제가 중심을 이루는 것으로 본다. 노동시장분절론은 이미 분절화된 각 부문 안에서도 다시 직업이 성별로 분리되는 현상이라든가, 동일 직업에서도 성별에 따라 지위에 차이가 발생하는 문제 등을 제대로 설명하지 못한다는 비판을 받기도 한다.

≫ 노동저장 전략(labor hoarding strategy)

노동저장 전략이란 기업들이 경기가 불황이더라도 노동자를 해고시키지 않고 그대로 보유하면서 호황기에 즉시적으로 대응하고, 반대로 호황기에는 노동자를 추가 고용하지 않고 기존의 노동자를 초과 근무시키는 식으로 대응하는 기업의 노동력 관리의 한 수단을 의미한다. 이러한 노동저장 전략은 경기현상에 대한 낙관적인 전망에 기초하여 당장 필요하지 않은 노동력을 보유하는 경우라든가, 경기호황 시에 신규 노동력을 채용할 경우 직업훈련 비용이 증가할 것이므로 이러한 비용을 감소시키기 위해 당장 필요하지 않더라도 해고하지 않고 미래를 위해 노동력을 보유하는 경우, 혹은 노동조합의 독점력에 의한 노동시장 경직성으로 인해 불필요한 노동력을 감축하지 못하는 경우 등에 발생할 수 있다. 노동저장 전략은 총생산의 감소가 당장 실업률의 증가로 이어지지 않는 요인으로 작용할 수 있다.

➤ 노동조합주의(trade-unionism)

노동운동에서 노동조합이 혁명적 정치투쟁을 지향하지 않고, 주된 기능인 경제적 기능을 추구하는 넓은 의미의 경제주의적 노동운동의 이념을 말한다. 노동조합의 목적에 대해서는 일반적으로 2가지 의견이 대립되어 왔다. ① 자본주의사회를 지양하고 소위 사회주의사회를 이룩하기 위한 중심세력이 노동자들이고, 그들이 조직한 집단이 노동조합이기 때문에 노동조합은 필연적으로 경제적 활동을 기초로 하면서도 궁극적으로는 정치적인 변혁까지 나가지 않으면 안 된다는 주장이다. ② 노동조합은 어디까지나 노동자들의 생활상·경제상의 이익만을 위하는 집단이기 때문에 정치적 행동을 해서는 안된다고 하는 주장이다. 후자의 입장이 노동조합주의로 베른슈타인 등에 의하여 주장되었는데 여기서는 경제투쟁이 중심이 되고 사회적 변혁은 점진적·자연적인 경제투쟁의 발전에 의하여 수행되는 것으로 보며, 의회주의적·사회개량주의적 입장에 서서 정당에 종속되는 것을 거부한다. 그러나 노동조합주의가 반드시 모든 정치활동을 거부하는 것은 아니다. 노동조합의 기본적 명제가 노동자의 경제적·사회적 지위향상에 있고, 이를 위해서는 노동3권의 확보와 노동조건의 입법 규제가 불가결하므로 이러한 기본적 권리를 확보하기 위한 정치활동도 불가피하다. 따라서 노동조합주의도 일체의 정치활동을 거부하는 것이 아니라 근로생활 조건의 유지와 확보를 위해 불가피한 정치활동은 당연히 포함하는 것으로 보아야 한다. 이러한 추세에 따라 한국의 노동조합도 노동조합주의를 택하고 있다.

➤ 노동주의(laborism)

일반적인 의미에서는 노동자의 권리를 지지하는 정치운동 내지 사회운동, 혹은 이러한 운동을 지지하는 노선을 말한다. 이런 의미에서의 노동자주의는 노동자의 고용보장을 지지하고, 공정한 임금을 보장하며, 인간복지의 일차적인 보장책으로서 유급고용을 강조한다. 따라서 노동자주의는 빈곤과 사회적 억압을 방지하기 위한 핵심 전략으로서 완전고용을 주장한다. 또한 노동자주의는 한 국가의 정치경제적 생활에서 노동의 지배를 지지하는 정치이론을 뜻하기도 하며, 노동당의 교의와 강령을 지칭하는 의미로 사용되기도 한다. 이 경우 특징적인 것은 자본주의 사회체제 자체는 긍정하며, 노조와 사용자 간에 타협을 통해 비혁명적 개혁의 길을 주장한다는 점이다. 그런 점에서 노동자주의란 정치적으로는 의회민주주의, 경제적으로는 온건한 사회주의를 지향하는 노동운동을 노선을 의미한다. 현실적으로는 호주의 노동당이나 영국의 노동당의 노선을 지칭하는 의미로 사용되기도 한다.

➤ 단체보험(group insurance)

일정한 단체에 소속되어 있는 사람 전체를 대상으로 계약을 맺어 그 소속원이면 당연히 포괄적으로 피보험자(被保險者)가 되는 보험의 총칭이다. 단체보험은 일정한 요건을 갖춘 단체 구성원의 일부 또는 전부를 피보험자로 하는 집단보험으로 기업의 종업원에 대한 복지후생제도로 이용되며 종업원의 사망, 정년퇴직 또는 재해 등과 같은 손해발생 시 보험금이 지급되는 보험으로 종업원의 가족보장 및 노후보장을 주목적으로 한다.

➤ 도시 사조직정치(urban machine)

미국에서 19세기 초부터 시작된 지방정당에 의한 사조직 정치, 1인 보스 정치, 혹은 도당정치를 말한다. 사회복지제도가 발달하기 이전 강력한 정당 지도자를 중심으로 하는 지방정당이 복잡한 도시생활에 어려움을 겪고 영어 능력도 미숙한 소수민족 이민자들로 구성되는 도시 저소득계층에게 생계수단과 생활보호를 제공하고, 그 반대급부로 이들로부터 나오는 정치적 지지를 바탕으로 지방정치를 좌지우지했던 지방정치체제이다. 미국의 지방정치에서 이러한 사조직은 공식적인 정부기구의 복잡한 기능을 보완하는 역할을 하였다. 가난하고 투표해 본 경험이 없는 소수 인종과 해외 이주민들은 복잡한 선거절차를 이해할 능력과 시간, 지식이 없었기 때문에 이러한 정치 사조직의 도움을 절대적으로 필요로 하였다. 그러나 정치적 지지에 대한 반대급부로 물질적 보상을 제공해야 했던 정당 지도자들은 그 자원을 마련하기 위해 갖가지 부정과 부패에 관여하지 않을 수 없었다. 이로 인한 도시정부의 파행에 반대하여 일어난 것이 바로 정당배제와 시정관리관을 핵심으로 하는 도시정부의 개혁운동이었다. 도시 사조직정치의 대표적인 인물은 시카고 시장을 내리 5차례나 역임한 데일리(Richard M. Daley)이다.

➤ 독립노동당(Independent Labor Party)

1893년 케어 하디(Keir Hardy)가 노동자들의 대표를 의회로 보낼 목적으로 설립하였다. 사회주의적 정치 목표를 내걸었으나 의석을 얻지 못하였으며, 1900년에 조직한 '노동대표위원회'에 참가하여 중심 역할을 하였다. 1906년에 결성된 노동당의 모체가 되었으며 노동당 안에서 주도적 역할을 하였다. 독립노동당은 제1차 세계대전 때 평화주의를 제창하며 전쟁에 비협력적 태도를 취하였기 때문에 당내에서 소수파로 전락하였고, 대전 후 노동당이 의회정당으로 팽창하자 당내 좌익거점이 되어 당 주류(主流)에 대하여 본래의 사회주의 정책을 채용하도록 압력을 가하였다. 1932년에는 노동당을 탈퇴하고, 1937년에는 공산당 및 사회주의연맹과 제휴하여 인민전선 운동을 전개하였다. 제2차 세계대전 중에도 반전태도를 고수하여 1947년 정당활동이 중지되었다.

➤ 독일노동전선(Labor Front, Deutsche Arbeitsfront)

독일의 나치스에 의해 조직된 자본가와 노동자, 관료의 통합 조직이다. 나치스는 1933년 1월 정권을 장악한 뒤 의회를 해산하고 반대파에 대한 대대적인 숙청을 감행하는 한편, 모든 노동자조직과 노동조합을 해산시키고 "전독일인의 현실적인 민족, 업적 공동체 형성"을 슬로건으로 하여 계급투쟁을 부정하고 노동자, 관료, 자본가까지 생산 종사자로 규정하고 단일한 통합조직을 만들었는데, 그것이 독일노동전선이다. 이 전국조직은 경영공동체를 기초적 구성단위로 하고, 자본가를 지도자로, 노동자를 종속자로 삼아 경영을 추진하였으며, 민족국가의 공동이익을 향해 일하는 것을 목표로 하였고, 노동자들은 자본가에 대해서 절대적 복종과 충성을 다할 것을 의무화하였다. 로베르트 라이(Robert Rey)가 독일노동전선의 전국 통솔자로 활동하였다.

➤➤ 로베르트 라이(Robert Ley, 1890~1945)

독일 나치당의 전국조직부장이자 '기쁨의 힘'(Kraft durch Freude)의 창설자이다. 처음에는 화학자로 활동했으나 곧 정계에 투신하여 1928년 프러시아 하원의원이 된 후 1930년에 국회의원이 되었다. 나치당에 입당하여 나치당 정치조직부장을 거쳐 1932~34년까지 나치 전국 조직부장을 역임하였고, 1933년에 '독일노동전선'의 전국 통솔자를 겸직하여 노동조합을 완전히 없애버렸다. 전후 전범으로 체포되었으나 뉘른베르크 재판에 회부되기 전날 밤인 1945년 10월 25일 자살했다.

➤➤ 로이드 조지(Lloyd George, David, 1863~1945)

영국 자유당 소속의 정치인으로 1905년 자유당 내각에 상무장관과 재무장관으로 참여하였으며, 1908년 독일을 방문하고 비스마르크의 사회보험을 연구하였다. 이러한 연구를 토대로 1911년 국민보험법을 입안하였으나 보수당과 노동계급의 반발에 부닥쳤다. 그는 '4펜스 대 9펜스'라는 표어를 내걸고 의회와 노동계급을 설득하여 국민보험법을 통과시킴으로써 영국 복지국가의 초석을 놓았다. 훗날 자유당 내각의 총리를 지냈다.

➤➤ 리플레이션(reflation), 리플레이션 정책(reflation policy)

말 그대로 디플레이션의 타개책을 말한다. 즉, 경제불황의 결과로 생산이나 이윤이 대폭 떨어지고 실업이 증대하는 경우 정상 수준에 미달되는 물가 수준을 인상시키되 인플레이션이 되지 않을 정도로 통화량을 증대(화폐의 가치를 하락)시키고, 이를 통해 경제활동을 활발히 함으로써 경기회복을 자극하는 정책을 말한다. 통제(統制) 인플레이션이라고도 하는데, 이를 위한 정책수단들로는 이른바 케인즈주의 정책들, 예를 들면 금리인하나 재정지출의 확대 등에 의해 통화를 팽창시키는 금융정책과 재정정책이 동원된다.

➤➤ 맥도널드 잡(McDonald Job), 맥잡(Macjob)

세계적인 햄버거 패스트푸드점 맥도널드에서 일하는 것을 지칭하는 신조어로, 맥잡은 맥도널드 잡의 준말이다. 미국인 소설가 도널드 코플런드가 1991년 자신의 소설 『X세대』에서 처음 사용한 신조어로 "명함도 못 내밀고, 체면도 안 서고, 수지도 안 맞고, 장래성도 없는 서비스직 일자리"라는 뜻으로 사용하며 널리 퍼졌다. 맥도널드 직원들은 직접 햄버거를 만들지 않는다. 본사에서 제조된 냉동식품을 기계에 넣기만 하면 알아서 구워지고 튀겨지기 때문에 이들은 포장과 계산하는 일만 한다. 이처럼 기계화와 자동화의 진전으로 인간의 활동을 기계나 컴퓨터가 대체하게 되면서 사람들은 단순 반복 노동에 지루한 허드렛일로 물러나게 되는데, 이런 일들을 총칭하여 맥도널드 잡 혹은 맥잡이라고 부른다. 맥잡은 곧 '4저', 저임금, 저위신, 저급여, 저미래의 상징이다. 미국의 메리엄-웹스터 사전은 최신판 대학사전에서 맥잡을 "숙련된 기술이 필요없는 저임금 노동으로, 전망도 그리 좋지 않은 일자리"라고 풀이했다. 이런 사실이 알려지자 맥도널드사 회장은 "미국 내 90만 곳의 점포에서 일하는 1천 2백만 명의 종업원을 무시하는 처사"라며 강력히 항의했다. 그러나 아메리칸 헤리티지 사전과 옥스퍼드 영어사전, 랜덤 하우스의 웹스터 사전에도 같은 의미로 수록돼 있다. 옥스퍼드 사전은 1986년에 워싱턴 포스트에 실린 기사를 예문으로 사용하면서 '맥잡'을 "전망이 별로 없고 지루한 저임금 직종. 특히 서비스 부문의 확대로 생긴 직종을 말함."이라고 정의하고 있다.

➤➤ 메디케어(Medicare), 메디케이드(Medicaid)

미국에는 전국민의 의무 가입하는 건강보험이 없기 때문에 개인 또는 회사별로 가입해야 하며, 대개의 경우 직장건강보험을 통해 의료혜택을 누린다. 이 외에 건강유지기구(Health Maintenance Organization, HMO)가 있는데, 자체적으로 의사들을 고용하며 보험료가 저렴한 장점이 있다. 여기에 가입할 수 없는 사람들을 위하여 1965년에 사회보장의 일환으로 양대 의료보장제도인 메디케어와 메디케이드 건강보험이 시행되었다. 메디케어는 수입에 관계없이 65세 이상 노인이나 모든 연령의 장애자를 대상으로 하는 연방정부 프로그램이다. 연금 수혜자는 누구나 그 혜택을 누릴 수 있다. 기본적으로 65세 이상의 노인들이 대부분 메디케어의 혜택을 받지만, 필요한 사회보장 기여(social security credit)를 충분히 예치하지 못한 노인들은 혜택에서 제외된다. 그 밖에도 신체장애인과 그 부양가족, 만성 신장환자 등이 혜택을 받는다. 메디케어에는 Part A와 Part B가 있는데, Part A는 연금 수혜자만이 그 혜택을 받을 수 있고, Part B는 일반 건강보험처럼 외래환자의 치료비를 부담해준다. 메디케어는 보건성 산하기관인 HCF(Health Care Financing Administration)에서 운영한다.

메디케이드는 연방과 주정부가 공동으로 부담하는 프로그램으로, 빈민층이 대상이다. 주마다 수혜요건이 다르지만, 미국 내에서 가장 규모가 큰 사회보장제도이다. 자격조건은 현재 정부로부터 어떠한 생활보조금이든 받고 있으면 연령에 관계없이 수혜대상이 된다. 또한 생활보조금을 받지 않을 경우에도 65세 이상이거나 21세 미만인 자와 시각장애인 및 신체장애인, 임신부는 연령에 관계없이 메디케이드의 수혜 대상이 된다.

≫ 물가연동 연금(Index Contracts)

덴마크에서 사적 개인연금의 실질 급여가치를 보전하기 위해 국가가 보증하는 인플레이션 보장 사적 연금계획을 말한다. 1957년 4월 1일을 기점으로 도입되었으며, 개인들은 최대 6개까지 물가연동 연금계획을 가입할 수 있는 권리가 있었다. 매년 연금지급액은 전년도 물가인상률을 곱하여 계산되며, 만일 물가인상률이 연금계약의 최초 조건보다 높을 경우, 그로 인해 발생하는 연금지급액의 차액은 국가가 지급을 보장하였다. 그러다 보니 국가의 재정부담이 커져 물가연동 연금계획은 1974년에 폐지되었다.

≫ 바그너 법칙(Wagner's law)

독일의 경제학자 아돌프 바그너(Adolph Wagner, 1835~1917)가 주장한 법칙으로, 바그너는 정부지출의 소득탄력성이 1보다 크기 때문에 1인당 국민소득이 증가할 때 국민경제에서 차지하는 공공부문의 상대적 크기가 증가한다고 주장한다. 구체적으로 말하면, 바그너 법칙은 경제발전에 의해서 실질소득이 증가함에 따라 재정지출의 상대적 규모가 지속적으로 증대되며, 특히 소득수준이 증가함에 따라

문화, 교육, 사회복지 등에 대한 공적인 수요가 급속하게 확대된다고 주장한다. 즉, 장기적인 산업화 추세에 따라 공공부문의 규모가 확대되며, 사회구조가 복잡해짐에 따라서 국가경비가 팽창한다는 것이다. 일반적으로 소득이 증가함에 따라 공공재의 수요가 증가하기 때문에 공공재 수요의 소득탄력성은 정(正)의 크기를 갖는다는 것이다. 그러나 바그너 법칙은 국가의 이데올로기를 우선시하던 산업화 시대의 이론으로, 개인의 선호가 변화할 수 있다는 사실을 간과하고 있으며, 공공경비가 팽창하는 요인으로서 공급측면에서의 관료제나 공공부문의 생산성 격차 문제를 간과하고 있다는 비판을 받는다.

➤ 벤자민 디즈레일리와 소설 『시빌』(Sybil)

디즈레일리는 영국의 정치가이자 소설가(1804~81)로, 보수당의 당수를 지냈으며 수에즈 운하를 매수하여 대영제국 정책을 전개하여 인도를 직할하고 선거법을 개정하였다. 『비비언 그레이(1826~27)』, 『코닝스비(1844)』, 『시빌(1845)』 따위의 정치 소설을 발표하기도 하였다. 그의 소설 『시빌』은 국외자 내지 '여행자'의 관점에서 당시 영국 메른 지역의 빈민들의 삶을 조망하였다. 디즈레일리는 산업화의 진전에 따른 자본가 계급의 발호에 맞서 노동계급의 보호를 주장하는 '청년잉글랜드파'의 일원으로 활동하면서, 소설의 배경을 이룬 메른 지역에 완전히 종류가 다른 두 인종이 살고 있음을 풍자하였다. 이 두 인종은 "접촉도 없고, 공감대도 없고, 서로 다른 방식으로 양육되고 서로 다른 방식으로 서열화된다." 그는 이 소설에서 색슨족에 대한 약탈을 토대로 부를 축적한 노르만 귀족의 이야기를 토대로 완전히 두 국민으로 분열된 영국사회 전체를 풍자하였다. 디즈레일리의 '두 국민'은 후에 마르크스와 엥겔스의 계급투쟁 묘사에도 영향을 미쳤다.

➤ 보아 전쟁(Boer War)

현재의 남아프리카 공화국을 배경으로 1880년부터 1902년에 이르는 시기에 영국과 네덜란드계 보아인(농민) 사이에 벌어진 두 차례에 걸친 전쟁을 말한다. 제1차 보아전쟁은 케이프와 나탈 식민지를 개척한 영국이 보아인이 세운 트란스발 공화국과 오렌지 자유국을 병합하여 '연방'을 건립하려 한 데서 시작되었으나 영국의 패배로 끝났다. 제2차 보아전쟁은 트란스발 공화국 및 오렌지 자유국의 군사동맹과 영국 사이에 벌어진 전쟁으로, 영국이 트란스발 지역에서 발견된 금광과 오렌지 지역에서 발굴된 다이아몬드를 빼앗기 위해 트란스발 공화국을 침공하면서 시작되었다. 영국은 전쟁 초기의 열세를 만회하기 위해 본국에서 대규모의 병력을 파견하여 보아인을 멸절시키려는 전략을 구사하였고, 결국 트란스발 공화국이 영국에 강화를 요청하면서 남아프리카 공화국 전역이 영국의 식민지가 되었다.

➤ 보충적 소득보장 제도(Supplemental Security Income Program, SSI)

미국의 공적부조 프로그램의 하나로, 개정된 사회보장법(1972)에 의해 입법화되어 1974년부터 실시된 제도로 사회보험으로 충분한 보호를 받지 못하는 노령과 장애로 인한 노동력 상실자의 소득보장에 목적을 둔 제도이다. 재정은 일반조세에 의해 충당되고, 사회보장으로부터 받는 급여가 매우 낮은 수준이거나, 다른 재산이나 수입이 정해진 기준에 미달할 경우에 수혜 대상자가 된다. 경우에 따라서는 한 사람이 이 제도 산하의 두 가지 급여를 동시에 받을 수 있는 경우(가난한 노인이 장애인인 경우)도 있지만, 이 경우 두가지 급여를 다 받을 수는 없고 많은 쪽의 급여를 받는다. 장애인 자격으로 급여를 받는 것이 노인 자격으로 급여를 받는 것보다 낫다. 연령기준이 적용되지 않기 때문에 성인뿐만 아니라 아동도 장애인인 경우에는 급여를 받을 수 있다. 아동의 경우에는 부모의 소득조사를 전제로 한다. 수혜자들은 보충적 소득보장 제도와 요보호아동가족부조(Aid to Families with Depedent Children, AFDC) 급여를 동시에 받지 못한다. 보충적 소득보장의 수혜자가 되기 위해서는 부동산이나 저축 등 현재 지니고 있는 재산이 일정 기준 이하여야 한다. 급여는 소비자물가지수에 연동되어 상향 조정되며, 수급자는 1986년 기준 410만명으로, 이 중 장애인이 약 47%에 해당한다.

➤ 보호고용(sheltered employment)

고용(employment)은 자신이 가지고 있는 기능이나 노동력을 제공하고 그에 따른 임금을 받는 것을 말하며, 자영(self-employment)은 자신이 직접 자신의 노동력을 활용하여 노동하는 형태를 뜻한다. 고용은 다시 경쟁고용과 보호고용으로 나뉘는데, 경쟁고용은 시험이나 능력 경쟁을 통해 고용이 결정되는 것을 말하고, 보호고용은 일반 경쟁고용에 참가할 수 없거나 참가해도 고용에 성공할 수 없는 장애인이나 노인 등, 노동 무능력자의 일시적 혹은 항구적인 고용 욕구를 충족시키기 위해 특별히 계획되고 통제되는 조건 하에서 행해지는 훈련 및 고용을 말한다. 보호고용은 시설중심과 탈시설 중심 보호고용으로 구분된다. 이러한 보호고용은 장애인이나 노인 등의 직업재활 수단으로 활용된다.

➤ 부가급여(fringe benefit)

임금 외에 고용주가 피용자에게 주는 보수 또는 이익 일체를 말한다. 예를 들면 연금, 이익분배, 휴가비, 회사가 지불하는 생명보험, 의료보험, 실업보험 등의 보험료를 포함한다. 부가급여는 법정급여와 비법정급여로 나뉠 수 있으며, 고용주가 재량에 따라 일방적으로 지급할 수도 있다. 물론 비법정급여도 단체교섭에 의해 지급될 수 있다. 고용주가 부가급여로 지급하는 금액은 피용자 보상비용에 포함되며 법인소득세를 납부하지 않는다. 만약 부가급여 금액을 임금으로 직접 지급하면 고용주가 그 금액에 대한 개인소득세를 내야 한다. 따라서 고용주는 그 금액만큼 피용자에게 더 많은 이익을 주고자 할 경우 보험률이 낮은 단체보험을 이용할 수 있다.

➤ 분배연합(distributional coalitions)

맨슈어 올슨(Mancur Olson)은 『집합적 행동의 논리』(*The Logic of Collective Action*, 1965)와 『국가의 흥망성쇠』(*The Rise and Decline of Nations*, 1982)에서 이익집단의 규모에 따라 '분배연합'의 성격이 달라지고, 분배연합이 포괄적이냐 편협한 것이냐에 따라 경제성장률과 심지어 국가의 흥망성쇠까지도 달라진다고 본다. 올슨은 보통선거의 이상과는 달리, 거대 집단들은 무임승차의 문제로 인해 자신의 이익을 구현하기 어려운 데 비해, 소규모의 특수이익 집단들은 강력한 단결력과 분배연합을 결성할 수 있기 때문에 자신들의 이익을 관철시키기가 더 쉬워진다고 주장한다. 결과적으로 보편 이익이 특수 이익에 압도되기 마련이라는 것이다. 그리고 오랜 시간 동안 축적된 이러한 분배연합의 존재는 효율적인 경제성장을 어렵게 만든다. 올슨은 이러한 집합행동의 논리를 국가의 흥망성쇠에까지 적용한다. 가령, 영국의 낮은 경제성장률은 오랜 세월 동안 적체되어온 이익집단의 논리에 지배당하고 있기 때문이며, 반면에 독일이나 일본 같은 패전국들은 패전과 함께 분배연합이 해체되었기 때문에 전후 급속한 경제성장을 이루었다고 분석하는 것이다. 올슨의 이론은 각종 이익집단들이 자기이익을 위해 노력하면 자유경쟁적 정치시장의 구조 하에서 모두를 만족시키는 최적의 균형이 발견될 수 있다는 다원주의 이론이나, 경제성장과 민주화가 함께 간다는 근대화 이론의 주장과는 달리, 어떤 사회가 보다 안정적이고 민주적일수록 이 사회의 복지 — 진보 혹은 경제성장 — 는 더욱 느리게 발전하는 경향이 있다는 점을 보여주고 한다.

➤ 블럼효과(Blum effect)

어떤 대상이나 사람에 대한 일반적인 견해가 그 대상이나 사람의 구체적인 특성을 평가하는 기준으로 작용하는 효과를 말한다. 사회심리학에서는 주로 어떤 사람에 대한 인상이나 인성, 업무수행 능력을 평가하는 데서 이러한 효과가 나타나며, 마케팅에서는 상점, 상품, 브랜드에 대한 태도 및 평가와 관련하여 나타난다. 손다이크(Edward Lee Thorndike)는 어떤 대상에 대해 좋거나 나쁘다는 일반적인 생각에 기초하여 그 대상의 구체적인 행위들을 평가하는 경향이라고 설명하였다. 그리고 블럼(Blum)과 네일러(Naylor)는 개인이 갖고 있는 특성에 대한 평가가 그 사람의 다른 다양한 특성들에 대한 평가에 영향을 미치는 효과라고 보았다.

➤ 빈곤과의 전쟁(War on Poverty)

1964년 존슨 민주당 정부가 남부지역 농민과 흑인들의 빈곤문제 해결을 위해 내세운 빈곤퇴치 정책을 말한다. 1960년대 풍요의 시대에도 불구하고 농업혁명에 따라 북부 및 서부 산업지역으로 대거 이동하고 남은 남부지역 농민들의 빈곤문제는 심각한 수준에 이르고 있었으며, 뿐만 아니라 뉴딜정책의 사회보장체계에서 흑인들이 배제된 데다 흑인의 민권운동이 확산되면서 흑인들의 빈곤문제에 대한 국가적 관심도 고조되었다. 이런 상황에서 1964년 존슨 대통령이 '빈곤과의 전쟁(War on Poverty)'을 선포하고 사회보장제도를 정비한 것이 미국에서 실시된 본격적인 빈곤퇴치 정책의 시작이자 가장 대규모의 프로젝트였다고 할 수 있다. 그러나 존슨의 빈곤정책은 소득이전보다는 자립촉진에 초점을 맞춘 것이었고, 재정확대보다는 조세감면에 의한 적자재정정책을 선택함으로써 빈곤과의 전쟁에 필요한 자원 확보에 실패하였다. 빈곤과의 전쟁은 1966년 이후에는 보수진영과 자유주의 진영 모두로부터 비판에 직면하였고, 닉슨 정부 이후에는 실질적으로 정부의 정책 우선순위에서 빈곤퇴치는 주변부로 밀려나게 된다.

≫ 사십 주년(Quadragesimo Anno)

1931년 5월 15일 로마 가톨릭 교황 비오 11세가 교황 레오 13세의 회칙「새로운 사태」(노동헌장)(1891)의 반포 40주년을 기념하여 반포한 회칙으로, 제목은「사회질서의 재건에 관하여」이다. 비오 11세는 이 회칙에서 세계적인 불황의 시대에 사회 불의의 문제를 제기하고, 레오 13세가 처음으로 주창한 노동헌장의 노선을 따라 사회질서를 재건할 것을 촉구하였다. 또한 교회가 사회문제에 대해 발언해야 할 의무와 책임이 있음을 다시 한번 강조하였다. 비오 11세는 자본주의의 무절제한 경쟁을 비난하는 한편, 공산주의도 계급투쟁을 부추기고 노동자 계급(소위 프롤레타리아 독재)에만 매달리고 있다고 비판했다. 비오 11세는 사유재산의 사회적 책임과 노동자들의 일할 권리, 정당한 임금의 요구와 자신들의 권리 주장을 조직화할 수 있는 권리 등을 인정할 것을 촉구하였다. "자본 없는 노동 없고 노동 없는 자본 없다."고 하여 노동과 자본의 상호 의존성과 상호 화합과 조화를 촉구한 회칙으로 유명하다.

≫ 사회보장법(Social Security Act)

1935년에 법제화된 미국 사회보장제도의 기본법을 말한다. 1929년 시작된 대공황을 배경으로 1933년에 집권한 루즈벨트(F. D. Roosevelt) 대통령의 민주당 정부에 의해 실시된 뉴딜정책의 일환으로 도입되었다. 뉴딜정책은 구빈정책과 대규모 공공 근로정책을 핵심으로 하는 한편, 제도적인 복지정책을 도입하기 위해 사회보장법을 입법하였다. 1934년 6월 구성된 경제보장위원회(Committee on Economic Security)가 동년 12월 최종 보고서를 내자 이 건의를 받아들여 1935년 8월 사회보장법(Social Security Act)을 제정한 것이다. 사회보장법에 의해 도입된 사회보험은 첫째, 노령연금보험제도, 둘째, 실업보험 제도, 셋째는 공적부조제도와 사회복지서비스였다. 의료보험제도는 의사단체의 반대 등으로 도입되지 않았다. 사회보장법의 특징은 공적부조와 사회복지서비스의 비중이 크고, 지방분권주의의 전통이 계속되고 있다는 점, 개인책임의 전통을 고수한 점 등이 거론된다.

➤ 사회적 시장경제(Social market economy)/사회적 시장 모델(social market model)

독일의 사회적 시장경제는 발터 오이켄(Walter Eucken)의 질서자유주의에 기초하며, 정치적으로는 기민당 당수 에르하르트(Ludwig Erhard)에 의해 실행되었고, 1949년 기민당의 뒤셀도르프 강령으로 채택된 후 50년대 이후 독일 경제정책의 기조를 형성해 왔다. 오이켄의 질서자유주의란 시장경제질서를 인정하면서 국가는 자유방임이 가져올 수 있는 문제점을 조정하는 제한적인 수준에서만 개입할 것을 주장하며, 따라서 질서자유주의에서 국가의 역할은 시장경제질서의 형성과 유지를 위해 경제질서 정책을 펴는 것으로 제한된다. 질서자유주의 이론에 기초한 사회적 시장경제의 핵심 이념은 시장자유의 원칙과 사회적 형평의 원칙의 결합에 있다. 그 내용을 간략히 정리하면, 첫째, 자유경쟁 질서에 의한 최대한의 결제발전, 시장질서에 입각한 성장정책, 국가간섭의 제한, 그리고 시장원리에 입각한 완전고용, 둘째, 금융질서의 확립, 특히 독립적인 중앙은행에 의한 물가안정, 셋째, 경제성장을 통한 사회보장의 실시, 사회정의와 사회의 발전 등이다. 이러한 사회적 시장경제의 제도적 표현이 이른바 공동결정제도와 근로자평의회 제도 등이다. 사회적 시장경제 제도는 1963년 기민-자민당 연립정부에서 약간 변형되었으며, 기민 – 사민당의 대연정기인 1967년 쉴러(K. Schiller)에 의해 추진된 총체적 조정(Globalstererung) 정책에 의해 대폭 수정되었다. 이 새로운 전략에 따르면, 국가의 역할은 개별적 경제정책을 조정하고, 지속적인 경제성장, 완전고용, 화폐가치의 안정과 대외수지의 균형이라는 '마법의 사각형'을 보장하는 데 있다. 사민당의 영향이 많이 반영된 이 전략은 기존의 사회적 시장경제에 비해, 대폭적인 경제계획 도입, 경기정책, 이한정책을 포함한 인플레이션 저지 정책, 소득정책을 추진하고 있다는 점에서 '케인즈주의로의 회귀'를 함축하는 것이다.

➤ 새로운 사태(Rerum Novarum)

1891년 5월 15일 로마 교황 레오 13세가 발표한 사회문제에 관한 회칙(回勅)이다. '노동헌장 : 노동조건에 관하여'로 번역되는 이 회칙은 다섯 부분으로 구성된다. 서론에서는 가난한 노동자들의 비참한 현실을 다루고, 제1부 사회주의적 해결책과 그 비판에서는 사적 소유권(제1장)을 옹호하고, 사회주의적 해결책을 비판한다(제2장). 이어 제2부 진정한 해결책에서는 교회의 역할(제1장), 국가의 역할(제2장), 노동자의 역할(제3장), 실천 방안(제4장)이 언급되고, 마지막 결론은 "하나님의 법에 순명"할 것을 강조한다. 이런 내용을 요약하면, 이 회칙은 자유방임 자본주의의 폐단과 사회주의 운동을 동시에 비판하고, 사유재산과 자본주의 질서를 옹호하면서 동시에 노동자의 단결권과 적정임금을 받을 정당한 권리 등을 제창하고, 이를 위한 국가적 입법을 권장하였다. 아울러 가족과 교회의 우선적인 개입과 국가의 보충적인 개입을 표방한 '보충성의 원리'를 천명하여 이후 가톨릭교회의 사회개입의 원칙으로 자리잡게 된다. 이 회칙은 사회정의에 관한 가톨릭의 견해를 처음으로 밝힌 회칙으로서, 이후 가톨릭의 사회정책관에 큰 영향을 주는 한편, 가톨릭 국가들에서 가톨릭계 노동조합과 정당의 결성을 촉진하는 계기로 작용하였다.

➤ 소득정책(income policy)

완전고용 정책을 추구하면 물가가 상승하고, 물가안정을 추구하면 다수의 실업자가 발생하게 된다. 이와 같은 완전고용과 인플레이션의 상쇄관계 문제를 극복하기 위한 정책적 수단이 소득정책이다. 재정·금융정책 등 총수요관리 정책은 인플레이션을 진정시킬 수 있는 정통적 정책이다. 총수요를 관리함으로써 경제성장을 억제하고, 자원의 유휴화(실업)를 가져오게 되면 인플레이션은 감속한다. 불황을 통해 인플레이션을 억제하는 정통적 정책은 불황이라는 사회적 비용을 수반해야 하는데, 이러한 문제점을 해결하기 위한 보다 직접적인 방법이 소득정책이다. 그 정책의 핵심은 임금상승률이 생산성 상승률을 상회하지 않도록 임금결정을 유도하게 된다. 임금·물가를 동결하기도 하지만, 정책 당국의 권고나 설득으로 사기업의 자발적 억제를 기대하기도 한다. 이것은 현실의 임금이나 가격이 시장수급에 의해서가 아니라 단체교섭에 따른 노사협력관계나 거대기업의 가격관리에 의해서 결정된다는 인식을 배경으로 한다. 유럽·미국에서의 소득정책이 성공하지 못한 주요 원인은 가격이나 임금을 억제함으로써 분배율을 규제한 데 있다. 소득정책이 민간의 호응을 얻으려면 먼저 노사간에 분배율에 관한 합의가 이루어져야 한다.

≫ 스톱-고 정책(stop-go policy)

거시경제 측면에서 케인즈주의적인 총수요관리 정책을 통해 완전고용을 달성하고자 할 경우 동원할 수 있는 경기조절 수단을 말하며, 구체적으로는 경기상황에 따라 팽창정책과 긴축정책을 섞바꾸어 활용하는 재량적 재정금융 정책을 가리킨다. 혹은 국제수지 정책의 차원에서는 재정정책과 금융정책을 실시하는 경우 국내균형선과 대외균형선을 정확히 파악할 수 없고 각 정책의 담당 부서가 달라 목표 달성이 어려워질 때 차선책으로서 각 정책수단이 영향을 주고 목표만 달성하도록 하는 정책을 스톱-고 정책이라고 부르기도 한다.

≫ 스핀햄랜드 제도(Speenhamland system)

18세기 말, 실업과 전쟁, 흉년 등으로 곡물가격이 앙등하자 1795년 5월 6일 치안판사들이 버크셔의 스핀햄랜드에서 회합하고, 최저생활비에 미달하는 저임금 노동자에 대해서 밀빵의 가격과 노동자의 가족 수에 비례하여 그 부족 분을 보조해주기로 결정하면서 도입된 임금보충 제도를 말한다. 1789년 프랑스 대혁명의 여파가 영국에까지 파급되는 사태를 막기 위한 정치적 목적과 치안판사들의 박애정신을 배경으로 도입된 이 제도는 당시 최저생활비의 기준으로 남자는 매주 3갤런의 빵, 여자와 자녀는 매주 1.5갤런의 빵으로 책정하였다. 이를 기준으로 빈민 노동자 각 한 사람에 대해 주(週)당 12kg에 해당하는 빵값을 주고, 부인과 그 자녀에게는 6kg의 빵값을 주는 배급제도를 실시하였다. 지방세를 재원으로 조성된 이 기금은 의식주를 망라하여 빈민구제의 모든 비용에 포괄적으로 적용되었다. 이 제도는 오늘날 가족수당이나 최저임금 제도의 기초가 되었다는 평가를 받기도 하지만, 빈민 노동자의 임금을 오히려 더욱 떨어뜨리고, 자본가들의 부당이득만을 보충해주는 결과를 초래한다는 비판에 시달리다가 1834년 신구빈법이 실시되면서 폐지되었다.

➤ 신절대주의(neo-absolutism)

프로이센형 입헌군주제로 불리기도 한다. 이 정치체제에서 군주는 통치자이며, 강대한 지배권을 가지고 실제로 이를 행사한다. 외견상으로는 3권 분립체제를 취하고 있으나, 군주는 대권에 의한 군대의 통수권 및 관리임명권을 가지며, 의회는 통치권의 주체가 아니라 자문 역할을 할 뿐이다. 이런 이 유형은 절대주의가 반드시 극복되어 있는 것도 아니며, '군주는 군림하고 통치한다'고 일컬어진다. 사법권도 군주의 이름으로 행사된다. 그렇기 때문에 3권분립은 군주가 가지는 권한을 3개의 기관에 분속시킨 형식에 불과하고, 인권보장도 현저히 미약한 것이 특색이다. 따라서 '외견적 입헌주의' 또는 '신절대주의'라고도 불린다. 이 신절대주의 체제는 오스트리아에서 1848년 2월 혁명 이후부터 프란츠 요제프(Fraz Joseph) 황제가 통치하던 1859년까지의 약 10여 년 간을 지칭한다.

➤ 신조합주의(neo-corporatism), 조합주의(corporatism)

조합주의 이론은 1970년대 슈미터(P. C. Schmitter)가 국가와 이익집단 간의 관계를 설명하는 하나의 이론모형으로 체계화하였다. 조합주의는 이익대표와 국가개입의 과정이 제도적으로 분리된 의회주의 국가형태와 달리, 이 과정들이 제도적으로 통합된 국가형태를 특징으로 한다. 즉 각 이익집단들이 단일하고 위계적인 전국규모의 이익대표 체계를 형성한 뒤, 그 대표자들이 소속 집단에 대한 대표성을 바탕으로 일면 국가이익을 대변하면서 그 대가로 자신들이 소속된 이익공동체의 이익을 독점적으로 정책과정에 투입하는 이익대표 방식을 가리킨다. 이러한 조합주의에는 국가 조합주의와 사회 조합주의가 있다. 국가 조합주의는 국가가 통치력을 강화하기 위해 강제적으로 편성한 이익대표 체계를 말한다. 여기서 조합들은 국가의 보조기관에 불과하며 압력단체로서의 성격보다는 압력을 받는 집단의 성격이 더 강하다. 반면, 사회 조합주의는 선진 복지국가에서 나타나는 유형으로, 국가의 통치력 약화에 대한 반작용으로 형성된다. 이것은 국가가 통치력 보강과 사회경제적 위기를 해소하기 위해 이익집단에 의존하는 데에 그 특징이 있으며, 이익집단과 국가의 협력관계를 중시하면서도 이익집단의 자율성을 본질로 한다. 특히 사회 조합주의는 국가와 자본, 노동의 3자 협력주의로 나타난다. 이를 가리켜 화해적 정치구조, 계급

타협체제, 생산성동맹 등으로 표현하기도 한다. 국가 조합주의는 국가에 의한 강제적인 동원과 통제에 의존하는 데 반해, 사회 조합주의는 국가의 통치력 약화와 사회경제적 위기에 대처하려는 이익집단의 자발적인 노력에 근거하는 차이를 보인다. 국가 조합주의에 대해 사회 조합주의를 신조합주의(neo-corporatism)라고 부른다.

➤ 실리적 노조주의(business unionism)

경제적 조합주의라고도 불리며, '많을수록 좋다'(the more, the better)는 표현에서 알 수 있듯이, 노동조합 조합원의 경제적 이익을 극대화하는 데 노동운동 전략의 최우선적인 목표를 두는 노선을 의미한다. 이 노선은 그 수단으로서 흔히 전투적인 단체교섭을 통해 고용안정과 보다 많은 임금, 그리고 보다 나은 근로조건을 최고의 목표로 내세운다. 노동운동의 이러한 경제주의 노선은 단체교섭 과정에서 정치적 이슈를 배제할 뿐만 아니라, 조직 노동자의 단기적 이익의 극대화를 위해 중앙집중적 노동조합 체계보다는 분권화된 기업별 노동조합 체계를 지향한다. 이러한 실리적 노조주의를 보여주는 대표적인 사례로는 미국이나 일본의 노동조합 운동이 거론된다.

➤ 실수급률 혹은 포착률(take-up rate)

사회보장제도는 일반적으로 일정한 수급자격 요건을 설정하고, 그러한 요건을 충족시키는 사례에 한해 수급자격과 수급권리를 인정한다. 그러나 수급권리가 있는 적격자들이라고 해도 그들 모두가 실제 사회보장, 특히 공공부조의 급여를 수급하지는 않는다. 공공부조의 경우, 사회적 낙인이 수반된다던가, 혹은 급여신청 방법을 모른다던가 급여신청 기간이 너무 짧다던가 하는 여러 가지 이유들로 인해 수급권자 중에서 실제 급여를 수급하지 않는 사례가 발생하기 마련이다. 이처럼 수급권자 중 실제 급여를 수급하지 않는 사람들의 상대적인 비율을 실수급률 또는 포착률이라고 한다. 실수급률은 해당 국가 공공부조의 질적 수준을 평가하는 중요한 기준이 된다.

➡ 아노미(anomie)

무법(無法), 혹은 무질서 상태를 뜻하는 말로, 신의(神意)와 법의 부재를 뜻하는 그리스어 아노미아(anomia)에서 유래한 말이다. 프랑스의 사회학자 에밀 뒤르껭(Emile Durkheim)은 사회 구성원의 '행위를 규제하는 공통된 가치나 도덕적 규범이 상실된 혼돈 상태'를 나타내는 개념으로 아노미란 말을 사용했다. 즉 아노미는 사회가 급격히 변동하거나 가치관이 혼란에 빠짐으로 인해 인간의 행위나 역할을 규제하는 규범이 제 기능을 하지 못하는 무규범 상태를 뜻하는 말로 사용된다. 예컨대, 산업화나 근대화가 진전되면서 전통적인 규범과 새로운 규범 사이에 마찰이 생겨 사회가 규범적인 혼란에 빠지게 되는 경우나, 전쟁이나 급격한 인구 증가 등으로 인해 과거의 지배적인 규범이 무너지고 새로운 규범은 아직 정립되지 못한 규범의 공백 상태 등이 이러한 아노미에 해당한다. 미국의 머튼(R. Merton)은 뒤르껭의 아노미 개념을 적용하여 일탈행위를 분석하였다. 머튼에 따르면, 한 사회가 문화적으로 바람직한 것으로 정의된 목표(예컨대 경제적 성공이나 출세)에 대해서는 과도하게 강조하면서 그 목표를 합법적으로 달성할 수 있는 수단은 제대로 제공하지 않을 때 다양한 형태의 일탈행위가 발생한다고 주장하였다.

➡ 여피효과(Yuppie-effect)

여피(Yuppie)란 젊고(Young), 도시적이며(Urban), 전문직 종사자(Professional)의 세 머리글자를 딴 'YUP'에 히피(Hippie)를 본떠 ie를 붙인 신조어로 1980년대에 처음 등장하였다. 미국에서 1940년대 말에서 1950년대 전반에 걸친 풍요로운 시대에 태어난 베이비 붐 세대이다. 처음에는 현대 도시 청년의 풍조를 빈정대는 말로 쓰였지만, 1984년 민주당 대통령후보 지명전에서 선풍을 일으킨 하트 상원의원의 지지 기반이 청년층이었기 때문에 진보적이고 정치개혁을 추구하는 새로운 청년층을 가리키는 말로 사용되기도 한다. 현대사회의 물질주의에 저항하는 히피(hippie)와는 반대되는 개념으로서, 개인 취향을 우선시하고 물질주의 성향이 강하며 깨끗하고 세련된 인간관계를 추구한다. 이 밖에도 이들은 사회적 광장(廣場)에 중점을 두는 전통적인 규범보다는 오히려 개인적인 밀실에 더 큰 가치를 부여한다.

➤ 연대임금정책(solidaristic wage policy)

스웨덴 노동조합총연맹(LO)의 경제학자인 렌과 마이드너가 1940년대 말에서 1950년대 초에 걸쳐 발전시킨 렌-마이드너 모델의 일부를 구성하는 스웨덴 특유의 임금정책을 말한다. 스웨덴 복지국가의 형성 원리로 작동한 렌-마이드너 모델은 긴축재정정책, 연대임금정책, 적극적 노동시장 정책 등으로 구성된다. 이 가운데 연대임금정책은 중위임금(mean wage)을 설정하고 전체 임금수준을 이 중위임금에 맞추어 조정하는 '임금평준화정책'을 핵심으로 한다. 렌-마이드너 모델의 원리를 구체적으로 보면, ① 인플레이션을 억제하고 적정이윤을 지속시키기 위하여 긴축적 재정정책을 실시하고, ② '동일노동 동일임금'(equal pay for equal work)의 원칙 하에 기업별·산업별 임금편차를 축소하여 노동계급의 연대성을 촉진시키며, ③ 경쟁력을 갖춘 산업부문은 과도한 임금부상을 억제하는 대신 경쟁력 없는 산업부문과 한계기업의 자연도태를 유도하여 산업전반의 경쟁력과 생산성을 향상시키며, ④ 임금부상의 자제로 인하여 발생하는 고임금 부문의 초과이윤은 투자기금과 국가부가연금(ATP) 기금으로 흡수하여 기술개발과 기업경쟁력의 강화비용 및 복지비용으로 활용하고, ⑤ 한계기업의 도산으로 발생하는 실업자는 적극적 노동시장 정책을 통하여 구제·흡수·재배치한다는 것 등이다.

➤ 열등처우의 원칙(principle of less eligibility)

국가가 공급하는 사회복지 급여 수준은 노동시장에서의 최저임금 수준보다 높아서는 안된다는 원칙을 말한다. 이 원칙은 17세기 영국의 구빈법에서 국가에 의한 구빈정책의 기본적인원칙으로 확립된 이래 근대 복지국가에서 공공부조의 원칙으로 정착되어 있다. 열등처우의 원칙의 바탕에는 노동자들이 사회복지의 수급으로 인해 노동을 회피하는 노동 역유인(work disincentives)의 문제를 초래해서는 안된다는 대원칙이 깔려 있다. 이 원칙은 낮은 복지수준을 결과할 뿐만 아니라 노인이나 장애인 등 노동능력이 없거나 취약한 계층들에 대해서도 예외 없이 적용되는 것이 일반적이다.

➤ 영국 공장법(British Factory Acts)

공장법은 산업혁명의 진행으로 공장에서 가혹한 착취와 인권탄압에 시달리던 여성과 아동의 노동조건과 작업환경을 개선하기 위한 일련의 노동조건 개선 조치들을 말한다. 1802년 영국에서 최초로 제정되었으며, 근로연령의 제한, 노동시간의 제한, 특히 아동, 연소자, 여성에 대한 특수한 보호 규정, 휴일, 휴게시간, 사업장 내의 위생시설, 위험예방 시설, 임금보호 등에 관한 규정을 주요 내용으로 한다. 그 핵심 조치는 아동의 노동을 1일 12시간 이내로 제한하는 도제건강 및 도덕유지법이었다. 그러나 1802년의 공장법은 시행부서가 없어서 도제의 건강과 도덕을 보호하지 못하였고, 1833년의 공장법으로 대체되었다. 1833년의 공장법은 9세 이하의 아동을 고용하는 것을 금지하고, 13세 이하 아동의 노동시간을 1주에 48시간 이내로 제한하였으며, 공장 감독관을 파견하고, 아동의 야간노동을 금지하는 등 후생복지와 위생환경의 개선을 규정했다. 이러한 공장법은 1847년 다시 개정되어 부녀자와 18세 이하 아동의 근무시간을 1일 10시간으로 규정하였다. 이 법은 훗날 미국과 유럽 전역에 전파되어 아동과 여성의 복지를 증진시키는 데 공헌하였다.

➤ 와그너법(Wagner Act)

1935년에 미국에서 뉴딜정책의 일환으로 제정된 노동조합 보호법으로, 정식 명칭은 전미노동관계법(National Labour Relations Act)이다. 제안자인 로버트 F. 와그너 상원의원의 이름을 따서 명명된 것으로, 1933년에 제정된 단결권, 단체교섭권, 최저임금제 등을 규정한 전국산업부흥법(NIRA)이 독점자본의 반대로 연방최고법원에 의해 위헌판결을 받아 실효된 뒤에 이 법을 대체하는 차원에서 제정되었다. 이 법은 근로자의 단결권과 단체교섭권을 침해하는 사용자의 행위를 부당노동행위로서 금지하고, 전국노동관계위원회(NLRB)를 신설하여 단체교섭의 적정단위 및 교섭대표의 결정 외에, 부당노동행위의 방지와 구제의 절차를 밟도록 했다. 와그너법의 제정으로 인해 노동조합운동은 비약적으로 발전했으나, 제2차 세계대전 후에 근로자측의 부당노동행위 금지를 도입하고, 단체교섭의 단위, 대상범위, 방법 등에 대해서도 규제를 강화한 태프트-하틀리법에 의해 대폭 수정되었다.

➤ 외부성(externalities) 혹은 외부효과(external effect)

　어느 한 경제주체의 행동이 본인의 의도와는 무관하게 다른 경제주체에게 일방적으로 영향을 미치는 현상을 외부성 또는 외부효과라고 부른다. 시장에서 이루어지는 경제활동은 반드시 급부와 반대급부가 존재하는 교환의 형태로 이루어지는데, 외부성(外部性)은 이러한 시장원리의 외부에서 이루어지는 현상들을 말한다. 같은 논리로 외부성에 가격의 원리를 적용시켜 보상이나 교환이 이루어질 경우에는 외부성이 내부화(internalization)되었다고 한다. 결국 외부성은 '어느 한 경제주체의 행동이 가격기구를 통하지 않고 소비자의 효용이나 생산자의 생산활동에 직접 영향을 미치지만 그에 따른 보상은 이루어지지 않는 현상'으로 정의할 수 있는데, 그것이 이익이나 편익을 주는지 아니면 비용이나 불편을 주는지에 따라 외부경제(external economies)와 외부불경제(external diseconomies)로 나뉜다.

　외부경제의 전형적인 예는 과수원과 양봉업의 상호관계이다. 봄에 과수원에 꽃들이 만발하여 벌들이 꽃으로 모여들면 양봉업자는 꿀을 채취할 수 있어서 좋고 과수원은 수정이 잘 되어 좋다. 상호간에 외부경제가 나타난 경우이다. 외부불경제의 대표적인 예는 바로 공해배출공장과 농업의 관계이다. 공장폐수로 인한 농작물의 폐사는 공해로 인한 외부불경제의 대표적인 예이다. 이런 외부성은 외부성의 영향이 특정인에게만 제한적으로 나타나는 '사적(私的) 외부성(appropriable externalities)'과 많은 사람들에게 동시에 영향을 끼치는 '공공재적 외부성(joint externalities)'으로 다시 구분된다.

➤ 우애조합(friendly society, 友愛組合)

　17세기 영국에서 상호부조를 목적으로 설립된 조합을 말한다. 우애조합에 관한 최초의 입법은 1793년 로즈법(Rose's Act : An Act for the Encouragement and Relief of Friendly Society)이지만, 이 제도 자체는 이미 17세기 말부터 번성하였다. 우애조합의 기금은 조합원의 기여금과 기부금에 의해 조달되었고, 조합원과 그 가족을 대상으로 질병이나 노령, 사망 시에 급여를 제공하였다. 그 후 근대적 생명보험회사의 출현과 국민의료보험의 발달로 재정비되어 급여 내용이 충실하고 재정도 탄탄한 인가조합으로 성장하였다. 우애조합법은 1869년까지 10차례 개정되었으며, 제2차 세계대전 후 포괄적인 사회보장이 실시되고 인가조합 제도가 폐지되면서 전후 23,000개에 달했던 등록 우애조합은 16,000개로 감소되었다. 1958년의 영국 보험회사법은 우애조합을 적용 대상에서 제외시켰다.

➤ 이중노동시장(dual labour market)

노동시장에 대해 그 내부에 아무런 분절 없이 하나의 동질적인 완경경쟁 시장으로 통합되어 있는 단일노동시장이라고 가정하는 신고전파 경제학과 달리, 이중노동시장론은 노동시장이 1차 시장과 2차 시장으로 분절되어 있는 것으로 본다. 이들 각각의 노동시장은 서로 다른 특성을 지닌 직업들로 이루어져 있으며, 그 작동 원리도 서로 다르고 상호 이동에 장벽이 존재한다는 것이다. 1차, 곧 내부 노동시장은 고용 안정성, 높은 임금, 승진 사다리, 직업훈련 등을 보장받는 직업들로 구성된다. 특히 배치, 임금, 승진 등은 외부 노동시장과 격리된 내부 노동시장의 원리에 의해 결정되며, 외부 노동력의 충원은 오직 입직구를 통해서만 이루어진다. 2차, 곧 외부 노동시장은 고용이 불안정하고 임시적이며 저임금, 저기술, 승진 기회가 없거나 극히 적고, 직업훈련의 기회도 거의 없는 직업들로 가득 차 있다. 이러한 이중 노동시장 구조 속에서 여성, 저학력자, 미숙련 노동자, 소수민족, 장애인, 가사 노동자, 시간제 노동자 등은 2차 노동시장을 구성하는 대표적인 집단들이다. 그러나 최근에는 내부 노동시장마저도 고용지위가 안정되고 높은 임금과 승진이 보장된 핵심 노동자와 다양한 비정규직을 의미하는 주변 노동자로 분절되고 있다는 지적이 있다. 이중노동시장 이론은 노동시장 분절론의 일부를 구성한다.

➤ 임금부상(wage drift)

제2차 세계대전 후 유럽의 각국에서 기업들이 공식적인 단체협약에 따른 임금수준을 상회하는 임금을 지불하게 되는데, 이처럼 여러 가지 이유로 공식적인 협약임금을 상회하는 임금을 임금부상이라고 한다. 원칙적으로 임금률은 단체교섭에 의해 결정된다. 그러나 협약임금은 전국적으로나 산업별로 적용되는 공통의 임금률이며, 기업에 따라서는 그 협약임금률을 기초로 작업의 난이도, 노동자의 직급, 특수작업 수당 등에 대해, 혹은 성과급의 경우에는 표준작업량이나 보너스 제도 등에 대해 해당 고용주가 종업원과 협의하여 기업 단위의 임금률을 결정한다. 따라서 협약임금은 원칙적으로 최저임금이며, 실제로 노동자에게 지불되는 임금은 협약임금을 상회하게 된다. 제2차 대전 후 유럽에서 노동력 부족이 현재화함에 따라 고용주들은 노동력 확보를 위해 협약임금을 상당히 상회하는 임금을 지불하는 것이 일반화하였는데, 이런 현상을 임금부상이라고 한다. 이러한 임금부상은 1960년대 초기에는 50~60%에 달했다. 임금부상의 규모가 증대하면, 협약임금의 의미는 그만큼 퇴색되며, 노동자에 대한 조합의 영향력도 약화된다. 역으로 이 임금부상을 지렛대로 해서 임금인상 요구를 관철하는 것이 용이해진다.

➤➤ 임금소득자기금(Wage-Earners' Fund)

스웨덴의 연대임금정책은 중위임금(mean wage)을 설정하고, 전체 임금수준을 이 중위임금으로 집중시키는 '임금평준화정책'이 핵심이다. 그러나 연대임금정책은 대기업의 임금상승은 억제하고 중소기업의 임금은 상승시키기 때문에 지불능력 격차의 문제를 유발하였다. 이 문제에 대응하여 임금인상 억제의 결과로 대기업에서 발생하는 초과이윤을 다시 흡수하기 위해 1970년대 초 마이드너(Rudolf Meidner)에 의해 제안되고 1984년에 법제화된 것이 '임금소득자기금' 제도이다. 임금소득자기금의 재원은 이윤공유세(profit-sharing tax)와 기업이 추가로 출연하는 연금 부담금이다. 다른 나라의 이윤분배 제도나 종업원지주제도 등이 임의적이고 소유의 분산과 개인적 소유의 확대를 목표로 하는 데 비해, 스웨덴의 임금소득자기금은 개별 근로자와는 무관하고, 완전히 강제적이라는 특징을 보인다. 스웨덴의 임금소득자기금은 노사관계의 안정에 기여하고, 실업률 인하, 인플레이션 완화 등에 기여한 것으로 평가되기도 하였으나, 스웨덴의 임노동자기금은 1991년 부르조아 연립정부의 등장으로 폐지되었다.

➤➤ 자영자개인연금(Keogh Plan)

미국의 자영업자들과 그 종업원들을 대상으로 실시하는 개인연금제도를 말한다. 소규모 자영업을 운영하는 자영업자와 그 피용인들의 경우 기업연금제도의 혜택을 받지 못하기 때문에 개인별 저축에 의존할 수밖에 없는데, 이러한 불평등의 해소를 위하여 미국 정부는 세제상의 혜택을 받으면서 임금의 일부분을 퇴직 후 소득원으로 적립해 나갈 수 있는 제도의 하나로 자영자개인연금 제도(Keogh Plan)를 도입하였다. 1962년 키오(E. J. Keogh) 의원이 발의한 자영업자퇴직소득세법(Self-employed Individuals Tax Retirement Act)이 국회를 통과함에 따라 최초로 자영업자 및 그 종업원도 퇴직연금제도를 갖게 되었다. 1962년 당시에는 출연한도가 매우 제한적인 등 다른 적격퇴직제도와 상당한 차이가 존재했으나 그 이후 1982년 조세형평및재정책임법(Tax Equity and Fiscal Responsibility Act)이 제정됨으로써, 가입자격과 수급권, 연금의 운용, 차별의 금지 등에 대한 대부분의 제한사항들이 완화되어 이제는 보통 기업연금과 별반 다르지 않을 정도로 보편화되었다. 연금의 운영방식도 확정급여제도나 확정기여제도 혹은 이윤분배제도의 형식 등으로 고용주가 기업의 사정에 맞게 선택할 수 있게 하였다.

≫ 적극국가(Active State), 적극정부(active government)

정부의 역할은 관점에 따라 소극정부론, 적극정부론, 작은정부론으로 구분된다. 최초 미국에서는 정치-행정 이원론에 입각하여 행정 내부관리 문제에만 관심을 두었기 때문에 정부의 역할에 대한 체계적인 관점은 발전하지 않았었다. 굳이 이 시기의 정부관을 분류하자면, "정부는 최선으로 통치하고, 최소한으로 지배한다."라는 제퍼슨-잭슨주의에 따른 '소극 정부' 또는 '작은 정부'의 관점이 지배했다고 할 수 있다. 그러다가 1930년대 대공황을 계기로 케인즈 경제학에 힘입어 정부가 적극적인 역할을 수행하는 행정국가가 등장하였다. 정부는 시장실패의 교정 장치이자 성장과 발전의 동력으로 간주되었다. 그리하여 1940년대 이후부터는 복지국가주의와 더불어 '큰 정부'(big government)가 일반화되었다. 그러나 행정국가의 등장 이래 국가부문의 과도한 팽창을 비판하고 위험시하는 견해가 제기되기 시작했다. 특히 1970년대 석유파동 이후 세계적인 경기침체, 복지국가의 과도한 팽창, 재정위기 문제 등을 배경으로 미국과 영국을 중심으로 신보수주의 또는 신자유주의 이념이 부활하였다. 이 과정에서 행정국가 내지 적극국가의 정부관은 다시 '작은 정부'(small government) 내지 '제한된 정부'(limited government)의 정부관으로 전환되었다.

➤ 적록동맹(red-green alliance)

스웨덴에서 1932년 사회민주당과 농민당 간에 이루어진 정치적 동맹을 말한다. 사민당은 농민당에 대해 높은 농산물 가격을 수용하는 양보를 하는 대신, 농민당은 사민당이 추구한 높은 실업보험과 완전고용 정책을 지지하면서 결성된 정치적 계급 연합이다. 스웨덴의 적록동맹은 이후 스웨덴의 사민당이 44년에 걸쳐 장기 연속 집권을 할 수 있는 토대로 작용하였다.

➤ 제1 인터내셔설(1st International)

정식명칭은 '국제노동자협회'이다. 1848~1849년 유럽혁명의 패배로 한때 노동운동이 침체되었으나, 1858년 경제공황을 계기로 다시 활발해져서 전유럽 규모로 노동조합과 협동조합이 결성되었으며, 이에 수반하여 노동운동을 국제적으로 결합시키려는 움직임도 되살아났다. 이러한 흐름 속에서 1864년 9월 28일 런던에서 개최된 노동자국제회의에서 국제노동자협회가 설립되었다. 마르크스가 창립선언과 규약 등을 기초(起草)했으며, 정치단체, 노동조합, 협동조합 단위의 참가뿐만 아니라 지역별 개인 가입도 이루어졌다. 최고 의결기관은 대회이며 1866년 제네바, 1867년 로잔, 1868년 브뤼셀, 1869년 바젤, 1872년 헤이그에서 개최되었다. 집행기관은 런던에 둔 총무위원회이고, 지역마다 지부가 만들어졌으며 조직원칙은 중앙집권적이었다. 실제 가맹인 수는 불분명하지만, 가장 많았을 때 2만 명 정도였다. 활동의 절정은 프로이센 · 프랑스 전쟁(1870~71)에 대한 투쟁과 파리코뮌에서의 연대운동(1871)이었다. 처음에는 노동자의 경제적인 이해(利害)에 공통기반을 두는 정도의 여러 가지 이데올로기적 조류(마르크스주의, 영국의 노동조합주의, 라틴계의 프루동주의, 무정부주의를 표방하는 바쿠닌주의, 독일의 라살레주의)로 되어 있었으나, 1867년 로잔대회에서의 정치투쟁의 승인, 1868년 브뤼셀대회에서의 생산수단과 토지의 공유화 승인, 1871년 런던회의에서의 정치권력의 탈취와 독자적인 노동자정당 결성의 결의 등에서 볼 수 있는 바와 같이 차츰 마르크스주의가 지배하게 되었다. 1872년의 헤이그대회에서는 마르크스주의와 바쿠닌의 무정부주의의 대립이 격화하여 바쿠닌파가 추방되었고, 총무위원회의 소재지도 런던에서 뉴욕으로 옮겨져 제1 인터내셔널은 사실상 해체되었다. 마르크스파의 정식 해산선언은 1876

년에 필라델피아의 총무위원회에서 이루어졌으며, 바쿠닌파도 1881년 런던대회 이후 인터내셔널의 유지가 불가능하게 되었다.

▶ 적용제외 제도(contracting-out)

영국은 1946년 전국민을 대상으로 하는 기초연금을 도입했다. 이것은 국민보험법(National Insurance Act)에 의해 도입된 것으로, 소득수준에 상관없이 기여와 급여가 일정하게 정해진 정액제 방식으로 시행되었다. 이후 1978년에 사회보장연금법(Social Security Pension Act)에 의해 소득비례연금이 도입되었다(SERP: State Earnings Rated Pension Schemes). 이 제도에는 적용제외라는 독특한 규정이 마련되어 있다. 국가에서 운영하는 소득비례연금에 가입하는 것이 원칙이지만, 민간기업이 운영하는 기업연금에 가입하면 SERP 가입을 면제시켜주는 제도이다. 1986년에는 소득비례연금 적용제외의 범위를 개인연금 가입으로까지 확대 실시하고 있다. 이로써 영국의 근로자들은 국가가 운영하는 소득비례연금(SERP)과 민간기업이 운영하는 기업연금, 민간보험 회사가 판매하는 개인연금, 이 3가지 연금 중 하나만 가입하면 되게 되어 있다. 2003년 현재 60% 이상의 피용자들이 적용제외 규정을 적용받아 사적 연금에 가입하고 있으며, 적용제외 제도는 두 가지 유형으로 운영된다. 첫째는 일정한 법적 요구기준을 충족시킨 기업연금으로 소득비례연금을 대체함으로써 노사가 할인된 보험료를 납부하는 방법이다. 현재 적용제외를 받아 소득비례연금제도를 대체하고 있는 기업연금 가입자의 70%가 이런 방법을 이용하고 있다. 둘째는 피용자가 적격 개인연금(appropriate personal pension scheme)이나 확정기여형 연금(stakeholder pension schemes)에 가입함으로써 소득비례연금 가입을 면제받는 방법이다.

▶ 정치적 경기순환(political business cycle)

경제학자인 노드하우스(William D. Nordhaus)가 1975년 최초로 분석한 '정치적 경기순환론'(political business cycle)은 '선거 경제주기이론'이라고도 하며, 공공선택이론의 한 유파인 쮜리히 학파의 모형이다. 노드하우스에 따르면, 정치인들은 선거에서 승리하기 위하여 선거 전에는 경기가 호황 상태가 되도록 경기부양

책을 사용하다가 선거 후에는 반대로 긴축재정을 펴기 때문에 경기순환이 '정치적
으로' 이루어진다고 파악한다. 앨런 드레이즌(Allen Drazen) 같은 연구자는 최근
미국을 대상으로 이러한 정치적 경기순환이 어떠한 경로를 통하여 정책결과 변수에
영향을 미치는가를 규명하기 위해 물가압력, 예산정책, 조세정책, 통화정책 등에 비
추어 정치적 경기순환을 검증하는 연구를 수행하고 있다.

➤ 조세지출(tax expenditures)

조세지출은 재정지출에 대응하는 개념으로 특례 규정에 의한 세금감면을 의미한
다. 즉, 개인이나 기업에게 원칙적으로 부과해야 하는 세금이지만 재정지원의 목적
으로 비과세, 감면, 공제 등 조세정책상의 각종 유인장치를 통해 부과하지 않은 세
금을 말하며, 사실상 직접적인 재정지출과 동일한 효과를 거둔다. 일례로 개인연금
에 가입한 근로자에게 연간 일정 액수의 보험료에 대해 근로소득에서 공제해주는
것이 그러한 조세지출의 실례에 해당한다. 조세감면에 따른 조세 형평성을 제고하
기 위하여 정부는 국회에 다음 연도 예산안을 제출할 때 조세감면 내역 명세서를 함
께 제출하여 보다 명확한 감시와 감독이 가능하도록 하고 있다.

➤ 조절이론(regulation theory)

브와예, 아글리에타, 리피에츠 등이 주도하는 프랑스 조절이론은 역사와 이론을
종합시키려는 시도이다. 이들은 마르크스 등이 자본주의 경제가 봉건제 – 자본주
의 – 사회주의로 커다란 단계를 밟아 발전해가는 데는 주목했지만 자본주의 내에서
패러다임적 변화가 일어나는 사실은 간과했다는 비판에서 출발한다. 같은 자본주의
라도 국가별로 크게 차이가 날 뿐더러 시대에 따라 전반적인 모습도 달라진다는 것
이다. 조절이론의 핵심 개념은 조절(regulation)과 접합(configuration)이다. 여기
서 조절이란 규제를 말하는 것이 아니라 하나의 복잡한 시스템을 균형상태로 유지
하게 한다는 의미이다. 즉 조절이란 다양하고 이질적인 경제과정들이 필연적 혹은
우연적 요소들과 결합하여 하나의 경제 시스템을 유지·발전시키는 방식이며, 여기
서 '조절양식'이란 개념이 파생된다. 조절양식은 국민경제 내부에서 자본의 축적으
로 인해 발생하는 갈등을 완화하면서 사회적 응집력을 유지해주는 구실을 한다. 그

대표적인 예가 2차 세계대전 후부터 70년대 초반의 황금기를 주도한 '포드주의'였다. 또한 '접합'의 개념은 국제관계, 생산방식, 금융관계, 경쟁양태, 노사관계 등의 주요 부문들이 어떤 형태로 서로 맞물리느냐에 따라 세계체계건 국가체계건 계기적으로 변화해 간다는 것이다. 조절이론가들은 한동안 안정적인 접합이 유지되다가 새로운 접합이 만들어지면서 경제가 패러다임적으로 변화해 나간다고 본다. 리피에츠 등이 20세기 초반 이후 포드주의가 자본주의를 지배하다가 정보기술혁명, 신노사관계 등에 따라 포스트 포드주의로 넘어간다고 주장하는 것도 같은 맥락이다. 조절이론가들은 따라서 대부분의 이론은 안정된 접합 내에서만 타당성을 갖는다고 본다. 접합이 달라지면 이론도 달라져야 한다. 또한 이론이 안정적인지의 여부, 혹은 새로운 접합이 어떻게 이루어지는가를 살피기 위해서는 제도에 관심을 기울여야 한다고 주장한다.

➤ 죄수의 딜레마(prisoner-dilemma)

죄수의 딜레마는 2명이 참가하는 비제로섬 게임의 일종으로, 상대방에 대한 정보가 없거나 상대방을 신뢰할 수 없기 때문에 각자 자신에게만 유리한 상황을 선택하게 되고, 결국은 당사자 모두에게 최선의 결과 대신 서로에게 차선인 결과를 선택하게 된다는 전략적 상황을 전제로 하는 게임이론의 하나이다. 이 게임에서 실험 조건은 다음과 같다. 죄수 둘을 서로 격리시키고, 이들에게 각각 다음의 선택을 준다.

1) 둘 중 하나가 죄를 자백하면 자백한 사람은 무죄 방면되고, 죄를 뒤집어쓴 나머지 한 명은 10년을 복역한다.
2) 둘 모두가 서로를 믿지 못해 죄를 자백하면 둘 모두 2년을 복역한다.
3) 둘 모두가 죄를 자백하지 않으면 둘 모두 무죄 방면된다.

이러한 게임의 상황에서 각 죄수의 입장에서는 상대방의 선택에 상관없이 상대를 배신하고 자백하는 쪽이 언제나 이익이므로 이성적인 참가자라면 배신을 택하게 된다. 결국 결과는 둘 모두 2년을 복역하게 되고, 이는 둘 모두가 배신하지 않고 무죄 방면되는 최선의 결과보다는 나쁜 결과가 된다. 서로에게 최선의 합리적 선택인 부인을 통한 무죄 석방 대신에 자신에게만 최선인 자백을 통해 차선의 결과를 택하게 되는 상황을 말하므로, 죄수의 딜레마는 제한된 합리성 이론과도 상통하며, 개인적 합리성의 추구가 집단적 합리성의 착종을 초래한다는 구성의 오류(composition)

상황과도 유사하다.

지위재, 지위상품(positional goods)

경제학자 허쉬(Fred Hirsch)는 시장경제가 생산하는 상품에는 인간의 물질적 필요를 채워주는 필수품과 지위를 부여하는 지위재(positional goods)가 있다고 주장한다. 지위재란 소비자가 어떤 상품을 소유하거나 소비하는 경우, 그런 사실에 힘입어 그 소유자가 사회적으로 특별한 지위를 인정받게 되는 상품을 말한다. 허쉬에 의하면, 일반적으로 사회적 부(富)가 증가하고 소비사회가 진전되면서 전체 생산에서 차지하는 지위재의 비중이 점점 많아진다고 한다. 지위재의 가치는 어떤 사람들은 그 상품을 소유하고 있거나 소유할 수 있는 지위에 있는 데 반해, 다른 사람은 그 상품을 소유하지 못하거나 소유할 수 없는 차별적인 지위에서 비롯된다. 소비사회에서는 시의성(timing), 선별성의 정도, 그리고 적합한 준거집단이 지위재를 창출하는 요인이 된다. 지위재는 그 상품이 희소하다기보다는 그 소유자의 수가 희소할수록 그 상품의 가치가 높아진다. 지위재는 이처럼 사회적 구별짓기의 중요한 메커니즘으로 기능한다.

직접임금(Direct Wage)

상품의 제조 작업에 직접 종사한 노동시간에 대한 임금을 말한다. 직접 노무비와 동의어로 사용되지만, 이론적으로는 직접 노무비보다 범위가 좁다. 따라서 제반 수당과 퇴직급여충당금 전입액, 법정 복리비 등은 직접임금에 포함시키지 않는다.

진보의 시대(Progressive Era)

미국의 역사어서 진보의 시대(Progressive Era)는 대략 1890년부터 시작하여 제1차 세계대전 발발 때까지 계속되었다. 19세기에 자본주의 병폐가 나타나고 정치부패가 기승을 부리자 그러한 문제를 해결하기 위하여 "진보주의(progressivism)"라는 정치개혁 운동이 나타났다. 진보주의 운동의 목표는 민주주의의 신장, 사회정의, 정직한 정부 구현, 기업에 대한 보다 효율적인 규제, 그리고 공공성의 회복 등이었다. 대체로 진보주의자들은 정부의 역할을 확대하는 것이 미국사회의 진보를 보장하고 미국 국민들의 복지 수준을 높일 수 있을 것이라고 믿었다. 1902년부터 1908년에 이르는 기간은 미국 역사상 가장 개혁운동이 활발하게 이루어졌던 시기이다. 많은 주에서 국민들의 생활과 근로환경을 개선하기 위하여 법령들을 제정했다. 예를 들어, 아동노동과 관련하여 최저 연령을 높이고 야간노동을 억제하는 한편, 학업을 병행하도록 하는 새로운 법을 제정했다.

➤➤ 차별수정조치(Affirmative Action)

Affirmative Action이란 1960년에 미국에서 도입된 차별수정조치로, 소수민족 우대, 여성고용 촉진 등 미국사회의 '소수' (minority) 계층에게 취업이나 진학의 우선권을 부여하는 일련의 적극적인 역차별 제도를 말한다. 이 조치는 고용에 있어서 공정성의 의무보다는 보상의 의무가 우선한다는 이론에 기초한 것으로, 과거에 차별받았던 집단에 대하여 보다 적극적인 차원의 보상을 제공하는 것을 말한다. 즉 과거의 차별로부터의 해방이라는 수동적 차원을 넘어서 적극적으로 정의를 실현시키려는 사회적 의지를 정책에 반영한 조치로, 정부는 과거에 차별당했던 집단의 구성원들에게 정당하게 돌아가야 했던 취업의 기회를 보상해주기 위해 그들에게 취업의 우선권을 주거나 공정한 규칙에 의해서 주어지는 취업의 기회에 덧붙여 역차별적으로 더 많은 여분의 기회를 제공한다. Affirmative Action은 세 가지 주요 지표를 내세운다. 첫째, 차별의 원인을 무시함으로써 평등을 구현하는 것이 아니라, 차별의 원인을 의식적으로 인식하여 제거한다. 둘째, 기회의 평등을 구현하는 것이 아니라, 결과의 평등을 목표로 한다. 셋째, Affirmative Action은 결코 영구적인 것이 아니라, 차별의 요인이 해소되어 결과의 평등이 실현될 때까지 한시적으로 적용된다. 결국 Affirmative Action은 '차별을 통해 차별을 치유하는 제도'라고 할 수 있다. 1979년에 성립된 UN의 여성차별철폐협약 이후로 협약에 참가한 국가들은 여성차별철폐협약의 원칙에 따라 여성정책을 정립하고 집행하기 위해 이러한 Affirmative Action을 채택하기 시작했다. 그러나 지난 몇 년 간 Affirmative Action이 역차별을 초래한다 하여 캘리포니아 주와 워싱톤 주 등에서는 이 조치를 폐기하는 법안을 통과시킨 바 있다.

➤ 추세선(trend line)

각종의 경제지표는 일반적으로 일정 기간 동안 같은 방향으로 움직이는 경향이 있는데 이를 추세라고 하며, 이러한 추세를 기준으로 직선 또는 곡선으로 표시한 선을 추세선이라고 한다. 추세선은 그 모양에 따라 상승, 하락, 수평형으로, 기간에 따라 장기, 중기, 단기로 구별된다. 상승 추세선과 수평 추세선은 경제동향의 저점을 연결하여 설정하며, 하락 추세선은 정점을 연결하여 설정한다. 일단 형성된 추세선이 전환되는 징후로는 지금까지 형성된 추세선에서의 3% 이상의 이탈 또는 급격한 증가 등을 들 수 있다.

➤ 탈물질주의(post-materialism)

세계 가치관 연구로 유명한 잉겔하트(R. Ingelhart)가 1971년에 주장한 것으로, 그는 서구 선진사회가 물질적 가치, 즉 재화와 용역의 물질적이고 양적인 가치를 중시하는 물질주의를 벗어나 질적이고 고차원적인 삶의 질을 강조하는 탈물질주의로 이행한다고 주장했다. 그는 산업사회에서 갈망하던 물질적인 풍요가 이젠 충족되어 희소성의 문제는 해소되었다는 의미에서 선진사회들이 탈희소성 사회(post-scarcity society)로 전환되고 있다고 본다. 이처럼 탈물질주의는 선진국을 중심으로 형성되고 있는 새로운 가치체계이자 생활양식을 의미한다. 물질주의는 가능한 한 많은 재화와 용역의 사용을 통해 삶의 질의 향상을 추구하지만, 탈물질주의는 적정 수준의 추구를 통해 자연환경의 쾌적성을 포함한 보다 높은 차원에서 삶의 질을 추구하는 가치이다. 따라서 탈물질주의는 환경주의와 소비자 성향을 동시에 포함하는 가치이다. 1960년대 이후 탈물질주의의 맥락에서 발전한 이데올로기들로는 페미니즘, 환경주의, 무정부주의 등이 거론된다.

➤ 태프트-하틀리법(Taft-Hartley Act)

1935년 미국의 노동헌장으로 일컬어지는 와그너법(Wagner Act)의 제정으로 노동권과 노동조합의 교섭력이 크게 진전되었으나, 제2차 세계대전 후 경기침체로 인해 노사간의 대립이 격화되자 노사 교섭력의 균형 회복을 위해 1947년 6월 와그너법을 대폭 수정하는 형태로 제정된 법이다. 정식 명칭은 미국노사관계법(Laor-

Management Relations Act)으로, 법안 제안자의 이름을 따 태프트-하틀리법으로 명명되었다. 이 법은 와그너법의 정신을 계승하면서 그 기본틀을 수정하는 형식으로 제정되었다. 그 주된 내용은 노동조합의 부당노동행위 금지, 클로즈드 숍(closed shop)의 금지(유니온 숍만 인정), 국민의 건강과 안전을 위협하는 쟁의에 대한 긴급조정 제도의 도입, 각 주에 대한 노동입법권의 부여, 연방공무원과 정부기업 종업원의 파업 금지, 노동조합 간부의 공산당 활동 금지 등이다.

≫ 파킨슨의 법칙(Parkinson's Law)

영국의 역사학자 시릴 파킨슨(Cyril N. Parkinson)이 1955년 영국의 『이코노미스트』에 "왜 관사의 수가 많은가?", "왜 회의의 운영은 원활하지 못한가?" 등 의문스런 사회현상에 대해 수학적인 방법을 동원하여 풍자적으로 분석해 발표한 사회생태학적 법칙을 말한다. 파킨슨의 이론은 '부하배증'의 법칙과 '업무배증'의 법칙으로 구성된다. 그 주요 내용은 '공무원의 수는 해야 할 일의 경중이나 일의 유무와 관계없이 책임자 공무원이 상급 공무원으로 승진하기 위해서는 부하의 수가 많을수록 좋기 때문에 공무원의 수는 항상 일정한 비율로 증가한다.'는 것이다. 이 외에도 '공무원은 부하를 늘리는 것은 원하지만 경쟁자는 원하지 않는다.' '유능하지 못한 사람은 공무원과 군인이 되고, 유능한 사람은 비즈니스맨이 된다.' '공무원들은 서로를 위해 일부러 일을 만들어낸다.' '예산심의에 필요한 시간은 예산액에 반비례한다.' 등등 신랄한 풍자와 수학적으로 증명된 사실 등도 보여주고 있다.

≫ 포괄적용 조항(blanketing-in provisions)

연금제도가 도입될 시점에서 연령 기준이 초과하여 연금제도의 가입기준에 따라서는 연금에 가입할 수 없는 고령인구들에게 포괄적으로 새로운 연금제도의 수급자격과 수급권리를 부여하는 경우라든가, 혹은 연금제도의 각종 규칙이 변경된 경우 기존의 연금제도에 가입되어 있던 가입자들에게 변경된 규칙을 포괄적으로 적용하는 경우 등을 말한다. 첫 번째의 경우 처음부터 가입기준 연령 초과자들에 대해 일체 가입을 허용하지 않는 경우(한국의 국민연금제도처럼)가 있는가 하면, 조세를 재원으로 하든 기여를 전제로 하든 연령기준 초과 미가입자들에 대해서도 포괄적으로 연금가입을 허용하는 경우가 있으며, 가입을 허용하는 경우에도 급여 권리 전부를 인정할 수도 있고, 부분적으로 인정할 수도 있다. 이러한 포괄적용 조항의 적용 여부는 특히 이민자나 외국인의 경우에 문제가 될 수 있다. 가령 이스라엘처럼 이민자나 외국인에게 포괄적용 조항을 적용하는 경우가 있는가 하면, 상대 국가와 사회보장협정을 맺고 있는 경우에 한해 연금제도를 적용해주는 경우가 있다. 물론 포괄적용을 하는 경우에도 기여요건이나 거주요건 등 다양한 기준에 따라 급여의 수준은 달라질 수 있다.

≫ 포드주의(Fordism), 포스트 포드주의(Post-Fordism)

포드주의란 명칭은 20세기 초반 미국의 자동차왕 헨리 포드(Henry Ford)가 모델 T라는 자동차를 생산하면서, 콘베이어 벨트 시스템을 도입하고 노동자들에게는 일당 5달러라는 당시로서는 파격적으로 높은 임금을 지불한 생산방식에서 연원한다. 따라서 포드주의는 대량생산 기술과 설비, 미숙련 및 반숙련 노동자에 의한 대규모 결합노동, 강력한 노동조합과 중앙집중적 단체교섭, 상대적인 고임금과 고용안정성, 표준화된 제품의 대량생산과 대량소비 등을 특징으로 한다. 이러한 생산체제는 2차 대전 이후 지속적인 경제성장을 견인함으로써 복지국가 황금기의 물질적 토대로 작용하였다.

그러나 1973년 오일쇼크 이후 기업들의 이윤율이 급격히 떨어지면서 포드주의 축적체제는 위기에 빠진다. 이 시기부터 강력한 노동조합에 대한 자본측의 공세가 시작되고, 국가개입의 철폐와 시장의 복원을 주장하는 신자유주의 경제학(공급측경제학, 통화주의, 신고전파종합 등)이 전면에 나서서 대량생산과 경직적 노사관계를 특징으로 하는 포드주의 대신 시장수요와 경쟁환경의 변화에 능동적으로 적응할 수 있는 유연한 생산기술과 유연한 노동력이 강조되기 시작한다. 포스트포드주의는 이처럼 포드주의가 위기에 빠진 이후 등장한 다양한 유연적 축적체제로, 예를 들면 일본의 린생산, 미국의 고능률작업시스템, 이탈리아의 유연전문화, 스웨덴의 사회기술체계, 독일의 다변화된 품질생산 등이 그러한 포스트 포드주의적 유연적 생산방식들에 속한다.

➤ 필립스 곡선(Phillips curve)

물가상승률(임금상승률)과 실업률 사이에는 역상관관계가 있다는 가설을 말한다. 1950년대 후반 미국에서 인플레이션(물가상승)의 원인에 관해 수요견인설(총공급〈총수요 때문에 물가인상〉과 비용인상설(생산단가의 인상으로 물가인상)간의 논쟁이 한창일 때 필립스(A.W. Phillips)는 1861~1957년간 영국의 시계열 자료를 토대로 물가상승률과 실업률 사이에 역상관관계가 있음을 발견하였다. 즉 실업률이 낮을수록 물가상승률이 높고, 반대로 물가상승률이 낮을수록 실업률은 높았던 역사적 사실을 발견한 것이다. 이는 결국 물가안정과 완전고용이라는 모순적 경제목표는 동시 달성이 불가능함을 의미한다. 그리고 이는 케인즈 정책(물가상승을 감수하고라도 통화팽창→투자증대→고용창출→고임금→유효수요→소비창출)이 유효하다는 것을 의미하였다. 그러나 1973년 석유위기 이후 선진국에서는 경기침체(실업률 상승) 시에도 물가상승률이 떨어지지 않는 스태그플레이션(stagflation, 경기침체 stagnation + 물가상승 inflation)이 뚜렷해지면서 필립스 곡선과 케인즈주의 정책은 현실적인 적합성을 상실하게 된다.

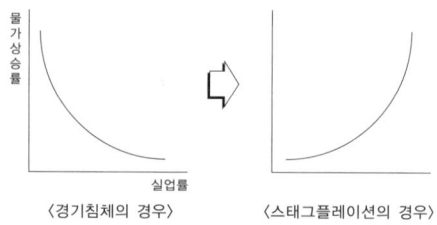

〈경기침체의 경우〉　　　　〈스태그플레이션의 경우〉

➤ 협조행동(Konzertierte Aktion)

전후 재건의 붐을 타고 고도성장을 구가하던 독일경제는 1967년 급작스러운 경제위기를 맞았다. 경제성장률은 마이너스로 떨어지고, 실업률은 치솟았다. 1960년대 중반까지 완전고용과 부분적인 노동력 부족을 경험하던 독일에서 실업의 등장은 충격이었다. 이 경제위기에 즈음한 정치적 대응은 기민련(CDU)과 사민당(SPD)의 대연정으로 현실화되었고, 동시에 노사정의 협조행동(Konzertierte Aktion)이 시작되었다. 협조행동은 연방정부와 노동조합, 경영자단체, 연방중앙은행

(Bundesbank), 그리고 자문위원회 등이 참여해 임금정책적 조정을 시도한 기구로서 경제안정·성장법에 의해 뒷받침되었다. 독일의 협조행동은 사회적 주체들의 상호의존을 강조하는 독일의 사회적 시장경제원리와 오랜 전통의 사회적 합의주의의 산물이라고 할 수 있다. 노동과 자본은 이 협조행동을 통해 물가상승률을 고려한 범위 내에서 임금협약을 체결하였고, 독일경제는 1968년부터 다시 회복국면에 접어들기 시작했다. 이러한 협조행동의 원칙은 1976년 노조가 공동결정권법에 대한 불만으로 탈퇴할 때까지 10년동안 지속되었다.

≫ 효율성 임금이론(efficiency wage theory)

전통적인 임금이론은 근로자의 생산성이 임금의 수준을 결정한다고 설명하는 데 반해, 효율성 임금이론은 거꾸로 임금의 수준이 근로자의 생산성을 결정한다고 설명한다. 즉 근로자의 이직이 잦을 경우 근로자의 숙련도가 떨어져 생산성이 감소하는데, 높은 임금을 주면 이직률이 줄어들어 높은 수준의 생산성을 유지할 수 있게 된다. 또한 높은 임금을 지급하면 근로자의 직무 충성도가 높아질 것이므로 자연히 생산성이 높아진다. 이처럼 근로자의 생산성을 높이기 위해 의도적으로 시장균형 임금 수준보다 더 높은 임금을 지급할 경우 그 임금을 효율성 임금이라고 한다. 그리고 많은 기업들이 효율성 임금을 지급하고 있다면 실업이 광범하게 존재하는 상황에서도 임금이 크게 떨어지지 않아 실업이 상당히 오랫동안 지속될 수 있다는 식으로 장기실업 현상을 설명한다.

≫ ARRCO(근로자퇴직연금연합회), AGIRC(관리직퇴직연금연합회)

프랑스에는 순수 사적 연금제도는 없으나 공적연금과 사적연금의 중간 성격을 가진 보충연금제도라는 독특한 연금제도가 있다. 이 보충연금은 노사간 단체협약에 기초하는 전국적으로 통일된 제도이며, 모든 근로자의 가입이 의무화되어 있고, 공적연금과 같은 법적 강제력이 부여되어 있어 준(準) 공적연금의 성격을 지니고 있다. 보충연금은 가입 대상자에 따라 3종류로 구분된다. 첫째, 관리직 직원을 대상으로 한 AGIRC(관리직퇴직연금연합회)와 관리직 이외의 일반 근로자를 대상으로 한 UNIRS(전국근로자퇴직연금기금연합회) 등의 ARRCO(근로자퇴직연금연합회), 그리고 기타 특정지역, 농업단체 직원 등을 대상으로 하는 연합회가 있다. AGIRC와 ACCRO는 전국적 조직을 갖추고 있으며, 노동조합과 경영자단체와의 협의에 따라 설립되고, 이후의 운영 또한 노사간 협의에 의해 이루어지고 있다. AGIRC는 1947년 경영자단체인 프랑스 경영자전국평의회와 노동조합 대표 사이에 관리직 직원을 대상으로 한 보충연금제도의 설립을 목적으로 체결된 전국단체협약이고, ARRCO는 관리직 이외의 근로자를 대상으로 하며, ARRCO의 최대 가맹기관인 UNIRS에서는 가입자격을 원칙적으로 1년 이상 근속기간을 가진 자로 하고, 최고 가입연령은 64세로 하고 있다.

Aaron, H. and Burtless, G. (eds.) 1984: *Retirement and Economic Behavior.* Washington. DC: The Brookings Institute.

Alber, J. 1982: *Von Armenhaus zum Wohlfahrsstaat.* Frankfurt: Campus Verlag.

Ashford, D. 1986: *The Emergence of the Welfare State.* Oxford: Basil Blackwell.

Ball, R. 1978: *Social Security.* New York: Columbia University Press.

Baron, J. 1984: Organizational perspectives on stratification. *Annual Review of Sociology,* 10.

Baron, J. and Bielby, W. 1980: Bringing the firm back in: stratification, segmentation and the organization of work. *American Sociological Review,* 45.

Bauer, O. 1919: *Der Weg zum Sozialismus.* Vienna: Volksbuchhandlung.

Baumol, W. 1967: The macroeconomics of unbalanced growth. *American Economic Review,* 57.

Beer, S. 1966: *British Politics in the Collectivist Age.* New York: Knopf.

Bell, D. 1973: *The Coming of Post-Industrial Society.* New York: Basic Books.

Bell, D. 1978: *The Cultural Contradictions of Modern Capitalism.* New York: Basic Books.

Bendix, R. 1964: *Nation-Building and Citizenship.* New York: John Wiley and Sons.

Berg, I (ed.) 1981: *Sociological Perspectives on Labor Markets.* New York: Academic Press.

Berstein, E. 1961: *Evolutionary Socialism*(1898). New York: Schocken.

Bielby, W. T. and Baron, J. N. 1986: Men and women at work: sex segregation and statistical discrimination. *American Journal of Sociology*, 91. 759-99.

Black, D. and Myles, J. 1986: Dependent industrialization and the Canadian class structure: a comparative analysis of Canada, the United States and Sweden. *Canadian Review of Sociology and Anthropology*, 23 (2).

Blanchard, O., Dornbush, R., and Layard, R. (eds) 1986: *Restoring Europe's Prosperity*. Cambridge. Mass. : MIT Press.

Blau, P. M. and Duncan, O. D. 1967: *The American Occupational Structure*. New York: John Wiley and sons.

Block, F. 1977: The ruling class does not rule. *Socialist Review*, 7 (May-June).

Block, F. 1985: Postindustrial development and the obsolescence of economic categories. *Politics and Society*, 14 (1).

Blustone, B. and Harrison, B. 1986: *The Great American Job Machine: The Proliferation of Low Wage Employment in the US Economy*. Study prepared for the Joint Economic Committee. Washington, DC.

Blundell, R. and Walker, I. 1988: The changing structure of the labour force: married women and lone parents. Paper presented at the Symposium on Population Change and European Society, European University Institute, Florence (December).

Bordogna, L. 1981: The political business cycle and the crisis of Keynesian politics. Paper presented at the American Sociological Meetings, Toronto (August).

Boskin, M. and Hurd, M. 1978: The effect of social security on early retirement. *Journal of Political Economy*, 10.

Bower, R. H. 1947: *German Theories of the Corporate State*. New York: Russel and Russel.

Bowles, S. and Gintis, H. 1986: *Democracy and Capitalism*. New York: Basic Books.

Brandes, S. D. 1976: *American Welfare Capitalism* 1880-1940. Chicago, Ill.:

University of Chicago Press.

Bruan, D. and Keman, H. 1986: Politikstrategien und Konfliktregulierung in den Niederlanden. *Politischen Vierteljahresschrifte*, 27 (1).

Braverman, H. 1974: *Labor and Monopoly Capital: The Degradation of Work in the Twentieth Century*. New York: Monthly Review Press.

Break, G. F. 1980: The role of government: taxes, transfers and spending. In M. Felstein (ed.), *The American Economy in Transition*. Chicago, Ill.: University of Chicago Press.

Briggs, A. 1961: The Welfare State in Historical Perspective. *European Journal of Sociology*, 2: 221-58.

Brown, J. and Small, S. 1982: *Occupational Benefits as Social Security*. London: Policy Studies Institute.

Browning, H. and Singelmann, J. 1975: *The Emergence of a Service Society: Demographic and Sociological Aspests of the Sectoral Transformation of the Labor Force in the USA*. Springfield, Va.: National Technical Information Service.

Bruno, M. and Sachs, J. 1985: *The Economics of Worldwide Stagflation*. Cambridge, Mass.: Harvard University Press.

Bureau of the Census (United States), 1976: *Statistical History of the United States*. New York: Basic Books.

Bureau of the Census (United States), 1986: *Statistical Abstract of the United States*. Washington, DC.: Government Printing Office.

Bureau of Labor Statistics, 1987: *Employment and Earnings*. Washington, DC.: Government Printing Office.

Cameron, D. 1978: The expansion of the public economy: a comparative analysis. *American Political Science Review*, 4.

Cameron, D. 1984: Social democracy, corporatism, labour quiescence and the representation of economic interest in advanced capitalist society. In J. Goldthrope (ed.). *Order and Conflict in Contemporary Capitalism*. Oxford: Oxford University Press.

Cameron, D. 1987: Politics, public policy and distributional inequalities: a comparative analysis. Paper presented at the Tenth Annual Scientific Meeting of the International Society of Political Psychology. San Francisco. Ca. (July).

Castles, F. 1978: *The Social-Democratic Image of Society*. London: Routledge and Kegan Paul.

Castles, F. 1981: How does politics matter? Structure or agency in the determiantion of public policy outcomes. *European Journal of Political Research*, 9.

Castles, F. 1986: *Working Class and Welfare: Reflections on the Political Development* of the Welfare State in Australia and New Zealand. London: Allen and Unwin.

Castles, F. (ed.) 1982: *The Impact of Parties*. London: Sage.

Chandler, A. and Deams. D. (eds) 1980: *Managerial Hierarchies: Comparative Perspectives on the Rise of the Modern Industrial Enterprise*. Cambridge, Mass.: Harvard University Press.

Clark, C. 1940: *The Conditions of Economic Progerss*. London: Macmillan.

Cohen, S. and Zysman, J. 1987: *Manufacturing Matters: The Myth of the Post-Industrial Economy*. New York: Basic Books.

Colbjornsen, T. 1986: *Dividers in the Labor Market*. Oslo: Norwegian University Press.

Cromton, R. 1986: Women and the 'service class'. In R. Cormton and M. Mann (eds), *Gender and Stratification*. Cambridge: Polity Press.

Corsland, C. A. R. 1967: *The Future of Socialism*. New York: Schocken.

Crouch, C. 1977: *Calss Conflict and the Industrial Relations* Crisis. London: Heinemann.

Crouch, C. 1978: The intensificaiotn of industrial conflict in the United Kingdom. In C. Crouch and A. Pizzorno (eds). *The Resrugence of Class Conflict in Western Europe since 1968. 2 vols. New York*: Holmes and Meier.

Crouch C. and Pizzorno, A. (eds) 1978: *The Resrugence of Class Conflict in Western Europe since 1968*. 2 vols. New York: Holmes and Meier.

Cusack, T., Notermans, T., and Rein, M. 1987: *Political and Economic Aspects of Public Employment.* Berlin: WZB Working Pepers.

Cusack, T. and Rein, M. 1987: Social policy and service employment. Berlin: WZB Working Papers.

Cutright, P. 1965: Political structure, economic development, and national social security programs. *American Journal of Sociology,* 70: 537-50.

Cutright, P. 1967: Income redistribution: a cross-national analysis. *Social Forces.* 46, 180-90.

Danziger, S., Haveman, R., and Plotnik, R. 1981: How income transfers affect work, savings and income distribution, *Journal of Economic Literature.* 19.

Day, L. 1978: Government pensions for the aged in 19 industrialized countries. In R. Tomasson (ed.). *Comparative Studies in Sociology.* Greenwich, Conn.: JAI Press.

Derthick, M. 1979: *Policymaking for Social Security.* Washington, DC.: The Brookings Institute.

Diamond, P. and Hausman, J. 1984: The retirement and unemployment behavior of older men. In H. Aaron and G. Burtless (eds), *Retirement and Economic Behavior.* Washington, DC.: The Brookings Institute.

Dich, J. 1973: *Den Herskende Klasse.* Copenhagen: Borgen.

Dobb. M. 1946: *Studies in the Development of Capitalism.* London: Routledge and Kegan Paul.

Downs, A. 1957: *An Economic Theory of Democracy.* New York: Harper and Row.

Edgrin, G., Faxen, K. O., and Odhner, C. E. 1973: *Wage Formation and the Economy.* London: Allen and Unwin.

Elmer, A. 1960: *Folkpensioneringen i Sverige.* Lund, Sweeden: Gleerup.

Erikson, R. and Aaberg, R. (eds) 1984: *Vaelfaerd i Foeraendring: Levnadsvillkor i Sverige 1968-1981.* Stockholm: Institutet foer social forskning.

Esping-Andersen, G. 1985a: *Politics against Markets.* Princeton, NJ.:

Princeton University Press.

Esping-Andersen, G. 1985b: Power and distributional regimes. *Politics and Society.* 14.

Esping-Andersen, G. 1987a: Institutional accommodation to full employment. In H. Keman and H. Paloheimo (eds), *Coping with the Crisis.* London: Sage.

Esping-Andersen, G. 1987b: Citizenship and socialism: de-commodification and solidarity in the welfare state. In G. Esping-Andersen, M. Rein, and L. Rainwater (eds), *Stagnation and Renewal in Social Policy: The Rise and Fall of Policy Regimes.* Armonk, NY: M. E. Sharpe.

Esping-Andersen, G. and Friedland, R. 1982: Class coalitions in the making of West European economies. *Political Power and Social Theory.* 3.

Esping-Andersen, G. and Kolberg, J. O. 1989: Decommodification and work absence in the welfare state. *European University Institute Working Papers*, no. 367. Florence.

Esping-Andersen, G. and Korpi, W. 1984: Social policy as class politics in postwar capitalism. In J. Goldthorpe (ed.), *Order and Conflict in Contemporary Capitalism.* Oxford: Oxford University Press.

Esping-Andersen, G. and Korpi, W. 1986: From poor relief to institutional welfare states. In R. Erikson, E. J. Hansen, S. Ringen, and H. Uusitalo (eds), *The Scandinavian Model: Welfare States and Welfare Research.* Armonk, NY: M. E. Sharpe.

Esping-Andersen, G. Rein, M., and Rainwater, L. (eds) 1988: *Stagnation and Renewal in Social Policy: the Rise and Fall of Policy Regimes.* Armonk, NY: M. E. Sharpe.

Evans, E. 1978: Social Policy, 1830-1914. London: Routledge and Kegan Paul.

Fausto, D. 1978: *Il Sistema Italiano di Sicurezza Sociale.* Bologna: Il Mulino.

Featherman. D. L. and Hauser, R. M. 1978: *Opportunity and Change.* New York: Academic Press.

Feldstein, M. 1974: Social security, induced retirement, and aggregate capital formation. *Journal of Political Economy*. 82.

Fisher, A. 1935: *The Clash of Progress and Security*. London: Macmillan.

Flanagan, R., Soskice, D., and Ulman, L. 1983: *Unionism, Economic Stabilization and Incomes Policies*. Washington, DC.: The Brookings Institute.

Flora, P (ed.) 1986: *Growth to Limits: The Western European Welfare States since World War II*. Berlin: De Gruyter.

Flora, P. and Alber, J. 1981: Modernization, democratization and the development of welfare states in Europe. In P. Flora and A. Heidenheimer (eds). *The Development of Welfare States in Europe and America*. London: Transaction Books.

Fuchs, V. 1968: *The Service Economy*. New York: National Bureau of Economic Research.

Gershuny, J. 1978: *After Industrial Society: The Emerging Self-service Economy*. London: Macmillan.

Gershuny, J. 1983: *Social Innovation and the Division of Labour*. Oxford University Press.

Gershuny, J. 1986: Time use, technology and the future of work. *Journal of the Market Research Society*. 28 (4), 335-54.

Gershuny, J. 1988: *The Social Economics of Post-Industrial Societies*. A report to the Joseph Rowntree Memorial Trust. University of Bath.

Giddens, A. 1985: *The Nation State and Violence*. Cambridge: Polity Press.

Gilbert, B. 1966: *The Evolution of National Insurance in Great Britain*. London Michael Joseph.

Glyn, A. and Sutcliffe, R. 1972: *British Capitalism: Workers and the Profits Squeeze*. London: Penguin.

Goldin, C. 1987: Women's employment and technological change. In H. Hartman (ed.), *Computer Chips and Paper Clips: Technology and Women's Employment*. Washington, DC.: National Academy Press.

Goldthorpe, J. (ed.) 1984a: *Order and Conflict in Contemporary Capitalism*.

Oxford: Oxford University Press.

Goldthorpe, J. 1984b: The End of convergence: corporatist and dualist tendencies in modern western societies. In J. Goldthorpe. (ed.) *Order and Conflict in Contemporary Capitalism.* Oxford: Oxford University Press.

Goodman, C. 1986: Changing structures of retirement income in Canada. ISSA Meetings. Baltimore (May).

Gough. I. 1979: *The Political Economy of the Welfare State.* London: Macmillan.

Gourevitch, P. 1986: *Politics in Hard Times.* Ithaca, NY: Cornell University Press.

Graebner, W. (1980), *A History of Retirement.* New Haven: Yale University Press.

Griffin, L. J., O'Connell, P. J., and McCammon, H. J. 1989: National variations in the context of struggle: post-war class conflict and market distribution in the capitalist democracies. *Canadian Review of Sociology and Anthropology* (Srping).

Gulllebaud, C. W. 1941: *The Social Policy of Nazi Germany.* Cambridge: Cambridge University Press.

Guillemard, A. 1980: *La Vieillesse et l'Etat.* Prais: Presses Universitaires.

Gustavsson, S. 1988: Cohort size and female labour supply. Paper presented at the Symposium on Population Change and European Society. European University Institute. Florence (December).

Haarr, A. 1982: *I Oljens Tegn.* Oslo: Tanum.

Hakim, C. 1979: Occupational segregation. Research paper no. 9. London: UK Department of Employment (November).

Hansen, E. J. 1988: *Generationer og Livsforloeb.* Copenhagen: Hans Reitzel.

Haveman, R., Wolfe, B., and Warlick, J. 1984: Disability transfers, early retirement and retirement. In H. Aaron and G. Burtless (eds), *Retirement and Economic Behavior.* Washington, DC: The Brookings Institute.

Hay, J. R. 1975: *The Origins of Liberal Reforms 1906-1914*. London: Macmillan.

Hedstrom, P. and Ringen, S. 1985: Age and income in contemporary society. Walferdange, Luxembourg: Luxembourg Income Study Working Papers.

Heimann, E. 1929: *Sociale Theorie der Kapitalismus*. Frankfurt: Suhrkamp, rpt 1980.

Hewitt, C. 1977: The effect of political democarcy and social democracy on equality in industrial societies. *American Socilolgical Review*, 42.

Hibbs, D. 1977: Political parties and macroeconomic policy. *American Political Science Review*, 71.

Hicks, A. 1988: Social Democratic Corporatism and Economic Growth, Journal of Polotics, 50. (3), 677-704.

Higgins, W. and Apple, N. 1981: *Class Mobilisation and Economic Policy: Struggles over Full Employment in Britain and Sweden, 1930-80*. Stockholm: Arbetslivcentrum.

Hirsh, F. 1976: *Social Limits to Growth*. Cambridge, Mass.: Harvard University Press.

Hirsh, F. and Goldthorpe, J. (eds) 1978: *The Political Economy of Inflation*. Oxford: Martin Robertson.

Hurd, M. and Boskin, M. 1981: The effect of social security on retirement in the early 1970s. *National Bureau of Economic Research Working Paper*, no. 659.

Ingelhart, R. 1977: *The Silent Revolution*. Princeton, NJ.: Princeton Universtiy Press.

Jackson, P. 1977: The philosophical basis of the private pension movement. In D. M. McGill (ed.), *Social Security and Private Pension Plans*. Homewood, Ⅲ: Irwin Press.

Jacobs, J. A. and Breiger, R. L. forthcoming: Careers, industries and occupations: industrial segmentation reconsidered. In P. England and G. Farkas (eds), *Industries, Firms and Jobs: Sociological and Economic*

Approaches. New York: Plenum.

Jantz, K. 1961: Pension reform in the Federal Republic of Germany, *International Labour Review* (February).

Jencks, C. *et al.* 1982: *Inequality.* New York: Basic Books.

Jessop, B. 1982: *The Capitalist State.* Oxford: Martin Robertson.

Kalecki, M. 1943: Political aspects of full employment. *Political Quarterly.* 14.

Katzenstein, P. 1985: *Small States in World Markets.* Ithaca, NY: Cornell University Press.

Kautsky, K. 1971: *The Class Struggle* (1982). New York: Norton.

Kenneth Hansen, F. 1987: Redistribution of income in Denmark. In R. Erikson, E. H. Hansen, S. Rigen, and H. Uusitalo (eds). *The Scandinavian Model: Welfare States and Welfare Research.* Armonk. NY: M. E. Sharpe.

King, F. 1978: The future of private and public employee pensions. In B. R. Herzog (de.). *Aging and Income.* New York: Human Sciences Press.

Klein, R. 1985: Public expenditure in an inflationary world. In L. Lindberg and C. A. Maier (eds). *The Politics of Inflation and Economic Stagnation.* Washington. DC: The Brookings Institute.

Kocka, J. 1981: Class formation, interest articulation, and public policy: the origins of the German white-collar class in the late nineteenth and early twentieth centuries. In S. Berger (ed.). *Organizing Interests in Western Europe: Pluralism, Corporatism and the Transformation of Politics.* Cambridge: Camgridge University Press.

Korpi, W. 1980: Social policy and distributional conflict in the capitalist democracies, *West European Politics,* 3.

Korpi, W. 1983: *The Democratic Class Struggle.* London: Routledge.

Korpi, W. 1987: Class, power and state autonomy in welfare state development. Stockholm: Swedish Institute for Social Research Reprint Series.

Korpi, W. 1988: The politics of employment policy: a comparative study of unemployment insurance, unemployment and active labor market policy in 18 OECD countries. Paper prepared for the workshop of the ISA Research Committee on Poverty, Social Welfare and Social Policy, Stockholm (August).

Kraus, F. 1981: The historical development of income inequality in Western Europe and the United States. In P. Flora and A. Heidenheimer (eds). *The Development of Welfare States in Europe and America.* London: Transaction Books.

Kuhnle, S. and Solhein, L. 1981: Party programs and the welfare state: consensus and conflict in Norway, 1945-1977. Paper presented at the European Consortium for Political Research Joint Sessions, Lancaster.

Kuttner, B. 1983: The declining middle. *Atlantic Monthly* (July). 60-72.

Kuznets, S. 1957: Quantitative aspects of the economic growth of nations II: industrial distribution of national product and labor force. *Economic Development and Cultural Change.* 5 (July). Supplement.

Lange, P. 1984: Unions, workers and wage regulation: the rational bases of consent. In J. Goldthorpe. (ed.) *Order and Conflict in Contemporary Capitalism.* Oxford: Oxford University Press.

Lange P. and Vanicelli, M. 1979: From marginality to centrality: Italian unionism in the 1970s. Paper presented at the Anaual APSA Meetings, Washington. DC.

Latimer, M. 1932: *Industrial Pension Systems in the United States and Canada.* New York: Industrial Relations Councelors.

Lawrence, R. 1985: The middle class is alive and well. *The New York Times,* June 23.

Lederer. E. and Marshack, J. 1926: *Arbeitershutz Grundriss der Sozialoekonomik.* 9. Tubingen: Mohr.

LeGrand, J. 1982: *The Strategy of Equality: Redistribution and the Social Services.* London: Allen and Unwin.

Lehmbruch, G. 1984: Concertation and the structure of corporatist networks. In J. Goldthorpe. (ed.) *Order and Conflict in Contemporary*

Capitalism. Oxford: Oxford University Press.

Leo XIII(1891), *Rerum Novarum.* Papal Encyclical. Vatican City.

Lindbeck, A. 1981: *Work Disincentives in the Welfare State.* Stockholm: Institute for International Economic Studies. University of Stockholm Reprint Series no. 176.

Lindbeck, A. and Sonwer, D. 1984: Involuntary unemployment as an insider-outsider dilemma. Stockholm: Institute for International Economic Studies, Seminar Paper no. 282.

Lindberg, L. and Meier, C. (eds) 1985: *The Politics of Inflation and Economic Stagnation.* Washington. DC: The Brookings Institute.

Lindblom, C. 1977: *Politics and Markets.* New York: Basic Books.

Lipset, S. M. 1960: *Political Man.* New York: Doubleday, Anchor.

Maddison, A. 1982: *Phases of Capitalist Development.* Oxford: Oxford University Press.

Marshall, A. 1920: *Principles of Economics* (1890). 8th edn. London: Macmillan.

Marshall, T. H. 1950: *Citizenship and Social Class.* Cambridge: Cambridge University Press.

Martin, A. 1981: Economic stagnation and social stalemate in Sweden. In US Congress, Joint Economic Committee, *Monetary Policy, Selective Credit Policy, and Industrial Policy in France, Britain, West Germany, and Sweden.* Washington. DC: Government Printing Office.

Martin, A. 1985: Wages, profits and investment in Sweden. In L. Lindberg and C. Maier (eds), *The Politics of Inflation and Economic Stagnation.* Washington. DC: The Brookings Institute.

Marx, K. 1954-6: *Capital.* London: Lawrence and Wishart.

Melman, S. 1951: *The Rise of Administrative Overhead in the Manufacturing Industries of the United States, 1899-1947.* Oxford: Oxford University Press.

Messner, J. 1964: *Die Soziale Frage in Blickfeld der Irrwege von Gestern, die Sozialkaempfe von Heute, die Weltenscheidungen von Morgen.*

472

Innsbruck: Tyrolia Verlag.

Mueller-Jentsch, W. and Sperling, H. J. 1978: Economic development, labour conflicts and the industrial relations system in West Germany. In C. Crouch and A. Pizzorno (eds). *The Resurgence of Class Conflict in Western Europe since 1968.* 2 vols. New York: Holmes and Meier.

Muller, W. and Neussuss, C. 1973: The illusion of state socialism and the contradiction between wage labor and capital. Telos, 25 (Fall).

Munnell, A. 1982: *The Economics of Private Pensions.* Washington. DC: The Brookings Institute.

Myles, J. 1984a: *Old Age in the Welfare State.* Boston: Little, Brown.

Myles, J. 1984b: Does class matter? Explaining America's welfare state. Paper presented at the Center for the Study of Industrial Societies. University of Chicago (November).

Myles, J., Picot, G., and Wannell, T. 1988: *Wages and Jobs in the 80s: The Declining Middle in Canada.* Ottawa: Statistics Canada.

Myrdal, A. and Myrdal, G. 1936: *Kris i Befolkningsfraagan.* Stockholm: Tiden.

Neumann, L. and Schapter, K. 1982: *Die Sozialordnung der Bundesrepublik Deutschland.* Frankfurt: Campus Verlag.

O'Connor, J. 1973: *The Fiscal Crisis of the State.* New York: St Martin's Press.

OECD 1977: *Old Age Pension Schemes.* Paris: OECD.

OECD 1983: *Employment Outlook.* Paris: OECD.

OECD 1984a: *Tax Expenditures.* Paris: OECD.

OECD 1984b: *Employment Outlook.* Paris: OECD.

OECD 1985: *Sweden - Economic Survey.* Paris: OECD.

Offe, C. 1972: Advanced Capitalism and the Welfare State. *Politics and Society.* 4.

Offe, C. 1984: *Contradictions of the Welfare State.* London: Hutchinson.

Offe, C. 1985: *Disorganized Capitalism.* Cambridge, Mass.: MIT Press.

Ogus, A. 1979: Social insurance, legal development and legal history. In H.

F. Zacher, (ed.), *Bedingungen f?r die Enststehung von Sozialversicherung.* Berlin: Duncker und Humboldt.

O'Higgins, M. 1985: Inequality, redistribution and recession: the British experience, 1976-1982. *Journal of Social Policy.* 14 (3).

Okun, A. 1975: *Equality and Efficiency: The Big Trade-Off.* Washington. DC: The Brookings Institute.

Olson, M. 1982: *The Rise and Decline of Nations.* New Haven, Conn.: Yale University Press.

Otruba, G. 1981: Privatbeamten-, Handlungsgehilfen und Angestelitenorganisationen. Ihr Betrag zur Entstehung des oesterreichisehen Angestelltenpensionversicherung-gesetzes 1906. In J. Kocka (ed.). *Angestellte im Europaeischen Vergleich.* Gottingen: Vandenhoeck und Ruprecht.

Pampel, F. and Weiss, I. 1983: Economic development. pension policies, and the labor force participation of aged males. *American Journal of Sociology.* 89.

Pampel, F. C. and Williamson, J. B. 1985: Age structure, politics, and cross-national patterns of public pension expenditures. *American Sociological Review.* 50. 787-98.

Pampel, F. C. and Williamson, J. B. 1988: Welfare spending in advnaced democracies, 1950-1980. *American Journal of Sociology.* 93 (6).

Panitch, L. 1980: Recent theorizations of corporatism: reflections on a growth industry. *Britich Journal of Sociology.* 31.

Parkin, F. 1979: *Marxism and Class Theory: A Bourgeois Critique.* London: Croom Helm.

Parsons, D. 1980: The decline of male labor force participation. *Journal of Political Economy.* 88.

Pelling, H. 1961: *The Origins of the Labour Party.* Oxford: Clarendon Press.

Perrin, G. 1969: Reflections on fifty years of social security. International Labor Review. 99.

Pius ? 1931: *Quadragesimo Anno.* Papal Encyclical. Vatican City.

474

Piven, F. F. and Cloward, R. A. 1971: *Regulating the Poor.* New York: Vintage.

Polanyi, K. 1944: *The Great Transformation.* New York: Rhinehart.

Pomerehne, W. and Schneider, F. 1980: Unbalanced growth between public and private sectors. Paper presented at HPF Conference, Jerusalem (August).

Poulantzas, N. 1973: *Political Power and Social Classes.* London: New Left Books.

Preller, L. 1949: *Socialpolitik in der Weimarer Republik.* Stuttgart: Mittelbach Verlag.

Preller, L. 1970: *Parxis und Probleme der Sozialpolitik.* Tubingen: J. C. Mohr.

Preusser, N. (ed.) 1982: *Armut und Sozialstaat,* vol. 3: *Die Entwicklung des Systems der sozialen Sicherung 1879 bis 1945.* Munich. AGSPAK.

Pryor, F. 1969: *Public Expenditures in Communist and Capitalist Nations.* London: Allen and Unwin.

Przeworski, A. 1980: *Capitalism and Social Democracy.* Cambridge: Cambridge University Press.

Quadagno, J. 1988: *The Transformation of Old Age Security.* Chicago, Ill.: University of Chicago Press.

Rasmussen, E. 1933: Socialdemokratiets Stilling til det Sociale Sporgsmaal, 1890-1901. In P. Engelsoft and H. Jensen (eds), *Maend og Meninger I Dansk Socialpolitik 1866-1901.* Copenhagen: Nordisk Forlag.

Regini, M. 1984: The conditions for political exchange: how concertation emerged and collapsed in Italy and Great Britain. In Goldthorpe, J. (ed.) 1984: *Order and Conflict in Contemporary Capitalism.* Oxford: Oxford University Press.

Rein, M. 1982: Pension policies in Europe and the United States. Paper presented at th Conference on Social Welfare and the Delivery of Social Services, Berkeley, Ca. (November).

Rein, M. 1985: *Women in the Social Labor Market.* Berlin: WZB Working

Papers.

Rein, M. and Rainwater, L. (eds) 1986: *The Public-Private Interplay in Social Protection: a Comparative Study.* Armonck, NY: M. E. Sharpe.

Rein, M. and Rainwater, L. 1982: From welfare state to welfare society. In G. Esping-Andersen, M. Rein, and L. Rainwater (eds), *Stagnation and Renewal in Social Policy: The Rise and Fall of Policy Regimes.* Armonk. NY: M. E. Sharpe.

Richter, E. 1987: Subsidariatact und Oeokonservatismus. Die Trennung von politischer Herrschaftsbegruendung und gesellschaftlichem Stufenbau. *Politische Vierteljahresschrift.* 28 (3). 293-314.

Rimlinger, G. 1971: *Welfare Policy and Industrialization in Europe, America, and Russia.* New York: John Wiley and sons.

Rimlinger, G. 1987: Social policy under German Fascism. In G. Esping-Andersen, M. Rein, and L. Rainwater (eds), *Stagnation and Renewal in Social Policy: The Rise and Fall of Policy Regimes.* Armonk. NY: M. E. Sharpe.

Ringen, S. 1987: *The Politics of Possibility: a Study in the Political Economy of the Welfare State.* Oxford: Clarendon Press.

Ringen, S. and Uusitalo, H. forthcoming 1990: Income distribution and redisribution in the Nordic Welfare States. In J. E. Kolberg (ed.), *Comparing Welfare States and Labour Markets: The Scandinavian Model.* Armonk. NY: M. E. Sharpe.

Robbins, L. 1976: *Political Economy Past and Present.* London: Macmillan.

Rokkan, S. 1970: *Citizens, Elections, Parties.* Oslo: Universitetsforlaget.

Rosenfeld, R. A. 1980: Race and sex differences in career dynamics. *American Sociological Review.* 45. 583-609.

Sachs, J. 1979: Wages, profits and macroeconomic adjustment: a comparative study. In *Brookings Papers on Economic Activity.* 2. Washington. DC: The Brookings Institute.

SAF 1976: *Wages and Total Labour Costs for Workers, 1965-75.* Stockholm: SAF.

476

SAF 1984: *Wages and Total Labour Costs for Workers, 1972-82.* Stockholm: SAF.

Salowski, H. 1980: *Individuelle Fehlzeiten in Westlichen Industrielaendern.* Cologne: DIV.

Salowski, H. 1983: *Fehlzeiten.* Cologne: DIV.

Sawyer, M. 1976: *Income Distribution in OECD Countries.* Paris. OECD.

Sawyer, M. 1982: Income distribution and the welfare state. In A. Boetho (ed.), *The European Economy.* Oxford: Oxford University Press.

Schmidt, M. 1982: The role of parties in shaping macro-economic policies. In F. Castles (ed.), *The Impact of Parties.* London: Sage.

Schmidt, M. 1983: The welfare state and the economy in periods of economic crisis. *European Journal of Political Research.* 11.

Schmidt, M. 1987: The politics of labour market policy. In F. Castles, F. Lehrer, and M. Schmidt (eds), *The Political Management of Mixed Economies.* Berlin: De Gruyter.

Schmitter, P. 1981: Interest intermediation and regime governability in contemporary Western Europe and North America. In S. Berger (ed.), *Organizing Interests in Western Europe.* Cambridge: Cambridge University Press.

Schmitter, P. and Lembruch, G. (eds) 1979: *Trends towards Corporatist Intermediation.* London: Sage.

Schumpeter, J. 1954: *History of Economic Analysis.* New York: Oxford University Press.

Schumpeter, J. 1970: *Capitalism, Socialism and Democracy* (1944). London: Allen and Unwin.

Shalev, M. 1983: The social-democratic model and beyond. *Comparative Social Research.* 6.

Sharpf, F. 1985: Beschaeftignugspolitische Strategien in der Krise. *Leviathan.* 13.

Shonfield, A. 1965: *Modern Capitalism.* Oxford: Oxford University Press.

Shore, J. and Bowles, S. 1984: The cost of labor loss and the incidence of strikes. Unpublished paper. Cambridge, Mass.: Harvard University Department of Economics.

Singelmann, J. 1974: *The Sectoral Transformation of the Labor Force in Seven Industrialized Countries, 1920-1960*. Ph. D. thesis, University Texas.

Singelmann, J. 1978: The sectoral transformation of the labor force in seven countries, 1920-1970, *American Journal of Sociology*, 83 (5).

Skocpol, T. 1987: The limits of the American New Deal. In G. Esping-Andersen, M. Rein, and L. Rainwater (eds), *Stagnation and Renewal in Social Policy: The Rise and Fall of Policy Regimes. Armonk.* NY: M. E. Sharpe.

Skocpol, T. and Amenta, E. 1986: States and social policies. *Annual Review of Sociology.* 12.

Skocpol, T. and Ikenberry, J. 1983: The political formation of the American welfare state in historical and comparative perspective. *Comparative Social Research.* 6.

Skolnick, A. 1976: Twenty-five years of employee benefit plans. *Social Security Bulletin*, 39 (3).

Smeeding, T., Torey, B., and Rein, M. 1988: Patterns of income and poverty: the economic status of children and the ederly in eight countries. In J. Palmer, T. Smeeding, and B. Torrey (eds), *The Vulnerable.* Washington. DC: The Urban Institute Press.

Smith, A. 1961: *The Wealth of Nations* (1776). Ed. E. Cannan. London: Methuen.

Soete, L. and Freeman, C. 1985: New technologies, investment and employment growth. In *Employment Growth and Structural Change.* Paris: OECD.

Statistisches Bundesamt (West Germany) 1972: *Bevoelkerung und Wirtschaft VGR.* Stuttgaart: Kohlhammer.

Statistisches Bundesamt (West Germany) 1982: *Statistisches Jahrbuch fuer die Bundesrepublik Deutschland.* Stuttgaart: Kohlhammer.

Therborn, G. 1978: *What Does the Ruling Class Do When It Rules?* London: New Left Books.

Therborn, G. 1983: When, how and why does a welfare state become a welfare state? Paper presented at the ECPR Workshops. Freiburg (March).

Therborn, G. 1986a: Karl Marx returning: the welfare state and neo-Marxist, corporatist and statist theories. *International Politics of Science Review*. 7.

Therborn, G. 1986b: *Why Some People are More Unemployed than Others-The Strange Paradox of Growth and Unemployment*. London: Verso.

Titmuss, R. 1958: *Essays on the Welfare State*. London: Allen and Unwin.

Titmuss, R. 1974: *Social Policy*. London: Allen and Unwin.

Touraine, A. 1971: *Post-Industrial Society.* New York: Random House.

Tufte, E. 1978: *Political Control of the Economy*. Princeton. NJ: Princeton University Press.

Ulman, L. and Flanagan, R. 1971: *Wage Restraint: A Study of Incomes Policies in Western Europe*. Berkeley: University of California Press.

United Nations Statistics Office 1949: *United Nations Demographic Yearbook*. New York: United Nations.

Uusitalo, H. 1984: Comparative research on the determinants of the welfare state: the state of the art. *European Journal of Political Research*. 12.

Van Parijs, P. 1987: A revolution in class theory. Politics and Society. 15 (4).

Vestero-Jensen, C. 1984: *Det Tve-delte Pensionssystem*. Roskilde: RVC.

Viby Morgensen, G. 1973: *Socialhistorie*. Copenhagen: Akademisk Forlag.

Von Balluseck, H. 1983: Origins and trends of social policy for the aged in the Federal Republic of Germany. In A. Guillemard (ed.), *Old Age and the Welfare State*. London: Sage.

Wagner, A. 1872: *Rede ueber die Soziale Frage*. Berlin: Wiegandt und Grieben.

Wagner, A. 1962: Finanzwissenschaft (1883), reproduced partly in R. A. Musgrave and A. Peacock (eds), *Classics in the Theory of Public*

Finance. London: Macmillan.

Weaver, C. 1982: *The Crisis in Social Security.* Durham. NC: Duke University Press.

Weinstein, J. 1972: *The Corporate Ideal in the Liberal State 1900-1918.* Boston. Mass.: Beacon Press.

Weir, M. and Skocpol, T. 1985: State structures and the possibilities for 'Keynesian' responses to the Great Depression in Sweden, Britain, and the United States. In P. Evans, P. Rushemayer, and T. Skocpol (eds), *Bringing the State back In.* New York: Cambridge University Press.

Weir, M., Orloff, A. S., and Skocpol, T. 1988: *The Politics of Social Policy in the United States.* Princeton. NJ: Princeton University Press.

Weisskopf, T. 1985: Worker security and productivity growth: an international comparative analysis. Unpublished paper. Department of Economics. University of Michigan. (July).

Wilensky, H. 1975: *The Welfare State and Equality.* Berkeley: University of California Press.

Wilensky, H. 1981: Leftism, Catholicism, and Democratic Corporatism. in P. Flora and A. Heidenheimer (eds.), *The Development of Welfare States in Europe and America.* London: Transaction Books.

Wilensky, H. 1987: Comparative social policy: theories, methods, findings. In M. Dierkes and A. Antal (eds), *Comparative Policy Research: Learning from Experience.* Aldershot: Gower.

Wilensky, H. and Lebeaux, C. 1958: *Industrial Society and Social Welfare.* New York: Russell Sage.

Wilensky, H. *et al* 1985: *Comparative Social Policy: Theory, Methods, Findings.* Berkeley, Ca.: International Studies Research Series, 62.